U0857014

国家社会科学基金项目（课题编号：08BDJ016）
湖南科技大学马克思主义理论博士点经费资助
湖南省中国特色社会主义研究湖南科技大学基地成果

从逻辑理路到机制培育

——网络文化与加强党的执政能力建设研究

吴克明 著

中国社会科学出版社

图书在版编目(CIP)数据

从逻辑理路到机制培育：网络文化与加强党的执政能力建设研究/吴克明著.—北京：中国社会科学出版社，2015.3

ISBN 978-7-5161-5801-2

Ⅰ.①从… Ⅱ.①吴… Ⅲ.①互联网络—文化—关系—中国共产党—执政—党的建设—研究 Ⅳ.①G-05②D25

中国版本图书馆CIP数据核字(2015)第059932号

出 版 人 赵剑英
责任编辑 田 文 周慧敏
责任校对 张爱华
责任印制 王 超

出 版 中国社会科学出版社
社 址 北京鼓楼西大街甲158号（邮编100720）
网 址 http://www.csspw.com.cn
中文域名:中国社科网 010-64070619
发 行 部 010-84083685
门 市 部 010-84029450
经 销 新华书店及其他书店

印刷装订 三河市君旺印务有限公司
版 次 2015年3月第1版
印 次 2015年3月第1次印刷

开 本 710×1000 1/16
印 张 21.25
插 页 2
字 数 360千字
定 价 66.00元

凡购买中国社会科学出版社图书，如有质量问题请与本社联系调换
电话:010-84083683

目　录

导　论

习近平指出："我们正在进行具有许多新的历史特点的伟大斗争，面临的挑战和困难前所未有，必须坚持巩固壮大主流思想舆论，弘扬主旋律，传播正能量，激发全社会团结奋进的强大力量。"① 网络文化的兴起，不仅是当代科技和文化现象的一次世纪性融合联姻，而且形成了网络文化与加强党的执政能力建设双向互动的新景观。因而，从逻辑理路到机制培育来探究网络文化与加强党的执政能力建设的互动关系，就成为一个时代性的重大课题。

一　课题的研究意义

放眼全球，网络文化浪潮正以汹涌澎湃之势席卷当今世界。以微电子技术为基础、互联网为工具体系、知识要素驱动为特征的新技术革命，对全球政治、经济、军事、科技、文化、社会、外交等领域产生了深刻影响，极大地改变了各国政党的生存方式和生活状态。截至2013年6月底，据中国互联网络信息中心（CNNIC）发布的第32次中国互联网络发展状况统计报告显示：我国网民规模已达5.91亿（2010年底，我国上网人数就达到4.57亿），是毫无争议的世界第一网络大国。对我们党而言，执政能力建设是执政后的一项根本建设，网络文化的飞速发展和由此带来的执政理念、执政环境、执政资源和执政方式的深刻变化，既为我们党科学发展提供了难得的机遇，同时也带来了严峻挑战。因此，在网络文化浪潮面前，加强党的执政能力建设只有坚持与时俱进、改革创新，充分运用先进信息平台和信息网络等手段，使党的执政能力建设主动融入信息化、网络化的时代潮流，才能有效整合各类资源，保持党的现代化和先进性，使党

① 《学习习近平总书记8·19重要讲话》，人民出版社2013年版，第3页。

始终走在时代发展的前列。

第一，研究网络文化与加强党的执政能力建设是实现党自身现代化的需要。建设中国特色社会主义，关键在党，根本在党的执政能力建设。所谓党自身建设的现代化，就是党自身结构、机制、功能和活动方式的建设要不断科学化、规范化和网络化，不仅包括执政理念、执政方略、执政方式、执政体制等的现代化，而且包括实现组织机构和工作流程的重组优化、管理模式和服务活动的集约化和高效化。党的执政能力建设，广义理解就是以协调好党与政权和社会的关系为核心内容、以充分调动一切积极因素为根本目标、以推动中国特色社会主义事业不断前进为基本目的，其中最重要的一个途径就在于党能否支配和运用代表当代先进生产力水平的生产工具。要实现党自身建设的现代化，加强党的执政能力，就必须尽可能地采用先进的科技手段，努力实现网络文化与党的建设之价值理性与工具理性的统一。在网络文化条件下，信息技术作为先进生产力的一种重要形式和发展要素，理应成为加强党的执政能力建设的重要手段。加强党的执政能力建设，只有充分利用以网络化信息技术为主要代表的条件和基础，才能不断为党自身发展注入新的活力，使党的建设更好地适应先进生产力发展的需要，适应网络社会生产方式、工作方式、思维方式和生活方式不断变革的需要，从而更好体现、增强和保持党的先进性。

第二，研究网络文化与加强党的执政能力建设是推进马克思主义学习型政党建设和拓展党建新领域的需要。互联网络在本质上是媒介，是一种全新的信息传播、信息联络和沟通技术。近十年来，随着我国经济社会的快速发展，互联网技术在我国也获得广泛应用和普及。据中国互联网络信息中心（CNNIC）发布的中国互联网络发展状况统计报告显示，在1997年10月，我国上网计算机数仅为29.9万台，上网用户数有62万（1994年为1万，1995年为8万，1996年为20万），cn下注册的域名为4066个，WWW站点1500个；至2008年6月底，我国网民人数、宽带网民人数和国家域名数就均已位居世界第一，这“三个世界第一”表明中国互联网规模登上了新的历史高点，“中国力量”正改变着国际互联网的原有格局。在网络文化条件下，虚拟环境、信息开放和多元增加了我们党的执政能力建设尤其是掌握社会舆论、主导意识形态、推动文化发展的难度，对党创新凝聚社会的方式、增强党在社会各个领域的影响力和凝聚力提出了现实的更高要求。网络在当今社会生活中的广泛应用表明，这是一个需要我们党给予高度关注和重视的社会舆论、思想理论的新领域、新阵地。对于网络这个阵地，正确的东西不去占领，错误的甚至反动的东西就会乘虚而入。因而，研究网络文化与加强党的执政能力建设，就要认真学习网络知识、掌握网络技术，大力开展网络执政能力建设，以社会主义主流价值观引领党员干部的思想、以对网络文化的主导权来加强对现实世界的领导权，不断扩大党的建设工作覆盖面，不断加强党的执政能力建设的思想基础和社会基础。

第三，研究网络文化与加强党的执政能力建设是促进党员干部素质是优化和全面发展的需要。中国共产党的建设史表明，促进党员干部素质是优化和全面发展是新世纪新阶段加强和改进党建工作的一个重大课题，是提高党的执政能力、保持党的先进性的必然要求，更是落实党的十七届五中全会提出的“加强党的执政能力建设和先进性建设，不断提高党领导经济社会发展能力和水平”① 的现实选择。在网络文化条件下，人的解放很大程度上取决于个人的劳动技术和专业素养，党员干部要想优化素质和全面发展，就应当努力学习和掌握新知识并拥有知识创新能力。刻苦掌握多方面新知识、全面提升信息素养、不断拓展社会交往能力，是当今时代广大党员干部素质优化和全面发展的内在要求与现实呼唤。实质上，网络是一种解放人的新生产力，网络文化是提升党员干部信息素养的有效载体。一方面，与传统媒介相比，网络信息量大、传递速度快、功能全面，是当代党员干部学习新知识、了解新信息、提高综合素质和能力水平的首选媒体；另一方面，网络文化使党员干部突破时空壁垒限制，联系更快捷、影响更直接，日益成为党员干部进行信息交换、社会交往的重要平台和工具。因而，研究网络文化与加强党的执政能力建设，就是在网络文化条件下加强党的执政能力、加快党员干部信息网络知识的学习和更新，努力拓展党员干部技能素养和社会交往面、提高对网络信息技术等先进工具的认识和使用能力，从而在网络文化与加强党的执政能力建设互动中促进党员干部的素质优化和全面发展，为全面建成小康社会、推进中国特色社会主义现代化事业服务。

基于此，本书将网络文化与加强党的执政能力建设结合起来进行研

---

① 《中国共产党十七届中央委员会第五次全体会议文件汇编》，人民出版社 2010 年版，第 54 页。

究，力求深刻揭示二者的内在联系。这既有利于马克思主义执政理论中国化研究并顺应网络时代的要求，总结中国新的文化实践形态，阐发加强党的执政能力建设理论的时代内涵，以深化马克思主义执政理论中国化的学理研究，又有利于坚持立党为公、执政为民，以对虚拟世界的主导权来加强对现实世界的领导权，并用深刻反映时代要求的执政文化理论来指导如何创新网络文化的目标定位、内容设置和机制培育，建设好指向加强党的执政能力的先进网络文化。

二　国内外研究述评

加强中国共产党执政能力建设研究是一个恒久的课题，随着党的不断发展壮大和中国特色社会主义建设的一步步推进，这个课题的影响力和辐射力将越来越大、研究的层次和角度也将越来越多，世人的关注度和认知度也将不断提升和深化。从网络文化这一独特视角切入课题，探讨网络文化与加强党的执政能力建设的互动机理，在国内外是分别进行的。

从国外看，关于网络文化的研究始于 20 世纪 90 年代前期，概括地说，先后主要经历了网络文化的利弊争鸣、"虚拟社区"和"在线身份"探讨、数字交流话语、因特网的介入和拒绝、网络空间的界面设计及相关性研究等阶段。主要代表性著作（译著）有：［美］尼葛洛庞帝的《数字化生存》（海南出版社 1997 年版），［美］阿尔文·托夫勒的《未来的冲击》（新华出版社 1996 年版），［美］尼古拉斯·巴任的《透视信息高速公路革命》（海南出版社 1998 年版），［美］曼纽尔·卡斯特（出生于西班牙，后执教于美国加州大学）的信息时代三部曲：《网络社会的崛起》、《认同的力量》和《千年终结》（社会科学文献出版社 2001 年、2002 年、2003 年版），［美］弗兰西斯·福山的《历史的终结》（远方出版社 1998 年版），［美］E. 雷迅马的《作为意识形态的现代化：社会科学与美国对第三世界的政策》（中央编译局出版社 2003 年版），［美］爱德华·赫尔曼的《全球媒体——全球资本主义的新传教士》（天津人民出版社 2001 年版），［美］奥托·纽曼的《信息时代的美国梦》（社会科学文献出版社 2002 年版），［英］利萨·泰勒和安德鲁·威利斯的《媒介研究：文本、机构与受众》（北京大学出版社 2005 年版）等；代表性论文有：Francisco Millarch，*Net Ideologies*：*From Cyber - liberalism to Cyber - realism*（《网络意识形态：从网络自由主义到网络现实主义》），William F. Birdsall, *The Internet and the Ideology of Information Technology*（《互联网与信息技术意识形态》），［德］托马斯·迈尔等的《热话题与冷思考——关于媒体社会中政党政治的对话》（《当代世界与社会主义》2000 年第 4 期）等，研究重心是网络何以形成一种独特的文化形态及其对社会政治、经济、军事、文化、国际关系乃至人际关系各方面的影响。而关于加强共产党的执政能力建设问题的研究，这在马克思主义执政理论史上，马克思、恩格斯由于所处时代基本还没有马克思主义政党的执政实践而使其相关研究性论述很少，它是由列宁在 1919 年 6 月《伟大的创举》一文中提出的，后来他又在《共产主义运动中的“左派”幼稚病》、《宁肯少些，但要好些》等相关论著中予以深化和发展。西方马克思主义者如马尔库塞、班杰明等人的批判的政党执政能力理论从不同的立场做了进一步的探讨，资产阶级政治思想家从执政主体能力视角对这个问题进行了新的论证，其主线是基于对政党制度和执政能力理论的不同视角深层理解来反思执政党在特定社会、政治经济、文化条件（主要是资本主义制度和工业文明）下的存在方式，如哈贝马斯的政党交往能力论则从负面揭示了西方工业文明时代政党能力建设的生态文化困境。但时至今日，尚未出现网络时代政党执政能力理论流派，更未见有影响的政党政治理论家对网络文化这种新文化形态与执政党执政能力建设的关系进行系统研究。

从国内看，关于网络文化所具有的扁平化延伸和信息共享特点的研究，主要集中在两个方面，其一是侧重于探究网络文化本身的问题，主要代表性论著有：王岳川的《90 年代大众传媒的审美透视——由政治意识形态到消费意识形态转型》（《求是学刊》1995 年第 4 期），徐伟新的《全球化背景下的中国主导意识形态建设》（《中共中央党校学报》2003 年第 2 期），苏振芳主编的《网络文化研究》（社会科学文献出版社 2007 年版），宋元林等的《网络文化与人的发展》（人民出版社 2009 年版），方爱乡的《论日本信息社会的建设与发展》（东北财经大学出版社 2009 年版）等；其二是侧重于探究网络文化背景下政治、经济、文化、社会、军事、科技、外交等方面具体工作如何应对。主要代表性论著有：薛晓东的《论信息对社会意识形态的影响及对策》（《电子科技大学学报》社会科学版，2000 年第 1 期），殷晓蓉的《国际互联网的发展对主流意识形态的影响及对策》（《学术季刊》2001 年第 1 期），张品良的《网络传媒对党的建设的挑战及应对》（《江西财经大学学报》2001 年第 1 期），邱国栋和杨梅的《试析网络政治参与对执政安全的消极影响》（《湖北经济学院学报》人文社科版，2008年第8期），谢海光主编的《互联网与思想政治工作概论》、《互联网与思想政治工作实务》（复旦大学出版社2001年版），刘文富的《网络政治——网络社会与国家治理》（商务印书馆2002年版），胡德池的《网络时代的宣传思想工作》（湖南人民出版社2003年版），常晋芳的《网络哲学引论》（广东人民出版社2005年版），吴克明的《网络文明教育论》（湖南师范大学出版社2005年版）等。而关于网络文化对加强党的执政能力建设问题，较多的是从网络条件下执政党执政理念创新角度进行研究。马克思主义执政党建设理论从执政地位与执政使命和执政主体素质论两个视角探讨了加强党的执政能力建设问题，2007年1月胡锦涛总书记在中共中央政治局第三十八次集体学习时，强调要以创新的精神加强网络文化建设和管理。党的十七大报告指出："加强网络文化建设和管理，营造良好网络环境。"① 十八大报告进一步提出改进网络内容建设、唱响网上主旋律和加强网络社会管理、推进网络依法规范有序运行的要求；还有学者从政治实践论和党的执政能力发展观角度切入这个问题，如中共中央党校李君如教授在2007年《光明日报》撰文《推进党建信息化是时代的要求》，把信息化与长期执政、改革开放视为当时党建面临的"三重考验"；有的学者通过对马克思主义经典著作进行文本发掘和阐释，吸收西方政党能力建设所取得的优秀成果，立足于当代中国执政实践，推进马克思主义执政理论中国化，关于加强党的执政能力建设以及网络文化与党的执政能力建设的相关性问题研究已经取得了一些重要成果，体现在党的执政能力建设的基本内容及本质规定，党的执政能力建设与社会经济发展的关系，信息时代的党建实践创新等方面。主要代表性论著有：徐德成的《对党建网站建设的几点思考》（《探索》2001年第6期），刘宁的《网络党建：党建方式的现代化》（《党政干部论坛》2001年第11期），刘军、张俊山的《对党建工作网络化问题的思考》（《求实》2002年第5期），张品良的《网络传播与党的执政能力建设》（《理论与改革》2005年第3期），刘本荣的《发挥网络新优势拓展执政党建设新时空》（《重庆行政》2006年第2期），詹宇国的《信息素养与加强党的执

① 胡锦涛：《高举中国特色社会主义伟大旗帜 为夺取全面建设小康社会新胜利而奋斗》，人民出版社2007年版，第35页。

政能力建设》（中组部党建研究网，2007年2月11日），陈樨成、蔡虎堂的《完善信息传播机制与提高党的执政能力建设》（《延安大学学报》社会科学版，2008年第1期），林学达的《系统认识网络的执政价值》（《系统科学学报》2006年第2期），王守光的《论网络环境下政党的执政文化建设》（《当代世界与社会主义》2008年第4期），吴克明的《网络文化视角下党的执政能力建设》（中国人民大学报刊复印资料《中国共产党》2009年第5期），龙潭的《中国共产党"政党媒体形象"建构与改革分析》（中国人民大学报刊复印资料《中国共产党》2009年第6期），曹泽林的《信息时代的党建创新》（中共中央党校出版社2003年版），刘炳香的《中国共产党执政能力研究》（中国方正出版社2003年版），虞云耀的《党的建设研究》（中共中央党校出版社2004年版），张荣臣、谢英芬编著的《中国共产党执政"五种能力"解读》（中共中央党校出版社2004年版），王长江的《中国政治文明视野下的党的执政能力建设》（上海人民出版社2005年版），徐晨光、雷国珍主编的《中国共产党执政能力建设研究丛书》（共七本）（湖南人民出版社2005年版），李斌的《网络政治学导论》（中国社会科学出版社2006年版），马德秀主编的《电子党务》（中共党史出版社2006年版），陈蔡志的《中国共产党执政能力建设新论》（中共中央党校出版社2007年版），吴怀友的《全球化与中国共产党执政能力建设研究》（中共中央党校出版社2007年版），黄宗良、黄南平主编的《党的执政能力与政治文明》（上海人民出版社2008年版），王晓玲的《执政能力的伦理维度》（湖南大学出版社2008年版），朱哲、权宗田的《中国共产党与中华民族伟大复兴软实力》（湖北人民出版社2009年版），吴毅君的《中国共产党的执政能力建设现实取向研究》（西南交通大学出版社2010年版），马利的《做好网上舆论工作的时代引领》（《人民日报》2013年11月27日理论版），朱广宇、尤光付的《积极推动网络监督健康发展》（《人民日报》2013年12月2日理论版）等。

尽管围绕这一论题已有不少前期成果，但目前国内对以下问题的研究尚待深入，如对信息时代加强党的执政能力建设的实现形式、主要特征和基本规律，加强党的执政能力建设与其他建设之间的关联，加强党的执政能力建设与科学发展观的关系，尤其是立足于马克思主义执政理论发展的最新成果，对网络文化与加强党的执政能力建设问题开展系统、深入研究的还很少见，亟须进一步予以深化研究。

三　基本思路和方法

（一）基本思路

迄今为止，在人类历史上还从来没有一项技术文化及其应用像网络文化发展得这么迅速，对马克思主义执政党执政方式、思维方式、文化交往方式产生如此重大的影响。基于此，本书研究以马克思列宁主义、毛泽东思想和中国特色社会主义理论体系为指导，以加强党的执政能力建设与文化发展的相互规定为逻辑理路，首先对信息时代“网络文化”、“党的执政能力建设”的本质、运行规律等问题进行深层解析；接着从现实和未来两个层面着重探讨“网络文化”与“党的执政能力建设”的正负关系形态，即“分化与无序”、“错位与失调”、“互动与和谐”、“自主与开放”四个基本形态；最后，在两者相互关系的目标形态（即两者最终完全实现“互动与和谐”、“自主开放”）的指引下，建设促进党的执政能力的网络文化，并在目标定位、内容设置和机制培育上进行理性选择和科学构建，从而也就为本论题找到一个具有实践创新意义的归宿。

（二）主要方法

本著作的研究，坚持以马克思主义的唯物史观和唯物辩证法为根本原则，主要采取社会调查与实证研究相结合、定性研究与定量分析相结合、理论抽象与网上环境模拟相结合等方法。具体地说，首先，对网络文化及党的执政能力建设现状进行定点调查和实证分析，掌握论题研究的第一手材料，然后对网络文化与党的执政能力建设的关系进行定性的描述和定量的分析，得出科学的结论；再运用马克思主义政治学、科学社会主义、党史党建、领导科学、文化传播学、社会心理学、管理伦理学、教育法学等学科的基本原理，并采用网上环境模拟的方法，系统构建指向加强党的执政能力之网络文化的目标、内容和机制。这些方法，基本贯穿于整个篇章和环节之中。

四　主要观点和创新

（一）主要观点

这里，把本书研究内容概述为六个基本观点。

一是执政党建设蕴含执政能力与文化发展的互动。它主要包括执政党在文化运行中的主体性，执政党不但始终是文化创造、推动和维护的主体，而且始终是文化生产力系统中最重要的因素；文化发展又深刻影响着执政党的能力发展，离开了先进文化的滋润，党的执政能力建设就成为无源之水、无本之木；执政党在与执政文化发展的相互影响、相互制约、相互作用中逐步实现加强自身执政能力建设。

二是执政党在执政文化发展中提高自身执政能力建设。执政党在加强执政能力建设的过程中，是在执政文化继承与超越的辩证关系中不断发展的，也正是在执政文化发展中不断拓展自身执政能力建设空间的。执政党要在信息网络时代不断加强执政能力建设，就必须积极探求信息网络时代加强党的执政能力建设基本规律和科学实现形式，从而形成网络文化环境下加强党的执政能力建设的科学理论体系。

三是网络文化改变着加强党的执政能力建设的资源、环境、方式和途径。一般地说，加强党的执政能力建设的文化依托主要是传统文化和先进文化，这两种文化的习得和发展原来主要依靠社会教育体系和传统媒介。网络文化的形成一方面要创新文化形态，另一方面也能把传统文化和先进文化整合其中，为加强党的执政能力建设构建新的资源、环境、方式和途径。

四是网络文化对加强党的执政能力建设有负关系效应。在网络文化条件下，虚拟与现实、无序与规范的矛盾无时不在，数字鸿沟、网络陷阱、网络黑客等网络强势文化的冲击，导致执政理念多元、执政权力分散、执政安全危机、执政资源丧失、执政体制动荡，如不加以转化和解决，加强党的执政能力建设就可能成为一句空话。这种负关系，具体体现在“分化与无序”、“错位与失调”两种形态之中。

五是网络文化对加强党的执政能力建设有正关系作用。网络文化一方面通过建构新的文化形态直接影响和改变着执政党的执政资源、执政理念和执政环境；另一方面通过形成新的文化理念来影响和改变政治制度、法律制度和道德观念的建构。这些对促进党的执政能力建设至关重要。这一正关系，不论在现实还是发展趋势上，均主要体现在“互动与和谐”、“自主与开放”两种形态之中。

六是建设指向加强党的执政能力的网络文化。其选择和创新的目的在于建设指向加强党的执政能力的先进网络文化。这可从三个视角进行探究：从建设的目标来看，主要从定位的客观依据和基本原则以及定位的主要目标来予以分析；从建设的内容设置看，主要从以网络媒介、党员干部网民和网络执政能力建设为视点的内容设置来进行论述；从建设的机制培育看，主要从建设的主导机制、运行机制和评价机制等方面来展开探讨。

（二）创新之处

第一，视角新。即从网络文化这一特定的视角对加强党的执政能力建设问题进行研究。在研究过程中，对网络文化进行深入的政治哲学审视，对其利弊得失和如何扬长避短展开分析，并与加强党的执政能力建设有机联系起来，构建起信息时代基于执政党执政能力建设的科学发展观，开辟出党的执政能力建设理论研究的新领域，从而拓宽党建研究的范围和视野。

第二，观点新。即通过切入高科技背景所实现的理论观念更新，使网络文化与加强党的执政能力建设赢得前沿性、战略性和前瞻性的学术创新空间。在当前理论界现有研究基础上，本书对网络文化、执政文化发展、党的执政能力建设思想的概念和学理予以明确界定和分析，为网络文化与加强党的执政能力建设的互动找到理论依据和实践路径，想别人之未想、发他人所未发，其新观点必将使迅猛发展的网络文化与党的执政能力建设实践获得科学观点支撑和规范引导。

第三，方法新。一方面，把网络文化作为加强党的执政能力建设的基本方法来探析其与党的执政能力建设的内在关系，贴近两者互动发展的实际，创建促进加强党的执政能力建设的先进网络文化；另一方面，力求打破单纯从文化传媒和党史党建理论出发而导致研究受理论、视角和范式上的限制，采取综合运用多学科的原理并选择理论抽象与网上环境模拟相结合、社会调查与实证分析相统一等方法。试图将马克思主义哲学、社会主义政治学和党的建设研究结合起来，以马克思主义哲学范畴为框架、以党建理论与实践为内容、以社会主义政治学为基石，通过方法创新，对网络文化与加强党的执政能力建设作一个立体、多维和全方位透视，既有宏观把握，又作微观和中观的探究，使本书研究呈现出一定的新颖性。

第一章　逻辑的理路：党的建设与文化发展的互动

在茫茫宇宙万象中，文化发展凝聚着国家政党的智慧，关系着国家政党的历史命运。当代世界政党政治中执政党之文化发展，不仅说明其悟性能力达到一定的智识高度，更说明它在浩瀚的文化海洋建立起一座精神家园、一个承传文明和执政兴国的灵魂高地。列宁认为，共产党的“整个世界观是以科学社会主义即马克思主义为基础的”①。中国共产党作为执政党，要加强执政能力、巩固执政地位、完成执政使命，“在世界形势深刻变化的历史进程中始终走在时代前列，在应对国内外各种风险和考验的历史进程中始终成为全国人民的主心骨，在建设中国特色社会主义的历史进程中始终成为坚强的领导核心”②，就必须坚持不懈地搞好党的自身建设，使党的建设与文化发展之间保持一种良性互动的张力，推动党的建设在先进文化引领下科学地发展。具体来说，主要体现于执政党在文化运行中的主体性、执政文化发展推动执政党建设以及执政党建设促进执政文化发展等三个方面。因此，本书作为将网络文化与加强党的执政能力建设双向关系结合起来进行的一种深层探究，自始至终建立在对党的建设与文化发展问题理解的基础之上。自然，对党的建设与文化发展的互动问题的考察就构成了本书研究的逻辑理路。

第一节　执政党在文化运行中的主体性

主体是与客体相对而言的。一般地说，主体就是人，客体是人之对

---

① 《列宁全集》第17卷，人民出版社1988年版，第388页。

② 本书编写组：《中共中央关于加强党的执政能力建设的决定辅导读本》，人民出版社2004年版，第2页。

象。这种关于主体含义的陈述具有简约性、凝练性和抽象性，可以在很广泛的程度上被理解和运用。尽管个人领悟到的具体含义未必相同，会因个人认知结构的不同而不同。如有学者认为，“主体性乃是现代性的原则”[①]，或者说，现代性的核心原则是主体性。其实，这一主体性是人的自然性、社会性、能动性的本质属性，主要体现在自主性、主观性和能动创造性等三个特性上。其中自主性指人在实践、认识活动中是有意志、有自由的，这既是人的一种内在要求又是人本质力量的一种感性显现。自主性表明人把自己视为主动者，把外物（客体）视为被动者，进而把人（主体）视为世界的主人、万物之灵长。主观性指人在自主实践、认识活动中是有意识、有目的的，就是说，人是在一定精神意识状态下带着某种意愿在一定观念或理论指导下进行自主实践和认识活动的。能动创造性指人在认识和实践活动中是积极的能动的，是有选择力和创造力的。相应地，人通过实践活动不仅能改变客体的量，而且能改变客体的质，不仅能改变客体的形象，而且能创造新客体。人在实践基础上进行认识活动，不仅能反映客体的现在，而且能复制客体的过去、预见客体的未来；不仅能反映客体的现象，而且能揭示客体的本质及其发展规律；不仅能反映客体，而且能建构和重组客体形象。

在国家政治生活视野中，政治主体即政治权力的占有者、行使者以及政治活动参与者。就是说，政治主体凭借自己所拥有的政治权力资源参与政治活动，维护和追逐根本性利益。社会主义国家的政治主体十分复杂，政党即是其中主体之一。对此，江泽民指出，“党的基本路线要毫不动摇地长期坚持下去，社会主义的改革开放和现代化建设要搞得更好更快，国家要长治久安和繁荣富强，关键在于我们党”[②]，“没有中国共产党的领导，就没有中国的社会主义。在这个问题上，我们必须立场坚定、是非分明”[③]。“我们党是执政的党，党的领导要通过执政来体现。我们必须强化执政意识，提高执政本领。按照我国宪法的规定，各级政权组织，包括人大、政府和司法机关，都必须接受共产党的领导。凡属方针政策的重大问题，都要经过党委讨论，然后分头执行。这些政权机构中的党组，应该对

① ［德］哈贝马斯：《现代性的哲学话语》，曹卫东等译，译林出版社2004年版，第19页。
② 《江泽民文选》第1卷，人民出版社2006年版，第245页。
③ 同上。

同级党委负责，在这些政权机构中任职的党员，应该执行党的决议，接受党的监督。当然，党不是政权本身，不能取代政权机关的职能。”① 可见，中国共产党作为执政党，不仅在我国政治、经济、社会运行中处于主导和支配地位，而且在文化运行中同样具有主体性，并主要体现在执政党是先进文化的创造者、文化发展的推动者和文化安全的维护者等方面。

一　执政党是先进文化的创造者

在一般意义上，“文化”有广义和狭义两种理解。广义的文化指人类社会历史实践中所创造的物质财富和精神财富的总和，或者说就是物质文化、政治文化与精神文化的总和；狭义的文化指社会的意识形态，或者说是社会的观念形态。这一点，毛泽东在1940年1月发表的《新民主主义论》一文中说：“一定的文化（当作观念形态的文化）是一定社会的政治和经济的反映，又给予伟大影响和作用于一定社会的政治和经济；而经济是基础，政治则是经济的集中的表现。”②“一定的文化是一定社会的政治和经济在观念形态上的反映。”“至于新文化，则是在观念形态上反映新政治和新经济的东西，是替新政治新经济服务的。”③ 实际上，无论古今中外，文化并非都是先进的，而是既有先进文化又有落后乃至腐朽文化，二者在本质特征和社会作用上有着根本的不同。其中先进文化顺应历史潮流，反映时代精神，推动社会前进且代表未来发展趋势，不仅是人类东西方文明的结晶，更是推进人类全面发展进步的精神动力。先进文化往往是健康的、科学的、向上的。历史实践表明，先进文化不仅包括先进的科学技术文化，而且包括有利于社会进步的思想道德文化。先进文化正是一个执政党的根之所系、脉之所维、本之所在。作为执政的中国共产党之所以是先进文化的创造者，因为它自诞生之日起就具有高远的文化视野和敏锐的文化自觉，对文化的本质与特征、文化的类型与功能有深刻的体认，对先进文化有自觉的向往和追求，并具有自觉进行文化创新和文化传播的能力。在当代中国，中国共产党的先进性质、领导地位、历史使命和行为能力决定了只有它才能不断创新中国先进文化。

---

① 《江泽民文选》第1卷，人民出版社2006年版，第92页。

② 《毛泽东选集》第2卷，人民出版社1991年版，第663—664页。

③ 同上书，第694—695页。

具体来讲，主要体现在三个方面。一是中国共产党的先进性质决定了它是先进文化的创造者，不断创新先进文化是保持党的先进性的内在要求。实际上，中国共产党就是在先进文化的孕育下产生、发展和壮大的。没有人类优秀文化成果的基础，没有体现人类先进文化最高境界的马克思主义理论指导，就不会有中国共产党的出世。中国共产党与先进文化这种与生俱来的天然联系，内在地规定了其先进性。而且，中国共产党的先进性主要体现在党的指导思想、行动纲领、思想路线、阶级基础和历史使命等方面都是先进文化优秀成果的结晶，凸显真理性与价值性的统一。二是中国共产党所肩负的历史使命决定了它是先进文化的创造者，坚持和建设什么样的文化、推动创造什么样的先进文化是党在思想上精神上的一面旗帜。思想上精神上的旗帜指引着全党、全国人民进行中国特色社会主义建设的前进方向。作为执政党，中国共产党担负着建设中国特色社会主义事业的伟大历史使命，是推动中国社会进步的领导力量。中国共产党人是辩证唯物论和历史唯物论者，既承认社会存在决定社会意识，在历史发展的进程中物质决定精神，也承认社会意识对社会存在具有能动的反作用。建设中国特色社会主义的伟大历史使命，只有具有与时俱进的先进文化创造作为支撑才能取得成功。三是中国共产党的执政能力和领导水平决定了它是先进文化的创造者。中国特色社会主义理论体系体现了中国共产党人对时代任务和社会发展的深刻洞察力和理论创新力，体现了中国共产党的文化自觉、文化自信和对社会主义现代化建设进程全面驾驭的能力。中国共产党的奋斗历史和光辉业绩决定了它是唯一能够领导中国人民进行社会主义革命和建设并不断走向胜利的政党。尽管我们党也犯过错误，但它能够及时反思和改正错误，从而不断推动中国历史向前发展。可以说，历经革命、建设、改革开放的实践，已充分证明只有坚持党的领导才能把中国特色社会主义伟大事业不断推向新阶段，中国共产党的执政水平和领导地位决定了它是先进文化的创造者。

二 执政党是文化发展的推动者

经验表明，只有文化存在和文化不断生成，文化主体才能生活在这个由现实性和历史性、个别性和普遍性、此在性与理想性等编织而成的时空连续体中，并在这一连续体的创造性实践中推动文化发展。执政党作为文化存在的主导性力量、作为文化发展的推动者，它所需要实现的就不只是一个实体性的物质世界或一个纯粹知识论的精神世界，而是一个日新月异、动态发展的价值世界和意义世界。执政的中国共产党既是政治、经济、社会发展的推动者，也是文化发展的推动者。之所以这样，一是因为它能遵循社会发展规律、不断推动生产力发展。二是因为它能始终真诚为人民服务，努力为实现最广大人民的根本利益而奋斗，使文化大发展获得先进性和大众化相统一的基础，并成为一种为群众所掌握的变革现实的强大力量。其实，任何一种文化只有为群众所接受，才会起到教化社会、承传文明、资政育人、变革世界的作用。基于此，我们党始终倡导马克思主义利益观，始终把人民的利益作为党的工作和政策的出发点和归宿，使人民群众不断获得切实的经济、政治、文化和社会权益；始终倡导马克思主义人本观和权力观，真正做到立党为公、执政为民，进而使体现着党的方针、政策、措施、目标和文化发展的成果为人民群众所理解、贯彻、执行和接受。三是因为它具有与时俱进、开拓创新的理论品格和批判精神。与时俱进是马克思主义政党的理论品格，也是马克思主义文化发展始终保持生机和活力的力量源泉。党的十六大报告指出："坚持党的思想路线，解放思想、实事求是、与时俱进，是我们党坚持先进性和增强创造力的决定性因素。与时俱进，就是党的全部理论和工作要体现时代性，把握规律性，富于创造性。能否始终做到这一点，决定着党和国家的前途命运。"①实际上，党正是从中国与世界的历史现状和未来趋势着眼来准确把握时代特点和实践要求并根据变化了的新情况新问题创造性地进行工作的，从而真正自觉地以马克思主义批判精神认识世界和改造世界，在批判和改造旧文化中辩证地否定、科学地扬弃，在整合传统文化和网络文化、东方文化和西方文化资源的基础上不断推动和拓展出文化发展的新阶段和新境界。具体地说，中国共产党作为文化发展的推动者，主要从理论和实践两方面体现出来。

从理论上看，我们党从不同的维度揭示了文化发展的固有特性，从而为推动文化发展奠定了深厚的理论基础和实践方向。一是从性质维度看，我们党认为文化发展是科学性、革命性和创造性的统一。认为文化发展只有在客观反映人类对自然和社会的真理性认识时才具有发展的理由和空间，因而文化发展都有其严格的科学精神、科学内容和科学方法，是能被

① 《江泽民文选》第3卷，人民出版社2006年版，第537页。

历史检验、实践证明并在继续证明着的科学真理。文化发展往往还包含着对旧文化的批判，因而常常具有革命性特点。文化发展从本质上讲也是文化创新的结果，因而文化发展具有创造性。历史上真正代表进步潮流、对时代前进起过巨大推动作用的文化发展成果，都有其独特的创造。二是从形态维度看，我们党认为文化发展是民族性、人民性和开放性的统一。文化发展任何时候首先是民族的，然后才是人类的，因为每一时代的人都是民族的人，每一时代所创造和发展的文化也首先是民族的文化。任何一个民族要立于世界民族之林，有其自尊心、自信心和自豪感，靠的是自己深厚的灿烂文化。文化发展的民族特色、民族内容、民族形式、民族风格和民族精神，往往是浓厚而显著的。历史唯物论认为，人民群众是历史的创造者，人民群众创造和发展文化也肯定要享受与之相应的文化。而文化之所以能发展，就在于这一文化反映人民群众的理想愿望和审美要求，代表人民群众的根本利益，满足人民群众不断增长的精神生活需求，对人民群众有陶冶、教育和愉悦作用。就文化发展的动力来说也应体现人民性，因为文化发展是以人民群众的实践作为自己产生的源泉，是以人民群众的实践作为丰富发展自己的动力，是以人民群众的实践检验自身，也是以人民群众的需要作为自己的目的。同时，任何文化发展都有其博大的胸怀，是一种海纳百川、博采古今中外、借鉴世界各国的文化发展，而不是封闭的、孤芳自赏的、拒斥外来优秀成果的文化形态。世界上文化发展的多样性不仅使世界充满活力，也使不同文化发展形态相互激荡，从而使文化发展得以进行并获得进步的动力。三是从时间维度看，我们党认为文化发展是继承性、时代性和未来性的统一。中国共产党一贯强调，任何文化发展都不是从天上掉下来的，也不是哪一杰出人物头脑里固有的，而是从古代和前人那里继承下来的优秀文化成果的合理延伸。我们检验一种文化是否发展了，根本方法就是看它是否包容、吸纳了在它之前的文化，也即看它是否具有深厚的历史文化底蕴。同时，任何文化发展都是与时俱进的文化，都注入着时代精神、时代活力和审美情趣。文化发展之所以具有时代性，从根本上讲是因为反映先进的经济、政治和社会要求，而任何经济、政治都有鲜明的时代性。而且，文化发展往往具有浓烈的未来性。一定的文化发展与其赖以产生的经济、政治和社会是同步或基本同步发展的，在特定情况下是可以相对超越经济、政治和社会而发展前进的。只有这样，文化发展才能高屋建瓴地站在时代前沿引领人类历史前进。

从实践上看，可以说中国共产党历史就是一部中国共产党推动中国先进文化发展的历史。这一历史进程，从不同的角度可以分为不同的阶段或时期。如果从文化发展形态的角度看，大致可分为三个阶段。一是从1921年中国共产党成立到1949年中华人民共和国成立，这是创立并发展新民主主义文化阶段。中国共产党自成立起经过第一、二次国内革命战争，抗日战争，解放战争，一直高举中国文化发展的先进旗帜，努力学习、传播和运用马克思列宁主义，并以马克思列宁主义为指导来创立和发展反映革命要求的先进文化。二是从1949年中华人民共和国成立到1978年党的十一届三中全会召开前，这是初步探索中国特色社会主义文化时期。新民主主义革命的胜利和中华人民共和国的成立，在我国结束了帝国主义、殖民主义奴役中国各族人民的历史，开辟了中国历史的新纪元，开启了文化发展的新时代。在新时代中国共产党继续推动和代表着中国文化发展的前进方向，实现了从新民主主义文化到社会主义文化的过渡，开始探索中国特色社会主义的光辉历程。在这一过程中，中国共产党明确提出建设社会主义新文化的奋斗目标，提出了发展社会主义文化的一系列正确方针和政策。只是在“文化大革命”期间，出现了严重的偏离和失误。三是从1978年党的十一届三中全会至今，这是创立并发展中国特色社会主义文化阶段。十一届三中全会实现了新中国成立以来党的历史上具有深远意义的伟大转折，开创了中国特色社会主义现代化建设的新局面。党深刻总结新中国成立以来社会主义革命和建设的经验教训，坚持“把马克思主义的普遍真理同我国的具体实际结合起来，走自己的路，建设有中国特色的社会主义”①，从而开创了中国特色社会主义的建设道路。在这个过程中，党推动和代表着中国先进文化发展的前进方向，创立并发展中国特色社会主义理论体系和形成中国特色社会主义文化建设思想。基于此，党的十七、十八大报告明确提出“推动社会主义文化大发展大繁荣”、“扎实推进社会主义文化强国建设”的要求。

三　执政党是文化安全的维护者

执政党在文化运行中的主体性，还体现在执政党是文化安全的维护者上。一般地说，文化安全是国家稳定发展的精神前提，是党执政兴国的一

---

① 《邓小平文选》第3卷，人民出版社1993年版，第3页。

个重要使命。这里文化安全的维护者是执政党在国家文化方面具有不受外来文化干扰、控制或同化的能力，从而维护本民族的价值观念、行为和生活方式的民族特色以及本国意识形态的自主性。

实际上，文化安全受文化特性的影响和制约，是一个涉及面广、内涵丰富的范畴，可以从不同视角进行分类。从内涵上看，文化安全分为传统文化安全、意识形态安全、非传统文化安全、文化产业安全等；从国家间层面上看，可以分为国内文化安全和国际文化安全两种；从结构上看，文化安全可以分为文化政治安全、文化经济安全、文化社会安全、文化信息安全和文化环境安全等。可见，文化安全具有相对独立性、软硬兼备性和结构层次性等特征。中国共产党作为我国文化安全的维护者，在当前体现在很多方面。概括地讲，主要有三：

一是放眼全球构建国家文化创新体系，党要增强全民族“文化自觉”。国家文化创新体系是一个包含创新内容、创新方式和创新措施等方面的完整系统。其中文化创新的内容主要有思想理论、文化观念和文化体制等三个相互联系的创新层次，三者之中思想理论创新是文化创新的核心，文化观念创新是文化创新的内在动力，文化体制创新是文化创新的主要保证。文化创新的基本方式则应处理好批判与继承、借鉴与熔铸、回应与超越三对范畴，其中批判与继承重在以中国优秀传统文化为基础进行创新，借鉴与熔铸重在以世界优秀文化为营养进行创新，回应与超越重在以新的时代要求和实践经验为切入点进行创新。文化创新的具体措施，应着重强调正确处理相对稳定和动态发展的关系，坚持文化创新的先进性要求、正确处理吸收人类一切优秀文化成果与文化民族性的关系，总结和提升人民群众的创造性实践，不断为文化创新开掘不竭的源泉以及大力推进文化产业创新等方面。增强民族文化自觉，不仅是一种深刻的文化思考和广阔的文化境界，而且是一种执着的文化追求和具有高度人文关怀与社会责任感的文化理念。当前，我们党要增强全民族文化自觉，需要进一步加深对中华文化的认识，阐析其内涵，把握其精华，发掘其价值；需要把中华文化同火热的现实生活结合起来，使之成为推动经济社会发展的强大力量和造福民族和人民的千秋大计；需要将中华文化建设变成我们民族共同关心的事情，通过共同的艰苦努力，实现中华文化伟大复兴。

二是提高文化竞争力，党要推动中华文化的国际传播。为此，我们党大力向世界推介中华民族优秀文化艺术、扩大中国文化的国际影响力，以更加开放的态势融入国际社会，不断开拓对外文化交流的新领域、新渠道和新形式，积极推动中华优秀文化艺术走向世界，推动中华文化的国际传播。一方面，构建多元化的文化交流格局，利用国际舞台扩大交流渠道。推动中华文化的国际传播，我们党要充分调动各方面的积极性，形成对外文化交流官方、民间、商业并举的新格局。另一方面，建立对外文化宣传阵地、利用网络资源推动中华文化走向世界。建立文化中心是西方国家执政党对外文化发展战略的重要组成部分。我们党要善于利用文化中心这一重要渠道，在世界上构筑扩大中华文化影响力的前沿阵地，同时要在对中华文化信息资源进行数字化加工和整合的基础上，建立不受时空、地域限制的网络化传播通道，系统深入地将中华文化更加快捷地介绍给世界，使互联网成为国外了解中国优秀文化和民族精神的窗口。

三是维护国家文化安全，党要推动中国文化健康发展。国家文化力一般由文化势能、文化创新力、文化传播力以及国际文化安全环境对国家文化安全影响力共同构成。维护国家文化安全是我们党保持文化运行主体性的重要任务。为此，第一，积极推动马克思主义中国化、时代化、大众化，将主流意识形态融入民族文化之中，努力积蓄文化势能。同时，创新力在文化构成中居于核心地位，文化创新力也是改变国际文化战略力量对比的关键环节。而增强文化创新力，要害在于始终保持文化的先进性。文化的先进性与文化的创新力是相辅相成的；保持文化先进性，文化才会有创新的活力，而文化只有不断创新才能保持其先进性。第二，文化产业的发展状况将在最大程度上决定国家文化传播力的大小，文化产业的“中性”载体特征也为各国执政党文化传播提供了广阔的战略空间。同时，我们党在推进文化发展过程中，要获得真正的国家文化安全必须着眼于建立公正合理的国际文化新秩序，而建立国际文化新秩序重在建设，即各种文化应该彼此尊重，在竞争中取长补短、在求同存异中共同发展，其核心理念是文明、平等、和谐、共赢。

第二节　执政文化发展推动执政党建设

文化发展问题是20世纪80年代以来国内学术和文化研讨的热点问题，很多社会科学问题都可从文化视角切入并得以深究。例如，从文化视角看政治问题就形成了政治文化的研究领域。20世纪50年代，美国政治学家阿尔蒙德针对第二次世界大战后一些新获独立的民族国家模仿西方的政治模式但并未获得成功的事实，遂将研究的触角伸向政治现象背后的文化，于1956年在美国《政治学杂志》上发表的论文《比较政治体系》中提出了“政治文化”的概念。新时期以来，当学者们从文化视角看待中国共产党执政并提出共产党要实现从革命党向执政党转变时，这实际上就提出了一个从革命文化向执政文化的文化转型问题。因而，在现代民主政治前提下，执政文化是相对于革命文化而言的，是对一个政党通过合法途径进入国家权力机构并以该党的代表为主掌握国家权力机构以从事对整个国家公共事务进行治理所形成的文化的指称。基于这一理路，可以得出：作为马克思主义政党的中国共产党之执政文化就是中国共产党的代表在合法地进入和掌控国家权力机构前提下，以国家代表的名义行使国家权力、贯彻党的治国主张、处理全国的政治经济文化和社会事务，谋求和实现全国人民根本利益的治理行为文化。这一执政文化与执政党执掌政权密切相关，其结构研究所要解决的问题为特定执政党的执政文化是如何构成的，且执政文化随着执政党自身的发展而发展、随着执政党与外界环境之间的矛盾运动而不断完善。与执政文化的内涵相联系，执政文化主要具有三个特征：一是执政文化的主体是党组织的代表；二是执政文化是党的代表执掌和控制国家权力机构、行使国家权力、处理国家事务的行为文化；三是执政文化是党的代表以国家名义通过法律形式贯彻党的路线、方针、政策的文化。

执政文化发展是推动执政党建设的内在动力源泉，规定执政党执政的价值取向、决定执政党执政的具体实践。一个执政党为谁执政、靠谁执政、怎样执政，在履行执政使命、完善执政职能、巩固执政地位的实践中所担当的政治责任等都会从它的执政文化发展中表露出来。不同的历史时期，由于执政党所面临的政治任务不同，执政党所信守的执政文化也必然不同。而执政文化发展一旦成熟，它将贯穿于执政党全部的执政活动中，转化为执政党的路线、方针、纲领和政策。科学的执政文化发展，不仅是执政党发展的文化表征和全体党员的重要精神支柱，也是人民群众据以判断该党性质并决定支持和拥护的重要基础。当前，我们党的执政文化发展推动着党的自身建设，主要体现在思想和政治建设、组织和作风建设以及制度和廉政建设等方面。

一　执政文化发展推动执政党思想和政治建设

胡锦涛在2001年9月3日中央党校秋季开学典礼上的讲话中指出："坚持什么样的文化方向，推动建设什么样的文化，是一个政党在思想上的一面旗帜。"① 同样，坚持什么样的执政文化方向、发展什么样的执政文化，对于推动执政党思想和政治建设意义十分重大。

斯大林说过："组织统一只有建立在牢固的思想统一基础之上，那它才是不可动摇的。"② 科学的执政文化就是一面引导执政党前进的思想旗帜。中国共产党在领导中国人民治国理政的实践中，坚持把马克思主义执政理论与中国具体执政实践相结合，在批判继承中国几千年治国理政的合理经验、借鉴国外执政党有益思想，吸收国外、境外一些老党、大党、长期执政的党失误的执政教训基础上，形成了一系列适应时代要求和我国国情的执政文化。其中，马克思主义是我们党最基本的、处于核心位置的执政文化，我们党是在马克思主义基本原理指导下建立起来的。在第一个党章中就明确提出，中国共产党"采取苏维埃的形式，把工农劳动者和士兵组织起来，宣传共产主义，承认社会革命为我党的首要政策"③。中国共产党实现共产主义的伟大目标和全心全意为人民服务的价值取向，也源自马克思主义的基本要求。我们党在全国执政以后，要求全党特别是各级领导干部坚持立党为公、执政为民，坚持根据不同时期的实际而提出不同的治国理念和执政方略，要求始终以马克思主义作为我们党指导思想的理论基础和执政文化发展的价值内核。当前，执政文化发展推动党的思想建设是党的事业不断取得胜利的基本保证，是党具有强大创造力、凝聚力、战斗力的重要前提。执政文化发展需要通过党的思想建设来实现，而党的思想建设的根本则是科学执政文化的武装。对此，党的十七大报告指出："马克思主义只有与本国国情相结合、与时代发展同进步、与人民群众共命运，才能焕发出强大的生命力、创造力、感召力。在当代中国，坚持中国特色社会主义理论体系，就是真正坚持马克思主义。""全党同志要倍加珍惜、长期坚持和不断发展党历经艰辛开创的中国特色社会主义道路和

---

① 转引自中共中央党校研究室编《执政党建设十人谈》，中共中央党校出版社2001年版，第11页。

② 《斯大林全集》第11卷，人民出版社1958年版，第246页。

③ 中国革命博物馆：《中国共产党党章汇编》，人民出版社1979年版，第2页。

中国特色社会主义理论体系，坚持解放思想、实事求是、与时俱进，勇于变革、勇于创新，永不僵化、永不停滞，不为任何风险所惧，不被任何干扰所惑，使中国特色社会主义道路越走越宽广，让当代中国马克思主义放射出更加灿烂的真理光芒。”① 同时，执政文化发展推动党的思想建设，要重视用马克思主义与中国的实际和时代特征相结合的最新理论成果武装全党，既在全党深入持久地进行马克思主义的宣传教育，又用发展着的马克思主义执政文化指导新的执政实践，不断开拓马克思主义执政理论中国化发展的新境界。基于此，胡锦涛强调：“全党同志要全面把握科学发展观的科学内涵和精神实质，增强贯彻落实科学发展观的自觉性和坚定性，着力转变不适应不符合科学发展的思想观念，着力解决影响和制约科学发展的突出问题，把全社会的发展积极性引导到科学发展上来，把科学发展观贯彻落实到经济社会发展各个方面。”②

科学的执政文化也是推动执政党政治建设的一面旗帜。在马克思主义执政文化中国化最新成果的指导下推动党的政治建设，就是在社会主义条件下把党的领导、人民当家作主和依法治国有机统一，建设和发展社会主义民主政治。建设社会主义民主政治，最基本的是加强民主法制建设，即加强民主政治建设和法律法规制度建设；发展社会主义民主政治，建设社会主义法治国家，保证人民依法实行民主选举、民主决策、民主管理和民主监督，实现社会主义民主政治的制度化、规范化和程序化，巩固和发展民主团结、生动活泼、安定和谐的政治局面，这既是党建设和发展社会主义民主政治的基本内容，也是党的执政文化在治国理政上的重要实践反映。实际上，党的十六大以来，中国共产党中央领导集体以历史、开放、宏观、务实、前瞻的执政文化眼光推进社会主义政治建设，既强调中国特色、又提出要借鉴人类政治文明精华，并强调政治建设要与经济社会发展相适应，要回应民众期待、促进社会和谐；突出以科学发展观统领社会主义民主政治发展，巩固和发展人民代表大会制度、共产党领导的多党合作和政治协商制度、民族区域自治制度、基层群众自治制度；积极稳妥推进政治体制改革，把政治体制改革作为我国全面改革的重要组成部分，且随

① 胡锦涛：《高举中国特色社会主义伟大旗帜 为夺取全面建设小康社会新胜利而奋斗》，人民出版社 2007 年版，第 12 页。

② 同上书，第 18 页。

着经济社会发展而不断深化、与人民政治参与积极性不断提高相适应，我国社会主义政治展现出更加旺盛的生命力，不断推进着我国社会主义政治制度的自我完善和持续发展。这里要特别指出，我们党欲稳固执政地位、维护执政安全，不但需要以执政文化的民主化作先导，以执政文化的科学化作基础，还必须以执政文化的法治化作保障。因此，不仅要强化现代法治观念，还要用法律明确规范执政党与国家政权机关如国家权力机关、政府和司法机关的关系，更要从法律上建立和完善对执政党权力的监督网络，从而保证依法治国，真正从执政文化发展角度落实依法执政。

二　执政文化发展推动执政党组织和作风建设

江泽民指出："抓党的建设，首先要抓好党的思想政治建设，因为解决思想政治问题是做好其他各项工作的前提和基础。党的这个优良传统和重要经验，任何时候都不能丢。"① 其实，执政文化发展不仅推动执政党思想和政治建设，而且推动着执政党的组织和作风建设。党的十七大报告明确提出："以造就高质量党员、干部队伍为重点加强组织建设，以保持党同人民群众的血肉联系为重点加强作风建设……使党始终成为立党为公、执政为民，求真务实、改革创新，艰苦奋斗、清正廉洁，富有活力、团结和谐的马克思主义执政党。"② 在科学执政文化指引下，我们党自觉适应新形势和新任务的要求，坚持党要管党、从严治党的方针，不断加强自身建设，进一步纯洁党的队伍，增强党的战斗力和凝聚力，认真总结和积极探索党的组织和作风建设的新思路和新经验，从而使党的组织和作风建设在创新中不断向前推进。

党的组织是党赖以生存和发展的载体和依托，党的基层组织是党的全部工作和战斗力的基础。执政文化发展推动执政党组织建设，必须围绕中心、服务大局、拓宽领域、强化功能，不断扩大党的工作覆盖面；要以扩大党内民主带动人民民主，以增进党内和谐促进社会和谐；严格实行民主集中制，健全集体领导与个人分工负责相结合的制度，反对和防止个人或少数人专断；要建立健全中央政治局向中央委员会全体会议、地方各级党

---

① 江泽民：《论党的建设》，中央文献出版社2001年版，第435页。

② 胡锦涛：《高举中国特色社会主义伟大旗帜 为夺取全面建设小康社会新胜利而奋斗》，人民出版社2007年版，第50页。

委常委会向委员会全体会议定期报告工作并接受监督的制度，改革党内选举制度、改进候选人提名制度和选举方式；推广基层党组织领导班子成员由党员和群众公开推荐与上级党组织推荐相结合的办法，逐步扩大基层党组织领导班子直接选举范围，探索扩大党内基层民主多种实现形式。同时，要坚持党管干部原则，坚持民主、公开、竞争、择优，形成干部选拔任用科学机制；规范干部任用提名制度，完善体现科学发展观和正确政绩观要求的干部考核评价体系，完善公开选拔、竞争上岗、差额选举办法；扎实抓好党员队伍建设这一基础工程，坚持不懈地提高党员素质，加强干部选拔任用工作全过程监督，健全领导干部职务任期、回避、交流制度；要坚持正确的用人导向，按照德才兼备、以德为先、注重实绩、群众公认原则选拔干部，提高选人用人公信度；贯彻尊重劳动、尊重知识、尊重人才、尊重创造（简称“四个尊重”）的方针，坚持党管人才原则，统筹抓好以高层次人才和高技能人才为重点的各类人才队伍建设，进而创新人才工作体制机制、激发各类人才的创造活力和创业热情，为开创人才辈出、人尽其才新局面打基础。

党的作风是党的形象，是党的性质、宗旨、纲领、路线的重要体现，也是党的创造力、战斗力和凝聚力的重要内容。执政文化发展推动执政党作风建设，必须结合新的实际继承和发扬党的优良作风，坚决克服一切不适应党的事业发展要求、不符合人民根本利益的不良风气，同时总结新的实践经验，努力培育符合时代要求的新作风。实际上，执政文化发展推动执政党作风建设，核心问题是保持党与人民群众的血肉联系。我们党最大的政治优势是密切联系群众，党执政后最大的危险是脱离群众。因而，领导干部一定要讲党性、重品行、作表率，坚持全心全意为人民服务，真情关心群众疾苦、真诚倾听群众呼声、真实反映群众愿望，多为群众办好事、办实事、解难事，做到权为民所用、情为民所系、利为民所谋，以求真务实作风推进各项工作，多干打基础、利长远的事，进而以优良的党风促政风带民风。其实，“水可载舟，亦可覆舟”，民心的向背是检验党的创造力、凝聚力和战斗力的根本尺度，是党能否永葆生机和活力的试金石。基于此，要坚持立党为公、执政为民，坚持党的群众路线，发扬党的优良传统和作风，要着力解决党的思想作风、学风、工作作风、领导作风和干部生活作风方面的突出问题，将坚持谦虚谨慎、戒骄戒躁、艰苦奋斗，反对教条主义、形式主义、官僚主义、享乐主义，作为当前执政文化发展推动和加强党的作风建设的一项重要内容。

三　执政文化发展推动执政党制度和廉政建设

执政文化发展不仅推动执政党思想政治、组织作风建设，而且推动着执政党的制度和廉政建设。实际上，在科学执政文化引领下，我们党高度重视制度和廉政建设，提出："领导制度、组织制度问题更带有根本性、全局性、稳定性和长期性。这种制度问题，关系到党和国家是否改变颜色，必须引起全党的高度重视。""如果不坚决改革现行制度中的弊端，过去出现过的一些严重问题今后就有可能重新出现。只有对这些弊端进行有计划、有步骤而又坚决彻底的改革，人民才会信任我们的领导，才会信任党和社会主义，我们的事业才有无限的希望。"① "全党同志一定要充分认识反腐败斗争的长期性、复杂性、艰巨性，把反腐倡廉建设放在更加突出的位置，旗帜鲜明地反对腐败。坚持标本兼治、综合治理、惩防并重、注重预防的方针，扎实推进惩治和预防腐败体系建设，在坚决惩治腐败的同时，更加注重治本，更加注重预防，更加注重制度建设，拓展从源头上防治腐败工作领域。"②

在我们党的执政文化发展中，民主集中制是我们党的根本组织制度和领导制度，是保证党决策正确、行动有力的科学有效、操作便利的制度。《中国共产党章程》指出："民主集中制是民主基础上的集中和集中指导下的民主相结合。它既是党的根本组织原则，也是群众路线在党的生活中的运用。必须充分发扬党内民主，发挥各级党组织和广大党员的积极性、创造性。必须实行正确的集中，保证全党行动的一致，保证党的决定得到迅速有效的贯彻执行。"③ 当前，坚持和完善民主集中制要以保障党员民主权利为基础，以完善党的代表大会制度和党的委员会制度为重点，从改革体制、机制入手，建立健全党内民主制度；要按照集体领导、民主集中、个别酝酿、会议决定原则，完善党委内部议事和决策机制，进一步发挥党的委员会全体会议的作用；要坚决维护中央权威，保证中央的政令畅通。执政文化发展推动党的制度建设，对我们党的建设全局带有根本性、

---

① 《邓小平文选》第2卷，人民出版社1994年版，第333页。

② 胡锦涛：《高举中国特色社会主义伟大旗帜 为夺取全面建设小康社会新胜利而奋斗》，人民出版社2007年版，第55页。

③ 《中国共产党章程》，人民出版社2002年版，第25—26页。

指导性和长期性。民主集中制作为党的根本制度，规定和制约着党的其他一系列制度。为此，以坚持和完善民主集中制为重点加强党的制度建设，必须进一步改革和完善党的领导制度、工作机制和各项制度，通过推进制度创新逐步建立健全一整套保障民主集中制贯彻执行的具体制度，使党的事业和党的建设在制度化、规范化和科学化轨道上运行。一要积极推进党的自身建设制度创新。必须推进党内教育制度的创新，进一步健全党员特别是领导干部各类学习、教育、培训制度以及党内思想政治工作制度，努力建设学习型政党，提高全党同志理论思维能力和战略思维水平；必须推进党内管理制度创新，进一步完善能涵盖党的全部活动以及党员思想、工作和生活作风，既有时代特点又有约束作用的管理制度体系；必须推进党内监督制度创新，进一步强调党内监督制度，并使党内监督同群众监督、舆论监督、法律监督有效衔接起来。二要积极推进党领导人民治理国家的各项制度创新，真正实现“科学执政、民主执政、依法执政”的执政文化方式发展。按照总揽全局、协调各方原则，完善党的领导体制，充分发挥人大、政府、政协以及人民团体和其他方面的作用；推进依法治国，把党对国家和社会生活的领导纳入法制化轨道；改革和完善党的工作机构和机制，推进决策科学化、民主化。三要积极推进社会生产、生活及其管理制度创新，更好地贯彻“立党为公、执政为民”的价值取向。社会生产、生活及其管理各项制度能否通过创新而获得优化，直接关系着中国先进生产力、先进文化能否得到更快发展，关系着中国最大多数人的根本利益能否得到有效维护和实现。党要切实贯彻“立党为公、执政为民”的执政文化发展要求，就必须全方位地推进在社会生产、生活及其管理上的制度创新。

在我们党的执政文化发展中，廉政建设是一贯的政治倡导。廉政就是政治上的廉洁清明，就是党的各级机关及其工作人员在执行各项公务活动中正确运用人民赋予的权力，遵纪守法、廉洁奉公，不以权谋私、不贪赃枉法、不奢侈浪费，全心全意为人民服务。《中国共产党章程》明确规定：“党坚持标本兼治、综合治理、惩防并举、注重预防的方针，建立健全惩治和预防腐败体系，坚持不懈地反对腐败，加强党风建设和廉政建设。”① 当前，加强廉政建设、预防和解决腐败问题是执政文化发展推动

① 虞云耀主编：《十七大党章学习讲话》，中共中央党校出版社2007年版，第7页。

执政党廉政建设面临的重大问题，已经引起我们党的高度重视。“党风廉政建设与反腐败斗争关系党和国家的生死存亡。”① 实际上，我们党一向重视反腐倡廉工作，纪律检查部门有着自己优良的传统，积累了许多成功经验，我们要在坚持和发扬光大的同时，进一步建立健全与社会主义市场经济体制相适应的教育、制度、监督并重的惩治和预防腐败体系。为此，一要坚持治标与治本相结合，加大从源头上预防和治理腐败的力度。加强廉政建设必然开展反腐败斗争，而反腐败斗争必须坚持标本兼治、综合治理的方针，既加强治标、坚决打击腐败分子，又逐步加大治本力度、从源头上防治和治理腐败。一方面，要充分认识查办案件工作在反腐败中的重要作用，继续加大查办违纪违法案件的力度，遏制其蔓延势头；在查办案件中，执纪执法机关要密切配合，形成办案合力。另一方面，要针对易滋生腐败现象的关键部位和薄弱环节，推进体制机制和制度创新。当前，在重点抓好深入开展行政审批制度改革、继续推进财政管理体制改革和加快干部人事制度改革步伐等三项改革的同时，还要在制定经济、社会、文化发展政策，出台重大改革措施，制定法律、法规和规章中把反腐倡廉作为有机组成部分考虑进去，通过改革体制机制和制度逐步拓宽遏制腐败的领域。二要发展民主和强化监督，努力推进党风廉政建设法制化。加强廉政建设、深入开展反腐败工作要在党的领导下发展社会主义民主，进一步拓宽监督的渠道。事实上，发展社会主义民主是加强对权力监督的前提和基础。历史和现实表明，发展社会主义民主首先是发展党内民主，发展党内民主则必须坚持民主集中制原则。要建立健全并严格遵守党的民主集中制的各项具体制度，坚持和完善党内政治生活的各种准则；要进一步发挥党的代表大会、党的地方各级委员会全体会议和党的纪律检查委员会的监督作用；要高度重视各级领导班子建设，特别要研究解决对高中级干部的监督问题，重点对党政领导班子和主要负责人加强监督；要建立健全党内民主监督程序和制度，推行领导干部经济责任审计制度，实行领导干部定期报告工作和廉洁从政情况的制度，推行质询制度和民主评议制度，健全和完善巡视制度等，为党内监督提供制度保证。同时，要进一步制定和完善党风廉政法规制度，逐步形成符合中国国情的较健全的廉政建设法律体系；要建立健全依法行使权力的制约机制和监督机制，健全执纪执法机

---

① 江泽民:《论党的建设》，中央文献出版社 2001 年版，第 461 页。

构，保证其依纪依法对领导干部及其工作人员进行监督、检查；要及时揭露并依法查处各种违法乱纪行为，提高国家工作人员廉洁从政的素质和公民依法监督的自觉性。三要加强党性党纪和廉洁从政教育，筑牢抵御腐蚀的思想道德防线。古人云："修身为本"、"德教为先"，提倡是非明于学习、名节源自理性。针对领导干部在思想作风、学风、工作作风、领导作风和生活作风方面的突出问题，开展党性党风党纪教育是非常必要的。教育领导干部保持和发扬艰苦奋斗的优良传统，以身作则，认真执行廉洁从政行为准则，以良好的党风政风推动社会风气的好转；引导领导干部牢固树立马克思主义的世界观、人生观、道德观、价值观，树立正确的权力观、地位观、政绩观、利益观，增强拒腐防变能力。同时，要加强从政道德修养和纪律教育，弘扬延安精神、坚持"两个务必"，做到"八个坚持、八个反对"，常修为政之德、常思贪欲之害、常怀律己之心；要完善反腐倡廉"大宣传"工作格局，调动各有关方面的积极性，形成教育合力、丰富教育内容、创新教育方式，使各项活动更加体现时代性、把握规律性、富于创造性；要大力推进廉政文化建设，努力形成有利于党员干部尤其是领导干部廉洁从政的良好氛围。

第三节　执政党建设促进执政文化发展

执政党建设和执政文化发展是相辅相成的，即执政文化发展推动执政党建设，执政党建设又促进执政文化发展。或者说，执政党本身就是一定执政文化发展的产物，又反过来不断地更新和超越原有的执政文化。其实，任何执政党建设都有其相应的文化底蕴。执政文化发展是执政党建设的内在动力，执政能力的加强和水平的提高则是执政文化发展的实现标志。一个执政党一旦有了执政文化发展自觉性就能形成执政党建设无穷无尽的生命力、凝聚力和创造力。这样，一个用先进文化武装起来的执政党，即使它在地理环境和自然资源等方面暂时处于不利的位置，即使它在现代化进程中起步较晚，通过加强执政党建设也依然能奋起直追、后来居上，推动执政文化发展。这就表明，加强执政党建设促进执政文化发展很重要。

实际上，加强执政党建设和管理比没有执政的政党要艰难得多。任何执政党在其执政过程中都要为自己所代表的阶级、阶层做出最富有价值意义的选择，都要在实践过程中不断规范行为、调整执政目标，进而提出自己特有执政环境中的执政理念、执政使命、执政体制、执政方略和执政方式等，形成区别于其他政党的文化发展系统。中国共产党也不例外，而且由于中华民族几千年传统文化背景、中国共产党自身的革命文化背景以及六十余年执政的社会主义建设文化背景，就使中国共产党的执政文化发展更具特色。具体来讲，执政文化发展从类型上看，主要包括执政理念文化发展、执政行为文化发展和执政制度文化发展等三个方面。显然，我们执政党建设促进执政文化发展，也可从这三个方面来展开。

一　执政党建设促进执政理念文化发展

执政理念文化属于政治意识形态的范畴，是政治意识形态中围绕一个执政党对执政的宗旨、目的和任务以及为实现这一任务而制定和实施的执政方针、执政手段等执政认知总体上所反映出来的思想文化特征。执政理念文化一经形成就既可规约统治阶级，也可整合被统治阶级。历史上执政理念文化大体发生了三次重大转折。第一次转换是从“神意”型执政理念文化向“君命”型执政理念文化转化，即由听信神的旨意的原始治理意识形态转向听从集权君主的等级政治意识形态；第二次转换是从“君命”型执政理念文化向“资本”型执政理念文化转向，即由听从集权君主的等级执政理念文化转向听从掌握资本的富人的资本执政理念文化；第三次转换是从“资本”型执政理念文化向“人本”型执政理念文化的转移，即由听从掌握资本的富人转向听从人民意愿的人本执政理念文化时代。在当今和平与发展成为时代主题的条件下研究执政党建设，其中一个重要内容就是研究执政党建设促进执政理念文化发展问题。站在历史的高度来看待中国共产党执政的基本经验，我们不难发现执政党建设促进执政理念文化发展经历了一个不断创新升华的过程。具体来说，我们党在加强自身建设中，其执政理念文化的发展经历了三次大的转变，这就是从夺取政权的革命理念文化向执掌政权的建设理念文化的转变，从以阶级斗争为纲的斗争理念文化向以经济建设为中心的发展理念文化的转变，从传统的发展理念文化到科学发展和构建和谐社会理念文化的转变。[①] 实际上，执政党建设促进执政理念文化发展，集中反映了执政党为谁执政、靠谁执

---

① 转引自覃正爱《执政能力与执政理念》，湖南人民出版社 2005 年版，第 14 页。

政、怎样执政的观点和看法，是执政党根据不同历史时期的不同执政实践要求而提出的一系列文化发展观念的集合反映，规定着执政党执政理念的价值取向、决定着执政党执政实践方向和路径。在执政党建设过程中，一定的执政理念文化发展一旦形成，它将贯穿于执政党的全部执政活动中并转化为执政党的路线、纲领、方针和政策，反过来又推动执政党建设。对于我们党而言，加强执政党自身建设促进执政理念文化发展必须坚持和发展马克思主义，努力贯彻落实科学发展观并根据执政党执政实践来不断促进执政理念文化发展。

首先，执政党建设促进执政理念文化发展必须坚持和发展马克思主义。世界上任何一个国家的执政党，其指导思想都是自己最根本的执政理念文化。中国共产党以马克思主义作为自己的指导思想，因而加强党的建设促进执政理念文化发展，必须坚持和发展马克思主义。之所以如此，“因为马克思主义是科学”①，它是由马克思、恩格斯创立并由其后各个时代、各个民族的马克思主义者不断丰富和发展的科学理论体系，它的产生在人类思想史上树起了前无古人的不朽丰碑。同时，“理论与实践的统一，是马克思主义的一个最基本的原则”②。“我们必须坚持解放思想、实事求是、与时俱进，从理论和实践的结合上不断研究新情况、解决新问题，做到自觉地把思想认识从那些不合时宜的观念、做法和体制的束缚中解放出来，从对马克思主义的错误和教条式的理解中解放出来，从主观主义和形而上学的桎梏中解放出来，不断有所发现、有所创造、有所前进。”③ 这既是对马克思主义执政党发展史基本经验的总结，也是对我们坚持和发展马克思主义所提出的根本要求。当前，我国社会正发生着深刻的历史变革，在社会主义意识形态得到坚持和发展的同时，社会生活多样多变的特征日益凸显，各种思想观念相互交织相互影响相互激荡，现代社会生活多样化引发人们的思想活动具有更多的独立性、选择性、多变性和差异性。这种状况，既有利于激发执政党的进取精神和创造活力，又对如何统一全国人民的思想意志，保证我国改革开放和社会主义现代化建设的正确方向提出挑战。为此，只有坚持和发展马克思主义，才能更好地加强

① 《邓小平文选》第3卷，人民出版社1993年版，第382页。

② 《毛泽东文集》第7卷，人民出版社1999年版，第90页。

③ 胡锦涛：《在“三个代表”重要思想理论研讨会上的讲话》，人民出版社2003年版，第27—28页。

执政党建设并有效整合各种利益诉求和价值观念，在全党中形成强大凝聚力和共同意志，从而促进执政理念文化发展。

其次，执政党建设促进执政理念文化发展必须努力落实科学发展观。作为执政的中国共产党人，每一代都在根据自己所处的历史方位提出和发展着相应的执政理念文化，用以规范全党执政行为，表达自己执政理念文化价值。当前，我们党从巩固党的执政地位出发，不但强调增强其执政理念意识的极端重要性，而且在科学判断党的历史方位的基础上，发展了中国共产党三代领导集体的执政理念文化，推进了中国共产党执政实践的健康和谐发展，实现了我们党执政理念文化发展的一个飞跃。因为科学发展观是我们党对我国经济社会发展一般规律认识的深化，是马克思主义关于发展的世界观和方法论的集中体现；它把人类社会的发展看成是生产力和生产关系、经济基础和上层建筑、社会生产各个部类、各个地域、各个方面，人与社会、当代与后代等彼此相互联系、相互促进、不可分割的过程，丰富发展内涵、创新发展观念、开拓发展思路、破解发展难题，在发展道路、发展模式、发展战略、发展策略、发展目的、发展要求和发展动力等方面提出了一系列新的观念和主张，进一步深化了我们党执政理念文化对发展问题的认识。同时，科学发展观反映了我们党已经把握当今世界最新的发展理念，顺应了当代发展的潮流，是对人类社会发展经验的深刻总结和高度概括。因而，科学发展观要求我们党要以战略的视野、前瞻的眼光创新发展模式、健全发展机制、提高发展质量，努力实现经济与社会、人与自然的全面发展和良性互动，促进执政理念文化科学发展。

最后，执政党建设促进执政理念文化发展必须根据执政实践的需要来不断促进。在推进执政党建设过程中，随着中国共产党执政实践的不断深入和执政经验的不断积累，我们党的执政理念文化也在不断发展。这种发展，既体现为对自己执政宗旨的表述更加科学，更加贴近生活、贴近民心、贴近实际，又体现在我们党在具体领域的具体执政理念文化更具发展性，更在随着时间、条件的变化而变化，体现出党对自身建设内容的革故鼎新以及党根据时代的发展和面临任务的变化而在纲领、路线、方针、政策等方面的适时适度调整。在不同历史时期由于面临不同的形势，具体的执政理念文化的侧重点也各不相同。当前，我们党领导全国各族人民正处在全面建设小康社会、加快推进改革开放和社会主义现代化建设的新阶段，需要进一步强化和发展诸如执政为民、以人为本、执政安全等执政理念文化。实际上，“立党为公、执政为民”是我们党执政理念文化发展的核心和精髓，它集中回答了我们党“为谁执政、靠谁执政、怎样执政”这一根本问题。其中“为谁执政”就是要为人民执政，全心全意为人民谋取利益；“靠谁执政”就是要靠人民执政。我们党最大的政治优势是密切联系群众，党执政后最大的危险是脱离群众。工人、农民和知识分子是发展中国特色社会主义事业的根本力量，新的社会阶层的人员也是中国特色社会主义事业的建设者，都是我们党执政的依靠力量；“怎样执政”就是我们党的各项工作都要从根本上有利于保证人民当家作主，都要把实现好、维护好、发展好最广大人民的根本利益作为出发点和落脚点，把人民拥护不拥护、赞成不赞成、高兴不高兴、答应不答应作为根本衡量标准。以人为本，是我们党以马克思主义理论为指导，抓住人是全部人类活动和全部人类关系的本质与基础这个根本，从党和国家事业发展的全局出发而提出的重要执政理念文化思想，深刻揭示了共产党执政的本质和目的，是对党的执政理念文化的重大创新，有利于进一步密切党同人民群众的血肉联系，夯实共产党执政的根基，自觉有效地把促进人的全面发展作为党执政兴国的根本目的。执政安全作为执政党执政体系处于稳健良性运行以及可与时俱进状态的指称，包括执政党执政体系在某个时点上没有危险和执政党为了确保其执政体系的安全稳定和意识形态的指导地位、维护执政体制、巩固执政基础并实现与时俱进所采取的一切措施，目标是维护执政党的执政体制和意识形态原有的基本结构和性质，及时有效地解决社会张力，消除不安定因素，保证执政体系的秩序性、规范性和连续性。在新世纪新阶段，我国作为共产党执政的社会主义大国，执政安全应建立在国家安全、政治安全、军事安全、经济安全、文化安全、科技安全和信息安全等整体因素之上，具体包括稳定和发展两个基本层面：“稳定”主要强调执政安全的“外在”定性，“发展”主要指执政党执政安全的“内在”定性。我们党的执政实践表明，实力是硬道理，发展是第一要务。我们要以执政安全为前提，以科学发展为目的，在安全中促发展、在发展中保安全。① 因此，只有固基础、厚实力、旺活力，亿民一心、众志成城，形成强势权威、强势政党，自觉做到要居安思危、增强忧患意识，才能实现真正意义上的执政党执政安全。

---

① 徐晨光：《执政党执政安全研究》，红旗出版社 2003 年版，第 10—11 页。

二　执政党建设促进执政行为文化发展

执政行为属于政治行为文化学的范畴，是执政党执政理念文化的直接或间接之动态表现，是关于执政党在特定利益基础上围绕执政权力的获得和运用而展开社会活动所形成的行动文化之总称。按照列宁的解释，政治行为文化是由“政治活动的性质、方向和方法”构成的、由特定的政治主体采取的[①]。因而，与之相对应，执政行为文化有执政行为文化的性质、主体、方向和方式四个要素。执政行为文化的性质既受执政党执政关系性质及其内在矛盾的支配和作用、又受一定生产力发展水平所制约，它以特定利益基础上的执政权力和权利主体为物质承担者，其方向是执政行为文化主体的行为动机与该行为文化实行的客观环境的统一，因之，这一文化方向既会有执政党的主观动机和施政理念、又受到客观环境和外在条件的制约；执政行为文化的方式即执政行为文化模式，是由社会政治关系、执政制度和具体执政行为文化等要素共同构成的复杂方法系统。世界近现代执政党发展史表明，研究执政党建设以促进执政行为文化发展，具有重大的理论和实践意义。江泽民指出：“采取正确的领导方式和领导方法，是我们党作为马克思主义执政党，作为带领人民紧跟时代潮流、不断开拓前进的执政党，必须具备的能力。”[②]“我国的现代化建设是在复杂多变的国际环境中进行的，既面临着良好的历史机遇，又面临着严峻的挑战。在国内，我们又处在一个继往开来的关键时期，在前进的道路上不可避免地会遇到很多前所未有的新矛盾、新问题。我们党是我国社会主义现代化建设的坚强领导核心。实现跨世纪的宏伟目标，关键在于我们党。在新的历史条件下和新的国内外环境中，努力保持我们党的工人阶级先锋队性质，不断增强党的凝聚力和战斗力，切实提高党的执政水平和领导水平，这是决定社会主义在中国巩固和发展的根本问题。只有坚定不移地坚持党的领导，加强党的建设，才能牢固地团结全国各族人民，抓住时机解决中国的发展问题，战胜一切困难，把建设有中国特色社会主义的伟大事业不断推向前进。”[③]

---

① 参见《列宁全集》第 11 卷，人民出版社 1987 年版，第 6 页。

② 江泽民：《论党的建设》，中央文献出版社 2001 年版，第 484—485 页。

③ 江泽民：《论加强和改进执政党建设（专题摘编）》，中央文献出版社、研究出版社 2004 年版，第 180 页。

基于此，执政党建设促进执政行为文化发展，首先要明确执政行为文化的任务和职能。马克思主义社会主义学说认为，人类社会的发展是先进生产力不断取代落后生产力的历史进程，社会主义的根本任务是解放生产力、发展生产力。因而，执政党最根本的任务就是要运用手中权力去推动社会生产力的发展，这就“必须把发展作为党执政兴国的第一要务”①。“第一要务”观的确立，表明我们党在认真总结执政实践经验的基础上走上了以发展为己任、以兴国为目标、以富民文明和谐为取向的正确执政行为文化发展轨道，顺应了历史潮流和时代发展逻辑。历史唯物论认为，社会生产力发展是人类社会进步的根本动力，经济发展是人类社会发展的基础。当然，社会发展不仅包括经济文明的发展，还包括政治文明、精神文明和生态文明的发展。党的十六大报告提出全面建设小康社会的目标，不但包括使人民的物质生活更加殷实、富足，还包括使人民的政治、经济、文化权益得到切实尊重和保障，使人民的思想道德责任、科技文化素质和健康素质明显提高，促进人的全面发展，促进人与自然的和谐共处。执政职能一般表现为缓和矛盾、化解纠纷、协调利益、整合力量，是执政党执政行为文化发展中依据政党中心任务的转变而转变的。党的十一届三中全会以来，我们明确了经济建设的中心任务，对自身的执政职能进一步明晰，即在发展经济的过程中解决社会矛盾、化解纠纷，通过允许一部分地区一部分人先富起来，做大社会财富的蛋糕，夯实执政的物质基础，并由此协调利益、整合力量，推动经济社会文化的进一步发展。在新世纪新阶段，要根据全面建设小康社会的要求和进展，统筹安排、协调推进各项改革，要把改革的力度、发展的速度和社会可承受的程度有机统一起来，把不断改善人民群众的生活作为处理改革、发展与稳定的重要结合点。这就要求党在执政行为文化发展中必须增强民意反映和利益整合功能，完善深入了解民情、充分反映民意、广泛集中民智、切实珍惜民力的决策机制，从而正确把握各项改革的出台时机和推进力度；加强社会矛盾调控、化解功能，把社会发展的需要和可能结合起来，抓住经济、政治、文化生活中的主要矛盾和矛盾的主要方面，合理确定改革发展的目标；特别是通过深化分配制度改革，健全社会保障体系，正确反映和兼顾群众不同方面的利

---

①　江泽民：《全面建设小康社会开创中国特色社会主义事业新局面》，人民出版社 2002 年版，第 13 页。

益，从而理顺人民群众的情绪，真正实现在社会稳定中推进改革发展，通过改革发展促进社会稳定。鉴于此，党的十六大明确提出要“尊重劳动、尊重知识、尊重人才、尊重创造”，形成与社会主义初级阶段基本经济制度相适应的思想观念和创业机制；营造鼓励人们干事业、支持人们干成事业的社会氛围，放手让一切劳动、知识、技术、管理和资本的活力竞相迸发，让一切创造社会财富的源泉充分涌流，以造福于人民。[①] 党的十七大在此基础上又有所发展，提出“一定要刻苦学习、埋头苦干，不断创造经得起实践、人民、历史检验的业绩；一定要加强团结、顾全大局，自觉维护全党的团结统一，保持党同人民群众的血肉关系，巩固全国各族人民的大团结，加强海内外中华儿女的大团结，促进中国人民同世界各国人民的大团结，为战胜一切艰难险阻、推动党和人民事业取得新的更大胜利提供强大力量”[②]。

其次，执政党建设促进执政行为文化发展要把握执政行为文化的系统要求。从系统论的观点看，执政党执政行为文化贯穿于执政党执政活动的始终，是一个动态的系统过程。在执政党执政行为前期主要表现为领会、预测、计划，在执政行为过程中主要表现为贯彻、组织、创新，在执政行为后期主要表现为评估、调整、总结。三个阶段，前后相连又相对独立，共同形成执政行为文化发展系统。其中执政行为前期的“领会”，主要指执政党各级干部运用已有的纲领、路线、方针、政策等知识信息及其实践技能去理解党中央及上级党务部门的决策精神，由此开展阅读、认知和诠释等活动；“预测”则指因有准确的判断力和敏锐的辨别力而能洞烛先机、制定科学对策、化被动为主动，从而把所掌握的信息作为重要的决策参数以带动整个经济社会快速发展；所谓“计划”，《辞源》中解释为“谋虑”，包括主体、目标、手段、时限四个要素，这里指执政党各级干部执行中央决议和上级决策时事先对执政行为及其目的的谋划，以把执政行为责任细化并落实到每一个党员干部。执政行为过程中的“贯彻”，就是把嘴上说的、纸上写的、会上定的变为具体行动、实际效果的过程。正

① 江泽民：《全面建设小康社会开创中国特色社会主义事业新局面》，人民出版社 2002 年版，第 15 页。

② 胡锦涛：《高举中国特色社会主义伟大旗帜 为夺取全面建设小康社会新胜利而奋斗》，人民出版社 2007 年版，第 56—57 页。

如邓小平所说，世界上的事情都是干出来的，不干，半点马克思主义都没有。① 这里说的“干”就是“实践”、“贯彻”。因而，只有出力，理念才能化为现实；只有大干巧干，理论才能尽早发挥效用。执政党执政行为文化发展的体现，要贯彻在行动中、落实在岗位上，真正体现在每天想的、做的都是为人民群众办实事、解难事上。“组织”就是指党的各级干部在执政活动中正确运用执政权力，协调内部结构和关系，合理调动、利用、配置和开发各种执政资源，以高效实现执政目标的过程。“创新”是人的知识、技能、智力及智慧的统一与综合应用，比普通行为具有更高的要求、更强的能级和更快的效率，是衡量历史进步和文明发展的基本尺度。这种创新，是党的干部智力开发和执政行为文化发展的高级形式，一般体现为准备、顿悟和实证三个阶段。执政行为后期中的“评估”，是指对各种执政决策、行为绩效运用特定方法进行衡量、分析和比较的总称，即对决策及行为的科学性、可行性及实施后的社会效益进行综合分析。应该说，对党的组织和干部的执政绩效进行评估是衡量党的干部执政行为得失的标尺以及改善党的干部素质和提高领导水平的重要环节，既是正确使用与科学培训干部的基本依据，也是对党的干部执政行为进行民主监督的有效途径。因而，评估不仅是一项严肃、复杂行为，而且也是一项意义重大的工作。“调整”是执政党对执政行为中存在的问题予以改正，存在的不足予以提高充实，使执政行为文化更趋圆满的过程。“总结”就是对成功经验进行概括和对失误教训进行反思的指称，它既是促进执政行为文化发展的重要环节，也是我们党执政行为文化发展的一贯做法。邓小平指出：“我们的中央，按照马克思列宁主义的原则，认真地总结经验，开展批评和自我批评，发扬成绩，修正错误。这样做，照列宁的话说，就是一个郑重的党的标志。我们党是合乎这个标准的。”② 党的十一届三中全会以后，陈云认为：“过去我们鼓励大家，不要卑视自己，要勇敢前进，破除迷信，发扬积极性和创造性，这是完全对的，而且以后仍然要这样鼓励大家。但是，必须看到我们现在的本领还不大，应该小心谨慎地前进，并在前进中随时总结经验，这是提高自己的重要方法。”③ 正是由于我们党善

① 参见徐珂《政府执行力》，新华出版社 2007 年版，第 62 页。

② 《邓小平文选》第 1 卷，人民出版社 1994 年版，第 298 页。

③ 《陈云文选》第 3 卷，人民出版社 1995 年版，第 108 页。

于科学总结且对于世情、国情和党情以及社会主义本质与根本任务有了更加清醒的认识，才对我们党制定纲领、方针、政策的历史坐标、价值尺度有更加明确的把握，对于改革开放和中国特色社会主义现代化的思路有新的自觉。在此过程中，我们党对自身定位也更加全面和准确，从而在实践中促进党的执政行为文化更好地发展。

三　执政党建设促进执政制度文化发展

执政制度文化属于政治制度文化学的范畴，是执政党执政理念文化、执政行为文化的制度化表现形态，是关于执政党各级组织及其党员必须遵循的办事规程和行为准则的文化即执政党行为规范文化的总称，主要包括领导制度文化、组织制度文化、工作制度文化和生活制度文化及其多个具体制度文化等内容。之所以执政党建设能促进执政制度文化发展，是因为通过执政党执政制度文化建设，有利于调节党内关系、指导党内生活、规范领导行为，使党的活动更加符合党的发展规律和党的根本组织规律——民主集中制的要求，保证党的事业顺利发展。从历史的角度看，强调制度文化发展的重要性也是对我们党历史经验教训的科学总结。回顾党的历史，大体上从一大到六大，党的制度文化建设和发展主要是抓党章这一党的根本法规的制定和修改，党的七大期间抓了基本制度文化和具体制度文化的建立。党的十一届三中全会以来，我们党在深刻总结历史经验教训特别是“文化大革命”深刻教训的基础上，作出把思想建设和制度建设结合起来的重大决策，走出一条不搞政治运动而靠改革和制度文化建设的新路子，逐步建立起一套与我国社会政治生活相配套、与国家制度相衔接的党的制度文化体系，推进了党的政治生活的民主化和制度化。具体地说，要从严治党、严守党纪，全党各级组织和全体党员干部都要做到严格按照党章办事，按照党的领导制度、党内政治生活准则和党的各项规定办事，在政治上同党中央保持一致，保证中央的政令畅通；进一步加强和完善党组织的领导和决策制度，健全党对人大、政协、政府以及其他方面的领导体制，推进党内民主的制度化、规范化；民主集中制是我们党的根本组织制度和领导制度、也是根本的组织纪律，各级党委务必认真执行党委会的工作规划，做到集体领导、民主集中、个别酝酿、会议决定；积极稳妥地进行干部制度改革，主要是在干部的选拔、考核、任用、交流、监督等方面建立起更加完善的制度，以不断培养和造就党的各级优秀干部；决定干部人事任免必须严格执行《党政领导干部选拔任用工作暂行条例》、《中国共产党党员领导干部廉洁从政若干准则》（试行）、《深化干部人事制度改革纲要》等有关制度和规定。此外，党的各级领导机关和工作部门都要建立、健全和完善规范的工作机制，以确保党的各项规章制度的贯彻落实。

执政党建设促进执政制度文化发展，首先要强化执政制度文化意识、发展执政制度文明。一是强化执政制度文化意识。在执政党建设过程中，多少都有一些执政制度文化发展的内容，但也存在一个相当悖谬的现象就是：一方面有着浓厚的执政制度文化神化的氛围；另一方面执政制度文化意识又极其淡漠。为此，既要杜绝把这一制度文化作为某些党员干部实现其超越其他群众利益工具的观念，又要明确在既定执政制度文化环境和对象中不存在任何超越执政制度文化之上、游离执政制度文化之外的特殊党员干部。二是发展执政制度文明。判断一个执政党执政制度文明程度的标准在于该党能否有效促进社会生产力的发展、能否合理调控和规范党员的社会关系和行为方式，生活于该党中的党员干部的积极性和创造力发挥程度的高低，该党自身的全面进步和自由发展状况如何。为此，一要能适应现阶段的社会生产力发展水平，反映社会生产力发展趋势；二要与基本国情相适应、能充分体现当代政党政治文明的一切有益成果；三要始终坚持以人为本，不仅促进现阶段人的发展需要，还要促进人的自由而全面发展。因此，在执政党建设促进执政制度文化发展进程中，一定要做到马克思所说的："必须推翻那些使人成为被侮辱、被奴役、被遗弃和被蔑视的东西的一切关系"①，从而"把人的世界和人的关系还给人自己"。②

其次，执政党建设促进执政制度文化发展要注重优化执政制度文化发展的有效措施。在执政党建设过程中，推进执政制度文化发展必须探索执政制度文化建设与党的其他各项建设的结合点，不断建立健全党内各项制度，提高执政制度文化的权威性和严肃性并吸收借鉴其他政党的有益成果，努力实现我们党党内生活的规范化和制度化。为此，一要把执政制度文化建设与党的其他各项建设有机结合起来，健全和完善以民主集中制为中心的党内各项制度。党的十六大报告指出，加强和改进党的建设，"一

---

① 《马克思恩格斯选集》第1卷，人民出版社1995年版，第10页。

② 《马克思恩格斯全集》第1卷，人民出版社1956年版，第443页。

定要把思想建设、组织建设和作风建设有机结合起来，把制度建设贯穿其中，既立足于做好经常性工作，又抓紧解决存在的突出问题”①。这就表明，执政党发展执政制度文化的方向是把制度建设与党的政治建设、思想建设、组织建设和作风建设有机结合起来，而结合的关键点和着力点是立足于经常化和制度化，把从严治党的方针落实到党的建设各个方面和环节之中，建立起一整套管用、有约束力的常规常法，用有形的规章制度来体现无形的优良传统和作风。同时，执政党执政制度文化发展是一项复杂的系统工程，必须紧紧抓住健全和完善民主集中制这个中心，建立起各方面的具体制度，以形成一个完整、配套的制度化网络体系。作为中国共产党最重要的制度，民主集中制贯穿于党的组织和党的活动各个方面。因而，发展执政党执政制度文化，最主要的就是坚持和完善民主集中制这个根本制度，党的执政制度文化体系的建立，首要的也是健全和完善以民主集中制为中心的各项基本制度和具体制度。二要提高执政制度文化的权威性和有效性。党的十一届三中全会以来，我们党在政治、思想、组织、作风建设等方面制定了许多规定、条例和细则，这些制度文化在党建实践中发挥了积极作用，但执政制度文化的贯彻及其实行还不尽如人意。造成这一状况的原因除了制度文化本身存在着可操作性、程序性方面的问题外，从贯彻执行和监督检查方面来看也存在问题。因此，提高执政制度文化的权威性和有效性，除完善和发展执政制度文化本身的体系外，尚须在转变观念、从严执纪和从严监督等方面下功夫。三要大胆借鉴其他政党的有益成果。当今时代，由于各国的国情不同，世界上不可能只有一种文明、一种社会制度、一种政党体制。各国文明的多样性是人类东西方文明发展的动力，各国政党的多样性也是政党发展的动力。各国文明相互学习、相互借鉴，在竞争比较中取长补短，在求同存异中共同发展，这是人类发展前进的规律，也是政党发展前进的规律。在执政党建设促进执政制度文化发展中，我们党既要发挥自身优势，坚持党的根本制度不动摇，又要认真借鉴其他政党的某些体制和具体机制。邓小平指出，改革和完善党和国家领导制度和其他制度，“这需要认真调查研究，比较各国的经验，集思广益，提出切实可行的方案和措施”。②“我们说资本主义社会不好，但它在发现

① 《中国共产党第十六次全国代表大会文件汇编》，人民出版社2002年版，第48页。

② 《邓小平文选》第2卷，人民出版社1994年版，第336页。

人才、使用人才方面是非常大胆的。它有个特点，不论资排辈，凡是合格的人就使用，并且认为这是理所当然的。从这方面来看，我们选拔干部的制度是落后的。”① 在南方谈话中，他进一步强调：“社会主义要赢得与资本主义相比较的优势，就必须大胆吸收和借鉴人类社会创造的一切文明成果，吸收和借鉴当今世界各国包括资本主义发达国家的一切反映现代社会化生产规律的先进经营方式、管理方法。”② 因此，在执政党建设促进执政制度文化发展中吸收借鉴比我们党诞生早一二百年的外国政党制度文化的有益成果，等于站到了他人的肩上，既吸收了其苦苦探索而得到的精华，又从更高、更远的角度来看问题，这既缩短了我们党探索的历程，又拓宽了视野和思路，从而有助于加快我们党执政制度文化发展的步伐，有利于我们党学习世界各国尤其是发达资本主义国家执政制度文化发展的经验和智慧，从而促进我们党在科学社会主义指引下执政制度文化顺应历史潮流向前发展。

---

① 《邓小平文选》第2卷，人民出版社1994年版，第225页。

② 《邓小平文选》第3卷，人民出版社1993年版，第373页。

第二章　现实的强音:网络文化促进党的执政能力建设

坚持和发展中国特色社会主义，关键在党、关键在人。伴随网络而生的网络文化的兴起，不仅改变着人类世界的生存方式、实践方式和交往方式，而且由此所形成的现实强音——网络文化对传统政治哲学的巨大冲击，正日益促进着执政党的执政能力建设。从发展政治哲学角度讲，这一网络文化作为执政党网络生活基础的精神升华，其基本内容和形式必然会随着网络技术的发展而发生种种政治哲学反思。网络技术的迅猛推进和网络文化的即时传输等合理性价值蔓延，极大地缩短了知识和信息的流播时间和更新周期，有利于拓展执政党的执政资源、完善执政党的执政环境、优化执政党的执政方式，全面展示出网络文化这一新生事物促进党的执政能力强大而持久的生命力。

第一节　网络文化的政治哲学审视

依凭先进的技术手段，互联网以独特的信息传播方式营建起一种被称为“赛博空间”（Cyberspace）的新的人类空间。在此赛博空间里，人的主观世界和客观外界的界限模糊了，在它们之间出现了一个独立于客观外界的“第二客观世界”，或者称“虚拟现实”、“网络现实”。与之相对应，一种全新的文化形态——网络文化呈现在执政党面前，这是现代科技与文化发展一次世纪性的融合联姻，形成了人类文化发展史上的新景观。既然网络文化作为一种新文化出现在执政党面前，就有必要对它进行深层的政治哲学学理阐释和实证分析，以揭示出它的内在魅力。

一 政治哲学视野中的网络文化

一般地说，哲学从来都是关注政治的。基于理念世界与生活世界之间敏感而又深刻的区分或厘析，哲学总是粘胶着十分丰富的政治哲学内涵。自20世纪70年代以来，随着罗尔斯《正义论》等一批名作的面世，西方哲学的主要潮流迅速从语言分析哲学转向政治哲学，时至今日，政治哲学渐成显学乃至于“第一哲学”。其实，“政治哲学不同于政治科学和历史学，它与哲学不是相互隔离或不相关联的，而是哲学的一个分支，与哲学研究具有共同的特性”。① 而马克思主义哲学认为，政治哲学当然不是一般意义上的哲学，也不是一般意义上的政治思想，更不是政治与哲学的简单而机械地相加，它有其自身特定的研究对象和本质特征。应该说，政治哲学是哲学和政治学相互渗透所产生的具有较强应用性的交叉学科，是对政治社会最深层本质和规律性的提炼和把握，并从哲学世界观的高度为人类认识和反思政治社会的正当性提供价值评判标准和方法论基础，是政治理论体系的最高发展。具体而言，政治哲学是关于人类社会政治和政治实践活动的“理论的理论”，探讨政治产生、发展的原动力，揭示政治运动过程的特殊规律与价值维度，阐明现实政治建构和具体政治操作的价值取向和规范标准，研究国家、政党、政府、阶级、革命、改革等具体政治现象的产生、发展的深层本质和正义原则。因此，作为独立学科体系的政治哲学，其理论前提是在马克思主义指导下完成对政治人性的设定，在追溯、反思和厘定人性存在的政治性和社会性基础上寻求政治社会存在的主体向度、确立政治哲学存在与发展的逻辑前提，在此基础上，从应然性意义上对政治理性和政治文明进行学理探讨就成为政治哲学的必然逻辑。

从产生来讲，政治哲学视野中的网络文化并不是空穴来风，而是有其内在的技术政治价值意蕴。历史地看，如果说电脑的产生使数字开始负载政治思想，具备了一定的承载政治逻辑推理能力的话，那么，网络文化政治价值观则使这种能力扩展开来并影响到社会生活的方方面面，从而形成一种特有的包含政治思想和政治价值在内的新文化现象，即产生所谓的网络文化。这一新文化产生的物质基础是计算机与通信技术的融合，主体力

---

① ［英］杰弗里·托马斯：《政治哲学导论》，顾肃、刘雪梅译，中国人民大学出版社2006年版，第18页。

量是驾驭电脑并活跃在网上的具有相当文化素质的政治人，核心是网络政治的价值观，或者说是由于网络所带来的新政治思想观念的总和。江泽民说过："从牛顿力学到爱因斯坦的相对论，再到最新的互联网，世界科技日新月异地发展。……中国人民为自己的古老文明而骄傲。但另一方面，我们不能停止学习世界上所有的优秀文明成果，一天也不能停。我们按照平等互利、成果共享、尊重知识产权的原则开展国际合作。通过国际合作，实现人才交流和资源、信息、科研设备的共享，不仅促进了科学技术自身的发展，而且将会带来经济贸易合作与交流。"① 事实上，如果翻开人类政治信息交往的历史，就不难看出，其实人类每一次政治信息交往质的飞跃都是政治信息载体和交往方式的变革。从语言文字、书法艺术到数字信息，从造纸术、印刷术到以电波、电磁波方式发送的电报、电视、广播再到以数字为交往方式的计算机网络和电子信息通信，莫不如此。而且当前网络政治信息交往方式发展的影响远没有局限在形式方面，它正全面而深刻地改变着人类政治文化世界的整个面貌。

可见，这种网络文化，就是建立在 Internet 基础上的一种不分国别、不分民族和政党的信息文化。具体说，它不仅是一种文化观念、而且是一套包含政治价值观的技术实体和网络制度，并以虚拟的赛博空间为传播领域、以数字化为基本技术手段，是人、信息文化、网络技术三位一体的产物，蕴含着网络技术、网络制度和网络观念特别是其中的政治价值观综合于一体。或者说，它作为人类政治社会发展到信息时代②的结晶体，是人类在网络这个特殊的文化世界里进行工作、交流、学习、休闲娱乐等所形成的生活方式及其所反映的政治价值观念和社会政治心理等方面的总称。

政治哲学视野中的网络文化，不仅不是空穴来风，其发展更非无本之

---

① 江泽民：《论科学技术》，中央文献出版社 2001 年版，第 182 页。

② 对此，美国著名未来学家约翰·奈斯比特认为，信息社会始于 1956 年至 1957 年，其标志性事件是两个：一是 1956 年在美国历史上第一次出现从事技术、管理事务工作的白领工人数超过了蓝领工人，这表明美国的工业社会要让位于一个新的社会，在这个新社会里，有史以来第一次我们大多数人要处理信息而不是生产产品；二是 1957 年苏联发射了第一颗人造地球卫星，这是正在成长中的信息社会所缺少的技术催化剂，其重要性并不在于它带来了航天时代，而在于它开启了全球卫星通信的时代，标志着全球性信息革命的开始（［美］约翰·奈斯比特：《大趋势——改变我们生活的十个新方向》，梅艳译，中国社会科学出版社 1984 年版，第 10—11 页）。显然，如果奈斯比特的说法可以成立，那么信息社会（时代）的出现比网络时代就要早。在这里，基于其相同的技术基础和价值取向，还是可以等同以至能够换用。

术。一方面，网络文化作为一种新文化的出现，既几乎渗透到传统文化的所有层面，又是对传统文化的一种颠覆和重构。网络文化作为各国家政党文化超越于世界文化一体化的手段和形式，本质上不是一个国家或政党所独有的现象，而是一种渗透到所有民族文化的超文化现象。对此，有学者认为，“互联网络连接了世界上150多个国家和地区，在跨国界的信息交流中，大大降低了不同国家、民族和信仰的人们进行交流的限制。然而，对于非英语国家和发展中国家来说，这意味着这些国家将比以往更多地接受国外，特别是西方国家媒介和信息的影响，为保持本国的政治独立和文化的独特性带来了新的问题”。[①] 实际上，网络文化的名称隐含着世界文化的内涵，是连接各个民族、各政党文化的媒介和桥梁，或者说由它所催生的新思维、新观点、新模式等正在消解国家和民族的界线，具有世界性的政治文化背景和政治价值意味。另一方面，网络文化基于传统文化又打破了传统文化的框架，演变成新文明的集合，将网民的政治创造通过网络文本体现出来，从而使之成为一个互联与共享的文化世界。一般说来，信息是形成网络文化的本质因素，网络则首先把文化与信息相互之间关联起来，网络文化概括了置身网络社会的政治主体的政治思想、伦理观念、行为模式、科学艺术、教育理念等精神财富。在网络文化的生长和发展中有硬件和软件的支持，也不断有政治人在做理解与适应网络发展方向的努力，而最重要的基础则是赋予网络生命的“比特”——信息。网络行为不再是简单的“信息”采集与收发，还有“信息”的交付与共享，并因此衍生出新的“比特”。传统媒介的局限性已成为人类政治文化传播的障碍，而网络文化及其传播技术的出现则提供了信息互动共享的新平台，使地球变成一个小小的村落——“地球村”。进一步讲，网络信息技术又为孕育和发展网络文化提供了便利条件和肥沃土壤。因为传统政治文化及其价值在电脑网络中以信息的包装方式被数字化，并经过电脑网络媒介继续传播与存在下去。随着电脑网络的发展及延续，人类不但成为传统文化的承继者，也成为新文明的创造者。正是在此意义上，有学者概括地称之为“当代文化与感性革命”，认为“数字化使在传统的人与自然的感觉关系基础上增加了一个新的感性平台——‘人—机’新感性，它扩大了人类感性实践的范围。……数字化表示人类实践方式的革命，也是其生存方式、感

① 苏振芳：《网络文化研究》，社会科学文献出版社2007年版，第12页。

觉方式、思维方式和行为方式的革命，它必然形成一个新的感性世界和产生新一代的感性人。在这个新感性时代里，人类由原来读写时代进入到了视听的新感性时代。感觉主体和感觉客体在越来越多的界面中——人与自然、人与人、人与机器——三种交互作用中感觉世界，时而空间与在场相融合，时而空间与在场相分离，在场东西的直接作用越来越被在时间空间意义上缺场的东西所取代。这种新的感觉方式实际上是在传统的人——与感觉对象之间又增加了一个‘人—机’新感性的平台（界面）”[①]。

政治哲学视野中的网络文化，除了具有文化的累积性、传承性、社会性、实践性等一般特点外，还具有自身独有的鲜明特征。一是网络文化是一种世界性的文化，具有体系的开放性、内容的广泛性和主体的虚拟性特征。互联网本身就是网络之间的连接，既无开端也无终点，包括政治文化在内的各种文化能够在此得到充分的展现和有效的交流。这种交流，既可能形成所谓的“文化入侵”，也使网络文化融合不同国家和民族政党的文化特征，其开放性保证了网络文化的新陈代谢，使网络文化有了无限的生机和活力。网络文化内容广泛，包容了社会主流文化、居次要地位的亚文化和背离现存秩序的反文化，显现着不同阶级、不同党派、不同地域文化的共生共存。从政治、经济、科技到体育、影视、音乐等无所不包，系统的文化哲学、文化思想与混沌的文化心理相互渗透与并存、文化精华与文化糟粕的交织缠绕、东方文化与西方文化的互相共容与抵御。在网上，信息接受者可以不受任何外在的约束，而根据自己的政治意愿和政治选择来自由接触任何一种思想文化。同时，与现实交往中主体角色之来往的直接、真实和稳定不一样，网上交往主体的性别意识、年龄意识和身份意识被淡化，社会身份的限制也在网上被消解，网民扮演的是一种虚拟实践主体的角色，这使交往者地位上相对平等，行为上大胆直接，但易导致角色交往的随意性和缺乏责任感。二是网络文化是一种与传统文化截然不同的文化，具有平等直接、实时交互和受众主导的特征。网络文化对政治平等的促进作用显而易见，在网上只要达到法律允许的参政条件，任何人都可以发表自己的政治主张，且在网上信息取得的效应是一样的，这就彰显虚拟平等远比现实世界中的平等更易实现。在网络政治文化中，任何人不需要再由别人来代表自己，自己就可以直接发表意见或建议，并对执政党的

---

① 齐鹏:《新感性：虚拟与现实》，人民出版社2008年版，第1—2页。

决策发表看法或进行投票。可见，网民直接参政议政是网络政治文化的一种最突出表现。网络用户既是信息的浏览、接收者，又是信息的提供和发布者，就是说，任何人在任何时候、任何地方向任何一个党组织提供和获取信息已成为现实，甚至任何一个人在网上办报、办刊乃至建立网上电视和网上出版社的客观技术条件都已具备。网络文化除具有报刊、广播、电视等传统媒介文化的功能外，更具有实时、互动、跨境、跨政党文化传输的特点。传统媒介的管制规则不再适用网络媒体的发展要求，信息生成、发展与开放共享成为时代进步与社会发展的必然之趋势，真正是“信息资源已经成为与物质资源同等重要的资源，其重要作用正在与日俱增。信息高速、广泛传送的特点，使世界形成了一个没有边界的信息空间。万水千山，天上人间，信息广泛传送”①。三是网络文化是一种改变人类生存生活方式的文化，具有深厚的政治、经济或商业色彩。20 世纪后期以来，随着信息技术的迅速发展，网络文化对政党制度、政党交往、政治过程、政治权力、政府管理和国际关系等都带来了深刻影响，一种新型的政治文化现象即网络民主（Cyber democracy）呈现在世界政治舞台上，由此研究网络社会政治文化现象和政治发展规律的网络政治学（Cyber politics）也应运而生，并为传统的政治哲学研究提供了一个新的范式。人类社会信息化进程的加快，使世界经济结构正在从本土型向国际型、从单纯依赖于物质资源向大力开发信息资源的方向发展，人类步入了一个以信息资源的占有、配置、生产、使用为基本要素的网络经济时代，这场经济革命的生产力基础是计算机的网络化和通信技术。“随着经济全球化浪潮的迅猛推进，互联网作为方便快捷的文化传媒，网络空间必将成为中西文化相互交流、碰撞、竞争与融合的新的也是最主要的时空平台。随着网络技术的深入发展，各个国家的文化竞争也必将通过各个国家和民族网络文化的竞争表现出来。因此，世界范围内国与国之间、民族与民族之间的网络文化竞争将会愈演愈烈。在这种背景下，谁能够通过网络技术传播本国的主流文化并提升其国际影响力，谁能够占据网络文化发展的最高点，谁就能够在激烈的国际竞争中掌握主动权。”② 15 年前，在美国权威经济杂志《商业周刊》排行榜上叱咤风云的还是日本大银行、瑞士的食品制造商等，当

---

① 江泽民：《论科学技术》，中央文献出版社 2001 年版，第 221 页。

② 沈壮海主编：《软文化真实力》，人民出版社 2008 年版，第 101—102 页。

时的微软只以32亿美元的市场价值排在第539位；1999年度全球1000家资本最雄厚的企业中美国软件业微软公司则以市场资本总额4072亿美元拔得头筹，而工业时代的不少企业王子却排在其后。据美国国际数据公司公布的报告，2002年全球基于电子信息网络的经济规模达到9500亿美元。此外，美国已有数百万户家庭通过网络享受到了电子现金服务。诸如此类的现实状况从一个侧面证明，网络文化是一种改变人类生存方式的文化，显示出强大的文化生产力、优越的文化软实力和旺盛的文化生命力。

二 网络文化拓展执政党的存在方式

在人类社会进步和执政党存在方式发展的过程中，科技文化革新所产生的推动力始终具有至关重要的作用。如果说在20世纪70年代末和80年代初“网络政治”、“网络产业”、“网络信息社会”之类的概念还属学者开展研究的专业术语的话，那么到今天，这些概念性的东西已经变为社会生活的现实；如果说两个多世纪以前的西方工业革命开始启动人类社会由自然经济阶段向工业经济阶段转型的历史进程，那么，飞速发展的当代网络技术革命和迄今尚在奔涌向前的网络文化浪潮则正在把新世纪的人类社会由工业经济时代和工业社会进一步带入知识经济时代和网络信息社会。诚如曼纽尔·卡斯特所说：“技术与生产的关系，虽然是源自社会之支配性领域的范式里组织起来（例如，生产过程、军事—工业复合体），但它们会扩散到整个社会关系和社会结构之中，以致穿透与修改了权力和经验。如此一来，发展方式塑造了社会行为的整个领域，当然包括了象征沟通。因为信息主义奠基于知识与信息的技术，因而在信息发展方式中，文化与生产力（productive forces）之间，精神与物质之间，有一种特别密切的关联。因此，我们应该期待会有历史上全新的社会互动、社会控制与社会变迁的形式出现。”① 也正如阿尔文·托夫勒和海蒂·托夫勒在其所著的《创造一个新的文明》一书中所断言的那样，“一个新的文明正在我们生活中出现”，“人类正面临巨大的飞跃。它正面临有史以来最深刻的社会巨变和创造性的重建。虽然我们还没有清楚地认识它，但我们正从头

---

① ［美］曼纽尔·卡斯特：《网络社会的崛起》，夏铸九、王志弘等译，社会科学文献出版社2003年版，第21页。

开始建立一个崭新的文明"[①]。实际上，当代各国经济社会发展和执政党存在方式拓展，日益体现出明显的"技术文化导向"特征，甚至可以说，越是现代经济社会发展和现代化存在的执政党，科学技术文化发展对其产生的影响越是巨大。

现代执政党的存在方式一般分为物理世界的存在方式和虚拟世界的存在方式两种。执政党物理世界的存在方式包括现实世界的生活方式、交往方式和思维方式等方面。对此，马克思从政治哲学的视角在《黑格尔法哲学批判·导言》中以分析"消灭哲学"为例做过深入探讨。马克思在此《导言》中有三处谈到"消灭哲学"问题，即在批判政治实践派时提出，"你们要求人们必须从现实的生活胚芽出发，可是你们忘记了德国人民现实的生活胚芽一向都只是在他们的脑壳里萌生的。一句话，你们不使哲学成为现实，就不能够消灭哲学"；在分析理论政治派时认为，"该派的根本缺陷可以归结如下：它以为，不消灭哲学，就能够使哲学成为现实"[②]，指明他们不懂得一种对现实具有超越性与先进性的政治哲学对世俗现实世界的黏合力、批判力和改造力，并进而旁及黑格尔政治哲学，尤其是其法哲学和国家哲学因为是对法国政治现实的把握，对于落后的德国政治具有观念的超前性，从这一意义上来看，他们都不懂得"他们观念上的制度就具有对他们现实的制度的直接否定，而他们观念上的制度的直接实现，他们在观察邻近各国的生活的时候几乎就经历过了"[③]，因而在马克思看来，在德国政治现实中实现黑格尔政治哲学，即消灭之就能使德国政治现实向前推进，达到当时的时代水平。这就强调了政治哲学尤其是能把握时代变化逻辑的政治哲学必须大众化、现实化，才能完成其对现实世界的批判与改造使命。在此，马克思实际上提出了政治哲学的大众化、现实化归宿以及消灭"作为哲学的哲学"的理论动向对于他审视自己的政治哲学所具有的重要意义。[④] 这也表明，真正的政治哲学除了理论形态的存在方式之外，还可以以现实生活化的存在方式出场，即以化为现实生活而标志着政治哲学的存在，执政党物理世界的存在方式也是如此，这是

---

① 转引自刘吉、金吾伦等《千年警醒：信息化与知识经济》，社会科学文献出版社 1999 年版，第 75 页。

② 《马克思恩格斯选集》第 1 卷，人民出版社 1995 年版，第 8 页。

③ 同上书，第 7—8 页。

④ ［英］麦克莱伦：《卡尔·马克思传》，王珍译，中国人民大学出版社 2005 年版，第 83 页。

马克思政治哲学观的重要特色。而所谓“哲学的消灭”是要将源于现实生活世界反映我们生活于其中的那个现实生活世界的矛盾关系，把握其发展趋向与规律的政治哲学从观念形态“化”为生活现实的实践活动，呈现为现实生活方式，即从未来否定性视角通过批判旧的生活世界来构建新世界，从而使政治哲学融于现实生活世界的生成之中，这才是马克思政治哲学的归宿。由此可见，在马克思政治哲学视野中，将其政治哲学从观念形态向现实转化的活动就是科学社会主义实践，其实践的主体就是“无产阶级”① 及其政党，而无产阶级不需要向过去寻找诗情，它是指向未来的。从这一意义上来说，马克思政治哲学的命运与无产阶级的自我解放是内在统一的，因而马克思说：“哲学不消灭，无产阶级就不能成为现实，无产阶级不把哲学变为现实，就不可能消灭自身。”② 这正是对政治哲学现实归宿的最好诠释，也只有从这一维度上解读“人应该在实践中证明自己思维的真理性，即自己思维的现实性和力量，自己思维的此岸性”③，其真正意蕴与马克思要求“消灭哲学”理念的内在一致性才全面敞开④，也才能真正理解无产阶级执政党物理世界存在方式的意义性之所在。

执政党虚拟世界的存在方式同样包括虚拟世界的生活方式、交往方式和思维方式等方面。“虚拟”按辞典的解释，一般是指“不符合或不一定符合事实的”、“假设的”或“虚构”⑤。《辞海》在“虚”字条目下设有“虚拟动作”、“虚拟资本”两个词目，其中对“虚拟动作”的界定是：“戏剧演员艺术创造的一种手段。”对“虚拟资本”的界定是：“以有价证券形式存在并能给持有者带来一定收入的资本。”⑥ 在这里，主要从技术哲学的层面来界定“虚拟”，如“虚拟特指用 0 ~ 1 数字方式去表达和构成事物以及关系”⑦，“虚拟，就其本身来说，无非是数字化方式的构

---

① 关于“无产阶级”这一政治范畴在马克思政治哲学语境里，它不是一个现成性的事实指称，而是生成性、规范性范畴，从而应将“无产阶级”与“劳动者”和“无产者”的关系加以厘清，不能简单地混用。

② 《马克思恩格斯选集》第 1 卷，人民出版社 1995 年版，第 16 页。

③ 同上书，第 55 页。

④ 杨楹等：《马克思生活哲学引论》，人民出版社 2008 年版，第 15—16 页。

⑤ 《现代汉语词典》，商务印书馆 1978 年版，第 1300 页。

⑥ 《辞海》，上海辞书出版社 1980 年版，第 1854 页。

⑦ 陈志良：《虚拟：人类中介系统的革命》，《中国人民大学学报》2000 年第 4 期。

成”①，“虚拟世界是全体虚拟环境或给定仿真对象全体”，“虚拟环境是由计算机生成，通过视、听、触觉等作用于用户，使之产生身临其境的感觉的交互式视景仿真”②，“‘虚拟’即是符号化，符号化是人创造意义生存的活动”③ 等。基于此，虚拟是标志数字化方式构成的范畴，是人类特有的超越现实的思维方式和实践方式。显然，“虚拟”包含思维虚拟和实践虚拟两种既相关联又有区别的形态，其中“思维虚拟”是人类思维的能动性和创造性的表现，是指在思维活动中对物理现实性的超越，是概念在思维中的特殊重构方式，即“非现实性的重构”，这是一种抽象的理性思维虚拟。“实践虚拟”是在实践活动中感性表现出来的对现实性的超越，它不是在大脑中的抽象思维虚拟活动，而是思维虚拟的外化和物化。人类的能动本性和追求超越现实的欲望使人类并不满足于只是在大脑中进行抽象的思维活动，而是总想把理性思维“外化”为可感知的现实对象，不仅要在思维中超越现实，而且也寻求在实践中超越现实。然而，思维又无法以赤裸裸的形式走出大脑进入现实世界的天地，它必须借助于物质性中介才能一展英姿，于是，人类创造了主、客体之间最美妙的物质中介手段——语言和文字符号，它们作为思维理性外化的物质中介在推进人类实践发展中的作用是功不可没的。而电脑作为一种物质性工具由软件和硬件两部分构成，其中软件属于物化了的思维程序，且电脑的数字化虚拟虽然有着模拟人脑思维的某些功能，但展示的结果是人的实践结果，即物质性结果。因此，网络虚拟属于实践虚拟形态。

网络文化拓展执政党的存在方式，就是网络文化把执政党由物理世界的存在方式拓展到虚拟世界的存在方式之中。概括地说，这一“拓展”主要呈现三大特征：一是执政党结构的网络虚拟化。网络文化的兴起使执政党的存在方式延伸到了虚拟世界之中。由于网络文化信息流通的社会化，加上网络文化传媒结构可以比任何现有的执政党以速度更快、更富有情感、更节省能源的方式沟通信息，并使网络中的一切趋于平衡，从而使传统权力等级结构失去效力，进而对执政党结构的网络虚拟化产生影响。

① 陈志良：《虚拟：哲学必须面对的课题》，《光明日报》2000 年 1 月 18 日。

② 周若辉：《虚拟现实：一个值得关注的网络文化现象》，华夏社会网（http//blog. sina. com. cn/s/blog－54£ 75cc50100cbol. html），2000 年 10 月 21 日。

③ 刘友红：《人在电脑网络社会里的“虚拟”生存——实践范畴的再思考》，《哲学动态》2000 年第 1 期。

具体表现为：网络文化推动执政党自组织系统功能完善，执政党内部组织间的开放性增强，且组织与组织之间的交流互动容易、又保持相对独立，也使执政党内部组织较易受外在环境影响、使组织结构和人员的变动更频繁，呈现出执政党内各组织纵横交错的复杂系统新景观。因而可以说，网络文化使执政党生活在一个虚拟与真实相互重叠的网络世界之中，这个网络世界不只是一个网络虚拟组织星座，而且是由网络虚拟组织星座组成的整个银河系。二是执政党组织虚拟纽结联系的广泛化。网络虚拟组织都是万维网上的一个纽结、一个节点，执政党一旦上网也是如此，且这一纽结和节点能以其开放性、交互性和平等性等优势既可与任何组织互通信息、更深层次地进行交往，上网的执政党组织又可以同时与几百个、几千个网络沟通来扩展执政党组织的广泛联系，丰富执政党组织的网络文化内容。上网后的执政党组织既保留组织自身的特点与个性、具有自己的人文精神，同时又通过其联系广泛的触角在网络文化大潮中摄取其他政党组织新的思想、文化与经验，进而丰富和完善自己的执政党思想体系。基于此，中共中央颁布的《建立健全教育、制度、监督并重的惩治和预防腐败体系实施纲要》中明确提出“网络反腐”思想，强调要加强反腐倡廉网络宣传教育，开设反腐倡廉网页、专栏，正确引导网上舆论，以发挥网络文化具有信息传递迅速、信息量大和受众面广等优势，且集动漫、文字、声音和图像于一体，在廉政教育的推广上有传统媒介无法比拟的特殊优点，通过网络公开腐败案例具有强烈的警示震慑作用。例如，中央对原上海市市委书记陈良宇案件的处理以及原国家药检局局长郑筱萸因受贿、玩忽职守被判处死刑，这些重大案例在网络上迅速传播开来，引起网民的热烈讨论。现在，从中央到地方，从省市到区、县，从党政机关到企业、院校，有条件的都已建立了独立域名的廉政网站，有的建立了廉政网页，有的建立了廉政专题，还有的在全国知名门户网站上开辟了廉政文化宣传窗口，就是发挥执政党组织虚拟纽结联系的广泛化功能。三是执政党管理的扁平化。在网络化的执政党管理结构中信息源不可能是高度集中与唯一的，而是从分散的、众多的，多层少点的金字塔结构演变成层少点多的扁平结构。执政党管理的扁平化意味着执政党组织管理的范围扩大了，管理所有的下属不像过去那么容易了，这就需要一种新的管理策略，尤其是对于一个长期执政的大党而言，“如果没有强有力的责任策略，个人和团体就容易各行其是，或者陷入像沼泽一样的‘团体摸索’之中。”① 近年来，我们党加强网络文化建设和管理，充分发挥互联网在提高传播能力、弘扬先进文化、引领社会思潮、开展舆论斗争等方面的重要作用，取得了很大成绩，但是也要看到，在互联网的技术运用和扁平化管理建设方面同西方发达国家相比还存在较大差距，网上舆论引导和管理能力还跟不上互联网技术发展的速度，维护网络文化安全的任务还十分繁重。因此，我们党必须从占领网络文化传播制高点和掌握网络信息化条件下思想理论建设与管理主导权的高度，按照积极利用、大力发展、科学管理的方针，不断提高运用和驾驭网络扁平化管理的能力，使互联网成为传播社会主义先进文化的前沿阵地、提供公共文化服务的有效平台、促进执政党党员干部精神文化生活健康发展的广阔空间。

三　网络文化构建虚拟的执政党主客体关系

在政治哲学史上，主客体关系作为历来政治哲学关注的焦点，表明主客体是一对如影随形、密不可分的关系性存在范畴。这一点，马克思和恩格斯在《德意志意识形态》中的表述是：“凡是有某种关系存在的地方，这种关系都是为我而存在的；动物不对什么东西发生‘关系’；而且根本没有‘关系’；对于动物来说，它对他们的关系不是作为关系而存在的。”② “关系”的存在是客观的、普遍的，因为整个世界就处于普遍联系和永恒发展之中。但是，要使“关系”作为“关系”存在，就必须以一定的“中介”存在为前提，就必须通过中介沟通来连接主客体的关系。事实上，主体作为一个社会性、历史性和文化性的存在，是以一定现实的具体精神活动、文化活动为中介而构成的主体对客体的关系存在，政治关系就是其中之一种关系。这种作为政治生命有机体活动的中介，从以语言和文化的世界为中介两个方面沟通了政治主体和客体的关系。世界在政治主体的意识之外、又在政治主体的语言之中，同时政治主体既作为一种文化存在、又能超越其所是的存在。因此，政治主体与政治客体的关系存在是以政治主体的语言信息构成的世界图景、文化的世界图

① ［美］查尔斯·M. 萨维奇：《第五代管理》，谢强华等译，珠海出版社 1998 年版，第 142 页。

② 《马克思恩格斯选集》第 1 卷，人民出版社 1995 年版，第 81 页。

景为中介的。这一点，在网络文化构建虚拟的执政党主客体关系时，也是如此。

首先，从网络文化中的执政党主体来看。其实，“认识自我乃是哲学探究的最高目标——这看来是众所公认的。在各种不同哲学流派之间的一切争论中，这个目标始终未被改变和动摇过：它已被证明是阿基米德点，是一切思潮的牢固而不可动摇的中心”。[①] 在网络文化中，执政主体越是能将网络改造得具有自己的特色，执政党就越能在网络文化世界中实现自己的价值，用黑格尔式的表述方式即“有生命的个体一方面固然离开身外世界而独立，另一方面却把外在的世界变成为他自己而存在的：它达到这个目的，一部分通过认识，即通过视觉等等，一部分通过实践，使外在事物服从自己，利用他们，吸收他们来营养自己，因此在他的‘另一体’里再现自己”。“人把他的环境人化了，使那环境可以使他得到满足，对他不能保持任何独立的力量。”[②] 实质上就是执政党“把网络环境人化了”。在这一人化的过程中，执政党在网络文化中的自我价值得到实现，执政意识得到确认，执政党网络主体也就得到确立。应该说，网络文化构建起虚拟的执政党主客体关系的主体就是执政党自身各级组织及其党员干部，通称为“执政党网络主体”。从执政党的党员干部来看，根据执政党网络主体的不同作用和地位，大致可分为五种类型：网络创建和维护者，即在技术层面创建和维护网络运行的党员干部；网络监管者，即在社会政治和法律层面监督和管理网络的党员干部；网络经营者，即在社会经济层面从事网络企业和商务经营、创造经济效益的党员干部；网络研教者，即在文化思想层面从事网络理论研究、教学和宣传的党员干部；网络使用者，即大多数使用各种网络服务的普通党员。从执政党的各级组织来看，执政党网络组织（作为群体的执政党网络主体）是执政党党员干部与网络客体（即网络的软件和硬件）之间的中介和桥梁，包括网站、网页、网络监管机构和虚拟社区等。当然，这里执政党网络主体的区分也是相对的，同一个主体可能同时兼有数种不同的身份，同一个主体也可能在不同时间、地点具有不同的执政党网络主体之身份。

---

① ［德］恩斯特·卡西尔:《人论》，甘阳译，上海译文出版社2004年版，第3页。

② ［德］黑格尔:《美学》第一卷，转引自朱光潜《西方美学史》下卷，人民文学出版社1998年版，第483页。

由于执政党网络主体分为不同的执政党各级组织和党员干部网民，加上这些组织和个人自身知识能力素质的差异以及网络本身的特征，使网络文化世界的执政行为具有一定的自发性和混乱性。不过，就像表面上毫无规则的分散运动背后却隐藏着规律性一样，表面上自发的、混乱的组织和个人网络行为背后也隐藏着一般规律性。概括地讲，执政党网络主体在网络行为中具有文化的个性化、范围的全球性和超限性、身份的多样性和模糊性、方式的交互性和虚拟性、价值取向的多元性、情感的泛化和强化、思想意识的社会化和网络化以及能力的创造性等特点。事实上，无论是何种执政党网络主体都是执政党网络主客体相互关系中的主体，也只有在这种相互关系中，执政党网络主体才能确证自身、发展自己。在网络文化中，执政党网络主体可依照网络文化的逻辑进行相关的网络实践：发帖子、开展网络论坛和进行在线党务等。在这些活动进行过程中，执政党网络主体的行为可以改变甚至决定网络文化传播的进程和内容。这样一来，网络文化的内容就体现出执政党网络主体自己的印记。值得注意的是，执政党网络主体用话语和文字支配网络，一方面和话语的内容有关系，如发帖子的内容是否火爆、说理逻辑是否严密、论坛版主谈吐是否风趣幽默等；另一方面和一些上网技巧也有十分重要的联系，如在线网络党务过程中打字速度因素，尤其是在网络论坛中和其他网络主体仅建立起松散联系时，要想和对方保持一种密切联系就必须大量地说话，否则对方就容易受到其他话语的吸引，至于在线交流、网络游戏时主体运用鼠标和键盘的熟练程度往往决定能否得分等。在这里，起决定作用的已经不仅仅是执政党网络主体的思维和智慧，还取决于手指和眼、脑的配合能力。可见，执政党网络主体能通过认识网络来改变网络文化内容，也通过这种网络实践来认识自己。正如马斯洛所说："一个人能够成为什么，他就必须成为什么，他必定忠于自己的本性。这一需要，我们可以称为是自我实现的需要。"① 在网络文化世界里也是这样，执政党网络主体想成为一个什么样的网络角色，就必然会朝着这个角色的方向去努力，这是确证和发展自己的一种需要。此外，考察网络文化背景下的执政党网络主体状况，还必须深入网络文化构建的执政党主客体的相互关系中去。这些关系包括执政党与自身组织、执政党与其他政治人、执政党与社会、执政党与自然等不同

① ［美］马斯洛：《动机与人格》，许金声、程朝翔译，华夏出版社1987年版，第113页。

形式，其中前两者又可称为主体间性，后两者又可称为主客体间性，这些主体间性与主客体间性的状况如何，很大程度上取决于执政党对于这些关系的认识，及时反省这些关系及其观念并调整这些关系，使之在瞬息万变的网络文化环境中达到最佳状态，达到执政党在网络中主体地位、社会文明和执政党与自然的和谐发展。

必须指出，网络文化构建执政党网络主客体关系中的网络主体也正面临着人性与物性、个性与共性、一元与多元、自由与控制等一系列矛盾，而且网络文化丰富多彩，随着网络技术的不断发展，更加逼真、绚丽、复杂的文化信息会在互联网上出现，形式本身给执政党网络主体感觉的刺激将更加多样化，更主要的是执政党网络主体在网上只能接触到文化信息形式，却无法接触和体会事物本身，而一切观念、概念的形成都要靠对文化信息的理解与想象，这更加剧网络虚拟世界和现实世界分离的可能。为此，解决执政党网络主体能力水平优化问题的一个重要措施就是执政党网络主体能力和技能的培养和提高。具体言之，在知识能力方面，要能认识到全球信息资源和服务的范畴和使用，理解网络文化信息在解决难题和执政党网络执政问题方面的作用，理解网络文化信息运行的管理体制及渠道等。在技能技巧方面，要能对通过使用信息发现工具获得的重要网络文化信息进行反馈，要通过将网络文化信息与其他渠道联结来运行网络文化信息使之提高速度，要使用网络文化信息分析和解决与执政工作和执政党相互性的决策问题，以取得全面提升执政党网络执政质量的服务。因此，要解决网络文化构建执政党主客体关系中的网络主体问题，实现执政党网络执政全面发展，关键在于执政党网络执政能力和水平的提高，在于执政党组织和党员干部自觉合理的全面参与和贡献。

其次，从网络文化的执政党网络客体与中介来看。网络文化建构起执政党网络世界中的主客体关系，其中的执政党网络客体是指被执政党网络主体所认识和改造的对象，包括网络的结构、网络的硬件、网络的软件等。网络的结构由实体、系统、层及协议等几个要素构成。其中对“实体”的理解非常复杂，这里仅指能完成某一特定功能的程序；“系统”指包含一个或多个实体且具有信息处理和通信功能的物理整体；“层”指在系统中能提供某一类服务功能的逻辑构造；“协议”指在系统中两实体间完成通信或服务所必须遵循的规则和约定。总体来讲，网络客体的组成元素类似于蜘蛛网，分为网络节点（又可分为端节点和转发节点）和通信链路（又可分为骨干网和支网），网络中节点的互联模式称为网络的拓扑结构，在局域网中常用的拓扑结构有点对点结构、星形结构、环形结构、总线形结构和网状结构等。网络的硬件包括服务器系统、通信与传输介质和网络设备三部分。其中服务器系统由客户机、服务器和中间件等组成，网络中常用的传播介质有同轴电缆、双绞线、光纤、空间电磁波（红外线和微波）等，网络设备则包括网卡、集成器、中继器、网桥、路由器、网关、调制解调器等。网络的软件包括网络操作系统、通信软件、网络应用软件、网络软件开发工具、群件等。信息作为网络的中介，是网络文化构建起执政党网络主客体关系的桥梁和纽带，执政党网络主体对网络客体的把握和在客体中的行为都是通过信息的创造、传播、获取和消费而完成的，而网络客体对于执政党网络主体而言，其价值并不在于其实体形态，而在于它是创造、传播、获取和消费信息的工具和载体。实际上，网络能使物质资源在全世界范围得到合理配置和利用，使最大限度地开发和利用非物质资源——信息资源成为现实，从而在现实可能性上扩大可利用资源的总量。当然，从理论上说，信息资源是无限的，信息资源与传统土地、能源、水等物质资源的最大区别就在于非稀缺性。但是，由于执政党开发和利用信息资源的能力有限，目的也是特定的，因而执政党能够开发、驾驭和利用的信息资源总是有限的。这就使得在全球范围内信息资源的数量很不平衡，尤其是发达国家在网络文化信息资源的开发、创造、配置、流通中占有绝对优势，使“数码鸿沟”或“信息差距”愈演愈烈。

由于执政党网络主体的主动性、积极性的提高，创造能力和交流能力的增强，使网络文化信息的创造交流活动日益丰富和频繁。网络工具的方便性和易用性使信息创造的成本和门槛大大降低，原则上执政党的各级组织和党员干部都可成为信息的创造者、发布者和接收者。但由于网络文化信息流动的“不对称法则”，网络文化中执政党网络主体在信息交流中的地位和作用也受到一定的挑战。因而，适度的信息交流可以丰富执政党的网络文化信息知识，一旦超过了这个限度，那就只有交流而没有信息了。这一点，著名哲学家海德格尔早在1967年就预见到，他说：“也许历史与传统将平稳地顺应信息检索系统，因为这些系统将作为一种资源以满足控制论方式组织起来的人类的必然的计划需求。问题是思想是否也在信息处理业中走完它的道路。"[①] 面对这些困境，执政党各级组织和党员干部决不能因噎废食，而应奋发进取来提高执政党网络执政知识和能力，以尽可能努力创造有价值、有意义的优良信息，锻炼执政党各级组织和党员干部的独立思考能力，提升判断和鉴别能力，建立有效的社会监控机制以防止不良信息的泛滥，加强网络文化教育，全面提升民族国家的精神文化素质。为此，奥奇斯提出了一系列的发展网络文化信息技能的目标：理解在一个民主社会中信息的作用和能量，理解信息格式和内容的多样性，理解信息组织的标准体制，培养从一系列体制和格式中重新获得信息的能力，培育为不同目的而组织和掌握信息的能力。

网络文化构建虚拟执政党主客体关系，本质上是一种人—机共生的主客体关系。一方面，表现为执政党网络主体认知功能的扩大与主体本质属性的对象化，并在这一过程中创造出网络文化实在的信息环境。网络客体本身是执政党借助互联网中逻辑程序来再现思想的产物，成为执政党网络主体思想的逻辑延伸，甚至可以说成为执政党网络执政理念的外在化。另一方面，网络文化又成为执政党知识能力的一个有机部分，它所产生的网络虚拟实在出现主体化现象，不仅执政党主体在逐步化入互联网的界面之中，而且在这一适应和超越过程中发生深刻变化。在传统技术哲学中，一般是把技术看作中性手段或工具，而海德格尔则认为技术是一种真理或展现，特别强调现代技术是一种揭示世界并与之较量的展现，且这一过程是通过语言来实现的，语言是实在的超验框架。技术之所以具备这种品格，是因为技术本身是一种框架，它意味着把"揭示人即同人较量的那种限定集合起来，以预定的方式把现实物展现为备用物"[②]。这样，技术使人类的认识真理变为实在。在这一点上，麦克卢汉与海德格尔一样，他也看到了信息技术与人的思维方式间的密切联系，认为互联网作为语言机器的独到之处在于它是人类知识的一个组成部分，技术在使世界内容或实在显现的无形背景的操作中起到了关键作用。基于此，随着网络文化信息技术的不断发展，网络文化构建的执政党网络主客体关系也会不断发展和创新。

---

① Frankfurt, Preface to Wegmarken, Klostermann, 1967, p. 2.

② ［美］卡尔·米切姆：《技术哲学概论》，殷登祥等译，天津科学技术出版社 1999 年版，第 29 页。

第二节 网络文化的价值合理性探究

俗语说："米粟可以饱腹，丝帛可以御寒，房屋可以避风雨，舟车可以给人以交通之便，风俗、伦理、政治、宗教、礼仪、制度可以使人生有常，社会有序……"诸如此类围绕人而创设价值物的广泛性，彰显出"价值"概念内涵的多重性。研究者可用其指称异质或同质的多个对象、属性、关系，如在"价值是客体对于主体需要的满足"中，"价值"概念主要着眼于本体的本质与属性，其意义指向主要是本体义与属性义；当讨论某对象具有较高欣赏价值时，这个"价值"的基本含义是"有用的"，在特殊语境中则具体有所指。在这里，着重从关系视角来把握价值的属性，马克思和恩格斯说过，"从直接生活的物质生产出发阐述现实的生产过程，把同这种生产方式相联系的、它所产生的交往形式即各个不同阶段上的市民社会理解为整个历史的基础，从市民社会作为国家的活动描述市民社会，同时从市民社会出发阐明意识的所有各种不同理论的产物和形式，如宗教、哲学、道德等，而且追溯它们产生的过程。这样当然也能够完整地描述事物（因而也能够描述事物的这些不同方面之间的相互作用）。这种历史观和唯心主义历史观不同，它不是在每个时代中寻找某种范畴，而是始终站在现实历史的基础上，不是从观念出发来解释实践，而是从物质实践出发来解释观念的形成"①，这就表明价值与理论事实和实践事实之间的内在关系。这种基于价值与事实即理论和实践合理观或合理性问题的研究，不仅是价值与理论事实研究的逻辑进程使然，也是人类实践所产生和遇到的一些紧迫问题在理论上的必然反映。其中的"合理性"问题，历史上康德、马克思、马克斯·韦伯等人均有论述，这里含有"合乎理智"、"有理由、有根据"、"合乎需要"等意思。根据无产阶级革命导师恩格斯的理解，"合理性"至少包括两个方面：一是指合乎必然性和客观规律性；二是指合乎人的理性化要求即合乎道理与事理的统一。一般来说，康德讲"实践合理性"通常是指人类道德实践领域中表现出来的一种理性，其与"理论理性"、"纯粹理性"相应对；在马克斯·韦伯那里，工具理性则与理论理性相对应，价值理性与实践理性相对应。基

---

① 《马克思恩格斯选集》第1卷，人民出版社1995年版，第92页。

于此，我们融合康德、韦伯等人的思想，认为“价值合理性”的存在主要有“工具价值合理性”和“目的价值合理性”两种典型的形式。在网络时代探究网络文化的价值合理性，当然也可以从不同视域来展开分析，这里仅从工具价值合理性和目的价值合理性这两种典型形式来探讨。

一　作为工具价值合理性的网络文化

网络是文化信息传递的载体，是现代科学技术飞速发展的产物。网络不仅是一种传媒技术与社会现实，而且是一种文化现实即一个新兴的文化形态或业态。就是说，网络文化是文化本身以网络形态存在和发展的，执政党无时无刻不生活、工作在文化之网中，且由于执政党在现实政治领域的特殊地位而使其成为文化发展的网络形态或业态最典型的体现。这里的“工具价值合理性”是马克斯·韦伯使用的分析范式，它所关注的是非人格化的逻辑关系，并以可计算的效率（效益）为主要追求目标，拒绝一切价值考量的介入，具有判断标准的“条件化”和追求结果的“功利性”等特点。那么，作为“网络文化”或“文化的网络”，其工具价值合理性或应用性该如何体现呢？这里，着重从传媒信息和跨文化两个价值视角来探讨作为工具价值合理性的网络文化。

首先，从传媒信息视域中的网络文化来认识。网络文化建立在互联网技术的产生和发展基础上，这种以网络技术为基础、以光导纤维为骨干的双向大容量和高速电子数据传输系统是一个与当代最新技术结合在一起的信息网络，把所有通信系统和网络信息系统连接起来，融合了现在的计算机联网服务、电话、手机和有线电视、无线通信系统的所有功能，传递文字、声音、图像或三者结合的多媒体信息，是一个具有广泛服务功能的超级信息服务网，把党派、家庭、学校、社区、商店、图书馆、博物馆、办公室、实验室、企事业等机构及其资源连接起来，使执政党能充分利用信息、通信和计算机方面的丰富资源，通过执政党对内对外的协调工作和对文字、数据、声音、图像、影像及多媒体的存取、处理、传输和接收，极大地改变执政党内外部交往交流的方式。距离、方位和时间因执政党网络传媒文化的介入而消失，“地球村”也因之化为现实，极大提高执政党信息传输和信息处理的能力。概括地讲，这一传媒信息文化对传统社会信息文化从时空上实现了一个根本工具价值合理性的改观，主要表现为：

一是网络信息文化交流系统的交互性和协调性。交互性指执政党网民

（指各级组织和党员干部）在网络信息文化交流系统中发送、传播和接收各种多媒体信息文化时表现为实时交互操作方式。信息由信源通过卫视、电话、计算机三条通道到达信宿，而反馈信息能及时通过电话、手机、计算机网反馈到信源，从而实现远程双向信息传播。同时，与现有的广播、报刊、电视等单向性传输网络不同，它是一个双向交互式的网络，用户不仅是一个信息文化资源的消费者，而且还是一个信息文化的生产者和提供者。协调性指在网络环境下网民共享信息、协同完成任务的信息文化性质。多媒体计算机技术的发展使网民以计算机为工具来收集和处理多样性信息文化的能力大大提高，为协同工作准备了信息文化前提。计算机互连、互操作，构成实现协同工作的基础结构；计算机系统的结构发展道路，是沿着单机单用户—单机多用户—多机系统—计算机网络—计算机互连、互操作和协同工作这样一种方向进行运作的。二是信息文化交流的超文本性、多媒体综合性和实时性。所谓超文本，是设计成模拟人类思维方式的文本，即在资料中又包含与其他资料的链接。网民单击文本中加以标注的一些特殊关键单词和图像，就能打开另一个文本。在超文本结构中，一个关键人名、地名、时间，甚至每个词语、每个句子都可链接到另一个声音文本、图画文本、动画文本或影视文本。网络以超文本方式组织新闻信息、交流时政看法，网民接受新闻内容、时政知识时可方便地联想和跳转，更加符合网民阅读和思维规律。一般而言，信息采集、存储、加工和传输都是通过不同的媒体来进行的，把不同媒体、不同类型的信息采用相互兼容的接口统一进行管理，即将它们存储在同一文档中，并能从一种形式转换为另一种形式，系统对不同媒体信息能自动转换，因而能推动信息形式的多样化。它不仅能改善现存的各种信息系统性能，而且必将开拓很多新的应用，使党务管理、事务处理、科学计算、管理和控制与网民的生活、娱乐、工作、学习结合为一个整体。同时，基于这种信息文化高速传递的特点，可使网络中的多媒体系统的音频（Audio）、视频（Video）信息成为与时间相关联的连续媒体，因此，多媒体技术具有提供信息文化实时传递的特性。三是信息文化系统的智能性、开放性和信息交流范围的广泛性。具备大量信息的、满足相应要求的、高性能的、与任务相适应的、智能度高的计算机系统，可以为包括执政党在内的社会提供各种各样的信息文化服务。与封闭的传统计算机相比，开放式网络允许不同型号、不同操作系统的计算机共存于同一网络之中，允许不同网络相连，通过网络协议传输数据，保护现有信息文化资源。网络的开放性使网民在全球的网络所及范围内共享所有分散的信息资源，传递信息文化。同时，由于构成网络的分布在各单位乃至全国的局域或广域网被联结起来，如果真正做到网络到户，整个世界将成为一个巨大的信息文化交流体。另外，由于卫星通信系统有组网灵活迅速、通信容量大、费用省的特点，网络社会信息文化交流系统的地理覆盖面将大大超过传统社会信息方式交流系统的覆盖面。四是信息文化资源的无限性、分散性和共享性。数字化使网络只要有足够的服务器便有无限的丰富性；而信息文化资源的分散性则指系统中各种资源的物理分布和逻辑分布，在地理上和组织形式上却是分布型。由于网络媒体技术采用了比传统处理方式更为先进的数据处理、记录、存储和传输方式，它将所有的声音、文字、图像都转化为数字化的、经过高密度存储的数据压缩之后，可大大提高存储量，将不同媒体信息资源分散存储于不同的地方，即网络上的各个节点的客户服务器上（系统中的多种媒体信息文化资源可在一个服务器上，也可分散在不同的服务器上）。一般说来，系统都是基于客户机/服务器模式（即 lient/server），采用开放系统模式（Open System），系统中很多节点的客户共享服务器上的信息文化资源。通过高速、宽带网络互连成分布式系统，用户可以共享各种不同媒体信息文化资源。这样，世界各国的科学家或专业人员通过网络信息文化建立联系，使其可能在原工作地点针对某一国家或世界性的问题参加同一个项目的研究，对问题快速作出反应并寻求对策，使执政党的知识技能得到充分利用，以真正发挥网络文化的工具价值合理性的工具价值效应。

其次，从跨文化视域中的网络文化来认识。在跨文化交往与传播过程中，网络文化传播交流的正面价值效应是主要的，应充分肯定；但往往夹带着信息垃圾、虚假信息，而且信息会泛滥、缺少规范，不保护知识产权和个人隐私的现象也时有发生，这就使得一些网民心烦意乱，严重浪费他们的时间和精力，影响其决策效率和工作效果。因而，跨文化传播网络要想拥有信誉和权威性，就必须保证跨文化网络信息的质量，即真实、客观、及时且有价值，这对我国网络文化信息能否成为国外人士了解中国的主渠道也是至关重要的。为此，要注意以下几点。

一是网络文化内容要及时更新。互联网没有国界，因而“没有人能够真正地控制因特网。它在一个特殊的模式下运作，人们恰如其分地将这种模式称作是‘相互协作的无政府状态’”①。在此情况下，如果本土网站满足不了本国网民对网络文化信息的需求，他们都可以端坐家中而“走出国门”，直接链接国外的网站，可见网站对其信息文化源的内容进行实时更新成了最起码的要求，而信息完整、传播及时、能对国内外网民在第一时间做出反应的网站，获得的不仅是访问率，还有广告份额和声望。因此，担负着跨文化交往与传播中国文化重任的网站应及时更新其内容，以获得高访问和“点击”率，成为外国人了解中国执政党政策和中国文化状况的主要途径。二是网络文化信息要兼容民族性和世界性。从网络文化信息传播角度看，中国过去被其他国家和民族视为一个神秘的国度，吸引国外网民的通常是气功、武术、阴阳八卦甚至相术等我国传统神秘文化，这在一定程度上误导了外国人对中国文化的理解。且以往在对外信息文化传播中我国不重视消除东西方文明的隔膜，不能用世界性的语言来表述和展示中国文化，这就使得中华文明难以走向世界。因此，跨文化网络信息传播必须从吸收、融合和创新各民族的文化入手，寻求中外文明融新的契合点，着眼于东西方文明的平等对话和共存双赢。从网站风格角度看，网页的设计尤其是主页的设计是一个跨文化交流网站的门面，它如同书籍的装帧设计，是在中外众多同类产品中能否首先吸引受众、引起受众注意的关键。当前，我国跨文化传播网站的页面设计风格基本上是模仿国外网站的设计风格和民族气派的个性特色。因而我国对外跨文化网络信息传播应在“中国”二字上下功夫，让中国网站的风格在符合国际潮流的同时，能具有中国民族特色和民族气派。因为如果没有民族性，世界性就缺少根基和内涵。三是遵守现实社会规范的约束。网络社会仿佛是一个巨大的自由市场，实际上这个市场并不拥有绝对自由，因为这不仅受到已出台的有关网络管理政策和法律的约束，受到网络自律行为规范的限制，同时还受到现实社会规范的限制。在跨文化网络信息传播中，文化传播尤其应注意不要违背现实规范，否则易于引起国际社会的争端甚至导致执政党合法性的政治危机。在这里，我们党应该重视并遵守国际法中有关国际文化传播的如下原则：（1）各国在传播信息方面享有平等的主权；（2）传播媒介不能用于侵略战争；（3）传播媒介不能用于干涉他国内政；（4）各民族在传

① ［美］尼古拉斯·巴任：《透视信息高速公路革命》，於丹、李振译，海南出版社1998年版，第61页。

播信息方面享有自决权；（5）和平解决传播信息方面的纠纷；（6）散布种族优势、种族仇恨的思想或煽动种族歧视，应受到国际法的制裁；（7）直接或公开煽动灭绝某一民族、种族、部落或宗教群体，应受到国际法的制裁；（8）歧视妇女的传播违反国际法；（9）国际间有一定限制的信息自由流通，信息自由流通受法律限制，等。[①] 四是给受众以准确定位及把握小众化趋势。执政党准确的受众定位不仅是传统大众传播业成功的基本要素，也是跨文化网络信息传播要注意的重要问题，这主要是由网络传播受众小众化的特性决定的。同时，随着网络文化信息的激增，网民面对泛滥的信息越来越不知所措，这时跨文化网络信息传播为各类受众提供专门的信息和服务是很必要的，而且在确定受众定位时要关注两个问题：（1）传播者与受众在文化背景、感情基础方面存在巨大差异，因而传播者不能简单地把国内文化信息传播的内容、形式、方法套用在跨文化网络信息传播中；（2）多数上网者受过良好教育且收入较高，而执政党投资跨文化网络信息传播的主要目标之一是打入外国主流社会。为此，通过网络跨文化交流的信息内容应具有较高品位，应重视客观事实、避免过早下结论性话语等。此外，外国受众的个性化意识非常强，他们不轻易迷信他人或大众传媒的说法，因而执政党跨文化网络信息传播应更加重视受众的定位问题，力求使自己的网站在内容、风格等方面具有独特性，最大限度地提供个性化服务。

二 作为目的价值合理性的网络文化

“目的”是指行为者实践活动的心理指向和内部动力。按照马克斯·韦伯使用的范畴理解，“目的价值合理性”主要指出于对某些伦理的、审美的、人格的、宗教的或做任何其他解释的，无条件的、固有价值的信仰所决定的意义，它不过于关注成功的概率，具有判断标准的“目的价值性”和旨归上的“不确定性”等特点。“当今世界，科学技术飞速发展并向现实生产力迅速转化，愈益成为现代生产力最活跃的因素和最主要的推动力量。科学技术为劳动者所掌握，就会极大地提高人们认识自然、改造自然和保护自然的能力；科学技术和生产资料相结合，就会大幅度地提高工具的效能，从而提高使用这些工具的人们的劳动生产率，就会帮助人们

---

① 转引自田胜立《网络传播学》，科学出版社 2001 年版，第 90—91 页。

向生产的深度和广度进军。"[①] 其实，发展科学技术既然作为执政党的一项执政兴国活动、一种实现富民强国执政使命的目的价值性的存在，其精神特质与价值理性是不能被人为剥离的，科学技术本身就是一种文化哲学，尤其是随着现代科学技术日新月异地发展，其社会政治功能越来越强大，科学技术所蕴含的目的价值合理性也愈加凸显出来。基于此，以互联网技术为代表的网络文化信息技术的社会政治功能已远远超出其技术层面。在现代执政党看来，它不再仅仅是一种单纯的技术工具价值理性的产物，而且为人类创造一个全新的文化世界，它所负载和辐射的目的价值合理性如平等、多元、分权、民主、共享、兼容、自由、开放等已被越来越多的人所认同和首肯。诚如马克思所说："从理论领域来说，植物、动物、石头、空气、光等等，一方面作为自然科学的对象，一方面作为艺术的对象，都是人的意识的一部分，是人的精神的无机界，是人必须事先进行加工以便享用和消化的精神食粮；同样，从实践领域来说，这些东西也是人的生活和人的活动的一部分。"[②] 在这里，仅从网络平等民主精神和信息共享与开放价值两个视角来探讨网络文化的目的价值合理性问题。

首先，网络平等民主精神。"国家的性质即民主的性质。"[③] 网络文化不仅本源地蕴含着丰富的平等与民主的目的价值理念，而且前所未有地为平等和民主的目的性价值追求提供了真实平台。平等与民主作为一种目的价值理想是全人类共有的，但在历史的时空中却只是少数人的专利，对多数人来讲缺乏分享这一目的价值理想的通道。实际上，这种仅作为"专利"的平等与民主并非人类所追求的，因为缺乏普及性和全球化基础的平等与民主算不上真正的平等与民主。虽然互联网发展还不成熟，其社会性目的价值合理性功能还远未发挥尽致，但人们已欣喜地看到，它为人类平等与民主之目的价值理想的实现提供出无限的可能性。那么，何谓网络精神，或者说网络蕴含着、负载和辐射出什么样的人文精神之目的价值呢？美国未来学家阿尔文·托夫勒在其著作《第三次浪潮》中把工业时代（即第二次浪潮）的特征归结为标准化、专门化、同步化、集中化、

---

① 江泽民：《论科学技术》，中央文献出版社2001年版，第20页。

② 《马克思恩格斯选集》第1卷，人民出版社1995年版，第45页。

③ 王茂华：《民主探要》，福建人民出版社1991年版，第28页。

极大化和集权化这六个相互联系的法则。在他看来，第三次浪潮——信息时代则具有与之迥然不同的特征，即多样化、综合化、异步化、分散化、最优化和分权化。美国数字化启蒙大师尼葛洛庞帝在其著作《数字化生存》一书中，概括出“数字化生存”的分散权利、全球化、追求和谐和赋予权利等四大特质，认为比特的存储和传输是完全不受地理限制的，网络加快了全球化过程，在数字化世界里，过去不可能解决的方案却将变成可能。当执政党的政治家还在背负历史阶段的包袱沉重前进，新的一代正在从数字化的环境中脱颖而出并完全摆脱许多传统的偏见；过去的地理位置相近是一切友谊、合作、游戏和邻里关系的基础，而现在的孩子则完全不受地理的束缚；数字科技可以变成一股把人们吸引到一个更和谐的世界之中的自然动力，使人看到新的希望和尊严。尼葛洛庞帝之所以如此乐观，是因为他认为数字化生存具有推动人类发展“赋权”的本质，确信“数字化生存所以能让我们的未来不同于现在，完全是因为它容易进入、具备流动性以及引发变迁的能力”。①

学界尽量从不同的出发点来探讨这些问题，但他们大多把网络精神归结为平等、自由、民主、分权、兼容、共享、多元化等方面，居其核心的则是平等和民主，其他精神可由此衍生而来。应该强调的是，这些精神并不是互联网独有的，但网络使这些精神从“虚拟”逐渐走向“真实”。这些精神作为漫长历史的目的性价值追求，作为人类艰苦奋斗的价值目标，多少带有一些“虚拟”性。有趣的是，这项以“虚拟性”著称的网络技术给人类发展的这些价值理想带来了更多的“真实”性。当然，这又与网络技术和互联网构架的特征有着密切关系，同时也与社会政治文化精神的某种文化因子遇上适宜其生长的互联网环境而迅速生根发芽乃至快速成长等因素有关。这种科学技术与社会政治文化精神的交融，正是现代科技文化精神发展的基本模式。在这里，社会政治文化精神的这种因子孕育了技术文化发展不可缺少的文化精神基因，技术及技术文化内生的文化因子与社会政治文化精神所产生的强大共振与共鸣使网络技术所蕴含和负载的文化精神因子能逐渐放大辐射至整个社会政治文化精神上，从而使二者交相辉映、互相促进，共同汇入人类精神发展的长河。进一步从科技与人文两个方面看，互联网建立的最原始动因是为了平等

① ［美］尼葛洛庞帝：《数字化生存》，胡泳、范海燕译，海南出版社1997年版，第271页。

交流和信息互动。因为要交流信息文化，就要求使越来越多的计算机能够互联；要使更多的电脑能够互联，这个网络就必须保持开放性；只有向全世界开放、向不同类型的电脑开放，才能让越来越多的电脑联网。要做到这一点，就必须保证网络的兼容性，尤其对未来的电脑要具有足够的兼容性。互联网的互联性表明网络在任何时候都应具有互联性，即不能因为网络的局部断线而导致网络的崩溃，亦即互联性的丧失。这就要求每台电脑在网络中的地位应该是平等的，不能因为某些电脑的失灵导致整个电脑系统的瓦解。这种地位的平等意味着网络局部的断裂不会导致整个网络的崩溃。因而要保持这种互联性，网络应该是无中心的。可见，互联网在技术层面上所具有的平等性、民主性、互联性、兼容性等特点与社会政治文化精神因子的有机结合，共同打造了“互联网之魂”即网络精神。

其次，信息共享与开放价值。关于网络信息共享价值，也许可以从万维网的发明者蒂姆·伯那斯－李那里找到启示。蒂姆发明万维网的初衷，就在于他对于万维网的信息共享价值理想的追求。他说：“我对万维网抱有的理想就是任何事物之间都能潜在联系起来。正是这种理想为我们提供了新的自由，并使我们能比在束缚我们自己的等级制体系下得到更快的发展。”① 与古登堡的印刷术、贝尔的电话以及科尼克的无线电报相关，伯那斯—李所创造的万维网在还没有达到它的最新形式之前就已经确立了它的独一无二性，这种特性与蒂姆的目的价值取向密切相关。因而在万维网的缔造者那里，信息共享是网络目的价值合理性的内在物质，正是这种信息共享精神使万维网成为一项重大发明，或者说万维网的魅力就在于其信息共享。执政党创建互联网的最初动因是为了使党员干部网民能共享信息资源、获取网络文化价值，互联网的后来发展一直秉承着这一价值理念，其中的目的价值合理性就不难破解了。

同时，互联网也是一个开放性的信息价值系统，这种开放性是网络信息共享的初衷内在规定和要求的。为达到这一目的价值合理性要求，网络采取分布式结构和包切换的传输方式，这为网络信息资源开放性提供了技术上的保障。美国国家研究委员会（NRC）编辑的《理解信息未来——

---

① ［英］蒂姆·伯那斯-李：《编织万维网》，张宇宏、萧风译，上海译文出版社 1999 年版，第 1 页。

互联网及其他》一书对“开放的网络”指出一个可以进行各种类型信息服务的定义，这些信息“可以来自各种类型的网络服务机构，而且，这种连接应该是没有障碍的”[①]。从该定义可知，网络信息的开放性在网络价值系统建构上主要体现在：(1)对用户和提供信息服务者开放。网络用户只要遵守必要的网络协议就可方便地联入网络，当然，如果用户愿意的话也可随时离开。同时，网络是一个“信息海量”的环境，这就需要有大量的信息服务提供者，因而网络在技术上为信息服务者提供了一种开放性的接入环境和信息分布、传播平台，党务信息、学术信息或商业信息提供者在这里都可找到用武之地。(2)对提供网络未来的改进开放。互联网是世界上最大的电脑网络，除此之外还存在大量局部的、单独的网络。互联网对这些网络也是开放的，只要它们遵循网络协议就可以联入互联网而成为其中的一部分。同时应当看到，互联网是一个成长性的网络，只有对未来实行开放才能使互联网成为一个真正信息开放的网络。因此，互联网对未来和可能新增的各种服务提供开放平台，正是这一平台使互联网发展速度让人目不暇接而呈现出勃勃生机。

可见，互联网作为一个信息开放的平台，不仅表现在使用路由器网络设备和“包切换”的传输方式、网络中的电脑能通过ICP/IP等协议接入互联网，而且主要表现在这些技术方式所要达到的效果是“开放”即技术目标是“开放”，也表现在互联网对网络目的价值主体开放，表现在活跃其中的目的价值主体具有开放意识和开放的目的价值理性精神。

三　网络文化工具价值合理性与目的价值合理性的统一

从人类东西方文化发展的整体而言，它要实现工具价值合理性与目的价值合理性在实践层面上的统一。这一点，网络文化的发展也是如此。就历时性角度看，网络文化的产生发展是一种属于“先进文化的发展方向”的文化发展新浪潮；就共时性角度看，时下的网络文化还是一种由“边缘”走向“中心”、由“支流”成为“主流”的亚文化，展现出网络文化强大旺盛的工具价值合理性与目的价值合理性在实践层面上的统一本质。一般地说，网络文化的内部结构分为四层，即主体——网络文化信息及其意义提供者，客体——网络的“硬、软件”协议，中介——通过网

① 郭良:《网络创世纪——从阿帕网到互联网》，中国人民大学出版社1998年版，第170页。

络平台传输的信息及其意义，价值——由网络而形成的网民新价值观和生活方式等。它的外部特征主要包括四个方面，一是网络的形成发展本身有一种内在的文化动力和文化支柱，即人类内在预设的文化需要和文化精神推动着网络向前发展；二是网络产生各种新文化现象，形成了自己独特的文化业态，如网络政党、网络科技、网络经济、网络教育、网络组织、网络语言、网络文艺、网络生活、网络价值等；三是网络中蕴含着独特而丰富的文化价值和文化精神；四是网络中特有的文化价值对其他文化形态产生或多或少、或大或小的冲击和影响，促进着其他文化业态的变革。

这里仅以文化艺术为例，略予阐述。网络文化的发展为传统文化艺术的转型提供不可多得的契机，更促进了新文化艺术形式的产生。一方面，网络消解了文化艺术创作者、欣赏者和批评者之间的界限，文化艺术的门槛大大降低，甚至人人都有可能成为文化艺术家。网络也为各种不同的文化艺术体裁（如学术、小说、诗歌、书法、戏剧、绘画、音乐、电影、舞蹈、建筑、雕塑等），不同的文化艺术思潮、流派、风格（如现实主义、浪漫主义、现代主义、后现代文化等），不同的文化艺术主体（文化艺术创作者、欣赏者和批评者）提供了广阔舞台、丰富手段和全球性市场，为各种文化艺术作品的全球性传播提供了数字化、网络化手段，既使网络文化艺术的工具价值合理性与目的价值合理性在网络虚拟实践层面上实现统一，也使不同的网络文化艺术主体、体裁、思潮、流派之间在价值世界中互相交流、互相影响、共同繁荣。另一方面，更为重要的是，网络促成网络新文化艺术形式的产生，主要有网络政党文化、网络经济文化、网络社会文化、网络文学、网络影视、网络音乐、网络休闲、Flash 动画等。网络文化艺术的传播结构打破了传统文化艺术的单向线性结构和固定形式，不再是时间顺序叙述和空间顺序的开展，任何一部分网络文化艺术信息都有无限丰富的可能性，是“超链接”式的，从而在网络文化艺术生态新的行为方式和交往方式构建过程中形成新的网络文化艺术模式与业态。

“一种大众传播工具，从发明到推广到5000 万人，收音机用了 38 年，电视用了 15 年，互联网仅用了 5 年。国际互联网经过 18 年快速发展，已深深融入人们的日常生产生活。每年互联网世界会产生大量的信息。仅 2006 年，全世界就产生了 161 × 1018 字节的信息。但这个数字是 161 后面还有 18 个零——这些信息能填满 1610 亿个苹果（iPod）音乐播放器，它们以电子邮件、网站网页、数码照片、视频音频等形式存在于虚拟空间。”① 有人认为，“网络革命是一场科技战、商业战，更是一场文化战，是一场看不到硝烟的争夺 21 世纪经济发展制高点的综合战”。② 这些都表明，网络文化之工具价值合理性与目的价值合理性在实践层面上的统一性是显而易见的。概括地讲，主要表现为：一是网络信息技术促进新文化网络系统的形成，促进了全球文化交流。一方面，网络本身就是人类信息时代的一种文化创造物。网络技术实际上就是文化领域的产业革命，具有浓厚的工具与目的价值合理性在实践层面上相统一之特色，且正在促进先进的文化网络系统的形成。文化网络系统与网络文化系统熔物质产品与精神产品于一炉，能通过各种设备和媒介向网民提供文、声、图、像集成一起并能进行动态交互作用的信息，人类将享受到前所未有的多彩的文化生活。另一方面，数字化的网络通信使文化产品以光速传播。过去的文化产品的传播受各种条件限制，速度慢、易受损、难保存，而现在随着文化网站、网上博物馆、网上图书馆、网上音像馆等的开发与建设，任何有价值的文化作品都能得到快速、有效、广泛的传播、复制和储存，从而成为世界性的文化财富。同时，网络文化使人类突破了时空局限而进行直接跨文化的交流，扩展和深化包括执政党在内的人与自然，人与社会以及人与人之间的联系与交往，且将这种文化交流提升到信息化、知识化、数字化的水平，从而使文化交流展现出新的境界、层次和业态。因而，立足于虚拟实践基础上的网络文化价值合理性也使个人的思维、观念和价值得到充分完整的发挥并真正成为全人类的思维、观念和价值的一部分，为更高层次的全人类文化发展奠定基础。网络文化还是一种低污染、高效能的生态文化和绿色文化。在网络文化工具价值合理性与目的价值合理性之统一主导下，人类将日益消除与自然界的对立，实现全球文化和谐有序的发展。二是网络文化促进个人与社会价值取向的转变，其网络语言发展了人类语言的内容及形式。网络文化的价值合理性最深层次的表现在于网民价值取向的转变。而个人价值与社会价值之间的矛盾是人类文化价值的基本矛盾之一，二者之间的矛盾张力推动人类文化的不断丰富与超越。在网络文化的价值合理性中，这一对矛盾主要表现在个人隐私与社会监控之

① 东鸟：《网络战争：互联网改变世界简史》，九州出版社 2009 年版，序言。

② 罗伊：《无“网”不胜》，兵器工业出版社 1991 年版，后记。

间的矛盾上。显然，合理的个人隐私权需要得到有效保护，且网络文化从本质上看其价值取向是鼓励个性化的；但执政安全、政治稳定与社会监控又是社会存在和发展的前提，它应该得到保证，这样两者间就会产生一定的冲突。在网络社会中，网络文化价值合理性存在着人与物、一与多、内与外、分与合、虚与实、真与假、理与情、新与旧、公与私等要素间的张力，构成了一系列悖论和困境需要化解的问题。要解决这些问题，需要执政党采取政治、经济、技术、社会、法律、伦理、教育等多种手段，如改革不合理的国际政治经济秩序，建构具有适用性和灵活性的网络社会结构，发展具有人性化的新技术，构建和完善网络法律规范，建构具有现代网络精神的网络伦理乃至培养健康向上、全面发展的网络人格等。同时，网络语言作为网络文化的重要组成部分，蕴含工具价值合理性与目的价值合理性在语言交往实践层面上相统一之特色，具有明显以人为本、言简意赅、日新月异、幽默风趣等特征。具体言之，网络文化环境中的网络语言并非冷冰冰的机器语言，而是非常生活化和人性化的，它是利用技术化形式来表达人性化需求并贯穿于网民的网络生活、网络交往和网络思维活动之中。由于网民网络语言交流是通过电脑屏幕进行的，而电脑屏幕的大小较固定且网民交流的时效性强，这就使网民的语言要求言简意赅。于是，一些常用英语句子的简化已到了无所不用其极的程度。而且网络语言从产生之时起就没有定型过，也没有完全统一过，而是在不断推陈出新、优胜劣汰中发展的，许多新用语真的是“你方唱罢我登场，各领风光三五月”，只有那些简便实用、健康文明、幽默风趣、大众化强的词汇才能真正进入网络语言词典。事实上，非正规的网络语言正在越来越多被收入各种正规词典，成为主流文化之一部分，推动着网络文化工具价值合理性与目的价值合理性在虚拟实践层面上相统一的发展。

第三节　网络文化促进党的执政能力的现实生命力考察

在中国共产党建设史上，加强党的执政能力建设原本是党的十六大提出的一项重要课题。这个“能力”，简言之就是本领。唯物史观认为，人是生产力的主体、是历史的创造者，因而人的能力（生产力）就是“人的本质力量的公开展示”①。基于此，能力是一定主体的综合素质在现实

① 《马克思恩格斯全集》第42卷，人民出版社1979年版，第128页。

行动中表现出来的正确驾驭某种活动的实际本领，党的执政能力“就是党提出和运用正确的理论、路线、方针、政策和策略，领导制定和实施宪法和法律，采取科学的领导制度和领导方式，动员和组织人员依法管理国家和社会事务、经济和文化事业，有效治党治国治军，建设社会主义现代化国家的本领”①。党的执政能力既包括党的整体执政能力，也包括党的各级组织的执政能力和领导干部的领导水平、工作能力。具体地说，党的执政能力建设内容主要包括不断提高驾驭社会主义市场经济的能力、发展社会主义民主政治的能力、建设社会主义先进文化的能力、构建社会主义和谐社会的能力、应对国际局势和处理国际事务的能力（简称“五大能力”），是对党的总体执政能力或综合党力提出的要求。网络文化促进党的执政能力，就是党的各级组织和党员干部“加强网络文化建设和管理，营造良好网络环境”②，使党的执政理念更加科学、执政方略更加完善、执政体制更加健全、执政方式更加优化、执政资源更加拓展、执政环境更加完善、执政基础更加巩固。事实上，随着网络文化的兴起和发展，生存和发展于网络时代的中国共产党不可避免地卷入网络文化时代浪潮之中，受网络文化的影响和促进，在客观上主要表现为改变党的运行发展环境和空间：从环境特征来看，网络文化带有全球开放性和虚拟现实性；从环境形态来看，网络空间为党提供新的活动场所、工作平台和发展生态。这样，生存环境的深刻变化使党的执政能力建设面临许多前所未有的新情况新问题，而贯穿其中的就是如何适应环境的这种新变化，并在开放的网络文化时空来加强党的执政能力建设。因此，党所处环境的变化使党的运行方式必然随之而改变。如果把这看作是一个结论性命题的话，那么，在十几年时间内迅速发展起来的网络文化则把这一抽象命题具体化了。如网络文化改变信息生成、传播、获取的方式，广大党员干部越来越依赖于网络平台来获取海量的文化信息。党长期以来沿用的依靠文件、会议传递信息的方式与快捷、便利的网络文化信息传播方式相比，显然无法满足党员干部多样的信息文化需求。而网络文化所具有的信息在全球范围内全面开放、自由流动的特性，似乎赋予网络文化“鬼斧神工”般的魔力和能量，

---

① 《中共中央关于加强党的执政能力建设的决定》，人民出版社2004年版，第2页。

② 胡锦涛：《高举中国特色社会主义伟大旗帜 为夺取全面建设小康社会新胜利而奋斗》，人民出版社2007年版，第35页。

轻而易举就能把地球连接成为无限开放的“地球村”，营造出全球范围内的开放环境与空间，从而形成网络文化促进党的执政能力的强大生命力。这里，拟着重从网络文化拓展党的执政资源、完善党的执政环境、优化党的执政方式等三个方面来对网络文化促进党的执政能力的现实生命力作一考察。

一　网络文化拓展党的执政资源

在党的执政能力建设视野中，执政资源就是党为巩固执政地位和保证执政效能所能利用的一切积极因素和条件的总和，是党得以宣传主张、执行政策、维持政治系统与社会系统有序运行所赖以倚重的各种可供调动和利用的支撑元素的总称，包括党自身所拥有的执政资源（如思想文化资源、经济资源、组织资源、阶级资源和群众资源等）和在执政活动中新增加的资源（如政治权力资源、合法性资源和社会资源等）两种类型，二者共同为党维系执政地位、履行执政职责、实现自己执政绩效的最大化最优化服务。执政资源一般分为政治资源、经济资源、思想文化资源、历史资源和国际资源等五大类型。中国共产党之所以在纷繁复杂的政治环境中取得执政地位是顺应了人民的需要和历史发展的趋势，之所以成为国内外急剧变革的政治条件下长期执政的党，是因为党在长期执政实践中开发和积累了丰富的执政资源。这些执政资源概括起来主要有三个特点：（1）历史积淀的长期性和执政资源开发利用的目的与人民群众的根本利益取向的高度一致性。中国共产党丰厚的执政资源是在长达 28 年的革命斗争和 60 多年的执政实践中，特别是 30 多年的改革开放和社会主义现代化建设进程中通过自身的艰辛探索和积极实践逐步积淀起来的，而不是通过竞选或其他方式转接得来的，因而底蕴深厚、力量强大。同时，对于中国共产党来说，执政资源开发与利用的目的主要是履行执政使命和巩固执政地位，而履行执政使命和巩固执政地位的目的都是为了代表、维护和发展好最广大人民的根本利益。（2）执政资源建设的有利条件和不利因素的并存性。作为长期唯一合法的执政党，我们党拥有当今世界其他政党所无法拥有的开发和积聚执政资源的有利条件，但同时在长期执政和非竞争型政党体制条件下，也面临着如何克服惰性和不断实现自我自觉更新的巨大压力。（3）民心资源厚实且执政资源发展的开放性。一部共产党执政史表明，民心资源具有至关重要的意义，决定着其他资源的得失。正所谓

“人心向背，是决定一个政党、一个政权兴亡的根本性因素。政风廉洁，从来是赢得民心，实现政治清明、社会安定繁荣的重要一环。这是对兴亡规律的一个重要经验总结”①。我们党来自于人民、服务于人民，人民是党的靠山。因而党始终把全心全意为人民服务作为立党宗旨，以复兴中华民族为己任，取得举世瞩目的执政实绩，赢得了人民的广泛支持，从根本上夯实了执政资源的根基。而且，执政资源发展具有开放性，党的执政资源总是与社会发展的外界环境不断发生输出、输入与转换的关系，不断进行物质、能量和信息的交流与交换；同时，党的执政资源的各要素不是封闭的子系统，也存在互动关系，其中一个要素的变化发展会引起其他要素的变化和发展。

网络文化拓展党的执政资源，主要表现在把党的执政资源由物理世界拓展到虚拟世界之中，开拓出一个无限广阔开放的“信息源”和“资料库”之扁平环境。具体地说，（1）提供执政文化服务的有效载体。对执政党而言，上网标志着其资源运作方式的根本转型。网络文化给党的执政文化服务带来了更为广阔的阵地、更为多样的渠道、更为灵活的方法，为党的路线、方针、政策的传播提供了更为广阔的空间，使党的各级组织和党员干部变传统被动式“上传下达”领会接受为主动参与、自觉交流。同时，网络文化超大信息量、立体化、交互性强、快捷方便等特点，有利于执政文化服务内容和形式的创新，可以利用已建立的党建网站整合文化资源，发挥党建网络的“集团”优势，共同把网络文化打造成为各级党组织和党员干部提供执政文化服务的有效载体。（2）形成沟通交流的新“直通车”和增强执政活力的新“助推器”。网络文化搭建起党组织之间、党组织与党员、党组织与社会沟通交流的新桥梁。党组织可以借助网络文化手段完成各类党务信息的整理、发布，迅速快捷地供党员干部浏览查询，无需层层传达，在很大程度上突破了传统信息发布在时空上的局限，也优化了党组织内部和上下级党组织的业务流程，使之快速有效地上下沟通、资源交流和信息互动，以提高党内公文的处理速度，如一些党组织开设的“书记信箱”、“党员信箱”、“党员聊天室”栏目，在便捷党组织与党员联系和交流方面，取得了很好效果。同时，通过应用网络技术拓展党的执政资源，可以减轻党务干部繁重的事务性工作，节省大量时间，提高

① 《江泽民文选》第3卷，人民出版社2006年版，第185页。

工作效率。通过纵向网和视频会议室建设，利用网络文化的时空优势，既节省经费又扩大了管理的范围。党内公文制作及管理实现电脑化作业，通过网络进行公文交换，既方便查阅又节约大量人力、物力、财力。各级党组织可以充分发挥网络平台的功能，从远程网络上下载各种资料和信息，学习借鉴其他单位的管理经验，还可以在一定范围和层次内进行网上档案管理、网上党籍管理、网上党费管理、网上党员考核、网上民主评议、网上申请入党、网上思想汇报等，丰富党内生活，活跃党的工作，增强党组织的凝聚力和吸引力。（3）组成学习培训的新“课堂”，优化促进党内民主的新形式。网络信息技术是执政党实现高水平、低成本开展党内培训教育的有力工具。网络文化拓展党的执政资源的一个重要方面就是通过党建网站建立党员教育培训平台，对党员提供各种政治性、综合性、专业性的教育培训。例如，由北京市委讲师团创建的我国首家理论宣讲报告视频音频网“宣讲家”网站，自 2006 年 10 月 9 日开播以来，以“大宣讲”的理念构建“宣讲大平台、资源大整合、听众大市场”的理论宣讲工作格局，不断整合优化首都社科理论界的丰厚资源，联合各省、自治区、直辖市的党委讲师团，汇集全国各地优秀宣讲报告和先进事迹报告，拓展理论宣讲市场，推出一大批高质量的理论宣讲辅导报告和精彩讲稿，扩大党的理论创新成果的覆盖面和影响力，受到了各级党组织和党员干部的普遍关注和广泛好评。同时，网络信息技术有利于加强党组织与党员的信息交流，便于党员更好地了解党的各项政策法规，便于听取党员干部的意见和心声，有利于落实党员干部对党务工作的知情权、参与权、选择权、监督权，有利于党员干部更好地参与党组织的各项决策，优化和促进党内民主进程的新形式，为集中广大党员干部的智慧和提高决策的网络化、民主化、科学化，进而为拓展党的执政资源奠定坚实的基础。

二　网络文化完善党的执政环境

在党的执政能力建设视野中，执政环境作为党的执政能力研究的重要范畴，既是党执政要素的重要构件，也是党存在和发展的根本条件；既是党的执政能力建设的客观依据，也是党一切执政活动的根本出发点。执政环境，一般包括执政的自生环境和社会环境，前者又叫物理环境，是指党存在和发展的自然条件，后者是党赖以存在和发展的社会条件，分为国际社会环境和国内社会环境（包括经济环境、政治环境、文化环境等）两个大的类型。唯物辩证法认为任何事物的发展变化都是内因与外因相互作用的结果，其中内因是根据、外因是条件、外因通过内因而起作用。党的信仰、执政基础、执政宗旨、路线纲领、方针政策、执政体制和机制，是党生存和发展的根据和第一要素，决定着党的本质、发展方向和生死存亡。然而，党的执政理念、路线、纲领、方针、政策和执政基础、执政体制与机制既不是与生俱来的，也不是一成不变的，它必须随着执政环境的变化而不断与时俱进。因而，执政环境是党立党为公、执政为民必不可少的重要因素。新时期以来，我们党之所以能经受住风云变幻的国际形势和错综复杂的各种风险的考验，关键在于我们党能够根据执政环境的深刻变化，“科学判断和全面把握我们党所处的历史方位和肩负的历史使命，正确认识和妥善处理党在改革开放和发展社会主义市场经济条件下执政遇到的新情况新问题，以改革的精神加强和改进党的建设”[①]，大胆进行执政理论和执政实践创新，不断加强党的执政能力建设和先进性建设，使党在世界形势发生深刻变化的历史进程中始终走在时代前列，在应对国内外各种风险考验的历史进程中始终成为全国人民的主心骨，在建设中国特色社会主义事业的历史进程中始终成为全国人民的领导核心。

网络文化完善党的执政环境，使党的执政现实环境与网络环境有机统一起来。这一网络环境，一方面，表现为是一个数字化技术支撑的“超越于现实社会”的“虚拟社会”，但另一方面，这个虚拟网络社会又与现实社会密切相连，网络社会与现实社会具有不可分割性。“其实，并不存在一个现实社会以外的网络社会，网络社会只是对现实社会的延伸与折射，并不是在‘真实的时间和空间’之外还存在一个‘虚拟化’，这种‘虚拟实在’正是这个当下的社会本身，而在这种虚拟的社会中，纯粹的‘物理存在’都正在失去自身的真实性!”[②] 现实社会中党的执政环境包括围绕执政系统并影响该系统存在和发展的一切要素的总和，与之相照应，网络社会党的执政环境中的因素并不是脱离现实社会因素，而正是对现实社会一切要素的反映、扩延和完善。江泽民指出：“可以这样说，由于信息网络化的发展，已经形成了一个新的思想文化阵地和思想政治斗争阵

① 本书编写组：《胡锦涛同志“七一”讲话学习读本》，新华出版社2003年版，第8页。

② 朱庆：《“虚拟社会”与“现实社会”》，《光明日报》2001年9月25日。

地。因此，各地各部门的领导干部，必须加紧学习网络化知识，高度重视网上斗争的问题。我们的党建工作、思想政治工作、组织工作、宣传工作、群众工作，都应适应信息网络化的特点，否则是很难做好的。"[①] 基于此，网络文化完善党的执政环境，就是党顺应知识化、信息化、网络化的时代潮流，运用高科技手段及现代信息技术、利用先进信息平台和信息网络等手段，有效整合党的执政信息载体，打造权为民所用、利为民所谋、情为民所系的执政环境，从而增强我们党建设的效率性、参与性和民主性。（1）构建党的网络意识形态阵地。建立和优化各级党组织党建和思想政治工作网站，加强社会主义核心价值体系的网络宣传教育，利用网络文化传播高效性、交互性等优点用于帮助各级党组织、党员干部网民提高政治觉悟和政治识别能力，抵制文化霸权主义及各种反动思潮对网民的污染，形成网上强有力的主流意识形态。（2）构建电子党务环境。建立起"网上党支部"，使外出流动党员、在国外学习进修的党员能在网上参与组织生活，包括汇报、交流、民主评议、组织选举等；开发党务信息管理系统，利用系统平台可实现党组织的垂直指导和党内文件交换，使党的组织建设、党员及流动党员管理、发展党员、组织生活、党费管理、党内统计、党员学习培训等党组织工作能实行实时动态管理；建立网上新闻发布系统，发挥网络文化在信息传播中的时效优势，在第一时间发布即时新闻，使各级党组织、党员干部网民以最快速度了解国内外政治、经济、军事、文化和社会生活信息。（3）构建网上党建理论研讨平台。主要是建立党建理论研究网站，通过开展网上党建专题调查研究、网上党建论坛、网上党建数据库、网上党校教育等方面的网上活动，促进党建理论研究；构建党建理论宣传、教育网站网页和博客播客，定期发布党建理论研究成果和党建动态等，使各级党组织、党员干部网民提高党建觉悟、党务管理能力和执政水平。例如，江西省上饶市委宣传部自2002年6月创办《上饶之窗》以来，积极创新网上理论宣传平台、打造优良的网上执政环境，探索出"七个主动"的好做法，取得了很好的网上执政效果。这"七个主动"的具体做法，一是"在凝聚人心上主动"。《上饶之窗》先后开辟"十六大"、"十七大"、"树立和落实科学发展观"等学习专栏，开设时事新闻论坛、登载干部理论学习资料，使网站成为获取政治时事信息的重

---

① 江泽民：《论科学技术》，中央文献出版社2001年版，第180页。

要渠道和理论学习的第二课堂；及时宣传市委市政府的发展思路、工作部署，用发展的蓝图和发展的成绩来鼓舞人心；集中宣传全市改革发展稳定的经验和典型，宣传了“网络妈妈”——刘焕荣等一批先进人物，得到了中央有关部门的肯定。二是“在引导热点上主动”。《上饶之窗》坚持堵、疏结合，积极引导、主动介入热点、疑点和难点问题，既不断加大官方信息发布量、平均每天更新时事新闻150多条，加上网民发布的正面信息，成为网民获取信息的主渠道主阵地，又加大对中央和省委、市委重大举措的宣传力度，还引导市民参与对市情重大课题的研究和讨论，紧密结合上饶实际，市主要领导点题，确定“如何做大做强旅游产业”、“我市发展优势与劣势”等课题在网上公布，让广大理论和实际工作者与网民参与讨论，而后组织专门力量研究攻关，报市委、市政府决策参考。三是“在明辨是非上主动”。在论坛管理上，《上饶之窗》既利用论坛的自由讨论、贴近网民的特点，积聚人气；又明确论坛主题，把为上饶发展献策建言作为论坛主要目的，及时批驳不正确言论，严禁发布违背法律法规或有损公共道德的有害信息，大力弘扬正气。四是“在实现互动上主动”。《上饶之窗》努力让网站成为党员干部献计献策和党委政府了解社情民意的重要渠道，经常举行领导网上访谈、在线交流，不定期将网民意见整理编发简报送市委市政府和有关部门参考，或在报纸、电视台专题报道；还介入手机短信，开展“我为市长献一策”短信征集活动，开通“上饶新闻”手机短信，正确引导短信内容。五是“在依靠骨干上主动”。《上饶之窗》从市委宣传部、党校、讲师团、政研室等市直部门聘请70多名政治强、业务精、观念新、善交流、懂电脑的青年干部作为网络评议员，聘请在网上发帖多、内容好、影响大的网民担任论坛栏目版主，经常组织网友座谈会，推动实现网民在网站引导下进行自我管理。六是“在扩大覆盖面上主动”。《上饶之窗》以贴近网民实际为宗旨，覆盖领域上向机关、学校、社区、乡镇、中小企业延伸；内容上向政治、经济、文化各方面延伸，先后开通市情介绍、理论宣传、政法综治、企业在线等几十个频道和栏目，不断满足网民多视角多层次需要，使网站保持旺盛的人气。七是“在搞活形式上主动”。《上饶之窗》努力搞活形式，使网站丰富多彩、生动活泼，网民既可以讨论新闻时事获取政治理论信息，又可以发表理论文章和原创文艺作品，学习电脑技术、欣赏乐曲乃至休闲聊天，还经常组织网友联谊，实现网上网下互动，深受网民欢迎，被网民亲切地称为"网上家园"。可见，诸如此类的网络文化活动，大大完善了党的执政环境。

三 网络文化优化党的执政方式

在党的执政能力建设视野中，执政方式即执政党掌握和运用国家政权以实现党的奋斗目标的方法、形式的总称，也就是执政党为支配和影响国家政权而建立的一整套体制和机制以及对国家权力的配置、运行、制约所采取的总调控方式。一定的执政方式往往受到多种因素的影响和制约，其中执政党性质及其执政理念对执政党执政方式起决定性作用，国家的政治体制、经济基础、文化传统等也对执政党的执政方式产生重大影响。纵观世界范围内的各国执政党，其执政方式是多样化的，这种多样化源自于其政治、经济、文化、社会背景以及历史传统的不同。尽管如此，从不同角度可以对世界上不同执政党的执政方式作些分类。如从法的角度，可将执政方式分为人治和法治两种；从介入权力的范围、程度和方式的角度，可将执政方式分为有限执政和无限执政两种；从政党取得执政权是否通过选举方式、决策过程中群众是否参与、权力运行过程中是否接受民众监督的角度，可将执政方式分为专制和民主两种等。当然，一个执政党的执政方式往往以一种方式为主导、兼具其他方式的特点，因为各种方式都有它相对的优势、适用不同情况和场合，往往受到诸多条件的制约。对于中国共产党而言，尽管每个时期的执政方式都是特定历史条件下的产物，执政方式的选择有着复杂而特殊的社会历史背景，但应当看到，随着国际国内形势的发展和中国社会的转型与变化，过去所沿袭的党的执政方式所存在的不足也日益表现出来。而改革和完善党的执政方式，就是要以充分体现人民当家作主为价值取向、以宪法和法律为依据及主要调控手段，建立和完善包括党自身在内的权力配置、权力运作、权力监督的科学体制和机制。因此，改革和完善党的执政方式对加强党的执政能力建设是至关重要的。只有改革和完善党的执政方式，才能对外顺应世界潮流、对内解决好中国的事务；只有改革和完善党的执政方式，才能完善和发展中国民主政治、不断加强党的自身建设和提升党的优良形象。

党的十六届四中全会完整地提出"科学执政、民主执政、依法执政"的命题，这在党的文献中是第一次，并把使党成为"科学执政、民主执政、依法执政的执政党”作为加强党的执政能力建设的总体目标之一。[①]这标志着中国共产党优化执政方式的重要成果和基本思路是坚持科学执政、民主执政、依法执政，也标志着中国共产党执政意识有了新觉醒，党执掌国家政权基本方式有了新转变。为统一思想、提高认识，切实把科学执政、民主执政、依法执政贯彻到党治国理政实践之中，党中央身体力行、做出表率，2006 年 6 月中共中央政治局第三十二次集体学习“坚持科学执政、民主执政、依法执政”[②]，党的十七大强调按照科学执政、民主执政、依法执政要求来改善领导方式和执政方式，并把坚持科学执政、民主执政、依法执政写入经十七大修改并通过的《中国共产党章程》，正式以党的章程形式确定下来，使之具有了党内最高的法律效力。

基于此，网络文化优化党的执政方式必须以科学、民主、法治的精神加强网络文化建设和管理，不断完善和优化党的执政方式。(1)以科学化的网络文化来优化党的执政方式。从网络文化内容的科学化而言，主要体现在方向性、客观现实性和时效性等方面。在内容的方向性上，可在党建网站上选定如下基本信息源：马恩列斯的经典著作，中国共产党领导集体的理论著作，中国共产党的历史及党的重要文献，中共党史人物、革命英烈及英雄模范人物的生平事迹，党的路线、方针、政策和改革开放的成就，相关理论动态及研究成果，中国优秀历史文化，革命纪念地和革命文物介绍，国内外重大时事等，且始终坚持内容的方向性原则；在内容精选上应重视理论文章的建设，可以从两方面着手：广泛收集在社会上有影响力的理论文章，同时让更多的优秀专家学者成为撰稿人，力争让现实中的热点难点问题在网上得到体现和引导。在内容的客观现实性上，党建网络信息源只有贴近实际、贴近生活、贴近党员干部，解决困扰各级组织和党员干部的一些现实问题，才会受到党员干部网民的真正欢迎，党建网站也才会有强大的生命力。在内容的时效性上，与报刊、电视相比，新、快、广是党建网站信息源的最大优势，如果党建网站能充分保持更新及时、信息量大、快捷互动、有吸引力的服务等时效优点，就会大大增强对党员干部网民的吸引力。(2)以民主化的网络文化来优化党的执政方式。网络文

---

① 《十六大以来重要文献选编》(中)，中央文献出版社 2006 年版，第 274 页。

② 2006 年 6 月 29 日胡锦涛在中共中央政治局第三十二次集体学习时强调，“坚持科学执政、民主执政、依法执政，扎实加强执政能力建设和先进性建设”，见《人民日报》2006 年 7 月 4 日第 1 版。

化本来能最大限度地扩大民主范围，但我国城乡之间、个体之间事实上存在数字鸿沟，导致民主化程度不均衡现象的发生。根据 CNNIC 的统计，截至 2008 年 6 月底，中国互联网普及率只有 19.1%，只有不到 1/5 的中国居民是网民，远远低于冰岛、美国、韩国、日本等国家的互联网普及率。从中国互联网基础资源发展的情况看，仅北京、上海、广东、浙江和江苏 5 个省市的 IP 地址、域名、网站拥有量就占到全国的一半以上，且信息共享的好处仍是已获得民主权利的民众在享受，社会弱势群体则无缘分享高科技所带来的民主成果。为此，党的各级组织和党员干部应采取积极措施，尽可能消除或缩小数字鸿沟，以民主化的网络文化来优化党的执政方式。一是各级党组织和党员干部应加大对网络基础设施建设的投入力度，统筹规划、合理布局，推行网络普遍服务政策。二是改进与网络相关的技术贸易政策，引导技术自主创新。实践已证明，扩大市场开放度有利于提高发展中国家的网络技术普及水平和扩散速度，因而我们党和政府应增加网络技术研发的经费投入，鼓励网络技术应用的创新，走出一条将国际技术转移与国内自主创新相结合的发展道路。三是由于我国经济水平总体较低，网络信息技术基础较为薄弱，总体教育水平偏低，因而需要党的各级组织和政府积极制定相关政策，特别是要向欠发达地区提供更多网络信息技术教育的支持，普及网络信息技术教育。通过多种途径的民主化网络文化建设举措，为优化党的执政方式打基础。（3）以法治化的网络文化来优化党的执政方式。“数字化之父”尼葛洛庞帝指出：“我觉得我们的法律就仿佛在甲板上吧哒吧哒挣扎的鱼一样。这些垂死挣扎的鱼拼命喘着气，因为数字世界是个截然不同的地方。大多数的法律都是为了原子的世界、而不是比特的世界而制定的，我猜对我们而言，法律是个警示信号。电脑空间的法律中，没有国家法律的容身之处。电脑空间究竟在哪里呢？假如你不喜欢美国的银行法，那么就把机器设在美国境外的小岛上。你不喜欢美国的著作权法？把机器设在中国就是了。电脑空间的法律是世界性的，既然我们连汽车零件贸易都没有办法和各国达成协议，要处理电脑法律更谈何容易。”① 正因为这样，党的各级组织和党员干部要走网络文化法治化道路，确保网络文化健康发展，就必须加强自我约束和内部管理，

① ［美］尼葛洛庞帝：《数字化生存》，胡泳、范海燕译，海南出版社 1997 年版，第 278 页。

建立健全党建网站管理规章制度，规范新闻信息分布，坚持提供客观、真实、健康的信息内容，坚持提供文明的上网环境和内容链接。必须创新管理手段，以创新促建设、以建设促管理、以管理促繁荣，同时要综合运用司法、行政、思想政治教育等手段，加快形成依法管理、行业自律、社会监督、规范有序的网络文化管理和信息传播秩序，为优化党的执政方式打造积极文明的网络文化基础。

第三章　关涉的主题：党在执政文化发展中提高执政能力

马克思和恩格斯说："统治阶级的思想在每一时代都是占统治地位的思想。这就是说，一个阶级是社会上占统治地位的物质力量，同时也是社会上占统治地位的精神力量。支配着物质生产资料的阶级，同时也支配着精神生产资料，因此，那些没有精神生产资料的人的思想，一般地是隶属于这个阶级的。占统治地位的思想不过是占统治地位的物质关系在观念上的表现，不过是以思想的形式表现出来的占统治地位的物质关系；因而，这就是那些使某一个阶级成为统治阶级的关系在观念上的表现，因而这也就是这个阶级的统治的思想。"① 还说："一切划时代的体系的真正的内容都是由于产生这些体系的那个时期的需要而形成起来的。"② 党在执政文化发展中提高执政能力作为关涉的主题，是在加强自身建设的过程中、在执政文化继承与创新的辩证关系中不断发展的，也正是在执政文化发展中不断拓展自身建设空间的。因此，党要在信息时代不断加强执政能力建设，以对虚拟世界的主导权来加强对现实世界的领导权，就必须积极探求信息时代加强党的执政能力建设的基本规律和科学实现形式，从而形成网络文化环境下加强党的执政能力建设的科学理论体系。

第一节　继承与创新构成执政文化发展

恩格斯指出："我们的理论是发展着的理论，而不是必须背得烂熟并

① 《马克思恩格斯选集》第1卷，人民出版社1995年版，第98页。

② 《马克思恩格斯全集》第3卷，人民出版社1960年版，第544页。

机械地加以重复的教条。”① 马克思主义基本原理与中国社会主义实际相结合，走中国特色社会主义道路，是从中国共产党坚持和发展马克思主义执政文化、实现马克思主义执政理论中国化和中国社会主义特色化的历史经验中得出的必然结论。中国共产党之所以成功领导中国社会主义建设和改革开放，就是因为以科学的态度对待马克思主义执政文化，正确贯彻马克思主义基本原理与中国社会主义建设具体实际相结合的原则，创造性解决中国特色社会主义的发展问题，并不断丰富和发展当代中国的马克思主义执政文化。实际上，执政实践需要科学执政文化的引导，科学的执政文化能将党的执政事业引向成功之路。中国共产党选择和坚持用正确先进的执政文化来指导执政实践，使执政实践成为自觉和有效的执政活动。执政文化从执政实践中产生，又在执政实践中发展。执政文化的基础是动态的执政发展实践，执政文化要随着执政实践的发展变化而丰富和发展。因而，执政文化必须和历史与实践紧密结合，且执政文化与实际结合绝不可能是一次性完成的，更不可能一劳永逸，执政文化与执政实践的结合过程必然是一个动态的发展过程。在这一发展过程中，继承是执政文化发展的基础，创新是执政文化发展的保证，继承与创新二者共同构成执政文化发展。

一　继承是执政文化发展的基础

中国共产党作为中国工人阶级、中国人民和中华民族的先锋队，是以马克思主义为指导思想和行动指南的中国特色社会主义事业的领导核心，代表中国先进生产力的发展要求、代表中国先进文化的前进方向、代表中国最广大人民的根本利益。作为中国共产党指导思想的马克思主义，虽然诞生于19世纪的欧洲，却跨越欧洲、影响了全世界。马克思主义是关于无产阶级和人类解放的科学思想体系，它的产生实现了人类认识史上划时代的伟大变革。基于此，探讨党的执政文化发展的基础，就是在继承马克思主义执政文化这一先进文化过程中发展的。

首先，马克思恩格斯对共产党执政文化的初步思考及其成果。马克思主义经典作家马克思、恩格斯对共产党执政文化提出了一系列重要观点，阐述了建立马克思主义政党的必要性、必然性以及马克思主义政党的性

---

① 《马克思恩格斯选集》第4卷，人民出版社1995年版，第681页。

质、指导思想、组织原则、纲领路线等基本理论问题，从而形成了马克思主义政党建设及党的领导理论，其中马克思主义执政文化是重要的组成部分。当然，马克思、恩格斯的有关阐述，主要源于对无产阶级政党局部短暂执政经验的揭示，源于对马克思主义政党领导的国际共产主义运动和工人运动的经验总结。这些经验总结浸透着马克思和恩格斯严谨深邃的执政文化思维，刻画着无产阶级运动规律的深刻轨迹，是执政文化发展应予以重点继承的内容。其中《共产党宣言》是马克思主义政党的学说产生的主要标志。该书深刻总结了19世纪三四十年代以英国宪章运动、法国里昂和德国西里西亚纺织工人起义等为代表的工人运动经验，提出必须建立一个按科学社会主义理论武装起来的无产阶级政党，认为科学社会主义理论必须靠先进政党的努力使“无产阶级拥护我们的信念”[①]。而科学社会主义理论只有通过无产阶级先进分子组成的先进政党才能变成千百万名劳动群众的文化武器，产生出改造世界的强大物质力量。还阐明了这样一个基本文化理念：社会的经济基础决定上层建筑，自阶级产生以来的历史都是阶级斗争史，无产阶级只有彻底消灭阶级、解放全人类才能最后解放自己。为此，“工人革命的第一步就是使无产阶级上升为统治阶级，争得民主”。[②] 然后，“无产阶级将利用自己的政治统治，一步一步地夺取资产阶级的全部资本，把一切生产工具集中在国家即组织成为统治阶级的无产阶级手里，并且尽可能快地增加生产力的总量。”[③] 在这一进程中无产阶级必须同传统的所有制实行最彻底的决裂、同传统观念实行最彻底的决裂，最终达成一个联合体，“在那里，每个人的自由发展是一切人的自由发展的条件”。[④] 因此，如果说《共产党宣言》从总体上阐述了马克思主义政党执政后的任务，那么法国工人阶级建立的巴黎公社虽只存在72天，但它使无产阶级政党执政有了可贵的尝试，获取了很有价值的经验，是一个伟大的壮举。马克思在《法兰西内战》一书中仔细研究了巴黎公社经验，肯定“它实质上是工人阶级的政府”，赞扬公社“是终于发现的可以使劳动在经济上获得解放的政治形式”。还充分肯定公社的以下经验：一是“工人阶级不能简单地掌握现成的国家机器，并运用它来达到自己的目

① 《马克思恩格斯选集》第4卷，人民出版社1995年版，第197页。

② 《马克思恩格斯选集》第1卷，人民出版社1995年版，第293页。

③ 同上。

④ 同上书，第294页。

的”，而应当武装人民来保卫自己的政权。二是“公社是巴黎各区通过普选选出的市政委员组成的。这些委员是负责任的，随时可以罢免”。这体现了公社是人民群众真正当家作主的政权机关。三是权力机关的成员是“社会的负责任的勤务员”，而不是“从前国家的高官显宦”，他们“只能领取相当于工人工资的报酬”，而不享受“一切特权”。四是“公社是一个实干的而不是议会式的机构，它既是行政机关，同时也是立法机关”，这有利于人民行使自己的政权。总之，马克思认为：“公社给共和国奠定了真正民主制度的基础。”①

在马克思、恩格斯的关怀下，西欧各国无产阶级政党相继诞生，这在极大推动工人运动蓬勃开展的同时，也极大丰富了马克思恩格斯对党执政后任务的思考。特别是在马克思去世后，恩格斯根据工人运动形势变化和资本主义由自由竞争转入垄断阶段的时代特点，进一步发展和深化马克思主义执政文化。恩格斯指出，马克思主义不是教条，而是不断发展的理论，各国共产党必须根据本国实际创造性地运用②；一个新纲领是一面公开树立起来的旗帜，外界就根据它来判断这个党③，因而，各国共产党必须高度重视党的纲领建设。民主共和国是无产阶级专政的现成政治形式，无产阶级政党和工人阶级只有在民主共和国这种政治形式下才能取得和实现统治；党的干部不仅要有写作才能和理论知识，而且要熟悉党的斗争条件，习惯这种斗争的方式，具备久经考验的耿耿忠心和坚强性格④；无产阶级政党要根据不同的历史条件和任务的需要，采取适当的组织形式，以保证无产阶级事业的胜利；要正确处理各国党之间的关系，使各国党之间的关系建立在独立自主和民主协商的平等基础之上。这些执政文化与《共产党宣言》发表以来的执政思想是一脉相承的，但在具体问题上又有新的认识和发展，值得中国共产党在推进执政文化发展时大力继承和弘扬。

其次，列宁对马克思主义执政文化的艰辛探索与实践成果。毋庸置疑，列宁是世界上第一个领导无产阶级政党夺取政权并有着执政实践的伟大革命导师，列宁主义是革命与战争时代的马克思主义。在 19 世纪末 20

---

① 参见《马克思恩格斯选集》第 3 卷，人民出版社 1995 年版，第 52—59 页。
② 参见《马克思恩格斯选集》第 4 卷，人民出版社 1995 年版，第 681 页。
③ 参见《马克思恩格斯选集》第 3 卷，人民出版社 1995 年版，第 325 页。
④ 参见《马克思恩格斯选集》第 4 卷，人民出版社 1995 年版，第 399 页。

世纪初，资本主义已经由自由竞争阶段进入帝国主义阶段，如何把马克思主义基本原理运用于俄国革命的具体实践，创造性地走出一条适合俄国国情的社会主义道路，是历史赋予列宁和俄国马克思主义政党的历史使命，也正是在这一伟大实践过程中，列宁提出了许多很有价值、值得继承的执政文化观。实际上，早在俄国十月革命前为建立新型无产阶级政党，列宁与经济派、孟什维克、取消派、召回派等党内派别作了毫不妥协的斗争，撰写了《怎么办》、《进一步，退两步》、《社会民主党在民主革命中的两种策略》等论著，其中有不少与执政文化密切相关。他指出，只有以先进理论为指南的党，才能实现先进战士的作用①；无产阶级政党只有用关于社会发展规律的知识武装起来才能预见社会发展的进程，科学确定奋斗的目标并动员人民群众努力实现这些目标；党必须是得到本阶级和广大群众支持的、按照民主集中制组织起来的、工人阶级有组织的先进部队，是工人阶级和其他一切组织的领导者，有着严格统一的纪律②；要巩固工农民主专政，如果没有工农联盟就不可能巩固胜利成果，更不可能完成从资产阶级民主革命转变到社会主义革命的任务；无产阶级专政是新型民主和新型专政的国家，其实质不仅在于暴力，而且主要不在于暴力，必须充分发扬民主，保护广大群众参与国家管理、行使当家作主的权利③；在产品的生产和分配上建立严格的全民计算和监督是具有决定意义的事情，必须组织人民监督生产和分配，计算劳动和产品④。这些文化思想，为布尔什维克党顺利执政奠定了坚实基础。

十月革命胜利后，列宁在领导布尔什维克党执政的短短七年中，发表了诸如《伟大的创举》、《国家与革命》、《苏维埃政权的当前任务》、《关于我们党内的工团主义和无政府主义倾向》、《共产主义运动中的“左派”幼稚病》、《我们怎样改组工农检查院》、《宁肯少些，但要好些》等论著，提出了一系列重要原则和思路，如认为共产党在国家政权的全部政治经济工作中居于领导地位⑤，多党分掌政权的前提条件是少数派必须诚心诚意地服从多数派，以保证执行走向社会主义的纲领；党的领导是总的领导，

---

① 参见《列宁选集》第1卷，人民出版社1995年版，第312页。
② 同上书，第468—526页。
③ 同上书，第527—643页。
④ 参见《列宁选集》第4卷，人民出版社1995年版，第574—592页。
⑤ 同上书，第624页。

无论如何不能把党组织的职能和国家机关的职能混淆起来，党的领导要通过国家机关来实现①；要不失时机地实行党的经济纲领，把党的首要任务转移到经济建设上，恢复生产力、创造高于资本主义的劳动生产率②；适应经济建设形势，改变党内生活的极端集中制，实行党内的“工人民主制”，其形式是从上到下一切机关都实行普遍选举制、报告制和监督制等，以实现党内政治生活民主化③；反对党内的一切派别组织和派别活动，建立党的监督委员会，加强党员的共产主义思想教育和党员监督，提高党员质量，清洗混进党里来的人，维护党的团结和统一④；坚定不移实行新经济政策，同时又善于抑制新经济政策的一切消极方面⑤；高度重视中央领导人个性之间的冲突，自觉维护中央领导集体的统一，确保中央领导层的稳定性，防止党的分裂⑥。

因此，如果要对列宁执政文化观作一梳理，大体可以概括出如下几点：执政党必须把马克思主义基本原理同本国具体实际相结合，积极推进马克思主义国别化；必须坚持党对国家政权的总的领导；必须把经济建设放在首位；必须同人民群众保持密切联系；必须发扬党内民主，加强党内监督；必须加强党员教育，提高党员质量；必须坚持国际主义原则，正确处理各国党之间的关系等。这些论述至今仍有实践价值，都是我们党推进执政文化发展必须予以继承和弘扬的。

二　创新是执政文化发展的保证

马克思列宁主义揭示了无产阶级革命和社会主义建设的一般规律，为无产阶级的解放指明了方向和道路。但是，马克思列宁主义并没有也不可能详尽无遗地指出一切国家和民族的具体特点。正如列宁所说：“在资本主义的世界经济中，即使有70个马克思也不能够把握住所有这些错综复杂的变化的总和，至多是发现这些变化的规律，在主要的基本的方面指出

---

①　参见《列宁全集》第43卷，人民出版社1987年版，第64页。

②　参见《列宁全集》第34卷，人民出版社1987年版，第168页。

③　参见《苏联共产党代表大会代表会议和中央全会决议汇编》第2分册，人民出版社1964年版，第54页。

④　参见《列宁全集》第41卷，人民出版社1986年版，第78—83页。

⑤　参见《列宁选集》第4卷，人民出版社1995年版，第533—535页。

⑥　参见《列宁全集》第43卷，人民出版社1987年版，第338—339页。

这些变化及其历史发展的客观的逻辑。”① 各国共产党在运用马克思列宁主义一般原则的时候必须根据各个国家和民族在经济、政治、文化、历史传统等方面的特殊性，把普遍原理具体化，形成革命和建设的具体路线、方针、政策和方法。马克思列宁主义普遍真理只有通过这些中介环节才能实现对实践的指导作用。应当指出，毛泽东在中国共产党内是最先提出“马克思主义中国化”的人，也是最先明确提出和解决“马克思列宁主义的理论和中国革命的实践结合”的人。邓小平也强调马克思列宁主义理论本身是发展变化的，理论与实践“相结合”必须用在“变化的条件下”发展了的马克思列宁主义即具有时代特色的马克思列宁主义来与发展变化中的中国具体实际相结合，这样才真正做到“相结合”，指出：“我们搞社会主义才几十年，还处在初级阶段”，“需要我们几代人、十几代人，甚至几十代人坚持不懈地努力奋斗，决不能掉以轻心。”② 各国建设社会主义、共产主义事业的长期性、复杂性和艰巨性决定了马克思列宁主义基本原理与各国实际的结合，需要一代又一代的共产党人去发展和创新。中国共产党人在推进执政文化发展上也是如此。

首先，毛泽东对马克思主义执政文化的创造性发展。中国共产党是在一个半殖民地半封建的东方大国领导革命的，又是在一穷二白、生产力水平极其低下的基础上搞社会主义建设的，面临的执政文化问题是马克思、恩格斯、列宁所不曾预料而具有特殊复杂性的问题，没有创新意识和创新能力是难以解决的。毛泽东指出：“没有抽象的马克思主义，只有具体的马克思主义。所谓具体的马克思主义，就是通过民族形式的马克思主义，就是把马克思主义应用到中国具体环境的具体斗争中去，而不是抽象地应用它。成为伟大中华民族之一部分而与这个民族血肉相联的共产党员，离开中国特点来谈马克思主义，只是抽象的空洞的马克思主义。因此，马克思主义的中国化，使之在其每一表现中带着中国的特性，即是说，按照中国的特点去应用它，成为全党亟待了解并亟须解决的问题。”③ 早在民主革命时期特别是在延安的13年，毛泽东就系统地研究了中国的社会性质、阶级状况、武装斗争、统一战线、党的建设等一系列重大问题。如果说在

① 《列宁选集》第2卷，人民出版社1995年版，第220页。

② 《邓小平文选》第3卷，人民出版社1993年版，第379—380页。

③ 《中共中央文件选集》第11册，中共中央党校出版社1991年版，第658—659页。

《中国社会各阶级的分析》、《湖南农民运动考察报告》等文献中主要在政治战略上奠定了中国共产党坚实的思想理论基础，在《关于纠正党内的错误思想》一文中突出强调加强党的思想建设、克服党内各种非无产阶级思想对在中国这个农民和小资产阶级占人口绝大多数的国家建设真正马克思主义政党的极端重要性[①]，那么在《中国共产党在民族战争中的地位》、《〈共产党人〉发刊词》、《改造我们的学习》、《整顿党的作风》、《反对党八股》、《论联合政府》等论著中则深刻揭示党的建设必须同党的政治路线紧密联系的基本原理，系统阐述了民主集中制原则、党员队伍建设、干部队伍建设等一整套党的组织建设的理论体系，创造性地形成了独特的党的作风建设理论，指出判断一个政党归根结底要看该党政策及其实践是解放还是束缚生产力的。[②]

新中国成立前夕，毛泽东在党的七届二次全会的讲话中对党执政后的任务进行了初步探讨，指出发展社会主义经济和政治是执政的基础，认为夺取全国政权是执政的开始，是万里长征的第一步；务必使同志们继续地保持谦虚、谨慎、不骄、不躁的作风，务必使同志们继续地保持艰苦奋斗的作风[③]。在新中国成立初期，中国共产党及时在党的领导机关和基层党组织开展整风和整党运动，提出为人民服务是党执政的宗旨，要狠抓党的作风建设，采取有力措施加强党同人民群众的联系；强调党的团结是党的生命，党的高级负责同志的团结是党的团结的关键，必须加强党的团结教育，自觉维护党的团结统一。党的八大总结了新中国成立以来的执政经验，提出执政党必须努力提高马克思列宁主义水平；必须认真坚持群众路线，加强调查研究工作，学会“从群众中来，到群众中去”的工作方法；必须坚持民主集中制原则和集体领导原则，坚持集体领导与个人负责相结合的制度，正确处理领袖和党的关系，凡属重大问题都要充分发扬民主、广泛听取和征求下级组织的意见，慎重作出决策；必须对党员提出更高的标准，要根据党的事业的不断成功、党对人民所负担责任的加重、党在人民中威信的增长以及人们入党动机和入党后思想行为的变化等情况，对每个党员提出更严格的要求；必须统筹兼顾，正确处理党和国家领导机关的

① 参见《毛泽东选集》第1卷，人民出版社1991年版，第85—95页。

② 《毛泽东选集》第3卷，人民出版社1991年版，第1079页。

③ 《毛泽东选集》第4卷，人民出版社1991年版，第1438—1439页。

关系等。这些都是对党的执政文化发展的初步创新性探索成果，为促进党的执政理论建设、推动党的执政能力发展发挥了重要作用。

其次，邓小平对马克思主义执政文化的历史性贡献。邓小平既是中国共产党第一代中央领导集体的重要成员，又是第二代中央领导集体的核心。中国共产党执政后，他对党夺取政权后如何执政、怎样执好政等问题进行了艰苦的探索。他说："在中国这样的大国，要把几亿人口的思想和力量统一起来建设社会主义，没有一个由具有高度觉悟性、纪律性和自我牺牲精神的党员组成的能够真正代表和团结人民群众的党，没有这样一个党的统一领导，是不可能设想的，那就只会四分五裂，一事无成。这是全国各族人民在长期的奋斗实践中深刻认识到的真理。"① 面对毛泽东去世后出现的徘徊局面以及复杂的国际国内形势，邓小平提出必须世世代代用准确的完整的毛泽东思想来指导实际，在实践中丰富和发展马克思列宁主义。他指出："马克思列宁主义、毛泽东思想，是我们党的指导思想。毛泽东思想继承和发展了马克思列宁主义。""我说要用准确的完整的毛泽东思想作指导的意思是，要对毛泽东思想有一个完整的准确的认识，要善于学习、掌握和运用毛泽东思想的体系来指导我们各项工作。只有这样，才不至于割裂、歪曲毛泽东思想，损害毛泽东思想。"② 他还强调，广大党员特别是领导干部学习马克思列宁主义一定要精、要管用；只有坚持党的思想路线，社会主义现代化建设才能顺利进行；一个党、一个国家、一个民族，如果一切从本本出发，思想僵化、迷信盛行，那它就不能前进，它的生机就停止了，就要亡党亡国；要始终坚持以经济建设为中心不动摇，发展才是硬道理；共产党执政后的根本任务是大力发展社会生产力，必须把党的工作重心转移到社会主义现代化建设上来，分阶段、有步骤地来实施；要始终坚持党在社会主义初级阶段的基本路线一百年不动摇，任何时候、任何条件下都要死扭住这一条不放松；要改革党和国家的领导制度、加强和改善党的领导，制度建设更带有根本性、全局性、稳定性和长期性，必须通过改革和制度建设、走出一条不同于过去的新路子；要始终坚持"两手抓、两手都要硬"，按照辩证的方法分析问题、制定政策；要坚持走依法治国的道路，全党同志和全体干部都要按照宪法、法律办事，

① 《邓小平文选》第2卷，人民出版社1994年版，第341—342页。

② 同上书，第42页。

学会运用法律手段处理各种经济和社会关系，解决各种社会矛盾，建立正常的社会秩序；要用改革的精神来加强党的建设，努力“把我们党建设成为有战斗力的马克思主义政党，成为领导全国人民进行社会主义物质文明和精神文明建设的坚强核心。全党都下这个决心，事情就一定能办好”①。

因此，邓小平执政文化思想是在继承马克思列宁主义、毛泽东思想执政文化观的基础上，从中国共产党执政的自身特点出发，根据党面临的新形势、新任务、新环境来研究和指导如何执政、如何领导和加强自身建设所形成的。这些执政文化成果是空前的和极为丰富的，为马克思主义执政文化的发展和创新发挥了重要作用。

最后，江泽民、胡锦涛对马克思主义执政文化的进一步发展。江泽民执政文化观，既是“三个代表”重要思想的重要组成部分，又以实践“三个代表”重要思想为根本目标，是在世界多极化、经济全球化、科技日新月异和我国实行全方位对外开放大背景下形成的，它紧扣提高党的执政能力和先进性水平这一主线，在中国特色社会主义建设和新时期新阶段党的建设两个伟大工程的有机结合中形成了建设中国特色社会主义的基本经验，深化了对什么是社会主义、怎样建设社会主义以及建设什么样的党、怎样建设党的认识，成为中国共产党立党为公、执政为民的执政文化武器。概括地说，主要有“四个强调”：一是强调发展是党执政兴国第一要务的理念。江泽民认为，发展是共产党执政以后面临的一个首要课题，解决得好不好在世界社会主义运动中有着重大而深刻的影响；在当代中国，发展是解决一切问题的关键，紧紧把握这一点就从根本上把握了人民的愿望、把握了社会主义现代化建设的本质，因而我们党要始终坚持以发展为第一要务，坚持用发展的办法解决前进中的问题，不断解放和发展社会生产力。二是强调坚持与时俱进，不断开拓马克思主义执政理论发展新境界的理念。江泽民指出，马克思主义是我们立党立国的根本指导思想和全国各族人民团结奋斗的共同理论基础；没有先进理论武装的党不可能是先进的党，没有先进理论武装的党就不可能发挥先进战士的作用；全党同志必须坚持解放思想、实事求是、与时俱进的思想路线，坚持马克思主义执政精神，善于把握客观情况的变化和总结人民群众在实践中创造的新鲜

---

① 《邓小平文选》第3卷，人民出版社1993年版，第39页。

经验，丰富和发展马克思主义执政文化。三是强调加强和改善党的领导、不断提高党的执政能力的理念。江泽民认为，要切实改进党的领导方式、执政方式，在党的统一领导下根据各级党组织和政权机关、企事业单位与行政组织的不同职能，进一步明确各自的职权和责任；要切实改进党的领导方法、领导作风，紧跟时代发展步伐、深入开展调查研究，努力把坚持党的领导同发扬人民民主、严格依法办事、尊重客观规律统一起来。四是强调以执政能力建设为重点加强党的建设的理念。江泽民一再要求治国必先治党、治党务必从严，一定要紧密联系不断提高党的领导水平和执政水平、不断提高党拒腐防变和抵御风险的能力这两大历史性课题来全面推进党的思想、组织、作风和制度建设，根据经济社会发展的实际不断增强党的阶级基础和扩大党的群众基础，不断提高党的社会影响力，“通过锲而不舍的努力，保证我们党始终是中国工人阶级的先锋队，同时是中国人民和中华民族的先锋队，始终是中国特色社会主义事业的领导核心，始终代表中国先进生产力的发展要求，代表中国先进文化的前进方向，代表中国最广大人民的根本利益”。①

党的十六大以来，我们党的中央领导集体高举中国特色社会主义伟大旗帜，以邓小平理论和“三个代表”重要思想为指导，深入贯彻落实科学发展观，继续解放思想、坚持改革开放、推动科学发展、促进社会和谐，借鉴世界上一些国家成功的执政经验、吸收中国传统文化中优秀的治国理政经验和人类东西方文明的最新成果，紧紧围绕建设中国特色社会主义这个主题，积累了宝贵的独创性执政成果，形成了以树立和落实科学发展观为核心的一系列执政文化观。例如，以人为本、全面协调可持续的科学发展观的提出，是胡锦涛对发展内涵、发展意义、发展本质的进一步深化，是对毛泽东、邓小平、江泽民关于发展重要思想的坚持和发展，是对党的执政文化的重大创新，其深刻的理论意义和实践价值在于表明中国共产党对执政规律的认识达到了新高度，对中国特色社会主义建设规律和人类社会发展规律的认识达到了新水平，开辟了马克思主义执政文化发展的新境界。又如，胡锦涛在2004年6月29日主持中央政治局第十四次集体学习时向全党提出加强党的执政理论建设的任务，并对执政理论的基本内涵做了集中概括，认为党的执政理论建设是一项系统工程，包括执政理

---

① 《江泽民文选》第3卷，人民出版社2006年版，第569页。

念、执政基础、执政方略、执政体制、执政方式、执政资源等方面，后来在2004年8月22日邓小平诞辰100周年纪念大会的讲话中又加了“执政环境”。这七个有关执政文化的基本问题，构成了新世纪新阶段党的执政理论的基本内容。在此基础上，党的十七大对党的建设作出整体部署：“必须把党的执政能力建设和先进性建设作为主线，坚持党要管党、从严治党，贯彻为民、务实、清廉的要求，以坚定理想信念为重点加强思想建设，以造就高素质党员、干部队伍为重点加强组织建设，以保持党同人民群众的血肉联系为重点加强作风建设，以健全民主集中制为重点加强制度建设，以完善惩治和预防腐败体系为重点加强反腐倡廉建设，使党始终成为立党为公、执政为民，求真务实、改革创新，艰苦奋斗、清正廉洁，富有活力、团结和谐的马克思主义执政党。”① 同时还提出深入学习贯彻中国特色社会主义理论体系，着力用马克思主义中国化最新成果武装全党；继续加强党的执政能力建设，着力建设高素质领导班子；积极推进党内民主建设，着力增强党的团结统一；不断深化干部人事制度改革，着力造就高素质干部队伍和人才队伍；全面巩固和发展先进性教育活动成果，着力加强基层党的建设；切实改进党的作风，着力加强反腐倡廉建设。这“一条主线、五个重点、一个目标、六项任务”的总体部署，涵盖了党的建设的各个方面，是党的建设总的要求，使党的执政文化创新具有鲜明的时代气息，体现了中国特色社会主义执政文化发展的本质要求，是全面推进党的建设新的伟大工程的行动纲领。

三　继承与创新构成执政文化发展

马克思曾经指出：“问题就是公开的、无畏的、左右一切个人的时代声音。问题就是时代的口号，是它表现自己精神状态的最实际的呼声。”② 正如19世纪40—60年代马克思、恩格斯批判地继承前人的成果创立唯物史观和剩余价值学说、从而实现了人类思想文化史上的伟大革命一样，执政文化发展问题也是在继承与创新两者辩证互动过程中共同构成的。这里仅以毛泽东、邓小平、江泽民、胡锦涛之继承与创新构成执政文化发展为

① 胡锦涛：《高举中国特色社会主义伟大旗帜 为夺取全面建设小康社会新胜利而奋斗》，人民出版社2007年版，第49—50页。

② 《马克思恩格斯全集》第40卷，人民出版社1982年版，第289页。

例，略予阐释。

首先，就“继承”视角来讲，不仅“马克思列宁主义、毛泽东思想一定不能丢，丢了就丧失根本”①，而且中国共产党中央领导集体核心之间也存在执政文化一脉相承的继承关系，具体体现在执政文化的哲学基础、政治立场、方向目标和检验标准的内在统一上。

一是实事求是是中国共产党中央领导核心执政文化的共同哲学基础，它如一条红线贯穿于党的中央领导集体核心执政文化之中而成为其精髓。一方面，毛泽东与邓小平、江泽民、胡锦涛的执政文化观都强调一切从实际出发、在实践中检验和发展真理，有着共同的科学内涵和本质要求。毛泽东指出，马克思、恩格斯、列宁、斯大林教导我们认真地研究情况，从客观真实的情况出发，而不是从主观的愿望出发。② 邓小平则第一次明确将党的思想路线概括为实事求是，一切从实际出发，理论联系实际，坚持实践是检验真理的标准。③ 江泽民、胡锦涛在领导中国特色社会主义建设事业过程中自觉坚持党的实事求是思想路线，指出中国共产党要始终站在时代前列带领人民胜利前进，归结起来就是必须始终代表中国先进生产力的发展要求、代表中国先进文化的前进方向、代表中国最广大人民的根本利益，认真贯彻落实科学发展观。这里，生产力标准和“三个代表”是实践标准在经济社会科学发展中的具体化，是中国共产党中央领导集体核心执政文化对实践标准问题的重要发展。另一方面，中国共产党中央领导集体核心执政文化都体现了唯物论、辩证法、认识论和唯物史观的有机统一。实际上，中国共产党中央领导集体核心并不仅仅将实事求是视作一般执政要求和方法，而且从政治哲学的高度来认识实事求是原则。实事求是中的“实事”是指独立于人的意识之外的客观存在，也就是恩格斯所说的“存在”、列宁所说的“物质”、毛泽东所讲的“客观存在着的一切事物”④，“是”是指客观事物的内部联系即规律性，“求”是对具体的矛盾运动进行具体认识、探索，就是研究。从“实事”中“求”出“是”，即通过客观事物的矛盾运动发现其内在的规律性。同时，正确地认识和改造世界必须坚持实事求是思想路线，而认识和改造世界的主体是人民群

---

① 《十五大以来重要文献选编》上册，人民出版社2000年版，第13页。

② 《毛泽东选集》第3卷，人民出版社1991年版，第797页。

③ 《邓小平文选》第2卷，人民出版社1994年版，第278页。

④ 《毛泽东选集》第3卷，人民出版社1991年版，第801页。

众，所以中国共产党中央领导集体核心不仅一贯提倡实事求是原则，而且一贯提倡群众路线，在其执政文化中实事求是思想路线与群众路线是有机结合在一起的。

二是中国共产党中央领导核心执政文化都牢牢把握住了执政为民这一政治立场。毛泽东执政为民思想的核心内容是全心全意为人民服务。新中国成立以后毛泽东一再强调，只有为政清廉，才能执政为民。为政清廉，包括政治、组织、经济、作风、生活等方面的内容：在政治上，同中央保持一致，坚决执行党的路线和政策；在组织上，坚持正派公道作风，实行“任人唯贤”路线；在政府机构设置和人员配备上，要精兵简政，克服官僚主义；在经济上，贯彻勤俭建国方针，反对贪污浪费；在作风上，要光明正大、严于律己；在生活上，保持艰苦朴素作风，与群众同甘共苦，在对待子女问题上应从严要求，坚持“不介绍、不推荐、不说话、不写信”的“四不”原则，显示出一代伟人大公无私的高风亮节。邓小平将人民视为自己的父母，说：“我是中国人民的儿子，我深情地爱着我的祖国和人民。”① 认为共产党人无论担负多么重要的领导职务都不能从人民的公仆变为人民的老爷；共产党的性质决定了共产党人只能是人民的公仆，党的干部也是人民的勤务员，必须全心全意为人民服务。邓小平在关注人民根本利益的同时又非常注意处理改革中的各种利益关系，指出在推进改革开放进程中要始终以实现人民群众的根本利益为根本出发点和落脚点，把改革的力度、发展的速度和社会可承受的程度统一起来，保证改革的健康发展，从而最终使最广大人民群众享受到改革开放的成果。江泽民强调，在执政条件下无产阶级政党要坚持马克思主义人民利益观，关键就是要解决好“立党为公”和“执政为民”的问题。为此，必须做到“三个一致性”，即“必须坚持尊重社会发展规律与尊重人民历史主体地位的一致性，坚持为崇高理想奋斗与为最广大人民谋利益的一致性，坚持完成党的各项工作与实现人民利益的一致性。”② 要求每个党员干部一定要时刻牢记党的宗旨，自觉为人民群众掌好权、用好权，认真贯彻执行党的路线方针政策，努力实现人民的愿望、维护人民的利益，想群众之所想、急群众之所急，诚心诚意为人民群众谋利益。这也是检验中国共产党能否做到立

---

① 《邓小平思想年谱》，中央文献出版社1998年版，第182页。

② 江泽民：《论“三个代表”》，中央文献出版社2001年版，第161页。

党为公、执政为民的试金石。胡锦涛指出："我们高度重视提高党员、干部队伍素质特别是思想政治素质，使广大党员、干部坚持把党和人民利益摆在第一位，牢记'两个务必'，做到权为民所用、情为民所系、利为民所谋，坚持讲党性、重品德、做表率，经受住长期执政考验、改革开放考验、发展社会主义市场经济考验。"①

三是实现共产主义是中国共产党中央领导核心执政文化中共同的方向目标。为了实现这个共同的方向目标，我们党的领导人都坚持最高纲领和最低纲领的统一，在实现最低纲领的基础上实现最高纲领。毛泽东指出："我们的党的名称和我们的马克思主义的宇宙观，明确地指明了这个将来的、无限光明的、无限美妙的最高理想。每个共产党员入党的时候，心目中就悬着为现在的新民主主义革命而奋斗和为将来的社会主义和共产主义而奋斗这样两个明确的目标。"② 邓小平一生对"两个必然"有深刻的认识，认为"社会主义经历一个长过程发展后必然代替资本主义。这是社会历史发展不可逆转的总趋势"③。他指出中国共产党的现代化建设必须从中国的实际出发，社会主义本身是共产主义的初级阶段。江泽民也指出："我们是最低纲领与最高纲领的统一论者。我们坚信马克思主义关于人类社会必然走向共产主义这一基本原理。共产主义只有在社会主义社会充分发展和高度发达的基础上才能实现。共产主义社会，将是物质财富极大丰富，人民精神境界极大提高，每个人自由而全面发展的社会。"④ 强调"全党同志既要树立共产主义的远大理想，坚定信念，以高尚的思想道德要求鞭策自己，更要脚踏实地为实现党在现阶段的基本纲领而不懈努力，扎扎实实地做好现阶段的每一项工作。忘记远大的理想而只顾眼前，就会失去前进的方向；离开现实工作而空谈远大理想，就会脱离实际"⑤。

四是中国共产党中央领导核心执政文化拥有共同的实践检验标准。毛泽东强调实践是检验认识正确与否的唯一标准，他说："中国一切政党的政策及其实践在中国人民中所表现的作用的好坏、大小，归根到底，看它

① 胡锦涛：《在纪念党的十一届三中全会召开30周年大会上的讲话》，人民出版社2008年版，第32页。

② 《毛泽东选集》第3卷，人民出版社1991年版，第1059页。

③ 《邓小平文选》第3卷，人民出版社1993年版，第382—383页。

④ 江泽民：《论党的建设》，中央文献出版社2001年版，第521页。

⑤ 同上书，第522页。

对于中国人民的生产力的发展是否有帮助及其帮助之大小，看它是束缚生产力的，还是解放生产力的。”[①] 在邓小平看来，实践始终高于理论，实践标准始终高于任何理论标准和领袖人物言论标准，因而实践标准是最具有权威性的。他一贯强调，实践必须是创造性的实践，只有在创造性的社会实践中才能将坚持、运用科学执政理论与检验和发展执政文化辩证统一起来。因而实践标准既是邓小平执政文化形成的思想舆论前提，又是其历史起点和逻辑起点，且邓小平所倡导的生产力标准和“三个有利于”标准实际上是对实践标准的具体化和深化，体现了邓小平中国特色社会主义执政文化产生和形成的过程，且蕴含着执政实践的合目的性与合规律性是一个逐步深化和互动发展的过程，体现出认识论、历史观和价值观辩证的统一。在此基础上，“三个代表”重要思想则提出了一个既符合实践标准的主旨又便于在具体执政实践中进行操作的标准。因此，要把“三个代表”重要思想落实到执行党的路线方针政策中去、落实到党的执政理论与执政实践之辩证统一中去。同时，以解放思想、实事求是、求真务实、严谨科学的态度进行实践和探索，使中国共产党的执政文化和执政行动更加符合社会主义初级阶段的国情和时代之科学发展的内在要求，更加符合共产党执政文化的本质规定和执政规律的客观要求。

其次，就“创新”视角来讲，马克思说：“人们自己创造自己的历史，但是他们并不是随心所欲地创造，并不是在他们自己选定的条件下创造，而是在直接碰到的、既定的、从过去承继下来的条件下创造。”[②] 邓小平指出：“真正的马克思列宁主义者必须根据现在的情况，认识、继承和发展马克思列宁主义。”[③] 中国共产党中央领导核心执政文化既存在彼此“继承性”，更具有相互“创新性”，具体表现为四者因侧重面不同而使其执政文化各具特色——毛泽东着重解决中国共产党执政的基本制度、邓小平着重解决中国共产党执政的基本任务、江泽民着重解决中国共产党执政的基础、胡锦涛则着重解决中国共产党执政的发展使命。

新中国成立以后，以毛泽东为主要代表的中国共产党中央领导集体确立了人民民主专政的国体、人民代表大会制度的政体、中国共产党领导的

---

① 《毛泽东选集》第3卷，人民出版社1991年版，第1079页。

② 《马克思恩格斯选集》第1卷，人民出版社1995年版，第585页。

③ 《邓小平文选》第3卷，人民出版社1993年版，第291页。

多党合作和政治协商制度以及民族区域自治制度等一系列中国共产党执政的基本制度。毛泽东指出："对人民内部的民主方面和对反动派的专政方面，互相结合起来，就是人民民主专政。"[①]"在全国范围内建立无产阶级领导的以工农联盟为主体的人民民主专政的共和国"[②]；"成立民主联合政府，加强各民主党派，各人民团体的相互合作，并拟订民主联合政府的施政纲领，业已成为必要，时机亦已成熟。""但欲实现这一步骤、必须先邀集各民主党派、各人民团体的代表开一个会议。在这个会议上，讨论并决定上述问题。此项会议似宜定名为政治协商会议。"[③] 起临时宪法作用的《中国人民政治协商会议共同纲领》规定：新中国政权的组织形式为全国人民代表大会制度，在全国人民代表大会召开以前，由中国人民政治协商会议代行全国人大的职权，并将人民代表会议规定为国家权力机关。在确立中国特色政党制度的过程中毛泽东明确表示："究竟是一个党好，还是几个党好？现在看来，恐怕是几个党好。不但过去如此，而且将来也可以如此，就是长期共存，互相监督。"[④] 毛泽东执政文化中关于民族和民族问题的理论反映了我们党对马克思列宁主义的丰富和发展，反映了党和国家解决民族问题的方针和新政策，如《中国人民政治协商会议共同纲领》规定在"各少数民族聚居的地区，应实行民族的区域自治，按照民族聚居的人口多少和区域大小，分别建立各种民族自治机关。凡各民族以杂居的地方及民族自治区内，各民族在当地政权中均应有相当名额的代表。"[⑤] 这样，既表明了党的民族纲领和民族问题的基本政策，也确认了民族区域自治制度是解决国内民族问题的一项基本制度。

党的十七大指出，以邓小平为核心的党的第二代中央领导集体，"作出把党和国家工作中心转移到经济建设上来、实行改革开放的历史性决策，确立社会主义初级阶段基本路线，吹响走自己的路、建设中国特色社会主义的时代号角，创立邓小平理论，指引全党全国各族人民在改革开放的伟大征程上阔步前进"。[⑥] 实际上，无产阶级政党夺取政权执掌政权特

---

① 《毛泽东选集》第4卷，人民出版社1991年版，第1475页。

② 同上书，第1436页。

③ 《毛泽东年谱》下卷，人民出版社1993年版，第306页。

④ 《毛泽东文集》第7卷，人民出版社1999年版，第458页。

⑤ 《中共中央文件选集》第18册，中共中央党校出版社1992年版，第595页。

⑥ 胡锦涛：《高举中国特色社会主义伟大旗帜 为夺取全面建设小康社会新胜利而奋斗》，人民出版社2007年版，第7—8页。

别是建立了社会主义制度以后，面临的执政任务是很多的，但对于哪一个任务是最基本的、能够带动全局的却有一个认识和实践过程。就中华人民共和国来说，从1949年新中国成立到1978年十一届三中全会近三十年时间里，既有过把发展生产力摆在重要位置但方法不对头的时候，也有过把不断变革和完善生产关系及纯洁意识形态摆在首位搞“穷过渡”的时候。对基本任务的这些模糊认识和误解，归根到底是对“什么是社会主义、怎样建设社会主义”这个根本问题认识和把握不是很清楚，从而导致我国在很长一个时期内没能集中力量发展生产力的失误。新时期以来，邓小平以巨大的政治勇气和理论勇气，解放思想、实事求是，对中国共产党执政的基本任务作出了独创性贡献。例如，邓小平在总结经验时指出，多少年来我们吃了一个大亏，社会主义改造基本完成了还“以阶级斗争为纲”，忽视了发展生产力；强调“现在要横下心来，除了爆发大规模战争外，就要始终如一、贯彻始终地搞这件事，一切围绕着这件事，不受任何干扰。就是爆发大规模战争，打完以后也要继续干，或者重新干。我们全党全民要把这个雄心壮志牢固地树立起来，扭着不放，‘顽固’一点，毫不动摇”。[①] 从中可以看出邓小平把发展生产力放在党执政基本任务首位的思想。在1988年9月5日和12日的两次谈话中，邓小平都提出“科学技术是第一生产力”[②] 的著名论断，认识到科技在整个生产力系统中的主导与第一推动力的作用，把对科技的地位与功能的价值定位提高到一个新的高度。在实现中国共产党执政基本任务的发展战略上，邓小平采取渐进式的平稳改革推进思路，即先从关系政局稳定与国民经济基础稳定的农村开始，再以抓好农村基础为突破口转入在城市推进改革，当城市改革推进到一定程度后再探索支持国民经济持续、协调性发展体制改革；在推进领域上则在统筹政治经济全面改革背景下先推进经济体制改革，再进行政治体制改革以及其他方面的改革；在具体实施某一方面的改革时，邓小平强调要先通过抓试点以探索经验，然后再逐步展开。

党的十七大指出，以江泽民为核心的党的第三代中央领导集体，“捍卫中国特色社会主义，创建社会主义市场经济新体制，开创全面开放新局

---

① 《邓小平文选》第2卷，人民出版社1994年版，第249页。

② 《邓小平文选》第3卷，人民出版社1993年版，第274—275页。

面，推进党的建设新的伟大工程，创立‘三个代表’重要思想”[①]，着重解决中国共产党执政的基础问题。江泽民指出：“在建设社会主义的进程中，坚持马克思列宁主义的基本原理，最重要的就是要坚持生产关系必须适应生产力发展的论断，通过改革开放不断解放和发展社会生产力，逐步实现全体人民的共同富裕。这是历史唯物主义的真谛。”[②] 就理论基础而言，一个政党如果不标明其理想与主义，则必然失去旗帜和方向，就没有号召力和组织力。正如孙中山先生所说，政党必有主义，有主义才能组织政党，“政党以主义而成立”[③]。所以，一个政党为维护本阶级的利益和实现本阶级的要求并团结广大群众同自己共同奋斗，就必须创新和运用一套理论来指导自己的行动，运用理论来阐明自己的纲领和政策，动员和团结自己的群众。无产阶级政党尤其需要理论，因为无产阶级肩负着解放全人类、把全世界推进到更高级的人类社会的伟大历史任务。无产阶级政党的理论指导就是马克思列宁主义，它“揭示了人类社会历史发展的规律，它的基本原理是正确的，具有强大的生命力。”[④] 而“马克思主义的生命力，就是在于它在实践中能够不断创新”[⑤]。因而，马克思列宁主义、毛泽东思想、邓小平理论、“三个代表”重要思想和科学发展观，就是当代中国共产党执政文化发展必须坚持的理论基础和行动指南。就阶级基础而言，正如意大利思想家葛兰西所说：“每一党派都是一定阶级的别名。”[⑥] 且不论阶级状况如何变化，一个政党只要想以原有的性质存在就不能改变和放弃其具体的阶级规定性，否则，就失去其原有的本色和应有的阶级基础。江泽民指出：“我们党是马克思列宁主义与中国工人运动相结合的产物。工人阶级的形成是建党的根本条件。”“中国工人阶级始终是推动中国先进生产力发展的基本力量。我们党必须始终坚持工人阶级先锋队的性质，始终全心全意依靠工人阶级。”[⑦] 就群众基础而言，斯大林曾经指出：“只要阶级还没有消灭，只要无产阶级还由其他阶级出身的人来补充，只

---

① 胡锦涛：《高举中国特色社会主义伟大旗帜 为夺取全面建设小康社会新胜利而奋斗》，人民出版社 2007 年版，第 8 页。

② 江泽民：《论“三个代表”》，中央文献出版社 2001 年版，第 75 页。

③ 转引自肖光荣《执政之脉》，湖南师范大学出版 2006 年版，第 248 页。

④ 虞云耀主编：《十七大党章学习讲话》，中共中央党校出版社 2007 年版，第 1 页。

⑤ 江泽民：《论“三个代表”》，中央文献出版社 2001 年版，第 75 页。

⑥ ［意］葛兰西：《狱中札记》，曹雷雨等译，中国社会科学出版社 2000 年版，第 115 页。

⑦ 江泽民：《论“三个代表”》，中央文献出版社 2001 年版，第 168 页。

要工人阶级还不可能全部提高到先进部队的水平，工人阶级的先进部队和其余群众之间的区别，党员和非党员之间的区别就不会消灭的。"① 我国在实行改革开放和社会主义现代化建设的进程中，伴随着社会主义市场经济以及与此相联系的公有制为主体的多种所有制经济的发展、伴随着劳动力在不同所有制、不同行业、不同地域的流动和劳动形式的多样化，我国社会阶层构成发生了变化。世界上一些执政党因为丢失群众基础而丧失政权的现象，从反面例证了中国共产党必须始终代表最广大人民群众的根本利益，不断扩大自己的群众基础。因而，江泽民说："能否自觉地为实现党的路线和纲领而奋斗，是否符合党员条件，是吸收新党员的主要标准。来自工人、农民、知识分子、军人、干部的党员是党的队伍最基本的组成部分和骨干力量，同时也应该把承认党的纲领和章程，自觉为党的路线和纲领而奋斗、经过长期考验、符合党员条件的社会其他方面的优秀分子吸收到党内来，并通过党这个大熔炉不断提高广大党员的思想政治觉悟，从而不断增强我们党在全社会的影响力和凝聚力。"②

实践永无止境，对执政文化探索和发展也永无止境。胡锦涛指出："发展中国特色社会主义是一项长期历史任务，必须坚持不懈地为之奋斗。发展中国特色社会主义理论体系也是一项长期历史任务，必须随着中国特色社会主义实践的发展而发展。我们要坚持解放思想、与时俱进，坚持以我国改革开放和现代化建设的实际问题、以我们正在做的事情为中心，着眼于对实际问题的理论思考，着眼于新的实践和新的发展，深入研究和回答重大理论和现实问题，不断把党带领人民创造的成功经验上升为理论，不断赋予当代中国马克思主义鲜明的实践特色、民族特色、时代特色，不断推动当代中国马克思主义大众化，让当代中国马克思主义放射出更加灿烂的真理光芒。"③

第二节　网络文化推动执政文化发展

从技术文化角度说，网络文化是集视听技术、传感技术与计算机三维

---

① 《斯大林选集》上卷，人民出版社1979年版，第262页。

② 江泽民：《论"三个代表"》，中央文献出版社2001年版，第169—170页。

③ 胡锦涛：《在纪念党的十一届三中全会召开30周年大会上的讲话》，人民出版社2008年版，第38—39页。

技术等多种技术于一体所形成的文化，使党员网民能够通过键盘、光盘、声音或触摸屏等形式来输入或获取信息，充分发挥计算机运算速度快、综合处理能力强等优点，改变传统媒体以字符形式进行交流的单调形式，给执政党带来了一个丰富的文化新世界。网络文化不但具有计算机所固有的存储记忆、高速运算、逻辑判断、自动运行等功能，还采用了图形窗口、交互界面、语言识别和触摸屏等先进方式，使计算机不仅具有处理文本、图形、音频、视频的能力，而且能用党员干部习惯的方式、图像、声音生动逼真地传播和表达信息，与党员网民交流。网络文化与多媒体技术的联盟主要以 Internet 为主要标志，深度扩展单机多媒体的功能，实现网上多媒体信息文化传递和多媒体信息文化资源的共享，展现出一个浩瀚的网络信息文化海洋。因此，网络文化的出现不是执政文化发展的“异端”，与以往执政党一切实践文化形态一样，既是继承性与超越性的统一，也是现实性与理想性的统一，甚至更是历史、现实与未来的统一。正是由于网络文化的继承性与超越性的内在统一，推进着网络文化与执政文化的互动发展。

一　网络文化的继承性

实际上，现存的任何文化都是一个国家或民族在生存发展过程中世代创造、积累与延传下来的思想和观念体系，具有浓厚的继承性特征。网络文化也是如此。作为一个综合性概念，网络文化是一个在层次上继起递进的文化认识和文化实践过程。作为客观进程与主观作用的统一，网络文化要求党员干部网民用新眼光和新的探索精神把握文化发展的趋势，站在时代潮流前头不断探索、不断前进，以做出无愧于时代的文化贡献。马克思指出，人们不能自由地选择某一社会形式或自由地选择自己的生产力，不能随心所欲地创造自己的历史。[①] 恩格斯在谈到马克思及其创立的唯物史观时也常说道：“我们自己创造着我们的历史，但是，我们是在十分确定的前提和条件下创造的。其中经济的前提和条件归根结底是决定性的。但是政治等等的前提和条件，甚至那些萦回于人们头脑中的传统，也起着一定的作用。”[②] 既然网络文化的产生和发展是在继承以往文化传统的基础

---

① 《马克思恩格斯选集》第 4 卷，人民出版社 1995 年版，第 532 页。
② 同上书，第 696 页。

上创造自己的历史，就必然会发生关于传统文化与网络文化即文化继承与文化跃迁的关系问题。

乍看起来，在对网络文化继承性的追问中，我们总是将这个问题简单地回答为网络文化是对传统文化的扬弃，是文化在不同时代的创新。从对马克思主义唯物辩证法的一般理解和把握上，这无疑是完全正确的。但是，哲学的回答和现实所展示的图画却有着极大的不同。现实的千变万化和丰富多彩远不是哲学的回答可以相比的。因而，我们对这一问题的探讨不应当限于哲学回答中，而应当立足在过去和现在的实践与思考中，由此获得更丰富的材料和认识。一方面，江泽民说："现在，互联网上的信息庞杂多样，泥沙俱下，还存在大量反动、迷信、黄色的内容。可以这样说，由于信息网络化的发展，已经形成了一个新的思想文化阵地和思想政治斗争阵地。因此，各地各部门的领导干部，必须加紧学习网络文化知识，高度重视网上斗争的问题。我们的党建工作、思想政治工作、组织工作、宣传工作、群众工作，都应适应信息网络化的特点，否则是很难做好的。"① 另一方面，他又指出："信息网络化的迅速发展，对政治、经济、军事、科技、文化、社会等领域产生了深刻的影响。它使各国经济与国际经济的联系更为便捷，相互影响也更直接，突出表现在网上媒体、网上教育以及网上银行、网上交易、网上营销等电子商务的蓬勃发展。"② 这就从复杂丰富的传统文化与庞杂多样的网络文化对应中，可以看出网络文化对传统文化的继承性，或者说网络文化必须首先立足于传统文化，以此为自己发展的前进基础而去更新、去创造。但是，网络文化不单是传统文化的延续和复苏，而是通过对传统文化的重建来为新社会生活和新的实践服务。客观地说，积极面向网络文化是传统文化在今天的使命和理念，更是文化继承与发展的本质要求。

事实上，传统文化的创新或传统文化的网络化是一个涉及面广而又论点散漫的话题，但不难看出，这些讨论都极大地深化了关于这一命题及其相关内容的研究，也显现出关于传统文化在当今网络时代的价值认识上的不足。由此，进一步提出网络文化发展进程中对传统文化的继承问题，特

---

① 江泽民：《论科学技术》，中央文献出版社 2001 年版，第 180 页。

② 同上书，第 179 页。

别是把继承传统文化的研究从诠释和膜拜而引向与网络文化相结合，尤其是与网络文化的实践要求相适应上，进而从固化的历史走向开放的虚拟现实、走民族文化的自我更新发展之路，就成为中华文明在新世纪文化发展进程中走向新辉煌的题中之义。在这里，新陈代谢是物质运动的基本形式和普遍规律，传统文化与网络文化间的矛盾正是新陈代谢规律作用的一种表现，只不过其表现内容和形式更为复杂、更具有戏剧性。但不管怎么说，传统文化与网络文化间的矛盾运动（特别是在传统文化向网络文化的转变和过渡中）成为推动文化承传和文化发展的样式，却是具有普遍实践价值的。中国共产党人的一个重要文化任务就在于揭示和宣传文化本身的辩证法，促成文化继承和转型的实现，达到文化进步的目的。在这一点上，中国共产党既需尊重客观规律性、又要怀着明确的目的性，就是说，使为网络文化所传承的传统文化朝着有利于社会进步的方向发展。正如尼葛洛庞帝指出："计算不再只和计算机有关，它决定我们的生存。"① 中华文化原本在几千年历史风雨中传承，已经扎根在中华民族的世代更替和社会变迁中，在激越的近现代化潮流中亦不改其宗；中华文化的精华作为民族之根和民族之魂，记录了中国社会进步的足迹，反映出人与人、人与自然的基本需求和联系，对传统文化网络化跃迁具有奠基和启发意义。因而，如何看待中华民族的传统文化向网络文化的转化问题，不光是一个技术性问题，也是一个民族感情或理性的人本意识问题。实际上，从更一般的纵向意义上讲，网络文化的继承性是指网络文化从传统文化中演变而来。没有传统社会及其文化则网络社会及其文化无从产生，一个民族的文化发展必须借助文化继承来实现，文化继承扮演了民族文化向前发展先决条件式的角色。在网络文化"一网打尽"的世界历史条件下，网络文化传承的空间大大改变了，传承的途径也发生了重大变化，传统意义上的文化继承正在被消解。从横向看，尽管目前在网络文化交流中会有不平等，各民族文化传承也只有在积极参与网络文化交流、参与全球文明的整体建设中才能充分体现自己的价值，从而使对各民族文化的丰富和发展在网络文化这一无限广袤开放的世界范围内得以继承。站在网络文化全球视角来看待各民族文化的继承与发展，自然不能仅仅停留于原有文化的维持上，必须以世界先进文化的水准来重新审视并合理超越各

① ［美］尼葛洛庞帝：《数字化生存》，胡泳、范海燕译，海南出版社1997年版，第15页。

民族自身的文化传统。因此，网络文化的出现开辟了数字化信息文化集成的新纪元。各种文本、数据、视频、图像的无缝结合，使得世界一体化信息文化之源的梦想变成了现实。“网络政党”、“网上政府”、“电子图书”、“虚拟社区”等在网上的发展和蔓延，将各民族原有的各种传统文化内容和活动方式不断纳入网络文化系统中，并且加以整理、加工、组织、传递和交流，从而成功地实现了原有传统文化的集成化、网络化和信息化转换。

二 网络文化的超越性

网络文化不仅具有继承性，而且具有超越性。作为包括执政党在内的人类借助于数字化中介系统进行超越现实性的感性文化，对现实性的超越体现了网络文化实践的本质。人类的需求牵引、当代技术革命推动催发了网络文化的崛起。这一点，诚如阿尔文·托夫勒所说：“一个瞬息万变的世界里的下一年要比闲散时代的下一个月离我们更近。这种生活上的彻底改变必须成为工业、政府和其他地方的决策者们的内在体验才是。他们的时间视野必须向远处延伸。”“为较远的未来制订计划，并不是把自己束缚在教条主义的纲领上。计划可以是试验性的，不固定的，可以继续修订。当然，灵活也并不一定是目光短浅。为了超越技术统治的局面，我们社会的时间视野必须向前延伸几十年，甚至几代，才能进入未来。这就要求不仅仅延长我们的正式计划，而是要从上下向整个社会灌输一种新的、社会性的未来意识。”① 实际上，在复杂高级的“人—机互动”系统中，网络文化使人沉浸于网络环境并与之交互作用，且由于当代技术革命的迅猛发展，人类已可以在许多领域通过网络空间的文化实践去操纵现实世界原先的可能或不可能，进而预演可能、证实可能乃至升华可能。在这种信息化、智能化的网络文化结构中，主体在与环境的交流互动中可获得更多的自由，同时也难免付出超越中的代价，使之深信自己实际上是在另一处所，因为他（她）所接受的正常感官输入被计算机所产生的信息取代了。这一网络文化主体获得的“沉浸”体验通常要有三维图像和输入—输出装置，它们要非常接近虚拟实践者与物理世界接触的正常界面。目前，最

---

① ［美］阿尔文·托夫勒：《未来的冲击》，孟广均等译，新华出版社 1996 年版，第 384 页。

常见的输入—输出装置为数据手套，它传送行为者手的信息（位置、方向、手指弯曲度等），以及使虚拟实践者的视界完全人工化的头盔显示器，它通过两个计算机控制的显示器向行动者传送虚拟世界的立体景观，并通过装有位置/方向跟踪器来提供其他信息。“沉浸”也意味着文化行为主体对身体感觉、知觉的完全依赖性，从一定意义上说，也正是身体知觉的人工化使身体所感知的实际上是经过了预处理的虚拟影像和感觉，是预先建构好的世界在人工知觉中的展开。网络文化行为主体的沉浸感是主体的感觉、知觉与幻觉合一而产生的一种前所未有的体验。一方面，它可以使个体“超越”现实社会中的许多限制而按自己的意志“自由”行事，且可以获得许多在现实社会中难以获得或不可能获得的许多新体验。另一方面，它可能助长“沉溺”行为，这一“我向幻觉”倾向易使沉浸“沉溺化”。沉溺只能暂时地逃避现实，而从沉溺中走出来的个体一旦回归现实社会，就容易产生更大的幻灭感，且沉溺者对虚拟文化世界愈是痴迷，其逃避现实、排斥现实的倾向性就可能更加强烈。从根本上说，人类从事超越现实性的网络文化活动，目的不仅在于获得新鲜真实的体验，而且是要真正实现自由解放，因而沉浸本身并非网络文化活动的目的。如果过度沉溺于虚拟文化世界之中，沉溺者所获得的只是暂时甚至是虚幻的满足感和自由感，而极可能迷失人生的真正意义，违背网络文化活动的本性，更难谈得上网络文化的超越性。

历史地看，网络文化实践是包括执政党在内的人类超越性活动在当代的进一步发展。在生命旅程中，人永远不会满足于已变成现实的东西，而是要不断创造并使用各种符号系统进行超越现实的活动。正如卡西尔所说，人猿一旦揖别，“人不再生活在一个单纯的物理宇宙之中，而是生活在一个符号宇宙之中。语言、神话、艺术和宗教则是这个符号宇宙的各部分，它们是织成符号之网的不同丝线，是人类经验的交织之网。人类在思想和经验之中取得的一切进步都使这符号之网更为精巧和牢固。”① 当代网络文化实践使人类从一般符号超越转向数字化生存，文化传媒手段的“数字化”是网络文化活动突破以往文化实践形式局限并崛起为一种新型文化实践形态的基石和标志。“所谓媒介即是讯息只不过是说：任何媒介（即人的任何延伸）对个人和社会的任何影响，

① ［德］恩斯特·卡西尔：《人论》，甘阳译，上海译文出版社2004年版，第35页。

都是由于新的尺度产生的；我们的任何一种延伸（或曰任何一种新的技术），都要在我们的事务中引进一种新的尺度。比如说，由于自动化这一媒介的诞生，人的组合的新型模式往往要淘汰一些就业机会，这是事实，是其消极后果。从其积极因素来说，自动化为人们创造了新的角色；换言之，它使人深深卷入自己的工作和人际组合之中——以前的机械技术却把这样的角色摧毁殆尽。……人的工作的结构改革，是由切割肢解的技术塑造的，这种技术正是机械技术的实质。自动化技术的实质则与之截然相反。正如机器在塑造人际关系中的作用是分割肢解的、集中制的、肤浅的一样，自动化的实质是整体化的、非集中制的、有深度的。"① 因而，使用数字化符号在虚拟空间建构对象性存在的网络文化实践超越了用"实物符号"表征现实对象的局限，它的崛起标志着人类已经完成农业和工业技术条件下"体智型"实践结构向当今信息技术条件下"智能型"实践结构的转换。马克思当年所重视的实践的劳动性，在虚拟实践中已直接表现为以心智活动为主的技术操作。事实上，由于网络文化环境的建立和虚拟实践的介入，首次打破了在物质实体条件下只能依赖单一途径选择发展的可能，使实践的内容发生质和量的双重变革，从而在"创生"新关系实在的虚拟文化活动中使网络文化的发展和超越兼容了多种可能性。

现实地看，网络文化为包括执政党在内的人类打开了探索事物存在和发展的多种可能性空间，它可超越现实时空和物质条件的局限，较自由地将事物的多种可能性外化为对象性存在，甚至使以往在现实中无法展现的一些可能性变成为可在虚拟空间中展现的可能性。尼葛洛庞帝认为，"你可以把光纤的容量想成无限大。我们并不清楚光纤每秒钟究竟可以传输多少比特。最近的研究表明，利用光纤，我们每秒几乎可以传送 1 万亿比特。也就是说，像一根头发丝那样细的光纤在不到 1 秒钟的时间里，可以传送《华尔街日报》创办以来每期报纸的所有内容。以这样的速度来传递数据，光纤可以同时传送 100 万个频道的电视节目——大约比双绞线快上 20 万倍，真是一大跃进！而且，别忘了，我说的还只是一条光纤而已。所以如果你还嫌不够的话，你可以制造更多的光纤。毕竟，

① ［加］马歇尔・麦克卢汉：《理解媒介》，何道宽译，商务印书馆 2000 年版，第 33 页。

光纤只不过是玻璃罢了”。[①] 例如，光盘的繁荣是随着计算机的普及而到来的，一张光盘等于一套大百科全书，而一张光盘的价格却是一套百科全书的1/10，甚至1/20，而且光盘的优势还在于易于查找、便于携带、利于储存、集影音图片文字于一体。传统图书有那么多的弊端：容量小、占据空间大、只能记录文字和插图照片，复制困难烦琐、耗费森林资源、污染环境、难以保存等，而电子图书可以集图像、文字、声音于一体，提供一个全新的动感视听一体的世界。我国第一张光盘图书于1991年问世，1994年达到12种，1997年出版猛增到25种；复制量最高达750多万张，年增长率已连续几年超过200%。电子出版单位发展到41家，参与电子出版物的企业多达160多家。日本东芝和Memory－Tech（存储技术）公司已经研制出全球第一张既可用于标准DVD机又可用于高清晰度DVD机的DVD光盘。因而，尽管网络文化活动也带来了各种各样不合理的代价，但总的来说它是人类超越活动的重要成果，为人类追求自由解放开辟了广阔道路。可以预料，随着数字化网络文化的应用日益广泛，包括执政党在内的人类对客观世界的超越和自我超越将会出现新的跃升和发展。

三　网络文化与执政文化发展

网络文化是继承性和超越性的统一体。这一统一体与执政文化发展是相辅相成的关系，即网络文化推动着执政文化发展。因为一个执政党要生存、要发展，就必须密切关注和适应外部环境的变化。网络文化使人类文化生存状态发生了重大的改变，营造出变幻莫测、具有鲜明时代性、后发性和先进性的网络外部环境。以中国而言，因特网的发展不过十余年时间，但其发展速度却让人震惊，提供了文化产业和信息产业相结合的巨大前景。“据CNNIC发布的《第24次中国互联网络发展状况统计报告》，截至2009年6月30日，中国网民规模达3.38亿人。可以说，网络改变了我们接受和发布信息的方式，为网络文化新生态的发展提供了平台。”[②] 中国共产党作为执政党，要始终代表中国先进文化的前进方向，打造国家

---

① ［美］尼葛洛庞帝：《数字化生存》，胡泳、范海燕译，海南出版社1997年版，第35—36页。

② 张颐武：《文化中国的行进记忆》，《光明日报》2009年9月4日第11版。

文化“软实力”，就不能不高度关注和尽快适应网络环境下网络文化的发展趋势，利用网络文化来推动执政文化建设和发展，以对虚拟世界的主导权来加强对现实世界的领导权，通过建构处于主导地位的网上执政文化的明确导向，培育网民先进的思想道德，强化网民的法制观念，提高网民的科技素养，弘扬网民的民族精神，最终达到推动执政文化发展的目的。具体地说，网络文化推动执政文化发展，主要体现在推动着执政思想文化、执政行为文化和执政制度文化发展等方面。

首先，网络文化推动执政思想文化发展。进入信息网络化时代，网络文化促进执政思想文化形成一套道德、法律等理念凝聚着网络群体的精神和心理，引导着网络社会执政思想文化的发展，其中最为重要的是涌现了网络执政思想文化。这里所说的网络执政思想文化，显然不是执政思想与网络文化的简单相加，而是指网络执政文化的思想层面，或者说是思想层次上的网络执政文化，它是一个网络社会执政文化发展的核心和灵魂。为此，网络文化推动执政思想文化发展，应当确立党的执政思想文化在网络中主流意识形态地位。从理论层面说，就要坚持马列主义、毛泽东思想、邓小平理论、“三个代表”重要思想和科学发展观，宣传和展示中国改革开放和社会主义现代化建设的实践成就；就要积极宣传文明发展的执政思想文化理论观点，宣传爱国主义、社会主义、集体主义、遵纪守法等道德规范，就要深入揭露、坚决抵制落后或反动思想对网民的精神“污染”，积极地将网络文化的高效性、迅捷性、交互性等优点为“我”所用，打好思想文化领域的“阵地战”和“反击战”。从实践层面讲，要充分整合、不断吸收各方面的优势资源和力量，坚持专兼结合、多方吸纳，建设一支既有高度政治敏锐性，又有执政思想文化素养，不仅熟悉网络信息技术，而且有开拓创新精神的多层次全方位的党建工作联络员队伍，充分发挥他们在网络阵地执政思想文化建设中的领导决策、管理监督和宣传引导作用，要通过建立业务培训和工作研究制度，定期组织网络维护和文化管理人员进行专门的网络文化以及党务业务培训，定期召开联络员联席会，总结经验、通报情况，特别是着重从运用网络文化加强党的执政思想文化信息化的发展趋势、要素构成、职能机制、发展战略与路径措施等方面深入系统地研究和探讨其规律性，用先进文化理论指导网络执政思想文化发展；要从确保用先进文化理论占领网络执政思想文化工作阵地出发，通过建立网络信息安全质量审核制度，按照“谁上报谁负责、谁上网谁负责”

的原则，严格履行上网信息审批手续，确保网络文化推动执政思想文化沿着积极稳定、快速有序和信息健康的方向发展。

其次，网络文化推动执政行为文化发展。虚拟技术和网络文化的发展极大提升了党员干部的行为能力。在现实生活中，尽管党员干部自己创造自己的历史，但这种创造行为并不是随心所欲的，而是时时处处受到社会生活条件的限制和制约。因此，网络文化的兴起使许多传统限制逐步成为历史，党的执政行为文化获得了空前发展。实际上，在网络文化世界里，只要具备上网条件，网民几乎都是"政治人"，就是说，具有政治意识和政治行为能力且通过网络文化中介实际参与政治过程的人都需要网络政治文化的引导。中国共产党作为执政党，对网民行为的导向主要不是靠手中掌握的强制工具，也不是靠党直接向网民发号施令，而是依靠网络文化推动执政行为文化而形成的网络执政行为文化的作用。党的十八大指出："加强和改进网络内容建设，唱响网上主旋律。加强网络社会管理，推进网络依法规范有序进行。"① 在网络文化发展和网络民主法制日益健全的基础上，执政党作为连接网民和网络公共权力的桥梁，是执掌和运作国家权力的主体，但不是国家政权本身，而管理国家和社会事务、用自己的典型行为推行自己的主张，引导和规范网民行为，也就是依托网络文化建设和管理来传输我们党的执政思想、纲领、路线、方针和政策，实施中国特色社会主义的发展战略、法律制度、道德规范，使网民认同和接受党执政的行为意义和活动秩序，形成一种执政行为的理性支持。在此基础上，党员干部才能理解外在执政系统的运行方式，形成自己有关外部执政对象的信念，决定自己如何参与执政活动的态度，从而构成对自身执政行为文化的理性支持。而且党在网络文化中向党员干部网民传导其思想理论、理想信念、价值取向，进行执政行为文化输出，也就是实施其纲领、道德、制度、方针、政策，形成一个强大的网络执政行为文化"场"，使网民在灵魂深处吸纳执政行为文化的"元素"，熔铸成一种文化特征，形成新的网络文化特质。加强网络文化建设和管理以推动执政文化发展，其重要任务之一就是要通过我们党的网络执政思想文化和网络执政行为文化发展与培育，提高党员干部网民的网络文化素质，进而为发展执政行为文化提供广

① 胡锦涛：《坚定不移沿着中国特色社会主义道路前进 为全面建成小康社会而奋斗》，人民出版社 2012 年版，第 33 页。

泛的群众基础和强大的行为文化主体。

最后，网络文化推动执政制度文化发展。在治国理政中，党的制度是党在长期活动实践中形成并认可的，是党的根本行动准则和依据以及全党共同意志和共同利益的体现。制度好，就可以有效地约束违背党的利益的行为发生，使党内不正之风和腐败现象无法立足，制度不好则相反。执政制度文化是党在执政的法律制度建设和实施的基础上形成的依法治国理念、精神、习惯和作风。这种法律是体现我国人民的根本利益和意志并由立法机关制定的行为规则，制度则是党的执政系统为了实现纲领目标而形成的政治、经济、文化等方面的体系以及创设的办事规程。中国共产党执政，既需要法律的规范又需要制度的保障。一方面，网络文化推动执政制度文化发展，党不仅要明确其执政制度文化前进的方向，还要标明和开创其执政制度文化前进的路径。网络文化视野中的法律和制度是对党员干部权利界限和行为规程的确立，对网络文化整合和发展发挥着规范和调节作用，从而成为网络观念形态的法律制度，即网络执政制度文化呈现出方向性、系统性、边际性、强制性和稳定性等特点，且对网络社会执政文化发展产生强大的文化导向功能，集中体现为网络文化视野中的法律制度能确立执政制度文化的发展性质、发展方向、目标道路、运行规程，体现出网络执政制度文化的先进性与优越性。另一方面，网络文化视野中的法律和制度积淀为文化形态，就成为党员干部网民团结进步的精神路标，党员干部都清楚自己所处的网络社会形态和发展趋势以及在网上行为的正确取向，都会自觉以执政制度文化理念、制度文化价值取向来引导自己的网络行为，自觉遵守共同的行为规则，由此而形成社会主义执政制度文化的网络文明。在网络文化日益发展的今天，尤其需要网络文化推进执政制度文化发展所形成的网络执政制度文化的导向力。诚如胡锦涛在人民日报社考察工作时的讲话所说："互联网已成为思想文化信息的集散地和社会舆论的放大器，我们要充分认识以互联网为代表的新兴媒体的社会影响力，高度重视互联网的建设、运用、管理，努力使互联网成为传播社会主义先进文化的前沿阵地、提供公共文化服务的有效平台、促进人们精神生活健康发展的广阔空间。"① 因此，尽管观念形态的网络文化主要表现为网络思想文化、网络制度文化、网络科学文化、网络道德文化、网络心理文化等

① 本书编写组：《让党放心 让人民满意》，人民出版社 2008 年版，第 5 页。

多种形式，但真正关系到社会主义网络文化前进方向的文化则主要是网络思想文化和网络制度文化，它是网络文化推进执政制度文化发展而形成网络执政制度文化的主要内容。只有重视和加强网络文化的“建设、运用、管理”，才能构筑起具有中国风格、中国特色的社会主义网络文化，促进执政制度文化又好又快发展。

第三节　网络环境下党的执政能力建设的科学形态

在网络时代信息技术与文化新业态结合而成的网络文化已经成为推动经济社会发展的重要因素，并且日益推动着包括执政文化在内的生产关系和上层建筑的变革与发展。网络文化为党的执政能力建设提供强大的技术平台和文化支撑环境。在网络环境下，信息技术席卷全球，网络文化彻底改变党的工作方式、运行模式和认知方式，对于提高党的工作效率、提升党务工作透明度和民主化水平，进而为加强党的执政能力建设奠定坚实技术基础和文化环境。作为执政党，我们党的工作要与时俱进，党的组织和党员干部都要直面网络文化所带来的机遇和提出的新要求。党的十六届四中全会通过的《中共中央关于加强党的执政能力建设的决定》指出要“高度重视互联网等新型传媒对社会舆论的影响，加快建立法律规范、行政监管、行业自律、技术保障相结合的管理体制，加强互联网宣传队伍建设，形成网上正面舆论的强势。”① 因此，以网络文化来推动党的执政能力建设，进而形成网络环境下党的执政能力建设的科学形态，是提高党的领导水平和执政能力的重要途径。具体说来，就是网络文化促进党的执政能力建设的多面性、跨越性和自主性，即党的执政能力建设应适应信息化时代的潮流，充分运用网络信息技术、利用先进信息平台和信息网络化等手段有效整合党的建设信息资源，从而增强党的执政能力建设的效率性、参与性、民主性并实现党务工作信息化的科学形态。

一　网络文化促进党的执政能力建设的多面性

加强党的执政能力建设，不仅是时代的选择，而且是人民的要求。在信息网络时代，来自经济、政治、文化、社会、外交等各个层面纷繁复杂

---

①《中共中央关于加强党的执政能力建设的决定》，人民出版社2004年版，第22页。

的信息，反映着公众的呼声、社会发展的要求，一方面有力促进党的执政能力建设多面性发展，另一方面也已然成为执政党工作的重要对象。对于我们党“坚持马克思主义的群众观点，坚持全心全意为人民服务的宗旨，始终把实现和维护广大人民的根本利益作为党的理论和路线方针政策以及全部工作的根本依据，始终扎根于人民之中”① 具有深远意义。网络文化的开放性、虚拟性、交互性、平等性、自主性和即时性，使我们党的经济生活、政治活动、文化传播、社会交往和外交事务等各方面的发展越来越呈现出多面性形态，促进着党的执政能力建设的加强，即通过掌握网络技术手段，运用网络文化占领新的阵地，通过电子信息技术在党务活动中的应用，利用网络文化平台，实现党的组织管理和工作流程的优化重组，使党务工作内容和方式依凭网络文化和网络信息技术而得以强化与完善，更好地提高党的执政水平和加强其执政能力建设。

第一，网络文化有助于不断提高党驾驭社会主义市场经济的能力。加强党的执政能力建设，要适应世界经济和科技发展趋势以及我国改革发展稳定的新形势新要求，把握社会主义市场经济的内在结构和运行特点，自觉遵循社会主义市场经济发展的客观规律，发挥社会主义制度的优越性和市场经济运行机制的作用，不断提高党领导经济建设的水平。“党领导经济工作，主要是把握方向，谋划全局，提出战略，制定政策，推动立法，营造良好环境。地方党委要结合本地实际，确定经济社会发展的基本思路和工作重点，加强和改进对经济社会重大事务的综合协调，确保中央的方针政策和各项部署的贯彻落实。涉及国民经济和社会发展规划、重大方针政策、工作总结部署以及关系国计民生的重要问题，由党委集体讨论决定，经常性工作由政府及其部门按照职责权限决策和管理。”② 在信息网络化日趋发展的市场经济条件下，党驾驭社会主义市场经济能力的主要手段是现代化经济手段调节的综合运用，即对社会主义市场经济中的各种变数进行信息综合处理，运用各种社会主义市场经济手段，通过信息网络来影响和引领市场经济主体的利益增减，指导其进行市场经济决策，以实现社会主义市场经济的宏观调控目标。在这个过程中，网络文化作为信息传

① 胡锦涛：《在庆祝中国共产党成立85周年暨总结保持共产党先进性教育活动大会上的讲话》，《中国共产党》2006年第8期，第7页。

② 《中共中央关于加强党的执政能力建设的决定》，人民出版社2004年版，第13—14页。

递手段扮演的仍然是工具角色，网络文化作为一种信息融入党的社会主义市场经济宏观调控活动中，以手段方式从基础层面对社会主义市场经济宏观调控活动效率的提高起到不可忽视的作用。具体来讲，一是网络文化加快党对社会主义市场经济宏观调控信息的传递效率。加快社会主义宏观调控信息传递速度，扩大社会主义宏观调控信息的传递范围，不仅使网络文化信息能够被更大范围的受众及时接收到，而且利用信息化手段将使调控信息传递得更加完整全面、真实可靠；二是网络文化能提供传统传递方式所不具备的互动功能，调控信息的接受者不仅可随时利用信息化手段对调控信息进行全面查询，且能及时向党及其相关部门反映自己的意见和要求；三是网络文化能为党利用信息化手段及时、全面、高效收集调控信息服务，从而能及时评价调控的效果，在此基础上灵活地进行反馈，这极大提高了党对社会主义市场经济宏观调控的准确性，把社会主义市场经济宏观调控带入了新阶段，从而促进党驾驭社会主义市场经济能力的提高。

第二，网络文化有助于提高党发展社会主义民主政治的能力。坚持和发展人民民主，要“发挥党委对同级人大、政府、政协等各种组织的领导核心作用，发挥这些组织中党组的领导核心作用。党委既要支持人大、政府、政协和审判机关、检察机关依照法律和章程独立负责、协调一致地开展工作，及时研究并统筹解决他们工作中的重大问题，又要通过这些组织中的党组和党员干部贯彻党的路线方针政策，贯彻党委的重大决策和工作部署。”① 一方面，要保证人民当家作主就应给人民提供更为便捷的参政议政渠道，网络技术能提供非常便利的新途径，为我们党解决这一问题提供重要的技术支持。且网络文化发展为广大党员干部搭好一个执政平台，为我们党充分利用互联网、大力发展网上参与这一公民参政新形式，以网上参与的灵活性、机动性和可选择性来克服传统参政形式的单一性和机械性，为更多享有参政权力的公民开辟政治参与的新途径，更为实现社会主义民主政治的广泛性创造条件。另一方面，社会主义民主政治的健康发展必须有健全、完善的监督机制作保证。网络技术的介入和网络文化的出现，实现了党员干部对党的建设、党务工作的网上监督。党员干部对党组织工作情况有了更为直接了解的平台和途径，了解得也更全面准确。监

---

① 《中共中央关于加强党的执政能力建设的决定》，人民出版社2004年版，第18页。

督内容丰富了，监督的水准也随之提高。因此，网络文化不仅创造出党内民主监督的新形式，而且推动以党内民主监督带动社会民主监督，进而提高党发展社会主义民主政治的能力。

第三，网络文化有助于提高党建设社会主义先进文化的能力。党的十六届四中全会提出党要提高建设社会主义先进文化的能力，党的十七大指出："要坚持社会主义先进文化前进方向，兴起社会主义文化建设新高潮，激发全民族文化创造活力，提高国家文化软实力，使人民基本文化权益得到更好保障，使社会文化生活更加丰富多彩，使人民精神风貌更加昂扬向上。"① 这就要求我们党必须充分发挥好网络文化的作用，管理好、运用好这一文化宣传的重要阵地，发展好这一巩固马克思主义主流意识形态地位的重要手段。当前，西方某些资本主义发达国家时刻不忘通过各种方式对中国的意识形态、政治制度、文化思想和价值观念予以"弱化"、"西化"，对中国社会主义制度进行渗透、诋毁和攻击。由于网络文化具有全球性、开放性、实时性、交互性等特征，西方国家凭借网络信息技术优势大肆兜售资本主义殖民文化，一定程度上对我国社会主义政治、经济、文化和社会等主流意识形态及价值观构成冲击。因此，我们党要始终把握住中国先进文化的前进方向，占领网络文化意识形态阵地，用数字化手段开辟网络虚拟空间的党建新领域，宣传主流意识形态并增强党的凝聚力、吸引力和战斗力，进而加大在互联网上宣扬社会主义先进文化的力度，积极将网络文化信息优势为建设中国特色社会主义文化服务、为巩固党的执政地位并完成党的执政使命服务。

第四，网络文化有助于不断提高党构建社会主义和谐社会的能力。党的十七大指出："和谐社会要靠全社会共同建设。我们要紧紧依靠人民，调动一切积极因素，努力形成社会和谐人人有责、和谐社会人人共享的生动局面。"② 通过加强网络文化建设和管理，我们党就可依凭这一平台了解网民的呼声，更准确地把握人民群众最关心、最直接、最现实的利益问题，更及时纠正各种损害群众利益的行为，提高党的处理应急事务的能力，为构建社会主义和谐社会奠定坚实的组织保障。网络文化有利于党

---

① 胡锦涛：《高举中国特色社会主义伟大旗帜 为夺取全面建设小康社会新胜利而奋斗》，人民出版社 2007 年版，第 33—34 页。

② 同上书，第 41 页。

提高党务工作效率，落实立党为公、执政为民的宗旨，真正把该管的事情管好、把该做的事情做好，就是说，要利用信息化推动电子党务的建设和发展。实际上，早在 2003 年 1 月中共中央办公厅就发出了《关于进一步推进全国党委办公厅系统信息化建设的意见》，提出了“十五”期间按照“统一规划，需求主导，资源共享，安全保密”的基本原则，“构建安全可靠、结构合理、功能完善的业务系统统一网络平台；按照统一标准和规范，建设相应的业务应用系统、信息资源体系、安全保密体系，逐步实现各部门主要办公业务的数字化和网络化，进一步提高党委办公决策的效率和应急指挥能力”① 的总体目标和主要任务。虽然这时党的领导机关依然没有提出电子党务的概念和电子党务建设的任务，但在推进党务的信息化建设方面向前迈进了一大步，对于推动电子党务发展产生了积极的影响，从而有助于不断提高党构建社会主义和谐社会的能力。

第五，网络文化有助于提高党应对国际局势和处理国际事务的能力。当今时代，“在复杂多变的国际形势下，党要领导人民抓住机遇、应对挑战，实现全面建设小康社会的宏伟目标，为维护世界和平与促进共同发展作出贡献，必须正确应对国际局势，妥善处理国际事务和国际关系，争取良好的国际环境和周边环境”②。加强网络文化建设和管理不仅对我们党科学把握国际大局和世界变化开辟新渠道，且对我们党在国际范围内加强广泛的交流与合作提供更快捷的方式。因而，通过网络文化建设和管理，加强多边外交、促进信息化的国际合作与交流，坚决防范和打击各种敌对势力的渗透、颠覆和分裂活动，有效防范和应对来自国际经济、政治、军事等领域的各种风险，确保国家的政治安全、经济安全、文化安全和信息安全，进而提高党应对国际局势和处理国际事务的能力，是经济全球化和全球信息化背景下加强党的执政能力建设的客观要求。事实上，在信息网络时代，我们党要按照“三个代表”要求，在执政能力建设中必须求真务实、与时俱进，运用先进信息技术去及时、全面、准确地搜集民情，反映基层组织间的意见，提高党务工作效率，利用网络文化的开放性、平等性、交互性和实时性更广泛吸取全世界人民的优秀文化成果，加强和改进

---

① 刘建兰、佟岩：《中国电子党务建设》，社会科学文献出版社 2009 年版，第 71 页。

② 《中共中央关于加强党的执政能力建设的决定》，人民出版社 2004 年版，第 27 页。

对外文化宣传工作，妥善回应国际社会对我国情况的关注，积极推动形成有利于我国发展的国际舆论环境，同时党要更全面地把握国内外形势，了解人民群众的心声，制定出合乎国情和民心的国际国内高质量的路线、方针、政策，使党永远保持前瞻性、战斗力和先进性，从而真正促进党的执政能力建设的多面性。

二　网络文化促进党的执政能力建设的跨越性

网络时代是以数字为中介、载体和体现方式的时代，是以纯技术的物质形态为标志而命名的。网络文化中的数字成为党际交流的文化凭证和必要工具，执政党能力建设与外在世界形成的种种跨越关系通过数字化而相互了解和日益彰显。网络化、生物技术、模拟实验、思维工程和数字游戏等编织出数字化的能力关系场景，数字化的社会政治、经济、文化和党际关系则凸显出执政党在这一网络文化中执政能力建设的跨越性。具体地说，与传统传媒相比，网络文化的传播跨越了物理时空的限制，跨越了现存国家、民族、经济、政治乃至文化制度的藩篱，也跨越了党员干部的现实年龄、性别、职业、身份的差异。这种网络文化促进信息传播方式、党的执政方式和活动方式的跨越性发展，从而促进党的执政能力建设的跨越性。

第一，网络文化促进党的执政能力建设之信息传播方式的跨越性发展。实际上，信息载体在某种程度上决定网民的认知方式和思维模式，对信息的记录、表达和传播具有决定性的影响。它甚至还使信息内容发生形变，从而促进党的执政能力建设的跨越性发展。根据信息媒介传播理论，人类信息传播体系媒介形态已经历三次革命性跨越：一是从人类的表达性语言到口头语言，这是第一次信息媒介传播形态的变革；二是从口头语言到书面语言，这是第二次信息媒介传播形态的变革；三是从书面语言到数字语言，这是第三次信息媒介传播形态的变革。信息媒介传播方式的每一次革命性跨越，都对信息传播本身、社会政治发展以及人类的思想观念产生深远影响。正如美国传播学家罗杰·菲德勒所说："变革的催化剂——即媒介形态变化的概念，它刺激着人类以新的方式看待他们和他们的世界——一直在影响着人类社会体系和文化的发展。……每种催化剂一旦被人类心灵揭示出来，都会对某个剧烈转换并改变文明进程的发明和革新产生强大的刺激作用。”① 与传统信息传播方式所具有的直线性、单感觉性、单向性、时空壁垒性、辐射方位有限性等特征相比，网络文化的信息传播方式具有非线性、信息传递的多感觉通道、时空被压缩为零、超文本全方位辐射、中心消解的边缘化、信息流动的无终极性、人机对话的互动性、将抽象化为现实的虚拟手段等优势。正是凭借这些革命性跨越，网络文化才促进党的执政能力建设之信息传播方式发生跨越性变革。如就信息传递的多感觉通道而言，网络文化的多媒体手段消解不同感觉通道之间的界线，意味着党员干部网民可以同时使用几种感觉，可以根据网民需要的选择感知方式，从而实现以网络技术为基础的不同媒体间的新文化综合。多媒体实际上隐含互动的功能，能随心所欲从一种媒体转换到另一种媒体，能以不同方式述说同一件事，能触动各种不同的人类感官经验。一般地说，多媒体包括文字媒体、声音媒体（包括语音、音乐）、图像媒体（包括图形、图像、动画、视频等），相互间可进行完整的信息交互、转换和融合。党员干部网民能从多种感觉通道去感知关于执政能力建设方面的信息，从而获得更加形象完整、准确深刻、新颖系统的知识。许多党建类网站信息系统都提供文本、声音、图像、视频、动画等不同媒体通道的切入方式，以便让党员干部全方位、立体化地去感受信息对象的艺术魅力，从而促进党的执政能力建设的跨越性。

第二，网络文化促进党的执政方式的跨越性发展。党在网络时代的存在、运行和发展方式会深刻影响党在社会生活中的地位和作用。利用先进的网络信息技术和网络文化理念，改革传统的党建工作手段和方法是当前促进党的执政方式跨越性发展的重要举措，对加强和改善党的领导、提高党的执政能力和领导水平产生重要的现实和长远影响。一般而言，改进党的执政方式、提高党的执政能力，不仅要从宏观着眼，而且要从微观入手。从微观看，党的执政过程可从党对社会信息资源的占有、再生和配置过程来分析和认识。执政过程首先是从党对社会信息资源的占有开始的，信息的再生过程表现为党对获取信息的运用，再生信息的配置是指信息指令的传导分发过程。可以说，现有党务“信息支持系统的信息处理手段

---

① ［美］罗杰·菲德勒：《媒介形态变化：认识新媒介》，明安香译，华夏出版社 2000 年版，第 45 页。

以传统方式为主”①。而网络文化可保证党的信息传递的时效性，提高工作效率，能带来党的信息能力、决策能力和渗透能力乃至执政方式的极大提高和改善。如随着网络文化功能的发挥和运用，党可利用这个平台进行大范围宽领域高效率的有关马列主义、毛泽东思想、邓小平理论、“三个代表”重要思想和科学发展观以及大政方针政策的宣传，以扩大覆盖面，增强号召力、影响力和凝聚力；党的作风建设和制度建设利用网络文化平台可方便与群众沟通，对党员干部更能起到监督作用，进一步密切党群关系；党的日常工作利用网络文化平台能极大地提高办公效率，加速实现党建工作信息化和执政方式现代化，从而进一步加强党的执政能力建设、提升党的执政信息素养。

第三，网络文化促进党的活动方式的跨越性发展。虚拟文化世界其实并不“虚”，在党员干部群众的日常生活和精神领域中，网络文化越来越发挥实实在在的影响，而且对党的活动方式的影响有逐渐增大的趋势。从党建信息化的基本内涵上，网络文化在党建信息的搜集、处理和分发层面以及在党的决策、沟通和支持层面都能提供更畅通的信息获取渠道和对信息进行有效归纳和分析的辅助手段。加强网络文化建设和管理的一项重要内容就是建立统一的信息交换平台，实现信息共享、网络办公，通过网络文化真正实现信息公开、党务公开和党员干部间的平等交流，从而为党的决策民主化、程序化和规范化，以及保障党员干部的知情权、参与权、选择权、监督权的实现，形成统一的现实可行途径，从而促进党的活动方式由传统型向网络信息化的跨越性发展。具体来说，就是要在党的管理活动方式、服务活动方式、教育活动方式以及联系活动方式等方面实现跨越性发展。如党的管理活动是党组织按照党章和党内有关规定，通过一定手段和方式促使党员认真履行义务、正确行使权利的活动，这一活动既包括对党员个人的管理，又包括对党组织的管理。在网络时代，既可通过党建网站、电子信箱、党建论坛、QQ群等来建立党建网上管理平台，通过这一平台可广泛开展网上评议党员活动，在充分实现党内民主的同时，党员干部也得到广泛的舆论监督，还可通过党组织把继承优良传统与改革创新有机结合起来，不断完善党员活动管理制度，推动网上党员管理活动方式不断更新。党建服务活动是指党建应体现以人为本理念，通过积极开展关

---

① 刘建兰、佟岩：《中国电子党务建设》，社会科学文献出版社2009年版，第87页。

心、帮助和服务党员的活动来调动党员参与党内事务的热情，增强党员队伍的生机与活力。为此，一要设立网上党员活动室，在网上为党员干部提供一个可以随时与党组织倾心交谈的区域，使党组织通过网络能及时了解党员的实际情况及其意见要求；二要开辟网络党建论坛、党员博客群、QQ 群等，尽可能扩大服务活动范围。有了良好的网上服务平台，党组织可将网下解决党员干部思想问题的活动延续到网上来，一些实际工作、生活困难问题则通过网上了解后再到现实生活中解决，形成网上网下的联动机制和格局，促进党的活动方式跨越性发展。

三 网络文化促进党的执政能力建设的自主性

中国共产党作为一个领导中国人民掌握着全国政权并长期执政的党，必须与时俱进地推进党的执政能力建设。这不仅包括党的价值理念、党的领导方式和执政方式、党的制度机制在内都要超越传统，激发出党的执政能力建设的多面性和跨越性发展，同时还要尽可能采用先进的科学技术手段，努力促进党的执政能力建设的科学技术之价值理性与工具理性的有机统一。“随着大众传媒尤其是电子传媒的发展，自我发展和社会体系之间的相互渗透，正朝着全球体系迈进，这种渗透被愈益显著地表现出来。在某种深远的意义上，我们今天所生活的‘世界’与以前历史上的人类所聚居的世界显然不同。”① 实际上，“信息网络技术与以往的技术革命相比，最大不同在于，它不只是仅限于物质生产领域，而同时又是文化领域的深刻变革。这个以知识为基础的网络社会从其发展趋势看，使人类正在从为物所役、单纯追求物的占有和享用转向以主体自身的发展为目标，重视作为主体的人的精神、人的文化生活的丰富和创造，使人与自然、人与人、人与自身更加全面、和谐、健康的发展。”② 因而，网络文化促进党的执政能力建设在思想意识和行动方式上越来越自主，更能够在“地球村”面前自己为自己做主，同时也通过自己为自己做主、自己对自己负责，进而我们党执政能力建设的自主性才得以加强。具体来说，网络文化促进党的执政能力建设的自主性，主要体现在促进党的总揽全局能力的自

---

① ［英］安东尼·吉登斯：《现代性与自我认同》，赵旭东、方文译，生活·读书·新知三联书店 1988 年版，第 5 页。

② 刘云章：《网络伦理学》，中国物价出版社 2001 年版，第 248 页。

主性和整合社会能力的自主性等方面。

第一，网络文化促进党的总揽全局能力的自主性。政党总揽全局的能力，既是政党领导能力的重要组成部分，又是政党执政能力的重要基础。因而衡量执政党执政能力的强弱，同执政党总揽全局能力的自主性程度密切相关。应该说，总揽全局的能力对我们党来讲尤其重要。这是因为，一方面，中国共产党的执政方式与其他国家主要是仿效西方国家执政方式不同。如果可以把其他国家执政党的执政方式称之为“后台执政”，那么中国共产党的执政方式相应地就可称之为“前台执政”。这一点，从国家权力的纵向结构看，在中国居于领导地位的中国共产党掌握着从中央到地方各种组织机构的全部权力；从权力的横向结构看，在中国居于领导地位的中国共产党掌握着立法、行政、司法和军队等全部权力，并通过强有力的政治组织网络实现对各种社会和经济组织的全面指导和监督；从执政党对国家政治生活的领导方式看，在中国居于领导地位的中国共产党有条件对国家政治生活的各方事务进行较直接的领导。正因为如此，总揽全局的能力作为中国共产党必须具备的整体执政能力，是中国共产党执政能力系统或综合党力中的重要能力。另一方面，中国的国情与其他国家有许多不同。中国是一个超大规模的国家，经济、文化和社会发展很不平衡。当许多地区正在接近现代化时，可能有个别地方还在为彻底解决温饱问题而竭尽全力；当许多地方正在大力发展信息高速公路时，有一些地方还正在筹划山区简易公路的拓宽……从诸如此类的情况可以看出，促进总揽全局能力自主性的提高对作为执政党的中国共产党所具有的重要性。

网络文化为执政党提升处理信息问题的能力进而推动总揽全局能力的提高提供了重要前提和必要条件。一般来说，我们党在网络时代越是具有较高的把握和处理信息的能力，对信息问题的把握和处理越全面、越准确、越及时，就较易实现党总揽全局的目标，我们党就较易实现其所代表的阶级和阶层对其掌好权、执好政的期望，从而做到在网络文化建设和管理中既讲导向、又讲规律，既讲正面、又讲监督，既讲党性、又讲民意，既讲纪律、又讲主导权，营造文明向上的网络文化氛围，促进党的总揽全局能力的自主性发展。具体来说，一是网络文化有助于党务信息采集。党的各级组织可以根据党委领导决策和党的各项工作需要，运用网络信息技术，通过党的组织中上下级垂直管理层次的办事机构和处于同一层次的职能部门采集来自上级、下级和本级组织内部和外地外部门的信息；在采集信息过程中，各级组织可利用网络党务系统直接开展调查，如使用网络问卷调查、网络民意测验、网络集体访谈会、网络访问调查等形式，向社会公众了解社会真实情况、把握各阶层人民群众的态度、情绪和倾向。二是网络文化有助于党务信息加工。党的各级组织中负责信息收集的部门可运用网络及相应计算机软件，运用数理和辩证逻辑分析方法对收集到的各种信息进行鉴别；还可运用其他方法，如通过网络党务系统开展带有核查性质的网上调查，判定最初采集到的信息的真实性和准确性，发现和纠正信息采集中的误差甚至错误，并聘请有关网络工程、党建等专家学者对已采集到的信息价值进行评估。在此基础上，按照一定要求和特征对信息进行归类排序，使之成为排列有序的信息集合或集群，并通过网络技术对大量信息进行综合分析研究得出一些规律性结论，使之形成更有深度、更有价值的信息成果。三是网络文化有利于信息的存储、查询和传播。网络文化使各级组织以文字、图像、视频等形式把各种有用的信息储存起来，既为党的各级组织从事决策提供参考资料，为信息资源的再开发和再利用提供准确完整的备查资料，也为日后的工作提供参考性服务。在存储过程中，党的各级信息部门可利用数据库信息建立数学模型，对有关问题的发展趋势、规模结构等进行预期并采取积极对策，为党组织科学决策提供依据。更为重要的是，网络文化为党的各级组织和党员干部进行信息查询、实现信息传播和共享提供极为便利的条件，大大提高信息资源的利用率，提升党的各级组织的工作效率和决策效果。且上级组织通过网络党务查询下级组织的信息数据，可了解下级组织的信息采集与传播情况，提高其信息采集与分析公信度以及利用程度，在优化信息的真实性、时效性、系统性和连续性上下功夫、花力气，努力提高党的各级组织把握和处理信息的能力，进而为党总揽全局创造良好的信息前提，为促进党总揽全局能力自主性发展提供坚实的信息基础。

第二，网络文化促进党的整合社会能力的自主性。执政党在获得政权掌握公共权力之后，要想维护自己的统治地位，完成自己肩负的执政使命，就必须使国家尽可能成为超越一切力量之上的力量，成为超越社会各种利益之上的力量，使整个社会产生较强大的凝聚力和向心力，以推动经济社会文化的发展。执政党所具备的这种控制和引领多变社会的能力即执政党的社会整合能力，它既是执政党执政能力建设的重要方面和基本内容，也是衡量执政党执政能力状况的重要尺度。一般说来，执政党的社会整合能力越强，执政党的代表性就越广泛，执政党的执政基础就越坚实，执政党引领和推动整个社会走向和谐发展的可能性就越大，就越能促进执政党执政能力建设的自主性发展。当前，提高中国共产党的社会整合能力需要从多方面着手并做出多方面努力。其中，网络文化对党的整合社会能力自主性发展的促进是不可替代的。

具体地说，一是网络文化可以为党提高社会整合能力创造更为有利的政治前提，有利于民意反映渠道的畅通并提高反映民意的能力。不断增进人民群众对党的信任是党提高社会整合能力的重要政治前提。网络文化为我们党加强政治的透明度并更好实现党务公开提供了重要技术文化手段，而且更便利人民群众实现政治参与，为党更好地了解人民意愿进而按人民意愿执好政、服好务提供良好的沟通渠道。我们党只要能在此基础上扎扎实实为人民当家作主提供积极有效的支持，就会不断提高群众对党的信任度，为增进党对整个社会的整合能力创造有利的政治前提。同时，我们党提高社会整合力就在于聚集建设性的民意，尽力化解不满性民意，努力把消极性民意转变为积极性民意。要做到这样，必须具备的条件是党必须具有较强的民意反映能力和信息渠道的畅通无阻，网络文化使得反映民意的信息不仅可沿着组织层级的渠道传输，且可通过网络信息技术从基层组织直接传输到党的最高决策层，人民群众也可直接向党的最高领导层表达和反映自己的意愿和要求，其结果不仅改变民意反映信息渠道单一、民意信息流动速度缓慢等问题，还在相当程度上改变民意信息因过虚而失真的问题，从而提高我们党的民意反映能力。二是网络文化不仅有利于加强党同各种非政府组织的沟通与合作，而且有助于党能倾听到弱势群体的呼声，进而增强我们党的整合社会能力的自主性。当今社会处于转型时期，各种非政府组织发展很快。如何正确处理好与非政府组织的关系，对于我们党提高社会整合能力具有重要意义。我们党可在制定方针和政策以加强对非政府组织的规范管理的同时，通过网络文化加强对非政府组织的认知和了解，建立党与非政府组织的网络文化互动沟通渠道，并依凭党建网站、博客、播客等信息交互渠道，就我们党决策中涉及有关非政府组织所参与的社会事务征求其建议和意见，建立起党与非政府组织的良性合作关系，引导非政府组织为建设社会主义和谐社会、实现国家发展和民族团结贡献力量，使其成为党进行社会整合的重要伙伴，从而促进党社会整合能力的自主性。同时，衡量我们党执政能力特别是社会整合能力的高低，一个重要方面就是能否恰当关注社会弱势群体的呼声和利益。实际上，网络文化可以为弱势群体向有关部门甚至党的最高领导层提出诉求、反映弱势群体的心愿和呼声提供一个重要渠道，也为社会工作者向党的最高决策层反映弱势群体的生产生活状况问题提供一个重要互动交流平台。因此，党的有关部门应通过网络文化就解决弱势群体的困难和问题提出相应的对策性建议方案，动员整个社会力量解决此类困难和问题，从而促进党整合社会力量能力的自主性。

这里还应指出，对危机事件的化解能力也是我们党提升整合社会能力自主性的重要方面。进入21世纪以来，伴随着我国加入全球化开放社会的是国际金融危机、财政危机、战争危机、能源危机等，且这些危机随时有可能波及我国。从国内看，虽然我国经济社会持续快速发展、人民生活得到很大提高，但也要清醒看到，在经济社会快速发展的同时也出现如贫富分化的加剧、社会治安的恶化、食品质量的降低、少数高强度传染病的暴发和流行以及由于对环境破坏造成的旱涝、地震、泥石流等自然灾害的肆虐等问题，给经济社会的稳定和谐和可持续发展带来极大障碍。为此，党的各级组织和党员干部必须大力发展网络文化，加强应对突发事件即危机事件化解的能力建设。一是网络文化有利于加强在危机事件发生之前的日常准备。党的各级组织和党员干部可以通过网络党建平台运用网上宣传方式对公众进行危机和风险意识教育，宣传党和政府防范和处理有关危机的方针和政策，帮助各企事业单位积极组织和参加各种预防突发事件的培训活动，加强危机干预人员的培训工作，同时加强互联网基础设施建设，按照分层次分步走的方式逐步扩大受训人数和规模，建立起运转高效、功能强大的危机干预网络，形成群防群治局面，以适应实施有效危机干预的需求。二是网络文化有利于加强党的各级组织在突发事件发生时紧急应对和化解的能力。突发事件的紧急应对和化解机制是一个复杂的社会系统工程，它离不开党组织的动员、组织和指挥。党的上级组织可通过现有空间数据库、遥感监测、实时卫星定位以及各种文字信息描述等方法立即获取突发事件发生的现场信息，并结合现场信息和现有的各类数据，运用各种空间分析方法和模型，对灾害进行空间统计、时空演变、聚类预测等分析，确定灾害空间分布及影响，然后直接向党的基层组织发出应对突发事件的各种指令，指挥以党员干部为骨干建立起作风过硬、装备精良、训练有素、在党和人民需要的关键时刻能拉得出、叫得响、上得去、打得赢的应急抢险队伍，实现管理层、实施层和基础保障层的协调一致，尽快解决突发事件对人民生命财产和社会安全造成的威胁。三是网络文化有利于加强突发事件化解之后的恢复和评估。党的组织通过网络文化指挥基层组织消除混乱、恢复社会秩序后，应借助网络文化汇总突发事件发生地区所受灾害的各种信息，做好对发生突发事件区域所受灾害损失的评估分析，找出突发事件所呈现的多因性、变异性和互动性关系，获得危机化解的经验来提高对突发事件的预测能力，从而通过对危机事件化解能力的提高来提升党整合社会能力的自主性。

第四章　分化与无序:网络文化与加强党的执政能力建设(一)

马克思、恩格斯指出:"在实践方面，共产党人是各国工人政党中最坚决的、始终起推动作用的部分；在理论方面，他们胜过其余无产阶级群众的地方在于他们了解无产阶级运动的条件、进程和一般结果。"① 这表明共产党人在行动上的坚定性和积极性与理论上的自觉性和先进性。实际上，文化代表一种生存方式，"数字化生存"、"虚拟生存"或"网络化生存"方式作为信息网络时代主流的生存生活方式，日益成为中国共产党人工作、交流、学习、思维、行动乃至思想价值取向的基本方式。然而，网络文化的虚拟性、自主性和开放性能使党建网络行为不受任何时空的局限而变得无拘无束，让网上党的组织和党员干部的思想、行为、创意得以无限量发挥，思接千载、视通万里、天马行空、任意驰骋。走进网络文化世界的党组织和党员干部都有在信息海洋中寻宝的希望，而网络文化依凭即时反应性、相互启发性和多元整合性等特点能为其提供各种潜能发挥的机会，是我们党创造性发展的巨大舞台。同时，网络文化的多元性、开放性意味着有多种文化价值会出现在网络界面上，其虚拟性、自主性又决定了对党组织和党员干部影响的不可控制性，网络传播的多元化和受众选择的多样化以及传播中间环节的减少使"把关人"地位削弱，控制传播进程、引导舆论、履行社会责任等功能相对弱化。因此，如何扬长避短、趋利避害，在规避分化与无序中发展网络文化与加强党的执政能力建设，就成为亟待解决的一个重要问题。在这里，仅就网络信息分化的类型与特征、网络信息分化带来文化无序以及网络文化无序对加强党的执政能力建设的挑战作一阐述。

---

① 《马克思恩格斯选集》第1卷，人民出版社1995年版，第285页。

第一节 网络信息分化的类型与特征

网络文化即建立在互联网基础上的一种新型信息文化，是人、网络技术和信息文化三位一体的产物。其中“信息”是网络文化中的核心要素。日常用语的“信息”指“音讯、消息”，作为一个科学术语被人们系统理解和自觉运用却为时不长，目前已知的只是20世纪20年代出现的事情。如1923年克耐特在《风险，不确定性和利润》一书中将信息看作为“主要商品”之一，认为应当把“大量的公共资金”和“巨大的资本”投入到信息活动中去；信息论的创始人申农提出信息是关于环境事实的可通信的知识，是通过包括数据（字母、符号和数字）、代码、图纸、报表、指令等形式反映出来的，他把信息定义为“两次不定性之差”，“是能够用来消除不确定性的东西”。[①] 后来又将物理学中的数学统计方法拿来应用于通信领域，推导出用概率方法计算信息量的熵公式。控制论创始人维纳则认为：“信息就是信息，不是物质也不是能量。”[②] 1986年我国电信专家、北京邮电大学钟义信教授在《现代信息技术》中从纯客观和使用者角度分别对信息概念进行界定，认为“从纯客观的角度，我们把信息定义为‘事物运动的状态和方式’”。“从信息使用者的角度出发，信息就被定义为‘关于事物运动的状态和方式的广义知识’。”[③] 显然，这些界定揭示了信息是对事物存在状态及运动形式的表征与描述，常以语言、文字、图像、数据等形式表现来为人类传递、处理和利用服务。网络文化中的信息，其最大的特征在于它不再以原子形式存在并散发，而是以比特的形式存在和传输，其数字化过程就是一个从原子到比特的过程。因而，网络文化中浩如烟海的信息又被称为数字信息。与以往以原子形式的信息相比，比特信息具有超强的虚拟性质，从而赋予网络文化与以原子形式表现的文化不同的虚拟性特征。按照一般的理解，这会给党的组织和党员干部带来更多的信息接触和信息拥有的平等权利和机会，有利于党组织和党员干部广泛参与网络文化信息的建设和管理，从而在网络文化扁平化发展中促成

---

① 参见金建主编《当代信息产业咨询手册》，海洋出版社1994年版，第1页。

② ［美］N. 维纳：《控制论》，郝季仁译，科学出版社1963年版，第133页。

③ 钟义信编译：《现代信息技术》，人民出版社1986年版，第8—9页。

我们党推进经济社会发展的信息整合。但是，必须看到的是网络文化发展在促成我们党某些方面信息整合的同时，也加速了某些方面的信息分化。职是之故，胡锦涛指出："必须加强主流媒体建设和新兴媒体建设，形成舆论引导新格局。要从社会舆论多层次的实际出发，把握媒体分众化、对象化的新趋势，以党报党刊、电台电视台为主，整合都市类媒体、网络媒体等多种宣传资源，努力构建定位明确、特色鲜明、功能互补、覆盖广泛的舆论引导新格局。"① 因此，针对网络信息化发展过程中出现的信息分化现象，加强对其含义、类型及特征研究，是非常必要的。

一　网络信息分化的含义

约翰·奈斯比特认为："即使我们在考虑问题时胸怀全球，在政治上采取行动的地点仍然要始于足下，而不是在国家的一级。无论在什么问题上——能源、政治、社区自助、创业精神、消费者运动，或者是整体健康运动——新的信念都是要靠自己，要靠当地的主动精神。在这个地理上的多样化和分散的新时代，划一的群体社会已经成为历史。"② 应该说，网络信息分化是网络时代信息化发展"多样化和分散"过程中出现的一个新概念，提出这一概念主要是用以表述一种特殊的网络信息结构状态与网络文化变迁过程，即网络信息化发展过程中不同信息活动主体之间的信息差距及其发展态势。

历史地看，所谓信息分化即数字分化③，这一概念源于英文中的多个词语，如 Information divide，Information differentiation，Information haves and have - nots ，Info - rich & Info - poor 等，这些英文词语在中文中有多种译法，按照我国社会学家谢俊贵教授的理解，这些词语最好译为"信息分化"，认为这样能较全面地体现出两层含义：一是作为一种社会存在状态的含义，即"信息鸿沟"、"信息差距"、"信息贫富差距"、"信息的有无"等，它表示社会中现存的一种信息差距；二是作为一种社会变化过程的含义，即"信息分化"、"信息分裂"、"信息差距的扩大"、"信息鸿

① 胡锦涛：《在人民日报社考察工作时的讲话》（2008 年 6 月 20 日），见《人民日报》2008 年 6 月 21 日第 4 版。

② ［美］约翰·奈斯比特：《大趋势》，梅艳译，中国社会科学出版社 1984 年版，第 258 页。

③ "数字分化"是我国著名经济学家吴敬琏教授采用的一个术语，虽然译自英文"Digital divide"，但按吴教授文中之意，乃与"Information divide"的含义基本相同，因而这里将"数字分化"作为"信息分化"的同义词看待。（参见吴敬琏《正确应对信息化的挑战》，《经济社会体制比较》2002 年第 2 期）

沟的加深”等，它表示社会中信息差距的动态扩大。这里将其合而用之，统称“信息分化”。较早使用“Information divide”这一概念的主要有三位学者：一位是英国学者 William J. Martin，他于 1988 年出版的 *The Information Society*（《信息社会》）的第五章“信息技术的社会影响”中探讨了“信息隔离”问题，指出“这里的隔离是指同社会分离的情形。隔离是这样一种感觉，即个人被新技术的发展抛在后面”①；另一位是 Trevor Haywood，他于 1995 年出版的 *Info – rich/ info – poor：Access and Exchange in the Global Information Society* 专著中提出了信息接触机会不均等理论。② 还有一位是 William Wresch，他在 1996 年出版的 *Disconnected：Haves and have-nots in the Information Age* 一书中提出了信息分裂理论。③ 在当代信息社会学大师中较早采用“Information divide”术语的是 Manuel Castells，他于 1996 年出版的 *The Rise of the Network Society* 一书第四章中专门讨论了网络社会的“Information divide”（“信息分化”）问题。④ 1996 年以后由于网络社会的信息化发展，一些信息分布不均、信息分配不公的现象也日益深化，“Network Information divide”及其相关概念不胫而走、广为流行，从而成为西方网络社会信息理论中的一个重要概念。

基于上述分析可知，网络信息分化具有静态和动态两个方面的表现，不仅表示网上信息主体之间信息拥有的差距，而且表示网络信息主体之间信息拥有差距的扩大趋势和发展过程。“比特没有颜色、尺寸或重量，能以光速传播。它就好比人体内的 DNA 一样，是信息的最小单位。比特是一种存在（being）的状态：开或关，真或伪，上或下，入或出，黑或白。出于实用目的，我们把比特想成‘1’或‘0’。1 和 0 的意义要分开来谈。”⑤ 因而，它的含义是：在当代网络社会信息化发展过程中，由于网络信息技术的迅猛发展和有效应用而导出的一种人类网络社会的不同信息活动主体之间的信息差距及其不断扩大的网络社会信息现象。作为一个科

① Martin W. J., *The Information Society*, Lonton: Aslib, 1988. 中文版见［英］威·约·马丁：《信息社会》，武汉大学出版社 1992 年版，第 85 页。

② Haywood, T., *Info – rich/ info – poor: Access and Exchange in the Global Information Society*, Bowker – Saur, 1995.

③ Wresch, Willian., *Disconnected: Haves and have – nots in the Information Age*, New Brunswick, Rutgers University Press, 1996.

④ Castells, M., *The Rise of the Network Society*, Blackwell, 1996, p. 264.

⑤ ［美］尼葛洛庞帝：《数字化生存》，胡泳、范海燕译，海南出版社 1997 年版，第 24 页。

学概念，网络信息分化具体表征有三：一是网上不同信息主体之间在信息接触和信息拥有方面的差距。这种差距称为网络信息差距（the gap of internet information 或 the gap of internet infor - rich and infor - poor），包括网络不同信息主体之间在信息资源的研发、交流、消费和利用等方面的差距，这是作为一种存在状态的网络信息分化含义；二是网络不同信息主体之间信息差距的生成与扩大态势，这是作为一种动态过程的网络信息分化含义；三是网络不同信息主体之间因信息差距存在和发展而引起的某些特定网络社会分化，这种网络社会分化又称为"网络信息的社会分化"，包括由于网络信息差距的存在和扩大而引起的不同信息主体之间的职业分化、贫富分化和阶层分化等。从更深意义上讲，这种网络信息分化既体现为一种技术差异，又体现为一种信息贫富差异，还体现为一种网络社会差异，是伴随网络社会信息化发展过程而呈现出一种新的网络信息社会分化问题。

二　网络信息分化的类型

众所周知，物质、能量和信息是人类可以利用的三大资源，体质、体力和智力是人类需要扩展的三种能力，表4－1简要总结了人类科学技术"利用资源，扩展能力"的机理。可见，利用网络信息资源—制造智能工具—扩展智力功能—促进网络信息时代生产力成长——把工农业时代推向网络时代，是信息网络技术和社会生产力发展的基本特征和主导趋势，这

表4－1　**人类"利用资源—制造工具—扩展能力—推动进步"简史**

	科学技术	利用资源	加工产物	创制工具	扩展能力	推动进步
古代	材料科技	物质	材料	人力工具	体质	农业时代
	材料科技	物质	材料		体质	
近代	能量科技	能量	动力	动力工具	体力	工业时代
	材料科技	物质	材料		体质	
现代	能量科技	能量	动力	智能工具	体力	信息时代
	信息科技	信息	知识		智力	

就是网络信息化发展及网络信息分化的伟大潮流。对信息类型的划分，见仁见智，说法不一。法国社会学大师迪尔凯姆认为："确定一种社会现象

是规则的现象还是不规则现象，不仅要看它本身的形式，而且要看它与特定社会的关系。也就是说，只有在社会类型既定的情况下，才能确定一种社会现象是否规则。”① 由此可知，在对网络信息分化进行研究过程中，划分网络信息分化的类型很有必要。因为通过对网络信息分化的类型划分和研究，不仅可以了解网络信息分化有哪些特征，而且可以深化对网络信息分化这一概念含义的认识，弄清网络信息分化到底是规则还是不规则现象，了解同类网络信息分化和不同网络信息分化现象的异同之点，确立观察和研究具体网络信息分化现象的角度和标准，从而有利于把握各种不同网络信息分化现象的性质、特点、功能和发生发展规律，为执政党深入研究和有效调控网络社会中信息分化提供类型学上的依据。基于此，可以将网络信息分化大体划分为五大类型。

一是按网络信息分化的规则性，可以把网络信息分化分为规则和不规则两种类型。其中规划的网络信息分化又称为常态的网络信息分化，实际上就是“应该怎样就怎样”的网络信息分化。不规则的网络信息分化又称病态的网络信息分化，它是指“应该这样但它偏偏不是这样”的网络信息分化。例如，新华社洛杉矶 2002 年 8 月 19 日电，美国一家计算机安全公司指出，网民通过互联网即可轻易访问到内存敏感信息的美军专用计算机；位于美国加州的弗伦斯克泰克解决方案公司称，在美国，军队加密技术等文件、将军间来往的电子邮件、新兵社会安全号码和信用卡号码以及其他敏感信息经常被储存在与互联网相连的计算机中，造成不规则的网络信息分化。这些计算机要么使用很容易被猜出的密码，要么根本就没有密码，难怪这家公司的总裁布雷特·奥基夫说：“我们对这一现象感到震惊。”② 当然，一种网络信息分化现象是否规则只是相对而言的，正如迪尔凯姆所说：“在一定的社会中，一个社会现象是否为规则现象，与这个社会的一定阶段相联系；在同一类型的各种社会中，确定一个社会现象为规则现象，必须考虑与这种社会相联系的进化时期。”③ 如在网络时代，一种有利于网络社会增加其当代性而使知识、信息、技术、人才能够真正受到广泛尊重的网络信息分化，就应当是规则的；而一种使网络社会贫富分化加剧、信息社会结构失衡、

---

① ［法］埃米尔·迪尔凯姆：《社会学方法的规则》，胡伟译，华夏出版社 1999 年版，第 61 页。

② 匡文波编著：《网民分析》，北京大学出版社 2003 年版，第 134 页。

③ ［法］埃米尔·迪尔凯姆：《社会学方法的规则》，胡伟译，华夏出版社 1999 年版，第 39 页。

数字化矛盾激化、社会秩序混乱的网络信息分化则是不规则的。

二是按网络信息分化的来源性，可以把网络信息分化分为原生性与派生性两种类型。其中原生性网络信息分化是指不同网络信息主体之间存在着的网络信息技术和信息资源拥有与利用的差距及其扩大的趋势。例如，网络文化所具有的技术支持和低成本运转，为文学作品的原生性创作和发表提供了非常方便快捷的渠道，许多在传统文学渠道下不可能发表的文学爱好者有了发表的经历。“榕树下”就是目前全球最大的中文网络文学网站和原创作品网站，网民只要使用在“榕树下”注册的笔名就可以向网站投稿，稿件经过网站编辑的审阅就能在网站上发表。派生性网络信息分化又称为信息化的网络社会分化，是指由原生性网络信息分化现象的影响和作用而导出的其他类型的网络信息分化。例如，网民置身于博客就仿佛置身于一个无限大的作者与读者的现场交流会，读者的留言不需审批、也无须提供真实身份，呈现在网民面前的是一个大众展示自我的宽广平台。[①] 又如，由原生性网络信息分化的影响和作用而导出的贫富分化、职业分化、阶层分化、权力分化乃至许多的网络社会分化都是信息化的网络社会分化，也是派生性网络信息分化的表现。

三是按网络信息分化的状态性，可以把网络信息分化分为静态与动态两种类型。其中静态网络信息分化是指网络信息分化的一种现实的、静止的、形态学意义上的存在情形。例如，通常所说的“网络党建信息的有无”、“男女信息能力的差别”以及“物理实在与虚拟实在的差异”等，就是静态的或存在状态的网络信息分化。动态网络信息分化是指网络信息分化的一种运动与变化状态，具体体现为网络信息主体间信息差距的动态扩大趋势。例如，在网络时代，尼葛洛庞帝指出：“真正的个人化时代已经来临了。……机器与人就好比人与人之间因经年累月而熟识一样：机器对人的了解程度和人与人之间的默契不相上下，它甚至连你的一些怪癖（比如总是穿蓝色条纹的衬衫）以及生命中的偶发事件，都能了如指掌。”[②] 又如，通常所说的“网络党建信息鸿沟的形成”、“群体间网络信息差距的扩大”、“地区间数字鸿沟的加深”等，就是这种动态的或活动状态网络信息分化的反映。

四是按网络信息分化的快慢性，可以把网络信息分化分为过快与过慢

① 孙绍先主编：《文学艺术与媒介关系研究》，中国社会科学出版社 2006 年版，第 141 页。

② ［美］尼葛洛庞帝：《数字化生存》，胡泳、范海燕译，海南出版社 1997 年版，第 193 页。

两种类型。其中过慢的网络信息分化是描述网络社会经济发展已进入一个较高的发展水平但网络社会的信息分化还处在相对迟缓过程中，信息分化程度不够、与网络社会经济发展的要求不相适应的状况。据中国互联网络信息中心调查结果显示（见图4－1、图4－2），可以看出不同区域网民间的信息差距[①]。例如，“信息技术产业事实上领导着新的生产空间等级的形成，它传向了世界各地，分割国家并且区分地区，这是因为有了新的通信手段，以及加工过程中经济和功能的逻辑建立了必要的联系。当企业、地区和国家在技术的阶梯上上下移动时，这种地理的变化就代表了新的产业空间”。[②] 其中有的地区经济发展水平高，但知识技术、信息资源等在社会分配中参与程度较低，就是过慢的网络信息分化的一种表现。而过快的网络信息分化则是描述经济社会发展还未达到一定水平但网络社会的信息分化却处于不断加剧之中，与经济社会发展状况不相适应。如在一个相对落后的国度里，若执政党一味提倡按知识、技术、信息资源等生产要素进行分配，从而导致该国两极分化，就是一个过快网络信息分化的典型。

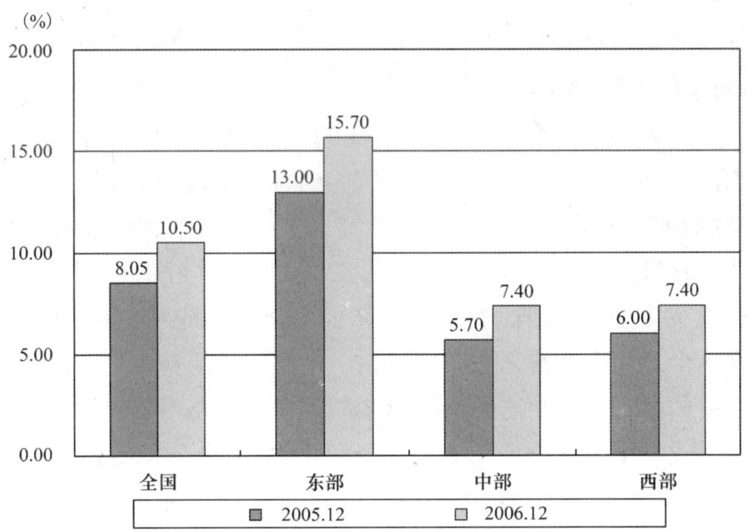

图4－1 城乡网民普及率

① 胡泳：《众声喧哗》，广西师范大学出版社2008年版，第208页。

② ［美］曼纽尔·卡斯特尔：《信息化城市》，崔保国等译，江苏人民出版社2001年版，第86页。

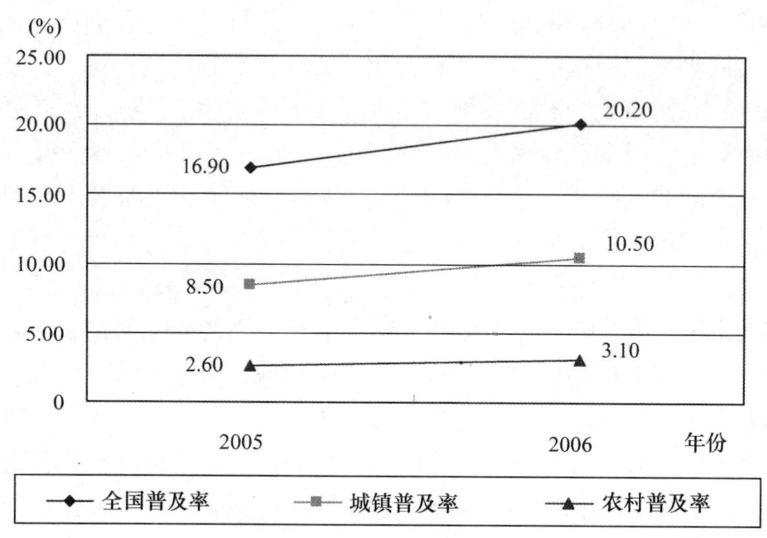

图 4－2 东中西部网民普及率比较

五是按网络信息分化的公正性，可以把网络信息分化分为公平与不公两种类型。其中公平的网络信息分化指这种网络信息分化合乎社会公平性原则，网民从主观上愿意接受这种分化，且根据公平尺度的不同又分为机会公平和结果公平两种情况。如“当我们日益向数字化世界迈进时，会有一群人的权利被剥夺，或者说，他们感到自己的权利被剥夺了。如果一位 50 岁的冶炼工人丢了饭碗，和他那 25 岁的儿子不同的是，他也许完全缺乏对数字化世界的适应能力。而在今天假如有位秘书丢掉了工作，至少他还熟悉数字化世界，因此拥有可以转换工作的技能”。自然，“比特不能吃，在这个意义上比特无法解除饥饿。电脑没有道德观念，因此也解决不了像生存和死亡的权利这类错综复杂的问题。但是不管怎样，数字化生存的确给了我们乐观的理由”。[①] 而不公的网络信息分化则指这种信息分化有悖网络社会公平性原则，网民主观上不愿接受这种分化，而且也可根据公平尺度分为机会不公和结果不公两种情形。在网络社会中，网民当然愿意接受公平的分化，而不愿意接受不公的分化。就公平的网络信息分化来讲，若要求网民在机会公平与结果公平网络信息分化中作选择，其结果

① ［美］尼葛洛庞帝：《数字化生存》，胡泳、范海燕译，海南出版社 1997 年版，第 268—269 页。

往往是更愿意接受机会公平的网络信息分化。

三　网络信息分化的特征

美国未来学家奈斯比特说:“从数据通信设备的出现，迄今已有一百多年，目前正处于通信大革命的前夕。电话、电脑和电视机这三者的组合技术，产生一种集成的信息和通信系统，它可以转移数据，使人与电脑之间立即沟通发生相互作用。正如过去的交通运输网负责运输工业产品那样，这个新兴的集成通信网运输的是信息社会的新产品。这种新型的集成通信系统会向信息社会提供动力，正如电力、石油、核能等能源能使工业社会运转，或风、水及畜力等自然动力能使农业社会运转一样。”① 网络信息分化作为网络时代信息化发展过程中凸显的分化现象，是一条网络社会分化的新途径。对此，不仅要了解网络信息分化的含义、类型，而且有必要搞清其客观性与必发性、技术性与社会性、普遍性与剧烈性等特征。

第一，网络信息分化具有客观性与必发性特征。这里的“客观性”，就是指客观实在性。在网络社会中，“很少有学者否认网络或数字技术给人类生活或观念带来的深刻影响，大部分学者也不否认数字鸿沟的客观存在”②，当今的网络社会也并不否认信息分化的客观实在。当然，这里的“实在”作为一种真实的事件、实体或状态的存在是一种虚拟性客观实在。在虚拟客观实在出现以前，“实在”几乎总是与组织或个体可感知的物理世界相联系的，而虚拟则刚好相反。在这样一种对实在的解释中，现实感性的、物理的与实在的被看作是同一个问题的不同说法，而实在与虚拟则分别被归之于两个不能打通、不能过渡的世界。随着网络信息技术、通信技术的发展，尤其是虚拟实在技术的发展和相应的网络社会生活世界的出现，传统观念中关于实在与虚拟之划分不再像以前那样清晰可辨，两者之间开始出现一种功能上的同质性与共同性，“实在”因此被划分为物理实在与虚拟实在两种不同的类型。可见，客观性是网络信息分化的一个显著特征。

网络信息分化具有必发性，即网络信息分化存在着某种必然的规律。一方面，网络信息分化是一种伴生性网络社会问题，因而不同网络信息文

---

① ［美］约翰·奈斯比特:《大趋势》，梅艳译，中国社会科学出版社 1984 年版，第 22 页。

② 曹荣湘:《数字鸿沟引论:信息不平等与数字机遇》,《马克思主义与现实》2001 年第 6 期。

化主体间的信息化问题便必然生发出来。如以美国为首的西方文化在网络信息世界中的支配地位，使得国际互联网成为西方输出、传播和扩散其信息文化的重要工具、手段和对非西方文化进行排斥、打击和攻击的重要阵地。它们控制了世界的大部分电脑网络资源和网上信息发布权，使英语成为通用的网络信息语言。利用网络信息分化必发性特征，西方信息输出大国将自己的意识形态、文化理念“合法”地推销到全世界，这种信息价值理念的渗透与张扬，对广大发展中国家尤其是社会主义中国的信息文化造成严重的挑战和深刻的影响。另一方面，网络信息分化也是一种延伸性社会问题，信息富有者其信息会越来越富足、信息贫乏者其信息将越来越贫乏，导致网络信息分化在工业时代信息分化基础上会进一步延伸、全面加剧，且工业时代人与人之间在物质财富占有上的巨大差距不可能在信息时代很快得以缩小，还会因信息开发利用能力而直接导致网络时代人与人之间信息占有上的差距，形成网络时代信息分化的必发性。

第二，网络信息分化具有技术性与社会性特征。“我们只能在我们时代的条件下去认识，而且这些条件达到什么程度，我们才能认识到什么程度。”① 随着网络社会的发展，当代社会财富的创造在很大程度上并非取决于劳动时间和耗费的劳动量，而是较多取决于信息技术的力量。一方面，网络信息分化与现代信息技术的发展密切相关。江泽民指出：“发达国家具有信息技术优势，拥有越来越多的信息资源，成为信息富国。发展中国家信息技术相对落后，不仅经济社会发展水平较低，在信息化方面也相对贫困。当今世界，信息化水平差距不是在缩小，而是在进一步扩大。这种状况不改变，南北差距就会进一步扩大，世界经济也难以健康发展。”② 历史地看，计算机技术、数字通信技术、网络技术等的出现带来了人类社会生产生活的日新月异，使网络信息资源的深度开发和广泛利用成为可能，也才有了不同信息主体间因信息技术的占有与利用的不同而造成日益凸显的网络信息分化。另一方面，网络信息分化还体现为一种明显的技术性差异，即网络信息分化作为一种由现代信息技术的发展而导出和加剧的社会分化现象在信息技术层面上的表现就是一种信息技术差异，主

① 《马克思恩格斯选集》第4卷，人民出版社1995年版，第338页。

② 江泽民：《论中国信息技术产业发展》，中央文献出版社、上海交通大学出版社2009年版，第265页。

要体现在对现代信息技术的占有和对信息技术的应用能力方面。可见，在网络信息分化过程中，网络信息的贫富在很大程度上是由网络信息技术的贫富造成的。当前，“我国计算机安全技术与西方发达国家相比还有较大差距，而且在关键技术上受制于人。因而我国的电子党务安全更要强调管理，强调管理加技术，以弥补单纯技术上的不足”。①

从信息文化的社会性看，网络信息分化不仅体现为一种网络信息技术差异，而且更为重要的是体现为一种社会差异，因而具有明显的社会性。一方面，网络信息分化是一种网络社会分化现象。这一现象表明，网络信息分化不仅是在网络社会信息化发展过程中凸显出来的一种主要社会分化，且不是孤立的社会分化现象，它与当代诸种社会分化如职业分化、阶层分化、权力分化和贫富分化等紧密相连，同时为当代社会诸种社会分化提供一种新的分化途径即网络信息分化途径。另一方面，网络信息分化也是网络社会的一种社会问题。应该指出，网络信息技术的飞速发展正在塑造一种与过去农业和工业社会不同的网络信息文明。但是，也带来了一些新的社会问题，即随着网络时代信息产业格局以及全球化分工的逐渐分解，不仅在群体层面上促成信息贫富者在信息、财富、权力、声望等方面的两极分化，而且在区域层面上客观促成了发达国家和地区进一步强化对信息劣势国家和地区的掌控能力，使大多数发展中国家和落后地区处于“信息贫困”的窘境之中，面临着进一步边缘化的趋势。

第三，网络信息分化具有普遍性与剧烈性特征。网络信息分化是普遍的社会现象。“目前，互联网发展日新月异，影响日益扩大，已成为意识形态和社会舆论斗争的新领域。……美国未来学家阿尔文·托夫勒曾说过：‘谁掌握了信息，控制了网络，谁就拥有了整个世界。’”② 在网络社会中，社会信息化发展使信息成为一种真正的资源和财富。但是，这种资源和财富在社会中的占有和分布要受到多因素的制约，尤其要受到网民是否具有运用先进信息技术来开发和利用信息资源能力的影响。正因为这样，在网络社会中信息主体之间的信息差距及其扩大发展的态势比人类社会发展历史中的任何时期都更为明显，并普遍存在于网络社会信息化发展过程中。一方面，网络信息分化普遍存在于不同的社会区域或国家之间。

---

① 马德秀主编：《电子党务》，中共党史出版社 2006 年版，第 68 页。

② 吴家庆：《新时期中国共产党思想建设研究》，人民出版社 2004 年版，第 177 页。

从全球来看，世界各个不同地区之间都存在着网络信息分化现象，像亚洲、非洲、拉丁美洲与北美洲、欧洲之间的信息分化早已形成所谓的“南北鸿沟”。诚如有学者说的，“‘信息鸿沟’问题已经不仅仅是一个国家内部不同人群对信息、技术占有程度不同造成的社会分化问题。如今它在更大程度上是全球化进程中不同国家因为信息产业、信息经济发展程度不同所造成的信息时代的南北问题”。[①] 从国家来看，目前的发展中国家与发达国家间、各发达国家间，甚至各发展中国家间，网络信息分化都是一种普遍现象。从一国的地区来看，如中国东中西部地区之间、城乡之间的网络信息分化可谓非常严重，即使美国这样网络社会信息化程度很高的国家，其国内各不同地区的网络信息分化也普遍存在。另一方面，网络信息分化也存在于不同社会群体或组织之间。从社会群体这一层面看，网络信息分化存在于不同社会群体间；从社会组织这一层面看，无论国内还是国外，在政府机构、企事业组织间，甚至不同的企事业组织间，均往往由于各方面原因导致网络信息分化现象出现。

与一般社会分化在分化速度与分化程度上具有明显不同，网络社会信息分化还具有明显的剧烈性。一方面，这一剧烈性源出于信息本身的增殖性，具体表现在信息具有非消耗性、可再生性乃至信息的意义在使用过程中“还可以引申、推导、繁衍出更多的意义”[②] 等。实际上，这种信息的增殖性正是造成网络信息分化不断加剧最本质的根源。另一方面，这一剧烈性还源于信息经济的倍增性。信息经济学认为信息经济是一种基于信息资源的广泛开发和有效利用的经济，是一种高效经济，具有提速经济的倍增效应。实践表明，信息经济的倍增效应已经在网络社会中明显发挥作用。美国的比尔·盖茨依靠信息经济很快成为世界首富，而世界上不少人仍处于靠体力辛勤劳作的经济生活之中，就是这种网络信息剧烈分化缩影的一个典型个案。这一信息经济给人类带来全新的电子商务世界，成为当代人企盼的一个信息全球景象。

第二节　网络信息分化带来文化无序

任何事物都是一分为二的，网络信息分化也是如此，且从来没有哪一

① 胡延平：《跨越数字鸿沟》（http：//www. column. Chinabyte. com/20001104/1250585. shtml）。

② 芮廷先编著：《信息科学概论》，上海财经大学出版社 2000 年版，第 47 页。

种信息分化像网络信息分化这样既具有突出的积极作用又有着明显的消极效应。概括地说，网络信息分化的正功能主要体现于它对政治、经济、文化和社会按网络信息资源投入进行分配的促进作用和对其中智力劳动的认可作用等方面。正如迪尔凯姆所说，分化不同于分工，分化的基本功能在于它对社会机体的消解作用和对社会秩序的破坏作用[①]，因而网络信息分化既有正功能、也有负功能，既有显功能、也有潜功能。对网络信息分化带来文化无序进行探讨，本质上是对网络信息分化的负功能展开分析。这里着重阐述网络信息分化带来网络文化无序的含义、特征及其主要表现。

一　网络文化无序的含义

"序"字意指"排列次第"、"章序"等，"无序"就是通过制造冲突和混乱以打破这种次第而形成的一种状态。显然，无序既可以是上网者的一种状态、也可以是网络社会的一种状态。对于上网者而言，其行为和心理都可能表现出无序状态，如上网者的内心的种种矛盾导致其心理难以协调、上网者的某种心理障碍乃至行为的偏差、某一疯狂举动而引出的混乱等。对于网络社会来讲，无序是指网络社会失范，即执政党缺乏有效的制度规范来调控网络社会。在这里，无序状态包括上网者和网络社会的无序状态两种情况，二者都是由网络信息分化而造成的。简言之，网络文化无序就是网络文化遭受冲突和混乱而形成的一种无秩序状态。具体言之，网络信息贫富分化、网络社会结构失衡以及网络社会关系冲突等，都会导致网络文化无序。

一方面，网络信息分化的过程必然会带来网络社会成员间的贫富分化。就目前掌握的资料来看，在全球网络信息分化进程中由信息分化造成的网络社会成员间贫富分化而导致的网络文化无序是一种普遍存在且较严重的网络社会事实。以我国为例，随着我国网络社会信息化发展的提速，我国向网络社会信息化转型初露端倪，由这种网络信息分化造成贫富分化而引发的网络文化无序也正在加剧。一谈到致富问题，在我国有一种说法："70 年代靠劳力，80 年代靠财力，90 年代靠智力，新世纪以来靠网络。"实际上，自 20 世纪 80 年代以来我国已认识到"信息就是金钱，知

---

① 参见［法］埃米尔·涂尔干《社会分工论》，渠东译，生活·读书·新知三联书店 2000 年版，第 313 页注①。

识就是力量”、“要自强，靠知识”、“要致富，靠信息”，一批有知识有才能者依靠知识和信息脱颖而出，成为我国“新生代富人”或“信息富人”，他们的财富开始以十几亿甚至百亿计数。作为信息产业的集中地——北京中关村，目前就已成为一个快速制造“新生代富人”的中国“硅谷”。可见，中国新一轮贫富分化在很大程度上可说是网络社会信息化过程中信息分化而带来的网络文化无序所致的。另一方面，一定文化技术反映一定的社会差距，一定社会差距决定一定的文化结构状况，因而社会差距增强到一定限度就会出现文化技术结构失衡。在网络文化背景下，财富的创造力和占有量主要取决于社会成员的知识储备程度和社会成员开发利用信息的能力大小，它在一定程度上决定着社会成员在网络信息分化带来网络文化无序条件下的最终社会经济地位。网络信息分化带来文化无序的加剧，会使网络社会成员社会经济地位差距迅速扩大而导致网络社会结构的失衡。诚如英国学者达仁道夫所说：“现代的社会逐渐疏远货物生产，新生的进步力量在同等程度上出现了。这些新生力量首先与知识与信息有关。而且，这些力量及其科学基础已经经过了试错阶段，并且达到了一种标准化、系统化的程度。反过来，这意味着，科学家和技术人员已变成了一种扎下根基的和不可或缺的社会范畴。正如贝尔所指出的那样，他们表示一种‘新的社会分层原则的出现’。”① 应当指出，在近年来由网络文化所推进的社会信息化发展，带来了我国一些信息素养较高的社会成员迅速获得较高的社会经济地位，而一些信息素养较低的社会成员仍然没有什么变化乃至相对水平还在降低。这当然还只是在网络社会信息化发展的初期，如果到了网络社会信息化发展的中期，到了真的信息化网络社会中，信息分化差距带来文化无序加剧对我国网民间的贫富分化必将起到更为有力的作用，基于这一种两极分化速度而造成的网络社会结构失衡也在所难免。对此，有学者指出：“纵观历史，我们会发现信息流动对社会生产力的巨大影响，信息流动的隔阂积累到一定地步会引起很大的冲突，而且网络绝对不像有的人认为的那样使人与人之间变得平等，而是加大了不平等，在网下有的人说话声音大有的人说话声音小，而网络上权力更加趋

① ［英］拉尔夫·达仁道夫：《现代社会冲突》，林荣远译，中国社会科学出版社 2000 年版，第 176 页。

于不平等。"① 这种网络时代信息不公或不平等实际上就是一种社会经济地位的不平等，按照马克思的说法，实质上是一种经济关系的不平等。这种经济关系的不平等很可能导致社会体系中新的阶层、新的阶级或者说新的利益集团的形成，进而成为网络社会信息化条件下新的社会关系冲突的根源所在。由于网络文化无序而导致信息不对称的缘故，"信息贫乏者"或社会经济地位低的人群便可能在心灵深处形成某种相对社会剥夺感，进而可能引发某些激烈的社会关系冲突。基于此，丹尼尔·贝尔指出："在后工业社会里，冲突和紧张程度的加深大概是不可避免的。"②

二　网络文化无序的特征

"人类思维以及智能实践是对信息开放的耗散结构系统。没有不断的外源性或内源性信息的输入和创造，将没有思维的发展和智能的进步。信息开放性是和合思维的生命力的活水之一。"③ 网络文化作为建立在互联网基础上的一种开放性的全球文化和互助式大众文化的统一，是有序中含无序、进步中有弊端、交往中有阻隔、发展中带问题。应当说，前者是矛盾的主要方面，因而要充分肯定其主流，不能因为它的无序或弊端而将其全盘否定。科学的态度应当是兴利去弊、化害为利，做到两利相衡取其重、两弊相权取其轻，达到扬长避短、为我所用。为此，不仅要弄清网络文化无序的含义，而且要把握网络文化无序的特征。概括地说，网络文化无序主要具有失控性、渗透性和有害性等特征。

所谓失控性是指网络文化无序所具有的无规则、难控制、"无政府"、"泛自由化"的倾向性。应该说，仅以互联网的硬件结构与软件程序而言，网络文化总体上是有序的（在电脑病毒未侵入的情况下），也是有网络控制中心的，相反，无序与失控则会导致网络系统的崩溃、信息文化的丢失，这是就网络系统自身来说的，而在网络运行过程中，却存有许多文化无序无规则现象，如信息毒害、电脑暴力、网络危害、"蠕虫"事件乃至"黑客"作祟等。由于网络文化的无限开放性和虚拟即时性，网络社会可以说是"无边界"、"超国家"的社会，没有一个真正的"政府"或

---

① 《上帝的玩笑——人类起源详解》（http：//www. bio - engine. com/plaza/subject/source）。

② ［美］丹尼尔·贝尔：《后工业社会的来临》，高铦等译，新华出版社 1997 年版，第 291 页。

③ 张立文：《和合学》（上卷），中国人民大学出版社 2006 年版，第 95 页。

权威性机构来统筹，要么网络信息过量、过剩、过滥而形成熵增现象，造成网上“塞车”、网路阻塞，要么制造无用的、虚拟的“信息”（实质上它们不成其为信息），造成信息污染、信息“灌水”乃至信息欺诈。针对这一网络文化无序，江泽民指出：“互联网可以迅速、广泛地传播大量有用的信息，但也存在大量信息垃圾和虚假信息。如何区别网上哪些信息是真实的？哪些信息是被歪曲的？科学技术本身难以做到这一点。”[①] 至于电脑病毒、网络代沟、黑客入侵造成死机、网络犯罪、网上间谍以及信息垄断等网络文化无序现象也屡见不鲜。

所谓渗透性是指网络文化无序所具有的将西方某些国家的文化价值、意识形态和生活方式渗透给我们党员干部网民的倾向性。由于网络文化始于美国，英语成为电子文本的最主要语言，因而易于滋生网络文化无序之文化霸权主义倾向，使网络文化信息交流失去平等交互性而变成不平等的单向渗透。当然，邓小平指出：“社会主义要赢得与资本主义相比较的优势，就必须大胆吸收和借鉴人类社会创造的一切文明成果，吸收和借鉴当今世界各国包括资本主义发达国家的一切反映现代社会化生产规律的先进经营方式、管理方法。”[②] 西方文化中确有值得学习借鉴、为我所用的许多先进技术文化内容，但也包含着西方色彩的价值观、意识形态和生活方式。实际上，西方国家占据网络文化这一文化传播“制高点”，既便于其有效控制国际舆论，又可源源不断地向其他国家和地区“倾销”其文化产品，这对建构本国牢固的文化观构成挑战和冲击，将会动摇其既有的信仰追求和行为准则，造成精神困惑、文化迷失以及价值混乱。正如“麦当劳”充当了美国饮食文化向全球扩张的急先锋一样，网络文化也扮演着美国文化渗透急先锋的角色。因而，执政党对网络文化无序所带来的渗透性特征必须有清醒的认识和切实的应对举措。

所谓有害性是指网络文化无序所具有的对社会主义精神文明建设造成危害的特征。早在2000年3月，江泽民就提出：“我们要抓住信息网络化发展带来的机遇，加快发展我国的信息技术和网络技术，并在经济、社会、科技、国防、教育、文化、法律等方面积极加以运用。同时，我们也应高度重视信息网格化带来的严峻挑战。我们可以利用它来为我们的改革

---

① 《江泽民文选》第3卷，人民出版社2006年版，第104页。

② 《邓小平文选》第3卷，人民出版社1993年版，第373页。

和发展服务，为传播我们的思想文化服务。现在，互联网上的信息庞杂多样，泥沙俱下，还存在大量反动、迷信、黄色的内容。”① 正是这些“反动、迷信、黄色的内容”，在网络文化无序传播中散发出有害性影响。例如，有的网站在“播客”、“相册”、“聊天室”之类网页中播放有低级下流动作的视频，一些影视网站、点对点网络和博客下载、传播血腥暴力、恶意谩骂、侮辱他人等内容，还有一些网上违法犯罪团伙利用视频聊天室组织网上淫秽色情服务。这些不堪入目的黄色低俗、血腥暴力的图片、文字和视听信息，严重污染网络环境、扰乱网络文化传播正常秩序。更有甚者，各地都已发现患有网络综合征、认知虚幻症和电脑狂躁症的网民，导致人与人之间情感的冷漠和关系的疏远，乃至有人变成了“电脑疯子”。由于网民一般是以独自的“隐形人”身份在网络文化世界中穿行，如果缺乏网上“慎独”的道德自律精神，就有可能摆脱现实社会中人际关系的束缚，丧失正常人的社会道德责任感，出现诸如随意公布他人隐私、不负责任地制造虚假信息、充当电脑黑客等严重的网络伦理文化失范问题。诸如此类，都不利于加强党员干部网民的基本精神文明建设。

三　网络文化无序的表现

政治文化作为“全社会的历史经验的产物，也是每个人社会化的个人经验的产物”②。一般地说，网络文化中的信息处理、制造和传播方式在其形式上具有交互性、全球性、平行性、共享性、平等性乃至非权威主义等特征；从网络文化信息的存在方式、网络文化信息的内容、网络文化信息的运行方式以及网络文化主体与网络的交流方式来看，网络文化中的信息处理、创制和传播方式又具有虚拟性、沉浸性、角色异化、无限构造与创新等特征。由这些特征所构成的全新网络文化生存方式，改变了党所固有的生存方式、交流方式、生活方式、思维方式及观念模式，并进而引发与相应传统领域诸多方面的尖锐矛盾和网络文化无序。概括地讲，这一网络文化无序主要表现在虚拟与现实矛盾造成党员干部网民心理与行为无序，以及网络帝国文化与民族文化的矛盾所造就的社会失序等方面。

① 江泽民：《论科学技术》，中央文献出版社 2001 年版，第 180 页。

② ［美］杰克·普拉诺：《政治分析词典》，胡杰译，中国社会科学出版社 1986 年版，第 111 页。

首先，就虚拟与现实矛盾造成党员干部网民心理与行为无序来看。据中国互联网络信息中心（CNNIC）的调查显示，上网者（网民）平均每周上网16.9小时，与2006年同期相比增加1小时，达到了新的历史高度（见图4-3），其中男性网民平均每周上网时间为18.6小时，女性网民的上网时间为14.8小时（见图4-4），有的甚至已经超过了世界上许多互联网发达国家和地区的网民平均上网时长。[①] 可见，包括党员干部在内的上网者网络文化矛盾，突出表现在虚拟实在与物理实在的矛盾以及超现实与现实的矛盾等方面。因为虚拟实在与物理实在的矛盾表明虚拟实在离不开物理实在，更不能完全取代物理实在，所以这些网民都不可能完全依靠虚拟世界来生活，必须回到现实生活世界中；另一方面，虚拟世界的超现实性对包括党员干部在内的网民具有极大的吸引力，使其似乎变得完全自由了，其网络行为的随意性被无限放大和强化，乃至往往沉迷于其中，而虚拟实在与物理实在的矛盾又导致他们必须面对具体的现实生活，最终导致其心理与行为的文化无序。

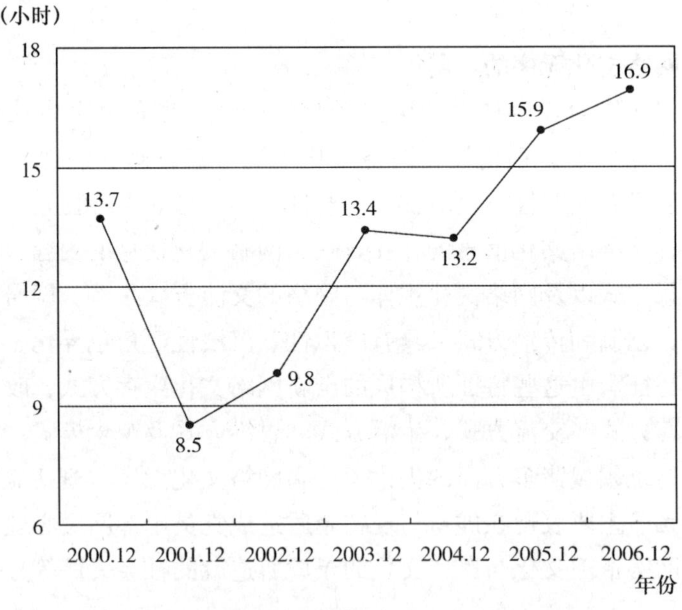

图4-3　历次调查网民平均每周上网小时数

① 胡泳：《众声喧哗》，广西师范大学出版社2008年版，第187—188页。

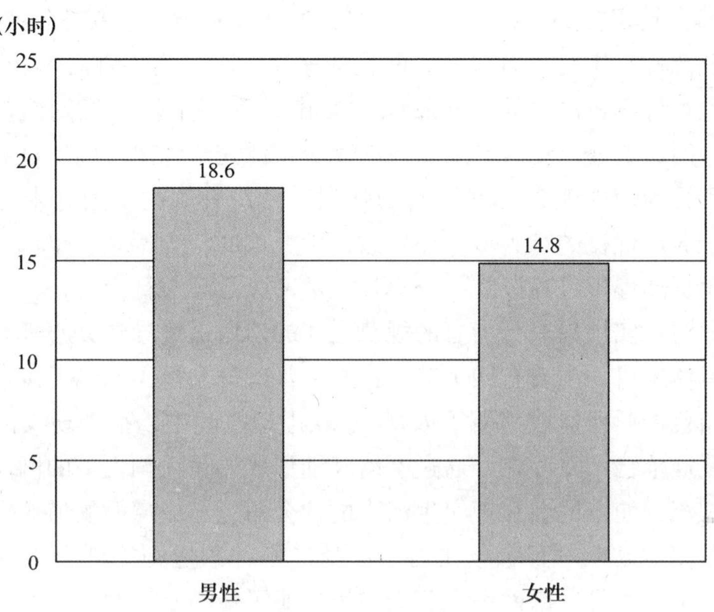

图 4－4　不同性别网民平均每周上网时间的比较

一是党员干部网民虚拟与现实矛盾衬托网络文化世界的“完全自由”而导致网络沉迷。“我们在日常生活中所体验的世界其实是非常‘模拟化’（analog）的。从宏观的角度看，这个世界一点也不数字化，反而具有连续性的特点，不会骤然开关、由黑而白、或是不经过渡就从一种状态直接跳入另一种状态，从微观的角度看也许不是这么回事，因为和我们相互作用的物体（电线中流动的电子或我们眼中的光子）都是相互分离的单位。但是，由于它们的数量太过庞大，因此，感觉上似乎连续不断。”① 实际上，在网络虚拟世界里党员干部网民似乎变得一下子“完全自由和平等”了：彼此之间的交往和交流可以根本不考虑对方是谁或会有什么感受，且其创造性和破坏性在这里也变得异常活跃且无拘无束，网民在现实社会中难以得到承认的自身价值或无法找到的精神偶像在这里也变得轻而易举，甚至还可以随意编造或更改自己的姓名、性别、年龄、国籍、职

① ［美］尼葛洛庞帝：《数字化生存》，胡泳、范海燕译，海南出版社 1997 年版，第 25—26 页。

业、职称乃至政治面貌等。因而，网络世界的“自由”、“平等”和“开放”固然有其积极的一面，但是，它也会无限量放大、扩展和强化网民行动的随意性，进而扭曲和破坏网民的法律意识、道德观念和行为规范。当他们误解计算机网络的“开放”、“自由”和“平等”规则而被其所迷惑之时，网民就逐步把自己封闭在与现实生活完全隔离的虚拟世界里，使其心理和行为产生现实与虚拟间的强烈矛盾，有的甚至因为未能及时矫正、未能养成优良的行为习惯而导致出现严重的行为偏差现象。

二是沉迷虚拟世界导致部分党员干部网民心理与行为无序，即沉迷于虚拟世界与现实世界对行为者的规范之间的矛盾最终导致其心理与行为的无序。具体来讲，主要有四个表现：其一，部分党员干部网民沉迷虚拟世界导致角色矛盾而造成“双重人格”。在虚拟空间中，社会现实的道德规范与自我规范已不复存在，通过网络互动形成的是无拘无束的网民与符号形象的交流，使上网者在现实生活中的社会角色与应遵循的道德准则在网上一定程度被抛弃，而隐藏在内心深处的各种欲望则得到很大程度的满足。如一个男党员干部网民在聊天室里注册了一个女人的名字并想扮演女人，当他在进行网络交流时会下意识地注意女性方式、风格的流露，但是他无法衡量自己的这种网络性别转变是否成功，因为这一女性身份的建立是不确定的、无序的。只有其他网民也把他当成女人而称之为“小姐、太太”等，他才会明确自己的女性身份，一个女性网民才真正建立起来。还有一些人在现实交往中可能是积极友好、顺应社会和适应环境的，但在网络文化世界里他们往往表现自我攻击、反社会的“另类”人格，这样的人格一旦确立而进入潜意识中，就会破坏心理秩序和现实人格的稳定性而表现出角色矛盾的双重人格。其二，部分党员干部网民沉迷虚拟世界导致基本生活与行为能力弱化而造成心理与行为无序。在现实生活中，党员干部勇敢面对和独立处理各类现实问题，直接进行交往交流、判断社会复杂现象的是非、应对突变和紧急情况等能力是最为基本的。这一点，在网上也是如此。如果一个党员干部整天沉迷于“聊天室”、“BBS 公告栏”和“中文论坛”中，将自己封闭在虚拟环境、虚拟人群、虚拟事物里，那么他的上述基本能力必然会由于长期与现实环境、人群和事物脱离而得不到及时培养和加强。由于这些“基本能力”的缺失或弱化，在现实生活中就有可能由于不敢与别人交往和交流，乃至不敢直面现实人生而形成相当强烈的孤独和自卑感，导致其因基本生活与行为能力弱而造成心理与行为无序。其三，部分党员干部上网者沉迷虚拟世界导致社会适应与承受压力较差而造成心理与行为无序。在现实生活中，党员干部不仅会遇到各种变化，而且还得承受来自各方面的压力。这就需要党员干部不断培养和强化其适应社会各种变化和承受社会各种压力的能力。然而，如果党员干部网民长期“生活”在一个可根据自己意愿去固定或改变环境、增加或减少压力的虚拟社会里，就很难正常而自觉地养成良好而坚韧地适应社会和承受社会压力以及应对社会竞争的能力。如患有网络综合征者常因沉迷网络文化世界导致社会适应与承受压力较差而造成的心理与行为无序化，这种症状的主要表现有：心理情绪低落，对学习、生活、工作失去兴趣；睡眠有障碍，生物钟紊乱；精神难于集中，对时间失去感觉，思维僵化、反应迟缓；社会活动减少，人际关系紧张，甚至产生自杀的意念和行为动机等。其四，部分党员干部网民沉迷虚拟世界导致心理协调与行为控制能力低而造成心理与行为无序。党员干部网民是自然人与社会人的有机统一，本质是社会人。这就要求每个网民必须在现实生活中养成积极良好的协调心理和控制行为的能力，否则就难以在毫无约束的虚拟环境里经受住所谓“完全自由”、“绝对平等”、“高度开放”等技术规则的强烈刺激，导致其社会性关系形成受阻、自然性诱因则快速膨胀；而现实生活和现实社会要求依靠其社会性去调节自己的心理和控制自己的行为。当现实社会与虚拟社会的要求出现差距时，部分党员干部网民就会陷入自然性和社会性的剧烈矛盾之中而无法解脱。这些情况一旦出现，如果得不到党的及时帮助、合理引导和积极疏解，轻者可能会引起心理障碍和行为偏差，重者则可能引发严重的精神疾病和危害社会的违法犯罪现象发生，并对加强党的建设构成挑战。

其次，就网络帝国文化与民族文化的矛盾导致的社会失序来看。美国政治学家派伊指出：“贯穿于西方文明在全世界扩散以及西方殖民主义时代建立的极其复杂的历史中有许多主题，而基本的主题是欧洲人的一贯要求：人类的要求，尤其是纷争的排解应该受明确的放之四海而皆准之法律的支配。当欧洲人无休止地侵入非西方世界时——作为贸易者和商人、传教士和冒险家——与他们俱来的信念是，一切社会都应该合理地组织起来，成为一个具有主权性质的遵守法律规则的国家。”① 应当明确，现代

① ［美］鲁恂·W. 派伊：《政治发展面面观》，任晓、王元译，天津人民出版社 2009 年版，第 20 页。

社会秩序亦是立足于民族国家基础之上的，法律制度规范的合法性都具有自身的民族特点，甚至可以说，民族心理、民族传统和民族精神是法律制度规范的基础。网络帝国文化对民族文化的侵扰、腐蚀将使党员干部网民对国家社会规范的合法性产生疑惑，将降低现有社会规范的整合能力，进而造成社会失序。

一是社会规范合法性源自民族国家的文化基础上。这里的“合法性”，英文称为“Legitimacy”，在古希腊政治思想中意指合乎法治的，后来经过中世纪的自然法思想以及近代个人权利与大众同意思想的影响，其意义发生根本性改变，主要指称某一政治秩序是否合理以及为什么应该得到其成员认可。这里则更多的倾向于与政治权力联结在一起，从卢梭、韦伯到当代绝大多数论及合法性问题的学者莫不如此。如夸克指出：“合法性即是对统治权利的承认。”“同时证明权力与服从的合法性，这是合法性的第一要旨。而统治权利及其衍生物——政治义务，正有赖于这种双重目的的论证。”① 哈贝马斯认为，合法性是指一种政治秩序被认可的价值。② 李普塞特认为合法性是一个价值判断范畴，是指“任何政治系统，若具有能力形成并维护一种使其成员确信现行政治制度对于该社会最为适当的信念，即具有统治的合法性”。③ 罗思切尔德认为：“政治统治的合法性，涉及系统成员的认知与信仰，即系统成员承认政治系统是正当的，相信系统的结构与体制及在既定的范围内有权使用政治权威。”④ 韦伯将统治划分为传统型、魅力型和法理型三类，相应对应着三种合法性即统治者的世袭地位和制定以及执行法律时遵守某些宗权习俗、个人的英雄气概和领袖气质、对合法章程（即形式合理的规则）的信任等。⑤ 亨廷顿指出：“制度化是组织和程序获取价值观和稳定性的一种进程。”⑥ 西方马克思主

---

① ［法］让-马克·夸克：《合法性与政治》，佟心平、王远飞译，中央编译出版社2002年版，第12页。

② ［德］哈贝马斯：《交往与社会进化》，张博树译，重庆出版社1989年版，第184页。

③ ［美］马丁·李普塞特：《政治人》，张绍宗译，上海人民出版社1997年版，第55页。

④ J. Rothschild, Political Legitimacy in Contemporary Europe, in B. Benith (ed), *Legitimation of Regimes*, Sage Publicatications Inc., 1979, p. 38.

⑤ ［德］马克斯·韦伯：《学术与政治》，冯克利译，生活·读书·新知三联书店1998年版，第56—57页。

⑥ ［美］亨廷顿：《变化社会中的政治秩序》，王冠华等译，生活·读书·新知三联书店1988年版，第12页。

义则多注重意识形态对于政治合法性基础的意义，如葛兰西强调文化领导权的作用，认为文化领导权是统治阶级依靠说服和教育来实现对从属集团的精神和道德领导；波朗查斯也把政治合法性基础同占统治地位的意识形态结合起来，认为分析一个国家“不能低估主要依靠统治阶级意识形态的那些合法性的存在”①；弗里德里奇认为政治合法性基础存在于宗教的、哲学的、传统的、程序的等各种不同信仰之中。简言之，上述有关规范合法性研究都指涉文化、意识形态的作用，民族文化、民族认同和国家意识形态是政治法律制度合法性的基础。没有民族国家，就谈不上社会整合。基于此，民族文化也通过对民族国家的影响来体现其社会整合作用，以民族内部成员的民族认同、民族利益至上等信仰为基础而形成的民族意识形态是民族国家合法化的文化来源。对此，阿拉嘎帕指出：“共同的认同对于民族国家的合法化是关键的。”② 反之，否定民族文化对现实国家具有解构作用，将引起现实国家中分裂运动的产生，如阿尔蒙德认为：“即使在立国已久的国家里，随着新问题特别是那些涉及语言和文化同一性问题的出现，政治共同体内已解决了的边界问题也会再次被提出来。”③ 因此，民族文化不但是当代社会整合、社会规范合法性的基础，也是现代民族国家存在的根本。这一点，在虚拟世界也是如此。

二是网络帝国文化通过削弱民族精神危害社会规范而造成文化失序。葛兰西在《狱中札记》中提到“文化霸权”，认为一国对另一国的统治会用文化散播和意识形态宣传等方式来进行，“文化研究”中的后殖民文化批判理论更是将批判矛头直指西方中心主义和帝国主义的文化霸权乃至西方的话语霸权。事实上，文化霸权是近代以来西方帝国主义、殖民主义极力推广的模式，特别是由于第三世界民族在经济上的独立，西方帝国主义更是借助于文化霸权这一更为隐秘的形式来推行其新帝国主义、新殖民主义。随着网络文化的出现，文化霸权又找到了网络这一新形式。具体地说，主要有三个表现：一是思想文化上的渗透和控制。由于网络文化不分

---

① ［希腊］波朗查斯：《政治权力和社会阶级》，叶林等译，中国社会科学出版社 1982 年版，第 246 页。

② Muthiah Alagappa, *Political Legitimacy in Southeast Asia—The Quest for Moral Authority*, Stanford University Press, 1995, p. 30.

③ ［美］加布里埃尔·阿尔蒙德、宾厄姆·鲍威尔：《比较政治学：体系、过程和政策》，曹沛霖等译，上海译文出版社 1987 年版，第 37 页。

国界，霸权主义者就在思想文化方面向他国国民和社会团体进行思想文化上的渗透和控制，妄图搞“网络民族主义”和网上“文化殖民主义”。二是制造心理矛盾和心理压力。通过网上过分夸大自己政治、经济和军事等实力，大面积地披露和放大对方政治、经济、军事和社会生活矛盾，给第三世界民族国家造成心理压力，影响其执政党决策或促使其政府倒台。三是通过制网权和技术优势侵入他国核心部门网络，非法窃取信息或采用计算机病毒销毁他国信息乃至改动他国信息。这里特别要指出，当前中国文化软实力的总体力量还不太强。按照美国哈佛大学约瑟夫·奈教授的观点，一个国家的综合国力既包括由经济、科技、军事实力等在内的“硬实力”，又包括以文化、意识形态吸引力等在内的“软实力”，“应当对国际结构和网络的透明度和责任性的问题采取更加细分的处理方法，这是理解全球治理机制的重要部分”。① 如果一个民族国家缺乏自己的核心价值观、有感召力的生活方式和基本制度等，其“软实力”就难以强大起来。这些情况，要求我们党进一步加大对民族文化发展、意识形态吸引力建设的投入力度，团结全民族努力建设社会主义先进文化，大力构建中国特色网络文化，以满足社会整合和党的执政能力建设的需要。

第三节　网络文化无序对加强党的执政能力建设的挑战

唯物史观认为，“我们判断一个人不能以他对自己的看法为根据，同样，我们判断这样一个变革时代也不能以它的意识为根据；相反，这个意识必须从物质生活的矛盾中，从生产力和生产关系之间的现存冲突中去解释。”② 应该说，网络文化的兴起是我们智力解放、文化发展征途中的一个里程碑。经过电子管、晶体管、集成电路和大规模集成电路的第一、二、三、四代计算机的发展，今天的计算机网络已进入第五代即用超大规模集成电路装备的巨型计算机和微型机，这一电子计算机网络一诞生就被用于装配自动线和机器人，由此不仅把社会生产自动化提高到一个新水平，而且把党员干部在内的人自身从复杂的脑力劳动中解放出来。由于网

① ［美］约瑟夫·S. 奈，约翰·D. 唐纳胡主编：《全球化世界的治理》，王勇等译，世界知识出版社 2003 年版，第 33 页。

② 《马克思恩格斯选集》第 2 卷，人民出版社 1995 年版，第 33 页。

络文化现已广泛应用到社会生产生活的各个方面，兴起了以网络文化为核心的种种“知识产业”或“智能产业”，这就既促进生产力和生产关系之间的发展和变革，也带来大量的网络文化无序现象，给民族国家的政治、经济、文化、社会建设提出挑战。对我国而言，这一网络文化无序对加强党的执政能力建设的挑战是很明显的。这里仅从网络文化无序对加强党处理国内事务能力建设的挑战、对加强党处理国际事务能力建设的挑战以及对加强党的综合党力建设的挑战等维度，来予以论述。

一　网络文化无序对加强党处理国内事务能力建设的挑战

加强党处理国内事务能力建设，首先要加强党领导发展的能力建设，这是由我国经济社会发展进入新世纪、新阶段关键期的历史环境决定的。概言之，这是一个既有巨大发展潜力和动力又有各种困难和风险的时期。在这个关键阶段，能不能抓住新机遇、解决新问题、实现新发展，是对我们党执政能力的重大挑战。而网络文化无序的存在和蔓延，则会加剧这一挑战。这里仅以网络舆情冲突引发的网络文化无序为例，网络舆情冲突作为网络文化无序的一种类型，是指处于网络社会系统中网民的情绪、态度或意见的对立状态，既包括对方、双方或多方在维护利益和争取利益上的对抗，也包括网民由于思想观念、价值取向和文化背景等方面差异所引起的对立。因而，在网络文化环境下，“信息媒体技术、电子游戏和多媒体电脑将迫使我们社会处理这些问题。以往，人们在电视上观看暴力，现在他们可以在电子游戏中和家庭电脑上参与暴力”。“提供参与暴力的机会是极可怕的事。暴力和淫秽的电子游戏和色情光盘可能会以我们尚不能开始理解的方式给人定型。人们、影视业和政府必须制定一些强硬的方针以应付挑战。”且“工具越复杂，负责地管理工具对我们的社会就越富有挑战性。如果我们不接受街头暴力，我们为什么要接受电视上看到的暴力，或在电子游戏中参与暴力呢?”① 在我国，“情色六月天”网站就是一个网络文化与舆论一度管理失控的案例。在不到两年时间里，几个犯罪分子趁我国网络文化管理无序之机，利用这个网站制售淫秽色情信息，发展了60多万名会员。尽管有关部门在发现后对其进行了严厉打击，但其造成

① ［加］弗兰克·凯尔奇：《信息媒体革命》，沈泽华等译，上海译文出版社1998年版，第430—431页。

的危害已很难挽回。由于网络转载的二次传播作用，“情色六月天”的淫秽色情内容无法在网上彻底清除，间接受害者还在不断增加。因此，必须通过加强党领导发展的能力建设，来应对和解决诸如此类的重大挑战问题。

其次，要加强党驾驭社会主义市场经济的能力、发展社会主义民主政治的能力、建设社会主义先进文化的能力和构建社会主义和谐社会的能力建设，这既是加强党处理国内事务能力建设的内在要求，也是网络文化无序对加强党处理国内事务能力建设挑战的具体领域。

在网络文化无序对加强党驾驭社会主义市场经济能力建设所造成的挑战方面，“互联网以及它们日后的改进型，不论它现在叫什么，或者将来叫什么，都将使世界发达国家的生活模式发生变化。这一点是不容忽视的。许多人认为，自从70年代末低成本的计算机产生以来，所发生的变化实在是太巨大，太令人震惊，也太让人难以应付了”。[①] 具体来说，一方面，网络文化无序引发新型网络企业取代或融合传统企业的挑战。网络文化无序所带来的信息差异和信息分化既摧毁一批传统产业、又催生了一批新产业，既是对传统产业不断进行改造或取代、又是新兴产业与传统产业的融合，这样，就对“正确处理坚持公有制为主体和促进非公有制经济发展的关系，毫不动摇地巩固和发展公有制经济、发挥国有经济的主导作用，毫不动摇地鼓励、支持和引导个体、私营等非公有制经济发展，使两者在社会主义现代化建设进程中相互促进、共同发展。正确处理按劳分配为主体和实行多种分配方式的关系，鼓励一部分地区、一部分人先富起来，注重社会公平，合理调整国民收入分配格局，切实采取有力措施解决地区之间和部分社会成员收入差距过大的问题，逐步实现全体人民共同富裕”[②] 等问题提出挑战。另一方面，网络文化无序使资本引导信息网络技术的发展，信息网络技术的发展也为资本的高效增值提供牢固基础，同时在网络文化无序背景下资本的进一步增值引导着信息网络技术的发展，而其他各产业的发展将真正体现网络产业的引领作用，在网络舆情的引导上如果不注意也会影响到党的执政形象。如2003年《中国经营报》针对安徽芜湖存在的党政官员在国有企业兼职现象发表了题为《安徽“红顶商

---

① ［英］雷·海蒙德：《数字化商业》，周东等译，中国计划出版社1998年版，第5页。

② 《中共中央关于加强党的执政能力建设的决定》，人民出版社2004年版，第11—12页。

人”调查》报道，就是很典型的案例。报道经人民网、新浪、搜狐等网站转载后在全国引起强烈反响，由于芜湖市的领导认为“红顶商人”现象在全国很普遍，因而没有理会有关媒体的报道。当新华社、光明日报等媒体记者纷纷赶来时，身兼奇瑞公司董事长的芜湖市委书记詹夏来拒绝接受采访，成为媒体集中轰炸的对象。媒体的新一轮报道出来后，通过互联网的传播其影响被迅速放大，詹夏来因此成为“红顶商人”的代名词被推上网络舆论的风口浪尖。“红顶商人”这一原来在当时全国普遍存在的现象，就因为地方党政官员应对网络媒体不力而成了芜湖“特产”受到全国网民的抨击，最终严重影响芜湖的党政组织和领导形象。

在网络文化无序对加强党发展社会主义民主政治能力建设所造成的挑战方面，“互联网绝不是一个脱离真实世界之外而构建的全新王国，相反，互联网空间与现实世界是不可分割的部分。互联网实质上是政治多极化、经济全球化的最美妙的工具。互联网的发展完全是由强大的政治和经济力量所驱动，而不是人类新建的一个更自由、更美好、更民主的另类天地”。[①] 一方面，网络文化无序直接导致信息权威的消解、中央集权观念的淡化，使民主政治、法律平权制度建设濒临于无政府主义状态。无序的网络文化从原则上说包括党员干部在内的每个人都可以发布网络信息，每个人也可以从网络文化信息中获取新信息，甚至构建新信息，因而面对网络在形式上每个人获得信息的途径是平等的，也即在形式上消解了信息权威。这一点，从中央控制式的大型主机向个人电脑的发展以及网络文化的兴起，就从技术上打破少数人垄断的可能性，从而也解构着传统政治社会金字塔型的等级结构，使之趋向于扁平化和网络化，对此，英国学者约翰·诺顿指出：“计算机世界是我所知道的惟一真正把机会均等作为当代规划的一个空间。”[②] 另一方面，网络文化无序也带来了新的集权和极权，即既带来了新的极权控制形式——知识权力结构控制，网络赋权又会导致一种新的极端主义。信息网络社会日益成为技术官僚统治型社会，其知识—权力结构是一种隐形结构，往往通过一种合理化和合法化的迂回政治

---

① ［美］丹·希勒：《数字资本主义》，杨立平译，江西人民出版社2001年版，第289页。

② ［英］约翰·诺顿：《互联网：从神话到现实》，朱萍等译，江苏人民出版社2000年版，第272页。

控制形式来实现对一定政治经济文化资源占有与分配机会以及对其他社会成员的活动加以控制机会的重组，从而实现了某种形式上的平等却掩盖着事实上的不平等。这种不平等的实质是知识精英利用知识—权力结构对平等对话和沟通系统的排斥。因为计算机联网的发展趋势是操作越来越简约而易为包括党员干部在内的大众所掌握，但其中的机理和程序越来越复杂，公众只能按照少数人事先设定的程序和规则在限制的范围内去选择，成为数字化产品的被动接受者。同时，网络社会在结构上的重大影响是分权。分权原本是民主的必要条件，然而网络赋权并不必然导致民主化，而是有可能导致政治社会分裂。实际上，网络在提供给党员干部自我选择和重新组合信息之时也对包括党员干部在内的网民实施了思想和价值控制，网络所提供的个性化服务栏目或节目组合更是一定程度上妨碍了党员干部的社会化和人格化过程。基于此，美国学者凯斯·桑斯坦提出“群体极化”概念，认为网络对许多人而言是极端主义的温床，因为志同道合者可以在网上轻易且频繁地沟通，听不到也听不进不同的看法且持续暴露于极端的立场中。所以，听取这些人的意见，会让人逐渐相信这个立场。①此时，网络带来的就不是民主，而是一种新的极权主义、新的极权方式。这些情形的出现，都会给党加强社会主义民主政治能力建设提出挑战。例如，2007 年 10 月 4 日，陕西农民周正龙宣布他于 3 日拍摄到野生华南虎的照片，10 月 12 日陕西省林业厅公布了此照片。一时间，这一爆炸性新闻在互联网上以惊人的速度传播。随着地方政府的支持和网民、专家的质疑，互联网上出现了“挺虎派”和“打虎派”的口水大战。按理说，“年画虎”的发现应该是战争结束之时，然而固执的地方政府干部仍然嘴硬，使一个边远小镇上发生的一起闹剧由于网民的关注而变成了轰动全球的新闻，于是引起“打虎派”的穷追猛打，地方政府和林业主管部门淹没在口水之中，导致地方政府面对网民表现糟糕，令事情发展变得不可收拾。

在网络文化无序对党加强社会主义先进文化的能力建设所造成的挑战方面，诚如加拿大传媒学家麦克卢汉所言：“新兴的电子技术使今日非洲的情况复杂化。西方人由于他们自己的加速发展正在经历非西方化的过

---

① 参见［美］凯斯·桑斯坦《网络共和国——网络社会中的民主问题》，黄维明译，上海人民出版社 2003 年版，第 189—191 页。

程，正如非洲人由于我们古老的印刷术和工业技术正在经历非部落化的过程一样。如果我们了解自己古老的和新兴的媒介，我们就可以使这些混乱和分裂程序化和同步化。然而，我们使职能专业化和分化以求加快发展而取得的成就，同时正是造成对环境不注意不觉察的原因，至少在西方世界中一直存在着这种情况。对自己文化的动因和局限的觉悟，似乎威胁着自我的结构，因而总是要加以避免的。"① 由于网络文化无序造成网络小广告、"流氓软件"、"电脑病毒"、"垃圾邮件" 等流行，给党加强社会主义先进文化的能力建设制造了信息污染。其中 "流氓软件" 是对随意侵入网民电脑的一类软件的通称。自 2005 年以来，包括间谍软件、恶意软件、恶意收集用户信息以及其他侵害用户软件安装、使用和卸载知情权、选择权的恶意行为在内的 "流氓软件" 大行其道，它们侵入党员干部用户电脑安装插件和后门程序，窃取个人信息、欺骗或强制党员干部用户浏览某些网络广告，借以扰乱网络文化秩序、获取不当文化利益。到了 2006 年底，"流氓软件" 的受害人数首次超过电脑病毒的受害人数而跃居首位，光是一家名为 "中国缘" 的网站就通过 "流氓软件" 骚扰了上万名电脑用户，至今对网络文化秩序的威胁仍有扩大之势。"垃圾信息" 大量占用网站带宽，大幅度降低网络文化运行的效率，对我国网络文化发展构成了严重侵害。据中国互联网络信息中心发布的调查报告显示，我国上网者平均每周收到垃圾邮件 7.9 封，而正常的电子邮件只有 4.4 封。② 近年来，带有文化利益目的的电脑病毒和黑客行为给社会主义先进文化建设带来了新的信息污染，甚至危害了网络文化秩序和安全。据统计，在 2009 年新发现的电脑病毒和黑客行为中 95% 以上带有明显的牟利倾向，存在窃取银行卡密码和 QQ 密码等行为。随着黑客传播病毒的手段日益多样化，网站、闪存盘成为病毒传播的新渠道，黑客发布带毒帖子的频率明显增加，甚至一个帖子的点击数成千上万，非常利于电脑病毒的传播，给党加强社会主义先进文化的能力建设提出严峻挑战。

在网络文化无序对党构建社会主义和谐社会的能力建设所造成的挑战方面，网络文化作为一个布满机器的有人之境与无人之境的统一，尽管其无限性、开放性和实时性确实拓展党员干部网民交往的空间和效率，但是

---

① ［加］马歇尔·麦克卢汉：《理解媒介》，何道宽译，商务印书馆 2000 年版，第 130 页。

② 转引自杨谷《网络文化建设与管理概论》，国家行政学院出版社 2008 年版，第 191 页。

党员干部网民在网上交流，身份是数字化的、言谈举止也是数字化的，现实社会生活那种人与人之间交往的丰富性、深刻性却在互联网中被平面化、单调化和程序化了，党员干部间的交往变成了党员干部网民与机器、机器与机器之间的交流。党员干部网民在网上似乎都可以按照自己的思维、逻辑和方式说任何话、做任何事，能够做到随心所欲、无所顾忌，实质上这就表明这些网民在网上活动时并未完全把对方视为“人”，否则就不可能像在“无人之境”中那样活动。同时，由于网络文化具有跨时空和交互性特点，很容易使党员干部网民沉溺于其中而难以自拔，很可能在网上交际圈越来越大，但在现实社会生活中人与人的情感交流却越少了；在有限的时间序列中由于与机器相伴的时间多了，使自己与家庭成员、邻里、朋友、同事之间真情实感交流时间却少了，从而导致和谐的社会关系和人伦关系的内涵和交往模式的变化，甚至有可能导致社会主义和谐社会人格的扭曲；由于网络文化行为的符号化和网络社会身份的可变性，使部分党员干部网民可能轻易地改变自己的网上社会角色，这就必然导致网络社会角色的不稳定性和多面性，不仅使这些网民常常处于矛盾和冲突的文化选择和转换之中，给网络文化人格的形成和发展带来压力，且给构建社会主义和谐社会带来挑战，容易导致网络社会人格的异化。如 2003 年 8 月 22 日上午，南京玄武区下岗工人翁彪因拆迁补偿问题与拆迁办工作人员发生争执，翁彪在拆迁办用汽油泼身自焚，经抢救无效而死亡。9 月 1 日《新民周刊》记者杨江率先报道这一事件，随后数家国内媒体先后跟进报道，数十家网络媒体作了转载，在网上激起轩然大波，可以搜索到的信息有 13 万余条，使本来一起事出有因的突发事件虽然善后处理很到位，但由于党和政府没有及时在网上公布处理消息，对党构建社会主义和谐社会造成了负面影响。

二　网络文化无序对加强党处理国际事务能力建设的挑战

党的十七届四中全会通过的《中共中央关于加强和改进新形势下党的建设若干重大问题的决定》指出：“当今世界正处在大变革大调整时期。世界多极化、经济全球化深入发展，科技进步日新月异，国际金融危机影响深远，世界经济格局发生新变化，国际力量对比出现新态势，全球思想文化交流交融交锋呈现新特点，发达国家在经济、科技等方面仍占优势，综合国力竞争和各种力量较量更趋激烈，不稳定不确定因素增多，给我国发展带来新的机遇和挑战。”① 尤其是在网络文化无序条件下，经济全球化、政治霸权主义、文化帝国主义和信息恐怖主义的存在对全党特别是党的各级领导干部如何做到视野更宽广、思路更开阔和素质更全面，如何才能在重大机遇来临时有洞察力、捕捉力和在危机到来时有辨别力、应变力，这些都对加强党处理国际事务能力建设提出了挑战。

首先，网络文化无序对加强党处理国际经济事务能力建设的挑战，突出表现在应对经济全球化挑战上。这种以市场为基础的世界经济全球化具有强大的穿透力，可以整合、改造、重塑地球上的生产、经营、消费诸活动方式，而随着这种市场经济全球化步伐的加快，日益获得国际市场以及国际性的资金和技术合作，是一个国家发展经济不可或缺的条件。对此，有学者认为，“全球化就是指穿越国家的和地区性的政治边界的经济活动在拓展。它反映在有形的和无形的商品和服务（包括所有权）通过贸易和投资途径在不断地加快流动”，“国家与国家的相互依存关系在不断地予以加强”。② 职是之故，国际分工体系中的垂直分工愈来愈让位于水平分工，资本、商品、技术、信息等在国际间的流动越来越迅速，资本的配置也越来越超出民族国家的范围而向全球扩展，不同国家间的相互依存度越来越高，出现了“你离不开我，我离不开你”的相互依赖局面。然而，由于网络文化无序导致信息富国与穷国、信息强国与弱国在经济全球化面前的不对等性，甚至发生“数字鸿沟”，从而引发出新剥削压迫等问题，使信息富国间依凭网络文化优势可一览无遗地搜刮信息贫弱之国，甚至使其经济遭受重大打击。诚如加拿大计算机专家凯尔奇所说：“在权衡一方面自由市场需要信息自由，另一方面个人需要保护隐私权的时候，政府将面对一项重大的骗人的立法。它如何确定什么样的信息可以阅读，从网上获取和归档以供今后使用呢？谁有权观看和跟踪信息？是否要局限于某些公司——新的信息经纪人——这样可以管理他们？是否某些类型的信息是机密的，而其他信息则待人猎取？政府如何在其自身跟踪公民活动的需要和坚持隐私权的角色上搞好平衡？除需要侦察刑案和异常活动的时候外，领导部门是否仍坚持隐私权？它是否要察看谁还没有申报纳税，以及谁在

---

① 《中共中央关于加强和改进新形势下党的建设若干重大问题的决定》，人民出版社 2009 年版，第 3 页。

② 参见刘文富等《全球化背景下的网络社会》，贵州人民出版社 2001 年版，第 18 页。

实行欺骗社会的计划？另外，最重要的是是否信息会变得如此易变，以致试图管理会成为无效劳动？”① 我国作为发展中的大国，在世界经济增长格局有所变化但经济全球化深入发展大势不会改变、政府维护市场正常运行职责有所强化但市场在资源配置中基础性作用不会改变的趋势下，这种网络文化无序对加强党处理国际经济事务能力建设的挑战也是很明显的。

其次，网络文化无序对加强党处理国际政治事务能力建设的挑战，突出表现在应对政治霸权主义挑战上。原本信息传播是连结民族国家间的桥梁和纽带，然而由于网络文化的兴起及其无序化的影响，这一网络文化的推动使得世界在不断“缩小”，世界不少民族国家在感受着政治霸权主义的威胁。因此，在网络时代，我们党处理国际政治事务能力建设也面临着各种各样的挑战，我们必须以信息化带动工业化，努力赶上正在席卷全球的网络信息化浪潮，否则就会被一种新形式的殖民主义所吞噬，这种新形式的殖民主义就是网络政治信息霸权主义。正如沃威克大学教授苏珊·斯特兰奇所认为的，互联网上的电子货币和电子购物对发展中国家的主权有着巨大的潜在破坏力。互联网造就了一种新的政治格局，可称之为网络殖民主义。奈森·撒尔和马歇尔·麦克卢汉的追随者在多伦多大学也指出：“互联网的力量最终表现在它让整个世界都像北美人一样去思考、去写。”“去思考、去写”仅仅是一种思想殖民主义，更为重要的是它要让发展中国家按照它的逻辑“去做、去干”，这是行为殖民主义。因而世界金融体系的互联网化，使全球外汇市场的资金只要在计算机上敲几个键就会成为上千亿的以“光的速度”迅速转移到有利可图的地方，实现其经济效益与政治霸权的有机统一。这种经济政治行为的互联网化状态使发展中国家的金融体系、政治格局处于动荡之中，在处理危机过程中发达国家不断要求发展中国家让出主权，并弱化其权力，实际上是要使发展中国家成为自己的信息殖民地、金融殖民地乃至政治殖民地即政治霸权主义的实现地。如1998年由于全球金融体系因特网化的作用，东南亚发生金融危机，从泰国铢到印尼盾、从韩元到马来西亚林吉特都大幅贬值，在金融危机发生时这些国家为对付危机而不得不接受苛刻的政治附加条件。就以印度尼西亚而言，国际货币基金组织对印度尼西亚提供经济援助时提出了（1）印

① ［加］弗兰克·凯尔奇：《信息媒体革命》，沈泽华等译，上海译文出版社1998年版，第427—428页。

度尼西亚必须改善过度扩张并缺乏监管的金融业；（2）必须增加经济活动中的透明度和监管；（3）必须进一步开放国内市场；（4）严格控制财政赤字等附加条款。这些条款的接受意味着国家主权的部分出让，而主权让渡又意味着失去国家利益的保护屏障，导致处理国际政治事务能力的沦丧。[①] 而且网络文化无序，我们党处理国际政治事务的能力面临了新的问题：网络文化信息这种资源是不可能用国家边界来保护的；即使全球网络文化信息基础结构真正建起来了，而这一基础的控制权掌握在发达资本主义国家手里，那就可随时随地侵占和掠夺我们党的网络信息资源，我们处理国际政治事务的能力建设就会受到严峻挑战。事实上，有人观察以美国为首的资本主义发达国家的国际政治战略，利用网络文化无序推行政治霸权主义的意图非常明显。日本《选择》月刊曾刊登《美国确立了不可动摇的对日优势——以互联网络的统治者称霸》一文指出，凭借自身在网络技术上的优势，美国已经发动了一场抢占网络文化信息空间和争夺网络文化信息资源的"信息战争"——利用网络文化无序中的信息优势和信息霸权来达到独霸全球的战略目标。对此，我们必须加强处理国际政治事务能力建设以应对政治霸权主义挑战。

最后，网络文化无序对加强党处理国际文化事务能力建设的挑战，突出表现在应对文化帝国主义和信息恐怖主义挑战上。在国际文化舞台上，"权力是指人支配他人的意志和行为的力量"。[②] 权力大小离不开占有的权力资源，权力资源又称潜在权力或资源权力[③]，且在不同的时代条件下权力资源的内涵和侧重点都有所不同。网络文化引起国家间文化权力资源内涵的变化和文化权力资源重心的转移，并随着网络信息技术的进步而使网络文化信息成为国际文化竞争的新要素。在网络文化无序条件下，党要加强处理国际文化事务能力建设，必须突出应对文化霸权主义和信息恐怖主义的挑战。这里的"文化帝国主义"是20世纪70年代初国际传播学界提出的，在当代网络文化无序背景下的文化帝国主义则比过去传教士的文化殖民主义要隐蔽和快捷得多。通过网络文化无序中的信息统治地位，西

---

① 转引自周寰主编《点击网络文明》，中国城市出版社2001年版，第79—80页。

② ［美］汉斯·摩根索：《国家间政治——寻求权力与和平的斗争》，徐昕、郝望、李保平译，中国人民公安大学出版社1990年版，第37页。

③ ［美］罗伯特·约瑟夫·奈：《权力与相互依赖》，门洪华译，北京大学出版社2002年版，第263页。

方发达资本主义国家建立起自己的话语霸权，使西方国家的价值观不仅充斥着可以触摸的物质空间，而且充斥着人类的精神空间和便捷互动的网络虚拟空间。不仅如此，西方国家还利用自己所具有的文化技术优势和对传播媒体垄断，将非西方网络文化作为异端进行打压，即对自己的网络文化怀有一种居高临下的优越感，以自我文化价值为尺度，以国际文化主宰自居，压制、否定并试图改变其他文化，以便在事实上控制、削弱和消灭其他文化和价值观念。文化帝国主义把自己的文化作为衡量一切文化的尺度和标准，在他们眼里别人的文化都是“落后且野蛮的”，自己的文化才是“文明且优越的”。如美国政治学家亨廷顿在其《文明的冲突》中坦言：“文化和文明的多样性对西方，特别是美国的西方文化普世信念形成了挑战。用规范方式说，西方的普世主义信念断定全世界人民都应当信奉西方的价值观体制和文化。因为它们包含了人类最高级、最进步、最自由、最理性、最现代和最文明的思想。”并声称要“千方百计吸引其他国家的人民采取西方有关民主和人权的概念”。这种文化霸权主义就是要在实力威慑迫使别人就范的同时，通过网络文化无序中自身文化的感召力来达到“不战而屈人之兵”的目的，利用网络文化手段实现其军事、政治和经济手段难以达到的战略目的。而且西方国家在国际文化市场不遗余力地推行西方文化的另一个目的，是要为实现自己的战略利益提供理论依据，寻求自己行为的文化合理性。网络文化的力量不仅自本身衍生出来，而且也要借助于历史、政治和经济等其他因素的力量。从“主权有限论”到“人道主义干涉”，西方国家无不把自己新殖民主义做法通过网络文化的阐释来涂抹上绚丽的色彩，将自己置于道义和法理的制高点。如西方国家插手科索沃，对南联盟进行军事攻击，本意在于自身的战略利益，却在网上祭起人道主义干涉的大旗，扮演起网络道德警察的角色。可见，文化帝国主义把西方文化的政治意识形态——捍卫人权和政治市场作为处理国际文化市场关系的标准和尺度，这不能不为我们党应对国际文化事务能力建设时所警觉。这里的“信息恐怖主义”一词是美国加利福尼亚安全与情报研究所高级研究员巴雷·柯因斯于20世纪80年代提出，旨在强调信息时代恐怖主义与信息活动的结合。[①] 就是说，网络文化这一载体成了恐怖分子

① 转引自 Barry Coins，“The Future of Cyberterrorism”，Crime and Justice International，March 1997，pp. 15－18.

宣传恐怖活动、招募成员甚至是筹集资金的渠道。恐怖分子通过网络文化可直接控制信息的发布、进行图像处理、表明自己的政治文化教育理念，并能自由通过特技手段进行欺骗宣传。正因为如此，现在几乎所有恐怖集团都有网站，有的甚至同时经营好几个网站，小型恐怖组织现在也利用网络文化发布他们的材料。如1996年本·拉登就在其位于阿富汗偏远山区的指挥部配备了电脑和通信设备。据采访过本·拉登的记者报道，他们曾在“基地”组织的总部发现了电脑、通信设备和很多信息存储磁盘，基地组织的成员利用网络文化无序进行联络和进行“圣战”宣传。[①] 当然，大多数以网络文化攻击为导向的恐怖主义集团往往采取的是扰乱性和破坏性相结合的攻击战略。其中扰乱性攻击是使虚拟或具体基础设施暂时失效而不是遭到破坏的电子打击，包括利用电子邮件炸弹、传真垃圾、涂抹网站的黑客技术等工具来“闷死”电脑系统；破坏性打击则是造成具体或虚拟系统事实上的破坏。比较而言，如果恐怖分子的最终目标是影响对手的战斗意志，那么进攻性信息运作比引起恐惧的具体破坏行为能产生更大的国际文化软实力影响。因此，我们党要加强应对和处理网络文化对国际文化事务能力建设的信息恐怖主义的挑战。

三　网络文化无序对加强党的综合党力建设的挑战

当今政党政治时代，执政党治国理政的整体实力称为综合党力。《现代汉语词典》对“实力”的定义是：“实在的力量（多指军事或经济方面）”[②]，汉语中所用的“实力”来自于英语中的“power”、德语中的“macht”或法语中的“puissance”[③]，常被理解为“力量”。但“power”、“macht”等词在各自语言环境里大都兼有“实力”、“权力”、“力量”等含义，一般指称从事某种事情的能力或对外部世界产生某种影响和效果的能力以及潜藏在一切人言行中的物理或心理能量（潜力），并非单用“力量”一词的含义所能完全涵盖。实际上，“实力”是一个应用广泛的概

① 转引自苏北《“网络恐怖主义”：挑战国家安全“信息边疆”》，《环球时报》2004年12月6日。

② 中国社会科学院语言研究所词典编辑室：《现代汉语词典》，商务印书馆2005年第5版，第1237页。

③ Raymond Arm，“Macht，Power，Puissance：Prose Democratique on Poesie Demoniaque?” European Journal of Sociology 5（1964），pp. 27－33.

念，常常与影响、控制、权力等概念联系在一起。在社会科学领域，它可以反映社会家庭、组织与团体、国家等相互关系背景下的关系或能力，还是衡量一个政党基本党情及其经济、政治、军事、文化和队伍等实力的综合性指标。党的综合党力通常指执政党的全部力量，这种力量是由执政党的各种要素综合形成的。具体地说，它主要围绕执政党的执政能力建设而由物质力和精神力及其对国际影响的合力组成。阐析网络文化无序对加强党的综合党力建设的挑战，也可由此视角来展开。

首先，在网络文化无序对加强党的综合党力中物质力建设的挑战上，应该说涉及的范围很广。概括地讲，主要体现在执政权力分散、执政资源丧失乃至执政体制动荡等方面。就执政权力分散而言，这一执政权力往往是执政党实现特定目标、完成某项执政使命的手段或工具。如英国政治哲学家托马斯·霍布斯对执政权力的定义为“获得未来任何明显利益的当前手段”。[①] 阿诺德·沃尔弗斯认为执政权力是一种驱使或指使他人按照自己的意志采取行动或不采取行动的能力[②]，所说正是此意。执政权力一分散，就会使党的组织和党员干部无所适从、莫衷一是，就会给政治稳定乃至国家安全造成隐患。如由于网络文化无序，我国一些网民把从网上接受的西方“自由、平等、民主、人权”等理念落实到现实生活中，导致权力有分散之势。敌对势力利用网络文化无序之机向境内进行政治组织渗透，“组党结社”活动明显增多，“中国民主党”、“中华新党”、“中华复兴党”乃至“中国民主事业促进会”等纷纷通过网络发布“建党”信息、公布“党纲”、吸收“党员”，将互联网作为秘密发展国内成员最重要的渠道，图谋建立有行动力的网络政治组织。他们利用网络文化无序、通过建网立坛等手段，依凭网络舆论从所谓的“维权”、“民主诉求”等个案入手，攻击中国政党制度；从社会政治问题起步，上升到攻击执政体制，妄图以此煽动街头政治，制造政治动荡。可见，网络文化无序正在成为各种政治主张出台的“策源地”、议政的“新场所”、网上组织活动的“大本营”、推动中国“颜色革命”的“训练营”[③]，已对加强我们党的综合党力中物质力建设构成挑战。就执政资源丧失而言，这一执政资源包括党

① Thomas Hobbes, Leviathan, Parts I and Ⅱ, Indianapolis: Bobbs - Merrill, 1958, p. 78.

② 转引自［美］詹姆斯·罗尔蒂、罗伯特·小法兹格拉夫《争论中的国际关系理论》，阎学通等译，世界知识出版社1987年版，第95页。

③ 参见东鸟《网络战争》，九州出版社2009年版，第339—340页。

得以宣传自己的主张、执行自己的政策、维持自己的政治系统与社会系统有序运行所赖以倚重的各类资源，它一旦丧失，党的综合党力建设也就沦为无源之水、无本之木；就执政体制动荡而言，这一执政体制既是党执政活动的现实前提，也是其执政活动的运行载体，直接关系到执政绩效的大小乃至完成执政使命的程度。对于加强党的综合党力建设而言，这一执政体制一旦建立和巩固，就不能随意动荡。因而，从根本上说，党的执政体制是指党执掌政权的基本格局，核心在于党的执政能力与国家政权机关关系的巩固和强化。

其次，在网络文化无序对加强党的综合党力中精神力建设的挑战上，应该说涉及的范围也很广。在网络文化无序条件下信息的处理、创制和传播方式均具有虚拟性、沉浸性、角色异化、无限构造与泛滥等特点，使网络文化的虚拟性与实在性之间、自我与非我之间乃至部分党员干部在网络文化生存的心理等方面，都对加强党的综合党力中精神力建设方面构成挑战。其中虚拟性原本是网络文化空间的一个基本存在方式，但这一文化空间毕竟不同于以往党员干部对其生存的现实世界的感性、知性反映的情景；在网络文化无序场景中，便导致出这一虚拟的文化空间与客观物质世界以及与人对客观物质世界生长出来的精神世界间的矛盾与对立；且在网络文化无序条件下网络文化信息的存在方式以及网络主体间交往的虚拟性、沉浸性、角色异化、无限构造与泛滥等会使迷恋于网络文化的网民展示出区别于现实生活中的另一种生存方式，这便在现实生活中的自我和网络文化世界中生存的非我之间产生角色异化性的个体精神自由与现实生存中的个体物性约束之间的精神冲突与对立。此外，在网络文化无序条件下由于网络文化规范发展的相对滞后、由于部分党员干部网民对网络使用不当和这些网民个性心理素质中可能存在某些缺陷，都可能会在网络生存中引发出网络成瘾症、网络孤独或人际关系冲突症、情感纠葛症、安全焦虑症、人格分裂或双重乃至多重人格障碍症等一些精神障碍或对立冲突，从而对加强党的综合党力中精神力建设形成挑战。

最后，在网络文化无序对加强党的综合党力中国际影响力建设的挑战上，应该说问题也不少。新世纪、新阶段以来，我们的综合党力和综合国力均有很大提高，形成了良好的国际影响力。对我们党来说，这种网上“全球关注”应是一件令人兴奋的好事。当然，在网络文化无序作用下，这一关注也会带来烦恼和挑战。正像成长中的明星一样，在享受着掌声、鲜花和羡慕眼神愉悦感的同时，也要承受这样那样友善的或敌意的苛刻与挑剔，这是回避不了的现实，何况是网络文化环境里。如全球网民通过网络观看2008年北京第29届奥运会那场精彩绝伦的开幕式，全球媒体记录的不光是“同一个世界、同一个梦想”奥林匹克崇高理念的光芒，还有与众不同的中国对文明发展不懈追求的影像。国际社会再次感悟到在中国共产党领导下中国的国际影响力在快速提高，这令多少中国人感到屹立在世界民族之林的自豪，而奥运火炬在某些国家传递时遭遇某些势力破坏干扰的情形却又让不少中国人在愤恨之中平添了几分惆怅。又如2009年10月1日中国北京晴朗天空之下的天安门前，一场气势恢宏的大阅兵又一次激起国际社会对现实中国全方位扫描和未来中国的种种猜想：一个有着五千多年文明史的古老中国在全球瞩目下，以威武雄壮的阅兵、绚丽多彩的花车、载歌载舞的游行和漫天放射的焰火，庆祝着她最新一个甲子的辉煌历程；196名中国军人用169个正步丈量着衔接历史和未来的169年——从1840年到2009年，中华民族经受过多少屈辱和磨难、经历了多少次抗争和奋起，无数仁人志士用鲜血铺就国旗护卫队脚下红色的地毯，无数革命先烈用生命浇开了天安门广场无数张绽放的笑脸。无论在世界哪一个角落、无论是朋友或敌人，全球网民都为庆典之始国旗护卫队从天安门广场的人民英雄纪念碑走向国旗杆的4分20秒所震撼。国际观察家从中听出了中华民族跳动的脉搏：自信、团结、奋进。西班牙皇家埃尔卡诺研究所网站刊登文章认为：“中国模式的吸引力基于令人瞩目的数据。长期看，中国近30年来年均10%的经济增长率主导了人类历史上最伟大的经济革命。到目前为止，没有任何一个人口如此众多的国家能在如此短的时间内使其人民物质生活水平发生如此巨大的改变。”英国《泰晤士报》载文指出：“中国模式的成功将深刻影响国际体系转型的轨迹和方式。以中国为首的发展中国家集体超越发达国家成为新的国际经济秩序的引导者，将是近代史上最显著的一次国际体系转型和权力转移，中国在其中扮演至关重要的角色。”①

从网络文化传播学视角看，“与众不同”颇富有传播的高价值，能直接或间接影响到治国理政、国计民生，自然会引人关注。网络媒体就是顺着这个规律来吸引公众的文化视线，并创造着文化注意力产业。如2009年我国国庆长假刚过，10月9日九家世界著名媒体机构共同发起的世界

① 胡俊凯主编：《反问未来中国》，新华出版社2009年版，第2页。

媒体峰会就在北京揭幕了，地点是天安门西侧的人民大会堂金色大厅，近70个国家和地区的130多家媒体机构的负责人汇聚在这里。让人难以想象的是，这竟是迄今为止规模最大、覆盖范围最广，囊括通讯社、报刊、广播、电视、互联网等多种媒体形态的世界性传媒盛会。一方面，有心人发现，尽管这次峰会的主题是面对世界传媒业发展趋势和前景等重大问题而做出“合作、应对、共赢、发展”的共同宣言，但这一史无前例的盛会是由中国新华通讯社发动倡导起来的，其意义相当深远，他们从中看到了某种能影响甚至改变世界的中国能量，以至来自西方媒体的一种说法叫“21世纪是中国的世纪”。另一方面，处在同一个世界屋檐下生活的各国间互不关注是不可能的，尤其是发展快的国家，总会招来与众不同的“特别关注”，就如运动场上跑得快的、跳得高的选手一样，自然会被人作为研究对象。通过互联网可以发现，从袁隆平院士对新一代杂交水稻的研发到航天员的太空行走，无论地下天上中国都向强国方向跳跃。在中国共产党领导下，一个拥有13亿人的庞然大国的点滴变化都会引起“世界波”。由于国家大、人口多、份额大，让人视而不见、无动于衷是不太可能的。这样，羡慕、恭维，猜疑、担忧、误读乃至嫉妒甚至成心跟你过不去就难以避免，在网络文化无序情况下更会对加强党的综合党力中国际影响力建设构成挑战。如“中国内部的社会矛盾会制约中国发展乃至导致中国崩溃吗”、“中国会因资源而与其他国家发生军事冲突吗”等是德国一家知名网站搜集的问题，他们还用很大篇幅询问中国未来的走向。至于旧调重提的“中国威胁论”以及“中国强大后会称霸世界吗”、“中国能打赢未来的网络战争吗”、“中美有发生战争的可能吗”、“‘中国模式’会取代‘美国模式’吗”、“会说汉语能否走遍天下”、“中国反腐败斗争能成功吗”、“中国‘绿卡’能否走俏世界”等网上问题，反映了海外人士特有的思维与观察问题的角度。诸如此类、不一而足，也是网络文化无序条件下回应对加强党的综合党力中国际影响力建设挑战时应予特别注意的问题。

第五章　错位与失调:网络文化与加强党的执政能力建设(二)

当代中国，正处在具有五千多年中华文明前所未有过的崭新阶段——科学发展时期。这一“崭新时期”的到来，迫切需要我们党通过加强自身执政能力建设，始终成为中国特色社会主义伟大事业的坚强领导核心，不断开创中国特色社会主义事业新局面。然而，在网络文化环境下，虚拟与现实、无序与规范等矛盾冲突无时不在、无处不有。这种“矛盾”现象除了第三章阐述的“分化与无序”外，还表现为“错位与失调”之中。一方面，作为一种以新的信息技术为基础的网络文化，与其他先前影响社会历史进程的重大技术文化一样，如蒸汽机、汽车、喷气式飞机、传真机等，其发展特征和社会后果不是自发的，而是由它在其中发生作用的社会体制决定的，诚如美国社会学家卡斯特所言，新的信息技术与社会发展重组之间的互动塑造了全球网络社会①，推动人类迈入网络时代。另一方面，网络文化视角下执政党及其党员干部的认知和技术对执政能力建设的负面影响主要是基于网络观念错位生成信息失调，造成对网络信息占有的不平等即数字鸿沟的扩大；同时，网络文化错位也带来不少新的道德、法律和制度方面失调如网络病毒、网络欺诈、网络色情、网络隐私、网络痴迷乃至网络霸权等问题。因此，可以说这些网络文化条件下出现的错位与失调现象，必然会对加强党的执政能力建设带来危害和冲击。

第一节　基于网络观念错位生成的信息失调

所谓错位，本意是指事物所处位置的颠倒或事物之间关系位置的不恰

---

① M. Castells, *The Rise of the Network Society*, Blackwell Publishers, 1977.

当，就如马克思和恩格斯在《德意志意识形态》中划分自己与德国哲学之唯心主义的界限时所说的那样："德国哲学从天国降到人间；和它完全相反，这里我们是从人间升到天国。这就是说，我们不是从人们所说的、所设想的、所想象的东西出发，也不是从口头说的、思考出来的、设想出来的、想象出来的人出发，去理解有血有肉的人。我们的出发点是从事实际活动的人，而且从他们的现实生活过程中还可描绘出这一生活过程在意识形态上的反射和反响的发展。甚至人们头脑中的模糊幻想也是他们的可以通过经验来确认的、与物质前提相联系的物质生活过程的必然升华物。"① 英国作家狄更斯在《双城记》中这样描绘18世纪法国和欧洲社会转型情形："这是最好的时候，这是最坏的时候，这是智慧的年代，这是愚蠢的年代，这是信仰的时期，这是怀疑的时期，这是光明的季节，这是黑暗的季节，这是希望之春，这是失望之冬，人们前面有各种事物，人们前面一无所有，人们正在直登天堂，人们正在直下地狱"②，这种景观用来说明网络社会观念错位情况，也是贴切的。针对加强党的执政能力建设，网络文化中的位置关系不恰当而带来不利于加强党的执政能力建设之因素，就是网络文化针对党的执政能力建设之错位现象。所谓失调，一般指不平衡、不协调。在此，失调是指因错位而导致的一种不利于党的执政能力建设的、非正常的或者异化的状态。我们力图通过对信息失调的内涵与特征以及网络文化发展中信息失调状况的分析，来考察网络观念错位生成信息失调的表现。

一　信息失调的内涵与特征

信息失调属于信息管理学中的一个范畴，特指信息管理中信息开发和利用的不均衡和不协调状态。这里的信息管理指管理者依据一定的管理目标和要求而进行的搜集、整理、加工、存储、揭示、检索，利用信息为管理机构和社会受众服务的一系列信息实务活动。美国的 F. W. 霍顿认为，信息管理是一种使有价值的信息资源通过有效的管理与控制程序所进行的实现某种利益目标的活动。美国前国家公共服务署首席信息官托马

---

① 《马克思恩格斯选集》第1卷，人民出版社1995年版，第73页。

② ［英］狄更斯：《双城记》，张玲、张扬译，上海译文出版社1983年版，第3页。

斯·巴克霍尔兹说："信息是一种需要管理的资源。"[①] 如果说产生个人信息管理问题是由于存在组织和个人与其生存的文化信息环境不相适应的现象，那么网络社会发展与网络信息文化的互不协调则是导致网络信息管理问题的主要原因。网络社会是一个巨型生态系统，是人与人相互联系、相互作用而形成的生命有机体。从宏观上看，由于网络社会信息发展日趋复杂多变，本来应给人类社会带来巨大财富和精神享受的信息技术同时也会给人类社会造成很大破坏性灾难和精神上的痛苦，进而引发网络信息管理的问题也日益增多。而网络时代的信息管理失调就在于其发展速度的严重不平衡，即"争夺眼球"的观念过度刺激歪曲网民观察社会现实的真实感和认识上的负荷过重干扰网民的思维能力以及加速变化的冲击力与不断增加的多样性使网民面临抉择的重重压力，这就不仅给网络社会包括党员干部在内的网民都带来强烈冲击，而且形成了日益严重的信息失调问题。

信息失调的特征与信息传播方式的特点息息相关。概括地说，主要体现在失控性与高速性、隐匿性与外显性、情绪化与非理性以及个性化与多元性等方面。一是失控性与高速性。由于网络空间没有物理边界，网络社会可以说是"无边界"、"超国家"的社会，没有一个真正的"政党"或权威性机构来统筹，党员干部网民如一般人一样，都可以自由在网上发表意见，信息的发布、传播极易失去控制，要么因信息过量、过剩而导致熵增现象，造成网上"塞车"、网络阻塞；要么制造无用的虚假"信息"，造成信息的污染乃至信息欺诈。至于电脑病毒、黑客入侵造成死机，网络犯罪、网上间谍、信息垄断等现象也屡见不鲜。同时，当今世界任何一国内发生重大的突发新闻信息，通过互联网络都可瞬间传遍全球，这种失调的信息传播高速性、即时性是传统媒体难以做到也不可能做到的，往往带来了严重后果。如近几年来计算机病毒、网络黑客、垃圾邮件等的攻击日趋频繁和激烈，对我国信息管理威胁日益严重，大大影响了经济政治效益和社会文化效益。其中计算机病毒每年攻击次数年均递增20%强，产生的病毒数年均增加2倍以上，网络黑客攻击次数年均递增10%余，接近西方发达国家的水平；接受垃圾邮件数年均递增50%以上，造成了严重的经济损失。[②] 二是隐匿性与外显性。美国《纽约人》(*New Yorker*) 杂志

① 参见司有和《行政信息管理学》，重庆大学出版社2003年版，第21页。

② 转引自潘小刚、周亚明、肖琳子《中国信息安全报告》，红旗出版社2009年版，第55页。

在 1993 年曾刊登过画家斯坦纳（Peter Steiner）的一幅漫画，即两只狗坐在电脑前上网，说明是："在互联网上，没有人知道你是一条狗（On the Internet, nobody knows you're a dog）。"这幅漫画充分体现了网络信息的隐匿性特征。事实上，党员干部网民可以不必公布其合法姓名和有效住址，而是采用虚拟的网名形式，也可轻易隐匿或转换本身的社会属性，还有一些专门提供匿名服务的互联网服务提供商，相对来说匿名度更高。外显性则与"隐匿性"相对，更准确地说是与信息的"内隐性"相对。实际上，很多信息是党员干部网民的内在心理活动，较大程度上决定其行为倾向，但它并非行为本身。行为可以一目了然，而信息只能从在线党员干部网民的言论、举止、表情等予以间接地推测和分析。较为复杂的是，展示出来的言行由于某种顾虑的掩饰而未必是真实心理活动的反映。在网上由于可隐匿党员干部网民的真实身份而无须像在现实生活中那样顾及太多，这种外显且较为真实但失调的信息在现实中是较难掌握的。三是情绪化与非理性。舆论的质量关键在于理论性程度，这对于信息来说同等重要。情绪化和非理性信息在网上产生和弥散主要是社会现实和公众心理相互作用的结果。由于当前我国正处在社会转型期，社会结构变革、社会运行机制转轨乃至利益群体的调整都直接影响到党员干部的切身经济利益和社会地位，生活节奏加快、社会竞争加剧等问题使得一些党员干部的心理失衡而产生紧张、焦虑、困惑甚至不满等情绪，加上公众对现实的种种抱怨往往缺乏理性的排解渠道，使得互联网络成为民众宣泄情绪的最佳渠道。四是个性化与多元性。信息失调的主体是网民，信息表达总是纠缠人的情感、意志和认识等主观性因素。社会心理学研究表明，人在匿名状态下容易摆脱角色关系的束缚，倾向个性化和自由化，这一信息失调背景下个性化特征在博客上体现得更加明显。同时，信息失调的多元性或分散性可看作是公众对一个问题持有的看法和态度的不同以及利益、需求和价值观等的多样化。在网络信息传播过程中，党员干部网民传与受的角色间自由转换可能加深信息失调的多元化和发散性特征。当然，多元性还特指网络信息表达中所体现的意识形态的多元性，因为互联网络打破了地域阻隔而使西方政治制度、思想文化的渗透无处不在，体现不同意识形态的网络失调信息也随处可见。例如，美国前国务卿奥尔布赖特曾说过："中国不会拒绝互联网这种技术，因为它要现代化。这是我们的可乘之机。我们要利用互联网把美国的价值观送到中国去。"英国 BBC 曾发表社论说："要动员起来对红色中国进行大规模入侵，要加强对中国进行思想文化教育的渗透。"①网络自由主义推崇的政治观念是削弱政党与政府职能，使社会文化"分裂化"和"碎片化"。这种意见的发散性和意识形态的多元性以及网络信息组织上的混乱无序、信息内容上的丰富多样性，构成网络信息失调的复杂性，诸如此类对网络信息文化管理无疑是巨大的挑战。

二 网络文化发展中的信息失调

作为网络信息时代的产物，网络文化的诞生、发展、创新都与信息技术密切相关，因为所有网络文化产品和服务的载体都是信息，网络文化发展过程就是文化信息产生、存储和利用的过程。网络文化的信息属性，也决定了网络文化发展与信息技术的进步息息相关。信息技术是网络文化发展的物质后盾，可以毫不夸张地说，没有信息技术的支撑就没有一项网络文化发展能够变成现实。这里所讲的"网络文化的信息属性"，概括地说主要体现在：（1）数字化和网络化特性，即任何网络文化信息都可以转化成计算机易于处理的"0"和"1"的组合（即数字化），从而能随信息技术的不断进步而提高效率兼增强功能，同时所有的信息都可以通过网络传输，从而把距离和时间瞬间"融化"；（2）互动和海量特性，即越来越多的党员干部网民通过网络连接在一起展开即时互联互通，党员干部网民的交往也越来越倾向于通过网络发生互动，同时全球"信息爆炸"使得网络文化信息资源极大丰富，海量的信息资源则可以极大满足党员干部网民的精神文化需求。然而，网络文化发展中信息效应是双重的，网络文化发展中也存在大量信息失调现象。因而，必须清楚机构、员工、应用程序、数据和信息系统所面临的各种信息风险，并认真分析网络文化发展中各种信息失调因素。概言之，主要包括网络攻击、软件漏洞及人为因素与自然灾害等方面。

网络攻击指某个人或团体设计信息网络软件来攻击网络系统时所发生的网上信息攻击行为，包括软件攻击、网络黑客以及垃圾邮件等。其中这些软件组件或程序是用来损害、破坏目标系统，或拒绝对目标系统服务的，大部分这种软件称为恶意代码或恶意软件，恶意代码的常见例子是病毒、蠕虫和特洛伊木马。网络黑客是使用和创建计算机软件来非法访问信

① 兀成章：《当前国际政治基本形势与新特点》，《理论视野》2004 年第 6 期。

息的人，且常常花大量时间来检查信息目标系统的类型和结构，使用技巧、诡计或骗术以试图躲过置于信息（属于他人的财产）周围的控制。黑客利用计算机某些程序的设计缺陷，可运用端口扫描、网络监听、IP电子欺骗、拒绝服务攻击和缓冲区溢出等多种方法实现对信息网络的攻击，包括网络攻击（即以各种方式有选择地破坏对方信息的有效性和完整性）和网络侦察（即在不影响网络正常工作的情况下进行截获、窃取、破译以获取对方重要的机密信息）等。当前，关于黑客进入信息系统、破坏或销毁重要数据的报告不计其数，被入侵的网站会立刻成为头条新闻，而这正是黑客所希望的。与网络遭到破坏相比，网络内部的破坏行为更恶毒，也不容易被公众察觉。当然，一种更险恶的黑客行为是计算机恐怖主义，这种恐怖分子入侵信息网络系统，往往通过网络或信息技术进行恐怖活动，如美国及其他国家政党正在采取有效的信息监管措施，希望能保护重要的计算机和通信网络以及物理和电力的基础设施，而计算机恐怖主义的案例当前被界定为类似于科索沃战争期间损害北约网页的行为，随着信息宽带网络的逐步普及，宽带网络应用的不断发展和电子邮件的普遍应用，垃圾邮件已影响网络运营，是当前网络文化发展中信息失调的重要问题，往往造成邮件服务器运行缓慢，服务质量下降乃至严重影响正常邮件通信。中国互联网协会的调查统计说明，中国互联网的垃圾邮件以年均50%以上的速度激增，且垃圾邮件中夹杂大量病毒，使原来是世界垃圾邮件受害者的中国也成为世界垃圾邮件输出国之一，曾一度损害中国执政党在互联网界的形象和地位。

由于软件程序的复杂性和编程的多样性，在网络信息系统的软件中很容易留下一些不易被发现的信息失调漏洞，统称软件漏洞，包括数据库、ICP/IP协议、网络软件与网络服务以及口令设置的漏洞等。随着信息网络技术的迅猛发展，信息已经从过去普遍的知识形态转变成关系产业升级的重要战略资源，信息技术及其产业一跃成为当今经济与社会发展的主要驱动力。在当前及以后较长一段时期，网络文化发展对中国信息管理构成威胁的因素很多，包括知识产权的损害、研发和管理落后以及自然灾害等在内的因素和自然灾害也是不容忽视的威胁因素，其中知识产权包括商业机密、版权、商标和专利权。侵犯知识产权最常见的是非法使用或复制基于软件的知识产权，通俗说法就是软件盗版。所谓研发的管理落后，是指我们党和政府尽管都已陆续建立了自己的网站，但许多应用信息系统却处于不设防状态，存在着极大的信息管理风险和信息失调隐患。具体表现在：一是信息产品开发落后于发达国家。据行业主管部门统计，中国60%的行政事业单位的网站可以自由进入，经济部门中70%的信息安全设备是进口的，特别是中国信息和核心软件几乎全部依赖进口，供货商很容易侵入网络系统而得到机密信息，还有基于政治目的而设下的陷阱和“信息炸弹”，使敌对势力能通过信息产品渗透便轻而易举控制我国重要信息系统命脉，客观上留下了长期隐患。二是缺乏合理有效的内部管理机制。据美国一项调查统计表明，在各种造成信息破坏的因素中由于技术原因而导致信息失调的只占总数的10%，而属于人为的错误却占52%；在国内，许多单位内部员工上网有70%的时间在从事非工作内容的活动，单位缺乏对内部员工及其相关的如信息访问、机密文档等要素进行有效监管，还有因对购买的各种技术产品不了解违规操作而使系统出现紊乱等各种信息失调因素。[①] 至于自然灾害，包括火灾、风灾、水灾、地震、闪电、火山喷发、病虫害乃至静电放电（ESD）等，不仅能够夺走人的生命和财产，而且能够破坏网络信息的存储、传输和使用，是信息失调所引发的最危险威胁之一。

三　网络观念错位生成信息失调的表现

从本义上说，文化有器物、制度和观念三个层面，其核心是观念或价值观。网络文化作为一种虚拟文化、全球文化和大众文化，也是如此。网络文化的虚拟性、全球性和大众性为民族国家发展提供了新的文化业态，但网络文化中的观念错位也带给民族国家的政党以新的问题，使政党政治发展和网络信息管理间面临新的难题。概言之，网络观念错位生成信息失调带给政党政治发展的新难题主要有三个表现：一是由网络技术差异和社会信息贫富差距导致的数字鸿沟；二是网络观念错位带来的网络色情、网络黑客、网络侵权、网络谣言等问题，可统称之为网络陷阱；三是网络观念错位生成的网上价值失调问题等。

数字鸿沟又称数码鸿沟、数码隔阂、数字分裂、信息鸿沟，源于知识沟或简称“知沟”（指因网络观念错位而导致不同社会阶层成员间不断扩

---

① 转引自潘小刚、周亚明、肖琳子《中国信息安全报告》，红旗出版社2009年版，第63—79页。

大的知识差距，被称为知识沟假说），是网络文化中因技术差异而带来的观念错位所生成的信息失调之表现。早在1992年，托夫勒在《力量的转移》一书中就提出了“信息鸿沟”、“电子鸿沟”的问题。据霍夫曼考证，“数字鸿沟”一词肇始于Markel基金会的前总裁利奥伊德·莫里赛特在《数字鸿沟的演变》（1995）一书中有关对信息富人（the Information－haves）和信息穷人（the Information have－nots）间所存在的一种鸿沟的认识；1999年美国国家远程通信和信息管理局（NITA）在名为《在网络中落伍：定义数字鸿沟》的报告中提出“数字鸿沟”，这是国家政府报告中首次提到该概念。美国商务部负责通信和信息事务的助理部长兼国家通信与信息管理委员会主任茉利·欧文在致辞中，认为数字鸿沟就是那种横亘在拥有连接新技术手段者与不拥有连接新技术手段者间的差别，BBC的在线新闻则直接把“数字鸿沟”称为“信息富有者和信息贫困者之间的鸿沟”，二者的基本精神大同小异，还有学者用“ABCD”四个方面来描述网络社会中的数字鸿沟，A（access）指互联网络接入与使用渠道；B（basic skills）指网络时代需要掌握的“信息智能”；C（content）指网上信息内容；D（desire）指个人上网的动机、兴趣等，并认为不同的“使用与满足”类型决定了互联网用户在获取信息和利用信息方面的数字鸿沟问题。至于数字鸿沟形成的原因，2002年我国学者胡鞍钢等进行了较深入的研究，他们在“国际互联网普及的影响因素分析”中抽取了四个因子，得出经济发展水平（贡献率为44.35%）、国家的知识发展能力（贡献率为19.41%），对外开放水平（贡献率为12.40%）、通信技术引进水平（贡献率为9.7%）[①]。此外，还有不少学者对我国“数字鸿沟”的现状和原因进行了分析，如王刊良等通过对“中国大陆各地区互联网用户数与人们的收入、教育水平的关系”研究指出，一个地区的互联网发展水平是和该地区的收入、教育水平显著相关的（相关系数分别是：0.931和0.876）[②]，陈艳红通过研究则认为导致“数字鸿沟”的原因是使

① 胡鞍钢、周绍杰：《新的全球贫富差距：日益扩大的“数字鸿沟”》，《中国社会科学》2002年第3期。

② 转引自王刊良、刘庆《从因特网应用看中国大陆的数字鸿沟》，《管理学报》2004年第2期。

用者的“信息素质差异”，包括信息意识、文化素养和信息能力[1]。

“陷阱”常被喻为害人的圈套，因而网络陷阱也往往与网络诱捕有关。根据第19次中国互联网发展状况统计报告，其中网民对互联网最反感方面（如表5－1），反映出基于网络观念错位生成信息失调中网络陷阱的大体情况，这里简述几种具体表现。

表5－1 网民对互联网最反感的名称及比例 单位：%

名称	比例
网络病毒	28.7
网络入侵/攻击	16.7
弹出式广告/窗口	14.3
垃圾邮件	7.8
网上虚假信息	7.4
诱骗/欺诈/网络钓鱼	6.9
网上收费陷阱	6.9
网上不良信息	5.7
隐私泄露	4.9
其他	0.7

一是网络谣言，这是对网上传播中不实之事的统称。网络谣言的效应多数是消极的，因为大量不实之词的网上流行会扭曲事实真相，而许多攻击性谣言更严重伤害攻击对象。这一网络谣言的消极效应主要来自其虚假的信息，如果信息涉及对象是个体，那么这种网上虚假信息就会伤害其形象，影响其发展；如果信息涉及对象是群体网民乃至社会，那么这种网上虚假信息就会扭曲群体发展轨迹，甚至导致出现不应有的重大损失。二是

① 陈艳红：《基于信息素质差异性视角的数字鸿沟成因分析》，《湘潭大学学报》（哲学社会科学版）2006年第6期。

网络欺诈，这是对借助于网络所进行的一切欺诈行为的总称。2007 年 3 月 26 日英国政府和互联网安全机构发布调查报告说，英国 2006 年遭遇网络欺诈的网民达到 350 万人，占英国网民总量的 12%。所有遭欺诈网民中，平均每人损失金额为 875 英镑（约合 1700 美元）[①]。现阶段，网络欺诈涉及刑事诉讼种类繁多，如电信欺诈、电子邮件欺诈、洗钱和侵犯知识产权等就是其中的类型。欺诈的具体形式有在线拍卖欺诈、对在网上已下订单的客户不配送商品、金融欺诈和网上非法传销等。另外，网络诈骗还包括利用网络作为通信手段进行诈骗，如通过网络电话、网络邮件、网络聊天进行诈骗等。三是网络隐私，导致这一网络社会隐私问题突出的原因有：网络需要保护的“私”的内容空前泛化，如个人姓名、性别、年龄、身高、体重、爱好、收入状况、婚姻情况、有无子女、电话号码等都和隐私挂起钩来，而且网络社会获得个人信息的渠道更为广泛，网络隐私泄露的途径增加，如网上聊天、网上窥探、黑客攻击等都将成为隐私泄露的途径，网站侵权也成为隐私泄露的主渠道。随着网络淘金热潮的高涨，个人信息服务行业、私营公司开始涉足互联网，这使保护个人隐私变得更为复杂多样。

网络观念错位生成的网上价值失调问题，主要分为网络自由与网络规范之间的价值失调和网络观念的价值失调两类。由于网络观念、网络生存本质上具有自由性、开放性、共享性与非权威主义特征，因而在现实的网络观念生存的具体运行过程中要想保证相应规范的合理遵守是困难的。实际上，当前网络观念错位生成网络价值失调的现象相当严重，尽管不少国家的执政党和政府以及相关网络维护机构和个人都在千方百计设法防范业已出现的种种网络信息失调问题，但由于网络自由与网络规范间的价值失调乃是基于网络本质、本性与相应网络需求这一对基本矛盾之上的失调，因而任何一种强制性措施或相应防范性技术所可能取得的成效都只能是暂时的、局部的，相应地，根植于这一基本矛盾之上的相关价值失调则一定会贯穿于网络观念错位生成价值失调的始终。同样，网络文化、网络民主、网络生存的发展所引发的观念价值失调也是不可避免且尖锐而激烈的，如网上“国家至上主义”与“世界主义”间的价值失调、“网络霸权主义”与“网络民主主义”间的价值失调、网上“西方文明（文化）中

---

① 中国经济网（http://www.ce.cn/xwzx/gjss/gdxw/200703/27/t20070327－10830984.shtml）。

心论”与多元文明（文化）论间的价值失调、网上“文明（文化）冲突论”与“文明（文化）互补论”间的价值失调、网上“文化霸权主义”与“文化相对主义”间价值失调、网上“弘扬个性自由的价值观念”与“服从集体和社会规范的价值观念”间的价值失调、网上“注重历史经验的价值观念”与“注重创新面向未来的价值观念”间的价值失调、网上“物质生产和消费的价值观念”与“精神、信息生产和消费的价值观念”间的价值失调等①，都是网上种种观念的价值失调之表现，都会对加强党的执政能力建设带来危害。

第二节　网络观念错位对加强党的执政能力的危害

互联网络把全世界更加紧密地联结在一起，万里之遥的信息传播瞬间即可完成，一张覆盖全球、网罗天下的天罗地网已初步呈现。网络文化发展运行正在从错位走向有调，但在这一过程中，网络观念错位和涌现的信息失调问题已引起执政党的高度重视。对此，早在2000年3月江泽民就指出:“现在，互联网上信息庞杂多样、泥沙俱下，还存在大量反动、迷信、黄色的内容。可以这样说，由于信息网络化发展，已经形成了一个新的思想文化阵地和思想政治斗争阵地。因此，各地各部门的领导干部必须加紧学习网络化知识，高度重视网上斗争问题。”② 因而，加强党的执政能力建设，必须直面网络观念错位所造成的种种危害。这里，仅从网络主体观念错位、网络情感观念错位和网络信任观念错位等方面来谈对加强党的执政能力的危害问题。

一　网络主体观念错位对加强党的执政能力的危害

主客体是一对以现实的具体精神观念、文化活动为中介而构成的主体对客体的关系存在。网络文化构建起虚拟的主客体关系，其中网络主体包括所有涉及网络的个人和组织。从个人来看，根据其在网络中的不同作用和地位，大致可分为网络创建者和维护者、网络监管者、网络经营者、网

① 参见邬焜、李建群主编《价值哲学问题研究》，中国社会科学出版社2002年版，第302—303页。

② 江泽民:《论中国信息技术产业发展》，中央文献出版社、上海交通大学出版社2009年版，第263页。

络研教者和网络使用者等五类网络主体；从组织来看，作为群体的网络主体包括网站、网络监管机构、IT 产业组织、虚拟企事业单位、虚拟社区等。当然，这里网络主体的区分也是相对的，同一主体可能兼有数种不同身份，同一主体也可以在不同的时间地点具有不同的主体身份。由于网络主体分为不同的个人和群体，加上网络本身的特征，使网络主体的观念更具有显著的自发性和混乱性，这一网络主体观念错位往往对加强党的执政能力带来危害。

第一，网络主体观念多元错位对加强党的执政能力的危害。在互联网络世界这个“第四媒体”中，信息的发布和获取由于网络主体观念错位而失去控制，任何一个互联网用户都可以随心所欲地发布和获取任何信息。网络文化的兴起引发了传播方式的革命，这就使得在过去由于地理阻隔和技术手段的相对滞后，各种异质文化观念交流不多，因而异质文化观念尤其是全球性异质文明观念间的错位几近罕见的情况发生根本改变，网络主体异质文化交流和观念错位所引起的失调必然会对加强党的执政能力造成危害。概括地说，主要体现在两方面。一是西方网络主体观念强势传播会对加强党的执政能力构成危害。发达国家对网络发展高新技术占有的垄断地位，西方文明中心论的强势传播，使互联网络上的政治霸权主义和文化帝国主义表现得很突出，导致东西方文明出现新冲突，使我们党发展社会主义先进文化的难度加大。据统计，我国网站仅占世界独立域名网站总数的 0.07%，网络信息输出流量仅占全球互联网信息总流量的 0.05%，进口流量占 0.1%，而美国输出输入流量两项指标均超过 85%；我国新闻宣传网站的日均页面访问量，影响比较大的网站能达到 10 万页次/日左右，最高的能达到 200 万页次/日左右，而美国《纽约时报》、《华盛顿邮报》等网站的日均页面量一般均为 250 万—300 万页次/日，CNN 等知名网站的日均页面访问量已达到 1000 万页次/日。以美国为首的西方国家凭借其信息流量的优势地位，控制着强大的国际传播网，垄断着国际新闻发布渠道和几乎整个世界舆论。有专家指出，全球广泛使用的奔腾Ⅲ和 Windows 98 都暗设了“机关”，美国可以任意窃取网上用户的秘密。从 1980 年起，由美国控制的通过地面和卫星监听仪器即世界性秘密监视网络 Echelon 就一直在监视我们，使通信的保密性、观念和利益的隐私权受到严重侵害。这样的结果，不仅对我们党的信息自主权、发布权随时可能受到损害，而且因数据库选题多以发达国家的需要为转移，它们可借此随心所欲地对我们进行政治、经济与文化渗透，使我们党发展社会主义先进文化的能力在内容和方法上都遇到了危害。二是美国网络殖民文化观念对我们党主导网络文化舆论能力造成危害。“正像互联网上众多其它领域一样，在线互动功能过渡为面对面的互动，个人兴趣转变成为个人利益和社会资本。”[①] 在西方发达国家特别是美国的网络产品及思想观念传播已经在网络文化市场占据垄断地位，尤其是苏东剧变以来，美国知识产权的出口额上升了近94%，而且美国新闻署在100多个国家设立了200多个新闻处（在美驻外使馆内）和200多个宣传活动点，在80多个国家建立了图书馆，不遗余力地扩大其网络殖民文化观念的影响[②]。更重要的是，美国正把网络文化霸权作为实现其国家利益的一种特殊工具而予以广泛运用，并通过制定和实施网络文化战略去实现对外政治目标。如布热津斯基在《大棋局》一书中指出美国争夺欧亚大陆的结果最终将由非军事手段决定，认为政治上的生命力、意识形态上的灵活性、经济上的活力和文化观念上的吸引力变成了决定性因素。此外，美国网络主体观念错位所要达到的另一目的是要为实现自己战略利益提供网络文化的观念错位阐释来涂抹上绚丽的外衣，将自己置于道义和法理制高点的位置。可以想见，如果没有网络主体观念错位提供文化霸权理论上的论证，以美国为首的发达国家的政治号召力和行为合法性就要大打折扣。因此，在网络文化多元错位环境下，美国为了维护现存的国际政治经济秩序对我国使用文化霸权来进行干涉的做法可能会越来越频繁，其对加强我们党的执政能力的危害也就越加显而易见。

第二，网络主体信息混乱对加强党的执政能力的危害。主体观念或“意识是客观的内容与主观的形式的统一体，这就是说，意识是人脑对外部客观存在对象的主观反映，因而其内容是客观的；但这种反映不是客观对象直接进入人脑，只是客观对象在人脑中的观念映像，因而其形式是主观的。”[③] 网络主体信息或观念间的竞争不可避免，但也出现了竞争无序和传播内容庸俗化、网络文化市场混乱化的倾向，包括人为制造“热点”，搞所谓“炒作新闻”、“广告大战”、“开发大战”、“有偿新闻”等，

① ［美］詹姆斯·E. 凯茨、罗纳德·E. 莱斯：《互联网使用的社会影响》，郝芳、刘长江译，商务印书馆2007年版，第365页。

② 转引自胡德池《网络时代的宣传思想工作》，湖南人民出版社2003年版，第38—39页。

③ 刘景钊：《意向性：心智关指世界的能力》，中国社会科学出版社2005年版，第122页。

使一些具有相当思想性和艺术性的作品或节目因为“曲高和寡”而被无情砍掉，有些触犯广告客户利益的批评性报道在广告客户的压力下不得不取消。这种不惜版面和频道，盲目追求猎奇和阅读率、点击率，以低级趣味甚至色情的东西招徕读者和观众，就是网络主体信息混乱引发的观念错位，同样会对加强党的执政能力造成危害。实际上，网络主体信息交流自由，传播速度快、效率高、掩护性强，且尚未完全建立或形成有效的管理方法。网络主体信息混乱这一状况使得网络空间各种思潮泛滥，其中不乏资产阶级价值观以及各种功利主义思潮的涌动，失去“把关人”控制的网络信息交互使这些不良思潮得以迅速四处蔓延，影响上网用户思想观念的发展。诚如邓小平所说：“有的现象可能短期内看不出多大坏处。但是如果我们不及时注意和采取坚定的措施加以制止，而任其自由泛滥，就会影响更多的人走上邪路，后果就可能非常严重。从长远来看，这个问题关系到我们的事业将由什么样的一代人来接班，关系到党和国家的命运和前途。”① 而且，网络主体发布信息的自由和传播权力的分散似乎对所有国家、各种文化观念是平等的，但事实不是这样。西方发达国家通过网络主体向受众连续不断传递文化信息，将其意识形态、生活方式、价值观念强加于人，不可能不影响党员干部网民对其进行印象感受和价值判定，久而久之就可能被其传递和接受，进而产生亲近感和认同感，并同时对自己民族的自尊心、自豪感产生动摇。可见，在鱼目混珠、泥沙俱下的网络主体信息表达上，西方价值观念、腐朽生活方式、意识形态会趁信息混乱大潮汹涌而来，其个人主义、功利主义和极端利己主义在网上广泛传播势必会腐蚀我们党倡导的社会主义核心价值体系，不可避免地会对加强党的执政能力造成危害。

二　网络情感观念错位对加强党的执政能力的危害

由计算机相连而构成的网络使党员干部网民的情感得到延伸和进化，使其个性和自身的丰富性、多样性得到张扬，这是一种更高形式的进化和超越，因为这时党员干部网民不仅仅是理性动物，同时也是情感动物。英国哲学家斯宾诺莎说：“人的理智不是干燥的光，而是有意志和情感渗透

① 《邓小平文选》第3卷，人民出版社1993年版，第45页。

在里面。”[①] 党员干部网民合理有序的情感观念有利于造福网络社会，错位的网络情感观念则会产生危害行为。被誉为“数字化时代女先知”的埃瑟·戴森指出：“网络不会把我们带入一个一尘不染的数字化乐园，这种媒体会帮助我们从智力上和情感上延伸自我，但它不会改变我们的基本特性。(遗传工程和生物技术会做到这一点，但感谢上帝，那不是我在这里头要讨论的话题!)相反，网络会使人性和人类的多样化得到张扬……如果我们行动无误的话。正是因为有这么多的信息、这么多媒体、这么多选择的存在，人们才会更加珍视人与人之间的联系。人们会在网上寻找这种联系，就像在其他地方一样。”[②] 其实，刚上网时，不少党员干部网民据此俗语“在互联网上，没有人知道你是一条狗”所隐含错位的情感观念聊以自慰而抱有一种情感游戏心态。实质上，这不仅不利于优化一般的网络交往，对加强党的执政能力同样会造成危害。

第一，网络成为淫秽色情重灾区对加强党的执政能力的危害。由于个别党员干部网民网络情感观念错位，最近几年网上的“制黄贩黄”迅速滋生，虽经多次集中打击仍屡禁不止。先进的网络信息技术在给党员干部网民学习、工作和生活提供巨大便利的同时，也成为一些利欲熏心的网络违法犯罪分子开展“裸聊”、“论坛”和色情影视等低俗栏目的工具，对加强党的执政能力构成巨大威胁和危害。如“情色六月天”号称“华人第一成人社区”，拥有大量“原创”淫秽作品，提供淫秽色情图片、文章、影视下载，同时提供其他淫秽色情网站的链接。该网站发布淫秽图片4万多张，淫秽文章929篇，淫秽电影125部，累计点击数达1100余万次。2004年破获的“九九情色论坛”拥有30多万注册会员，网页点击次数达4亿多次。网上“贩黄”危害规模之大、范围之广，是传统方式无法比拟的。因为在传统的“制黄贩黄”中需要存储的仓库和大型生产线投资大且不易隐蔽，而在“情色六月天”一案中犯罪分子完全抛弃了实物的制作，既不需要生产线也不需要储存货物的仓库，所有传播出去的淫秽信息都是从网上来、到网上去，给我国公安部门破案增添了不小的难度。又如，2006年发生的“铜须事件”也是一起由网络情感观念错位引

① 参见刁生富《21世纪网络人生指南》，广东高等教育出版社2003年版，第5页。

② ［美］埃瑟·戴森：《2.0版：数字化时代的生活设计》，胡泳、范海燕译，海南出版社1998年版，第15页。

起的典型案例。事件的起因是一个网名为“锋刃透骨寒”的丈夫在网上发帖，谴责网名为“幽月儿”的妻子与网名叫“铜须”的大学生有一夜情。“锋刃透骨寒”公布了“铜须”与“幽月儿”的网络聊天记录和“铜须”的QQ号。他的帖子激起了热烈反应，对奸夫淫妇的道德义愤成为网上舆论情感互动的主流，甚至有人自告奋勇要当武松去追杀“铜须”。至此，“铜须事件”演化为一场数万人参与的情感伦理审判。到4月16日，“铜须”的真实身份及联系方式被公布在网上。网友趁机在网上发出“江湖追杀令”，表示“郑星同学必须为自己情感的不轨行为付出代价”，呼吁广大机关、企业、公司、学校、医院、商场、公路、铁路、机场、中介、物流、认证等机构对郑星及其同伴进行不招聘、不录用、不接纳、不认可、不承认、不理睬、不合作的“七不”抵制，在其做出彻底的、令大众可信的悔改行为之前，不能对他表示认可。6月2日，中央电视台《大家看法》栏目播出《铜须在电视媒体回应网友讨伐》；6月3日，《纽约时报》以国际新闻头条方式报道铜须事件，质疑中国网民此举对个人权利存在严重侵犯；《国际先驱论坛报》、《南德意志报》等报纸相继刊发重头文字报道中国网民对个人的围攻事件。此事的确给“铜须”的现实生活造成极大困扰。当网络情感观念错位达到激愤的高潮时，“锋刃”在网上现身宣布一切都是虚构、游戏已经结束时，事实上它已无法结束，因为它不仅对个别人的权利带来伤害，而且对我们党加强社会主义先进文化的执政能力建设构成危害。

第二，网络情感中自恋、恐慌、焦虑和孤独等问题对加强党的执政能力的危害。网络情感观念交流为党员干部网民带来了无数朋友，使之网络交往范围空前扩大。一位网友说：“我的网友说数以百计也不夸张。他们有的像从我视野中飘忽而过的轻风，有的像我窗前徐徐送来的花香，有的像院落里越长越高的凤凰木，都是我生命中经历过的一部分，都曾经滋养过我的情感。”① 然而，网络情感观念错位如自恋、恐慌、焦虑和孤独等却对加强党的执政能力构成危害。例如，网络交往与现实交往的一个最大不同点是采用间接的人机对话方式，可以忽略所有的现实环境和条件，具有较大的心理安全感，也使部分党员干部网民获得更为便捷及时的成就感和满足感。然而这一网络虚拟世界的完美性使不少党员干部网民恋网成

① 李玉华等编著：《网络世界与精神家园》，西安交通大学出版社2002年版，第136页。

瘾，他们上网时精神亢奋，下网后情绪低落，过分沉溺于自己的虚拟情感世界中而消极对待甚至逃避充满缺陷的现实世界，甚至有网民因恋网过度而出现情感观念错位，精神恍惚、思维混乱，严重影响正常的工作、学习和生活。同时，由于茧居族（cocoons）、SOHO族、电子隐士、虚拟社区的兴起和“数码个人”、“虚拟自我”的出现，使得现实人际接触大量减少。在互联网络“虚拟世界”中，网民凭借电脑来交谈、沟通和分享，虽然可能彼此间素未谋面却建立起情感联络密切的关系。对此，麦克卢汉曾提出“地球村”的概念，意指传播科技的进步可以带领大家进入“天涯”若“比邻”的境界，但反过来说，由于茧居族的出现也可能造成现实人际关系的疏离，使得“比邻”却恍若“天涯”，给党组织和党员干部间的关系带来隔阂，影响党的执政能力的提高。又如，蓝斯·萧曾一针见血地指出：“在我们这个信息狂热和信息超载的社会，已开始出现一种病症。症状是偏执地迫使自己遍读一切可读之物，当吸收的阅读量超过消化所需的能量时，超出的部分日积月累，最后因压力与过度刺激转化为所谓的信息焦虑症。”美国学者大卫·雷斯曼出版的经典信息社会学名著《孤独的群众》首次剖析了信息时代人类的自恋、恐慌、焦虑与孤独，认为部分现代人似乎变成了头上顶着两根天线、焦虑地吸收着轰炸而来的信息的可怜新人种，且畏惧与别人不同，在信息大海里随波浮沉，但他们愈和他人趋同也就愈觉得孤单；申克在所著《信息魔雾》一书中提出，信息使网民发狂已经不是虚拟的情境，虽然大部分信息都有益于世道人心，但过量的信息构成一个过度刺激的环境，已把人类逼到一个忍无可忍的境地；卡洛夫·芬提斯则说：“现代文明面临的最大危机，是如何将信息转换为有组织的知识体系。”[①] 再如，1997年台湾《读者文摘》发表一篇小说《网人》，虽是小说，却生动地表现了网络时代网民普遍的困惑，即网民在网络虚拟空间里可敞开心扉，在现实中却把自己裹藏得更紧，其结果则是虚拟人的情爱最终化为浓浓愁绪。实际上，有党员干部网民为满足头脑中越来越强烈的快感需求和无边的情感想象而甘愿抛弃身边的男女去钟情于网络，如果连性都需要从虚拟情感观念中获得，那么这对人类社会来说是进步还是悲剧？诸如此类问题，不仅给党员干部网民的工作和生活带来困惑和冲突，而且对加强党的执政能力也构成危害。

---

① 参见胡德池《网络时代的宣传思想工作》，湖南人民出版社2003年版，第45页。

三　网络信任观念错位对加强党的执政能力的危害

"信任是社会生活的鸡汤。"① 作为一种网络社会伦理现象，网民间信任或不信任普遍存在于网络社会生活之中，尤其是网络信任观念错位已成为政治学、社会学和伦理学研究的一个重要问题。从网络社会伦理的角度看，网络信任观念是一个网民对他人行为充满期待和信心的态度和想法，在网络社会文化生活中发挥着不可替代的重要作用，因而不仅是网上思想文化交流的中介和网络社会合作的基础，而且是网络社会团结、文明的纽带和维护网络秩序和谐氛围的润滑剂；反之，如果网络信任错位或者说一个不存在任何信任的网络社会，是无法想象的，必然会对加强党的执政能力造成危害。因为倘若完全没有信任感，生活于网上的每一个党员干部网民都将无所适从，会变得异常焦虑和紧张，"他将会深受一种模糊的恐惧感折磨，为平息这种恐惧而苦恼"②。与传统媒体相比，网络传播具有民间化、个人化、扁平化和非正规化的特色，且任何一个网站都能生产和发布信息，具有高度的开放性、即时性和交互性，有的网站基本没有传统媒体所需要的编辑（"守门员"和"把关人"），因而信息来源十分广泛，犹如一个巨大的信息超市，取之不尽却又良莠不齐，造成了虚假信息的泛滥和网络信任观念的错位。据上海接触媒介的主要动机调查，在了解时事新闻方面，报纸的可信任度最高，网络的信任度最差。曾有人在网上散布某地交通银行行长携款潜逃的虚假信息，结果不仅造成储户挤兑的后果，还使该行遭受了1250多万元的直接经济损失和2050万元的间接损失。还有一些网站的记者为了尽快发布独家新闻而直接采用网上一些未经核实的信息和材料，严重误导受众。诸如此类，导致有的党员干部网络信任观念错位。

其实，从信任的发生机制来看，信任是主体（施信者）和客体（受信者）间互动的结果，同时又是主客体间互动关系展开的前提与条件。在网络信息传播的过程中，网络信任的产生是"网络（信任客体）的行为表现"与"网民（信任主体）对网络信息呈现的心理认知"共同作用

① ［美］埃里克·尤斯拉纳：《信任的道德基础》，张敦敏译，中国社会科学出版社2006年版，第1页。

② ［德］尼克拉斯·卢曼：《信任：一个社会复杂性的简化机制》，瞿铁鹏、李强译，上海人民出版社2005年版，第3页。

的结果。基于此，对网络信任问题的研究视角和重点一般侧重于两个：一是从传播方的角度出发，探讨怎样的网络传播特性可赢得更信任；二是从信息接收方的角度出发探讨网民对网络信任与否的心理认知过程、发生机制和影响因素等[①]。而网络信任关系的建立则与现实生活中的信任关系一样，主要包含两方面的构成要素。一方面，网络信任主体对网络客体行为的不确定性和非完全控制性以及网络主体对网络客体行为的信心。在网络文化世界里，党员干部网民之所以对他人赋予信任，基本因素是由某项工作必须借助他人的行为来完成，但党员干部网民自身又不能完全控制对方行为，也不能准确预知对方的自由行动会带来什么结果，这样，由于“我们缺少直接的或完全的控制他人行动的可能性，因此信任变得非常重要”。[②] 当然，网络信任关系必须建立在信心的基础之上，不包含信心的期望顶多只是一种良好的愿望而已，就是说，网络信任是以网络文化为中介对他人行为充满信心的期望。另一方面，网络信任客体对主体承诺的实现度和网络信任主客体之间的利益关联。网络信任关系的建立仅有党员干部网民的信心是不够的，还必须有网络客体对党员干部网民承诺的实现度作为信任关系建立不可缺少的基础，且网络主客体间只有在存在利益关联的条件下网络信任关系才会发生，因为对他人的信任本身就内含着相信对方会维护、强化和增进自己利益的期望，而被信任的一方也有望在履行了承诺之后得到某种回报，这样的网络信任关系才能真正建立起来。

然而，由于网络信任观念错位，加上网络文化传播具有匿名性特征，一些网站和个人发布虚假信息甚至网络谣言，也有些网站或个人可能受利益驱动而不计社会后果，炮制虚假新闻、扰乱党员干部网民视听，引起一定范围的社会混乱，这一直为网络信任观念错位所引发网络传播领域中的一大顽症。就是说，网络文化传播的技术特征加上利益驱动以及网络自身的传播速度快、传播范围广和影响大等功能特点，助长了网络虚假信息的产生、传播和蔓延，使有些假消息本来出自一些名不见经传的传统媒体，一旦上网并经各家网站互相转帖，瞬间就传遍整个网络文化世界，尤其是当网络媒体与传统媒体相互掺和时，假信息传播的效应不亚于一场风暴。

---

① 靳一：《大众媒介公信力测评研究》，人民出版社 2006 年版，第 8 页。

② ［波兰］彼得·什托姆普卡：《信任：一种社会学理论》，程胜利译，中华书局 2005 年版，第 30 页。

由于网络媒体具有传统媒体难以具备的时效性，一条假信息可能从网络媒体开始则被传统媒体转载，而后借助传统媒体的较高可信任度，这条信息又被传到网上，然后又从网上传到更多的传统媒体，从传统媒体到网络媒体……如此恶性循环往复，假信息越传越广，可信度越传越“真”。即借助传统媒体已有的较高可信度，网上假信息影响面越来越广，影响力越来越大。从2003年3月的“比尔·盖茨被刺”、2004年11月的“布什在加拿大被捕”，到2005年4月的“高露洁”再到2007年1月“奥运会会徽被恶搞”等事件，网络虚假信息给当代社会和党员干部网民造成了不可估量的伤害，也使尚未建立起来的网络媒体信息的可信度大打折扣①；同时，网络信任观念错位及其引发的上述恶性循环事例，也直接危害到党的执政能力的提高。

第三节 信息失调对加强党的执政能力建设的冲击

在我国，无论报纸、杂志还是电视、网络媒介都是党的“喉舌”，是党的职能的延伸和党建工作的宣传机器，媒介与党在公众面前表现出来的是一体化的关系。这一点，西方政党政治也是如此。根据20世纪80年代中期的美国调查显示，50%—70%的美国人赞同媒介的“看门狗”作用，赞赏它们关注政治领导人的行为并不让他们做不该做的事，就是说，包括网络在内的大众媒介形式上是独立于政党和政府的，在一定程度上能表现出是与政治权力并行的监督力量，被认为是行政、立法、司法之外的第四权，在各种力量的制衡中媒介有一定的独立空间。当然，媒介的这种独立性有一定的表面性、相对性，在它背后不可避免地会受到政治经济势力的操控；在这一政治结构体系中，对于公众的政治权力信息感知而言，媒介与政党、政府表现出来的是各自独立分开的关系，公众对于媒介的期待就是作为社会的瞭望哨和权力的监督者。正如我国澳门大学学者陈怀林所认为的，党政“喉舌”地位赋予传媒巨大的“无形资产”；传媒是党政部门这一宏大机器运转的“齿轮和螺丝钉”，因而在民众中享有普通企业难以企及的威信和声望。在“宣传”型的传媒制度体系中，传媒主管实际上是党政（或上级部门）在传媒中的代理人，而且传媒主管的职责是保证

① 转引自李伦《网络传播伦理》，湖南师范大学出版社2007年版，第41—42页。

传媒正常运作并为党政提供宣传和公关服务。然而，网络信息一旦失调，网络传媒这些功能都将陷于无序状态，这就不仅危及党员干部网民正常的网络信息生活秩序，而且从多方面对加强党的执政能力建设带来冲击。这里仅从信息道德失调、信息法律失调和信息制度失调等维度来对加强党的执政能力建设的冲击做些阐释。

一　信息道德失调对加强党的执政能力建设的冲击

信息道德失调，是指因涉及网络信息技术开发、信息传播、信息管理和利用等方面不道德行为而出现的失调现象的统称。目前，面对各种各样的网上信息不道德行为，世界各国纷纷研制一系列信息道德规范，从电子邮件使用的语言格式、通信网络协议到字母的大小写以及电子邮件签名等细节都有详尽的道德规范，有效地规避着信息道德失调。如美国的计算机协会（the Association of Computing Machinery）是一个全国性的组织，它为成员制定了下列信息道德要求和职业行为规范：（1）为社会和人类作出贡献；（2）避免伤害他人；（3）要诚实可靠；（4）要公正并且不采取歧视行为；（5）尊重包括版权和专利权在内的财产权；（6）尊重知识产权；（7）尊重他人的隐私；（8）保守秘密。所有这些规范都是对现实政治经济活动领域信息道德规范的补充和发展，使其在量上不断积聚和扩大；另外，国外有些机构还明确划定了被禁止的网络信息违规行为，如“南加利福尼亚大学网络伦理协会指出了六种网络信息道德失调行为类型：（1）有意造成网络交通混乱或擅自闯入网络及其相连的系统；（2）商业性或欺骗性地利用大学计算机资源；（3）偷窃资料、设备和智力成果；（4）未经许可而接近他人的文件；（5）在公共用户场合做出引起混乱或造成破坏的行为；（6）伪造电子邮件信息”①。然而在虚拟的网络世界中，由于党员干部信息道德的隐匿性、模糊性，使党员干部对网络行为的控制力下降而往往放弃自己的网上行为，导致信息道德失调如党员干部信息道德丧失传统道德内涵甚至信息道德行为演变为外在的破坏性力量的出现，从而对加强党的执政能力建设形成冲击。

第一，党员干部信息道德行为丧失传统道德内涵对加强党的执政能力建设的冲击。在传统社会中，党员干部行为都是基于一种社会身份且遵循

① 吴克明：《网络文明教育论》，湖南师范大学出版社2005年版，第195页。

一定的道德规范而作出的，行为者受制于一定的政治经济社会条件和相应的道德秩序并往往会考虑其行动责任，否则就会受到社会的谴责。网络行为的隐匿性、即时性和交互性导致的行动自由，已远远超出社会责任的范畴。网络“数字化”、“虚拟化”、“即时化”等特点导致其图像、文字、声音都是通过数字终端而显现，在网络文化世界中党员干部网民看到和听到的文字、图像和声音都变成了数字，自身也变成了一个符号。党员干部网民在这一虚拟世界中交往时，其现实社会中所具有的各种备受关注的诸如性别、年龄、相貌、宗教信仰、健康状况及情趣爱好等一切自然和非自然特征都省去了，党员干部作为符号的代表，网上所呈现出来的就是一个符号与另一个符号在交流。建立在现实社会基础上的传统信息道德规范，例如中国传统道德的忠、君、孝、亲要求、传统道德规范的仁、义、礼、智、信五伦关系等，都离不开具体的践履人。对于党员干部网络行为而言，这些传统道德内涵很难起到规制性作用，甚至常常处于失调或错位状态。如“有偿新闻”是“权力寻租”现象在传播领域的表现形态，是信息道德失调和腐败的一种具体形态。作为一种特殊的腐败形态，“有偿新闻”的破坏力和影响力较之一般腐败有过之而无不及。因为大众传媒承担着社会监督、舆论导向和教育认知等重要职能，如果从事“有偿新闻”活动的媒体从业人员在个人和小团体私利的驱动下而经常制造虚假信息，颠倒是非、黑白错位，就会产生欺上瞒下、误导公众的恶果，既不能有效实施道德监督，又不能正确引导舆论并教育公众科学认识社会和人生，从而丧失网络新闻的本质和功能，进而加重现代社会的道德信任危机，使整个社会成为没有道义凝聚力的一盘散沙。因此，由于不适应网络文化运行的新环境，传统优良的道德规范受到严峻挑战，其约束力明显下降，甚至有些方面形同虚设，必然对加强党的执政能力建设的道德基础带来冲击。

第二，党员干部信息道德行为演变为外在的破坏力量对加强党的执政能力建设的冲击。正如在现实生活中信息道德主体的行为要受到种种外在破坏性力量阻碍一样，在网络社会中也不断产生许多于党员干部网民作为信息主体道德不利的外在破坏性力量。例如，由于身体不在场的网络隔离功能，使网络文化空间能够形成一些在现实生活中不易形成的人际关系。与此同时，网络文化的连接功能又能够使不能发生关系的党员干部发生关系，丰富了网络人际群体的多样性。由于网络既隔离又连接的功能会给党员干部网民提供一个可隐姓埋名的技术社会场所，因而在网络文化空间中党员干部网民可以自由选择和扮演自己的道德角色和道德身份，经由网络沟通的人际关系很类似于戴着面具的交流与互动。党员干部网民可将自己在真实世界中的部分甚至全部的性别、学历、职业、地位、年龄等情况暂时隐蔽起来，创造一个或几个代号以重新塑造一个甚至几个与真实世界相同或不同的身份，其中每个角色和身份都只体现出局部的人格，以此为基础跨越地域和时间的限制而与其他网络空间的代号进行交流和互动。可以说以网络文化纽带形成的网络群体关系，就其道德本质而论，是一个隐藏在面具背后以局部人格互动为特征的自我道德重塑过程。党员干部一旦把在网络交往中所形成的新自我道德认同转移到现实生活中来，由于交往道德环境和伦理形象与网络上相比有着根本的不同，往往会使他们的社会伦理互动受阻，甚至会招致现实生活中他人的不理解乃至嘲讽，从而演变成外在的破坏性力量对加强党的执政能力建设造成冲击。

与传统优良道德相对而言，有的党员干部的网络行为道德失调问题主要表现在黑客入侵、传播病毒、盗取商业机密、发布虚假广告、侵犯他人隐私、散布电子谣言以及宣传色情、暴力、迷信、邪教等不良信息进行政治、经济、文化、意识形态渗透等方面。网上各种信息泛滥，良莠不齐、变换不止，致使其中个别党员干部网民的道德理性分析力和道德判断水准下降，这种网络信息的存在方式以及网络与党员干部交往方式的虚拟性、沉浸性、角色异化、无限构造与创新等基本特征，可能使在现实生活中的自我与网络生存中的非我之间产生角色异化的道德失调。网上多元道德文化价值共存，不同的信息道德意识、道德规范和道德行为处于经常性的失调和碰撞中，使得有的党员干部网民的信息道德价值取向紊乱，对加强党的执政能力建设的道德基础构成冲击。恩格斯认为："理由和推断、原因和结果、同一和差异、外表和实质这些固定的对立是站不住脚的，由分析表明，一极已经作为胚胎存在于另一极之中，一极到了一定点时就转化为另一极，整个逻辑都只是从前进着的各种对立中发展起来的。"① 而网络行动者此时的信息道德意识却往往导向一种误区：一方面，由于网络信息主体对传统道德的排斥，其传统优良道德意识变得模糊，因而传统优良道德对其行为难以起到规制性作用；另一方面，网络信息主体对网络虚拟世界自由的本能性向往却始终存在，认为在虚拟世界中行为者的一切都是自

① 《马克思恩格斯全集》第20卷，人民出版社1971年版，第545页。

由的，网络世界是一个没有国际疆界、没有道德传统樊篱、没有世俗权威的自由意识的乐园，有的只是信息的自由交流，不同国籍、民族、年龄、兴趣的人能自由穿梭。网络行为者的这一道德认识误区导致其逐渐建立起一种自主自立、为所欲为的信息道德失调观。在这种信息失调的道德观驱使下，党员干部网民认为网络世界的行动可以摆脱传统习俗、内心信念和社会舆论的制约而任意汲取、制造和传播信息，也可对他人和社会不负责任，甚至认为网络违法乱纪也不过是敲打键盘、点击鼠标而已。因此，党员干部网民网上行为有意无意地处于信息道德失调状态，这种失调不但不利于网络文化有序化运转和网民道德力量的有效增强，而且将成为一种丧失人的主体性乃至丧失真正网上自由并演化成外在的破坏性力量，对加强党的执政能力的道义建设构成冲击。

二 信息法律失调对加强党的执政能力建设的冲击

“社会要求产生法律变化，反过来又导致重大的社会变化。”① 在国际社会迈入网络时代过程中，工业时代的法律观念和法律法规不可避免地受到挑战，社会呼唤与网络时代相适应的法律。对已接入国际互联网络的民族国家而言，在理论上探讨网络时代的法律问题并进行新的法律实践是加强党的执政能力建设以保障国民经济和社会信息化稳步推进的战略需要。美国、加拿大、新加坡等国家信息化程度之所以比较高，其重要原因之一就是建立了有利于信息化推进的法律法规体系。然而，互联网在促进经济社会发展的同时也引发了一系列新的问题，由于现行法律相对滞后，解决这些问题也缺乏相应的法律依据。如在电子政务领域，网络为政府管理创新提供了较理想的技术中介手段，但政务信息公开和共享意味着打破传统行政管理体制中行政部门垄断信息的局面，这就使电子政务的推进工作亟须法律的规范和制约；在电子商务领域，大量新型高效的服务模式和一站式手段如电子合同、在线交易、网络广告等不断出现，但由于缺乏法律保障，特别是在线交易服务主体法律地位不清、网络信用体系不健全，使得电子商务的广泛应用受到影响；在信息资源开发领域，因为缺乏对信息产权的法律保护，直接影响到信息资源的开发利用和信息服务业的发展。应

① ［美］劳伦斯·M. 弗里德曼：《法律制度》，李琼英、林欣译，中国政法大学出版社1994年版，第322页。

该指出，探讨网络时代信息法律失调问题，不仅是掌握“信息主导权”和防御“信息霸权”以维护国家网络主权安全的需要，而且是以对虚拟世界的主导权来加强对现实世界的领导权、更好应对信息法律失调对加强党的执政能力建设的冲击的需要。

所谓信息法律失调，是基于互联网络用以调整信息活动中产生的各种网络社会关系的法律规范失调状态的总称，其适用范围主要是网络社会的信息管理失调领域，其调整范围则是在信息占有、使用和处分活动失调中所产生的各种网络社会关系应适用的法律问题。从网络信息学的角度看，这种围绕网络信息而进行的各种交互行为所形成的各种网络社会关系大致包括网络信息搜集关系、网络信息处理关系、网络信息存储关系、网络信息保护关系、网络信息公开关系、网络信息传递关系、网络信息服务关系和网络信息利用关系等；从法理学的角度来看，如果把网络信息作为一种资源或财富来看待，在承认网络信息产权的情况下，网络信息所有者对网络信息的所有权实际上就包括占有、使用与处分三项基本权能，与之相对应的网络信息活动也就有了网络信息的占有、使用和处分三项基本技能，这样，网络信息活动中所产生的网络社会关系便有网络信息占有关系、网络信息使用关系和网络信息处分关系三种类型①；从管理学角度看，这些网络信息占有、使用和处分关系都是网络信息管理活动中所产生的网络社会关系，它们都是网络信息法律的调整对象。因而，广义地说，信息法律失调就是对这三类网络信息关系各项法律失调的总称。当然，在许多情况下信息法律失调也特指专门的信息法律文本在适用网络信息管理活动领域和范围时的失调情况，且这种狭义的网络信息法律失调的说法使用较普遍。实际上，不论是广义还是狭义理解，信息法律失调问题都会对加强党的执政能力建设构成冲击。

具体来说，信息法律失调主要包括有害信息、流氓软件和网络犯罪等方面。第一，有害信息指对党和国家具有危害性的信息，包括计算机程序、图像、文字、声音、游戏等形式，具体内容则五花八门，有的攻击党和国家领导人、马克思主义指导思想、社会主义制度、人民民主专政或破坏民族团结和稳定，有的宣扬封建迷信、淫秽色情、暴力凶杀、教唆犯罪，危害国家安全和社会治安以及青少年健康成长，严重影响网上信息制

① 参见谢俊贵主编《公共信息学》，湖南师范大学出版社 2004 年版，第 256 页。

作、下载、复制、查阅、发布、传播以及休闲等功能的正常发挥，给社会主义精神文明建设造成极大危害。有害信息在我国多个立法中出现，但从未正式予以定义，而是采取分类列举的方式给予界定。目前，常用的列举方式来自公安部经国务院批准、于1997年颁布的33号令《计算机信息网络国际联网安全保护管理办法》，其中列举了九类有害信息，包括（1）煽动抗拒、破坏宪法和法律、行政法规实施的；（2）煽动颠覆国家政权、推翻社会主义制度的；（3）煽动分裂国家、破坏国家统一的；（4）煽动民族仇视和民族歧视、破坏民族团结的；（5）捏造或者歪曲事实、散布谣言、扰乱社会秩序的；（6）宣扬封建迷信、淫秽色情、赌博、暴力、凶杀、恐怖和教唆犯罪的；（7）公然侮辱他人或者捏造事实诽谤他人的；（8）损害国家机关信誉的；（9）其他违反宪法和法律、行政法规的。在有害信息中，所占比例最大的是淫秽色情信息。据国家违法和不良信息举报中心对2004年6月10日以来群众举报进行分析的统计数据，淫秽色情信息占51%。为此，我国每年都组织开展淫秽色情信息专项治理，打击了一大批违法犯罪分子。如2007年全国的专项行动中仅广东省就清除有害信息64000多条，关闭网站近6000个，停止联网的服务器有3000多台；2008年全国再次部署打击网络淫秽色情专项行动，在上半年广东就删除有害信息35万余条，侦破刑事案件52宗，办理行政案件92宗。在有害信息中，攻击党和政府、煽动扰乱社会稳定的信息占群众举报数量不到3%，具有以下特点：一是传播形式以文字为主，图片、视频为辅；二是炒作国内热点问题、群体性事件，歪曲事实、散布谣言、丑化党和政府形象，煽动集会、游行、示威；三是群众关注度高、举报数低；四是危害后果严重。此类信息一旦扩散，将给党的执政能力建设和国家安全、社会稳定造成严重影响。在有害信息中，最为损害民众切身利益的是诈骗信息，往往以提供低价商品为诱惑，以次充好、以假乱真，欺骗用户直接付钱，或伪造银行页面，骗取用户录入账号、密码，或假冒银行名义发出通知，套取用户的账号、密码，再使用获取的账号、密码转账或购物等。据国家违法和不良信息举报中心统计，此类信息占25%①。

第二，流氓软件又称恶意软件，是指在未经用户许可或未明确提示用户的情况下，在用户电脑上安装运行并侵害用户合法权益的软件，是网民

① 转引自邹生主编《信息化十讲》，电子工业出版社2009年版，第240—242页。

在深受其害之后的一种形象称呼。从技术上说，流氓软件包括恶意广告软件、间谍软件、恶意共享软件等，流氓软件恶行主要有不断弹出广告窗口，未经用户同意自动安装，恶意收集网民信息，劫持用户的浏览器甚至盗窃电子银行账号密码，想卸载却又卸不掉而最终导致电脑瘫痪等。有关调查数据显示，99%的中国网民受到过流氓软件的骚扰，流氓软件已超过计算机病毒，在十大病毒排行榜中就有5个是流氓软件。“中国反流氓软件联盟”认为，流氓软件在我国之所以猖獗，除了国家有关部门信息法律失调、监管不力外，主要是因为流氓软件业背后的巨大利润，且已形成一条完整的产业链。据调查，每成功侵入一台电脑广告商就会付给插件公司0.05元至0.3元不等的费用，一个插件“落户”1000万台电脑则插件公司就可拿50万至300万元，而用户电脑里弹出1000个广告窗口，插件公司就获益8—15元。以1000万台装机量计算，若每天弹一次广告，一天收入则为8万至15万元。2007年1月8日，由中国软件联盟和互联网实验室联合主办的“中国流氓软件及治理对策高层研讨会”在北京召开，互联网实验室当场发布了《中国流氓软件及治理对策研究报告》，但当天很多与会专家表示被流氓软件害过，使研讨会成了声讨会。北京市律师协会信息网络电子商务法律事务委员会秘书长魏士廪更是坦陈，他自己是流氓软件的受害者，电脑曾连续几次中招，系统也重装了好几次。事实上，网民遭受流氓软件的毒害由来已久，但用户真正行动起来对流氓软件说“不”则是较晚的事。2006年7月由董海平等发起成立了“中国反流氓软件联盟”，于9月4日向北京市海淀法院提起第一起反流氓软件的诉讼。据该联盟有关负责人李佳衡讲，他们已起诉了多家流氓软件，包括中搜、雅虎等，此外还向信息产业部、消协等部门进行了投诉①。诸如此类流氓软件问题的出现，无疑对加强党的执政能力尤其是网络执政能力形成了冲击。

第三，网络犯罪是网民以计算机网络为犯罪工具或攻击对象而故意实施的危害网络安全的、触犯刑事法律规范并应受到刑罚处罚的行为。从广义上说，任何利用计算机网络为作案工具和把网络作为对象的犯罪都是网络犯罪。网络犯罪的形式多样，最初以破坏计算机系统为主，随后蔓延到

---

① 转引自秦佩华《流氓软件猖獗 网民呼吁监管》，《人民日报》2007年1月30日第9版。

各个领域，通过网络实施侵犯他人财产权利及人身权利的犯罪增多，比如网络入侵，散布破坏性病毒、逻辑炸弹或者放置后门程序犯罪，偷窥、复制、更改或删除网络信息犯罪，网络诈骗、诽谤与恐吓犯罪，网络赌博、网络色情传播犯罪，利用网络销售赃物等不法物品犯罪等。可以说，除直接人对人的犯罪活动外，其他现实社会的犯罪现象在网上大多有所体现。在我国，从首例计算机犯罪（1986 年利用计算机贪污案）被发现至今，涉及网络犯罪无论从犯罪类型还是发案率来看，都在大幅上升。国外有的犯罪学家也曾预言，未来信息化社会犯罪的形式将主要是计算机网络犯罪。例如，艾丽斯是一位终日与电脑打交道的美国白领女士，偶然间在网上发现了一种威力无比的电脑病毒。然而，制造这种病毒的黑势力为夺回被她拷贝的病毒而设计出一个周密的圈套，开始对她实施疯狂的追杀——趁她到国外度假之际，派打手抢走她的护照和其他所有有效证件，并在美国联邦电子档案库中将她原来清白的记录篡改成一个十恶不赦的瘾君子和盗窃犯。当艾丽斯历尽艰辛回到美国时，却发现自己的房子被拍卖，周围的邻居对她漠然视之。更糟糕的是，她成了黑社会和警方共同追捕的对象。最后，艾丽斯不得不用那种电脑病毒将自己的电脑档案全部销毁，这才摆脱了纠缠和麻烦①。近年来，我国网络违法犯罪也呈上升之势。从全国来看，2000—2004 年间，网络违法犯罪以每年 2000—3000 宗的数量递增，但到 2005 年突然增长了近 8000 宗，2006 年更是比 2005 年增加了 20000 宗，达到 40000 多宗。从广东省来看，2000—2002 年每年在 100—200 多宗之间。广东省在全国网络违法犯罪数量所占比例是：2000—2004 年的比例在 6%—9% 之间，2005 年和 2006 年比例分别下降到 5.7% 和 5.8%，数量分别为 1000 和 2000 多宗②。可见，由于我国存有信息法律失调，致使信息网络很容易就处于被干扰、监听、欺诈乃至网络犯罪等多种信息威胁之中，信息运行法制化程度非常脆弱，加上信息技术发展快、变化大，我国信息法制人才又比较缺乏，信息法律调节的技术手段难以适应新的应用功能不断出现、应用领域不断拓宽和深化所带来的对加强党的执政能力建设的冲击。

---

① 转引自陆群《寻找网上中国》，海洋出版社 1999 年版，第 91 页。
② 转引自邹生主编《信息化十讲》，电子工业出版社 2009 年版，第 246 页。

三 信息制度失调对加强党的执政能力建设的冲击

信息化代表了人类发展到今天的一种大势所趋。在这一情况下，世界范围内制度的合理变迁对于一个国家制度变革具有相当的关联性。这一点，邓小平明确指出："我们过去发生的各种错误，固然与某些领导人的思想、作风有关，但是组织制度、工作制度方面的问题更重要。这些方面的制度好可以使坏人无法任意横行，制度不好可以使好人无法充分做好事，甚至会走向反面。不是说个人没有责任，而是说领导制度、组织制度问题更带有根本性、全局性、稳定性和长期性。这种制度问题，关系到党和国家是否改变颜色，必须引起全党的高度重视。"① 在网络环境下，正如信息道德失调、信息法律失调会对加强党的执政能力造成冲击一样，信息制度失调同样会对加强党的执政能力建设构成冲击。

应该说，"制度为人们提供了一定的行为模式，社会或团体力图用这些行为模式去模塑其成员；而社会或团体成员则通过自己的行为去认识、验证、实践这些行为模式，当他们接受了这些行为模式和行为规范并付诸实践，以致在任何同类场合都以这种模式行事时，这套行为模式即被制度化了"②。美国新制度经济学的代表人物道格拉斯·C. 诺斯认为："制度是一个社会的游戏规则，更规范地说，它们是为决定人们的相互关系而人为设定的一些制约。""制度制约既包括对人们所从事的某些活动予以禁止的方面，有时也包括允许人们在怎样的条件下可以从事某些活动的方面。因此，正如这里所定义的，它们是为了人类发生相互关系所提供的框架。它们完全类似于一个竞争性的运动队中的游戏规则。"③ 基于此，信息制度就是在网络背景下党员干部网民适应数字化生存和发展需要以规范和净化网络环境而主动创造出来的有组织的规范体系，包括信息道德、网络法律和网络纪律等方面，具有规范性、引导性、强制性、预期性和自律性等功能，而信息制度失调就是对这种"有组织的规范体系"的打破或失控，使网络信息制度名存而实亡，难以为党员干部网民在网络运行中有所遵循以致故意"违规"而后快。这里仅以信息纪律失调为例，予以

---

① 《邓小平文选》第2卷，人民出版社1994年版，第333页。

② 《社会科学大词典》，中国国际广播出版社1989年版，第315页。

③ ［美］道格拉斯·C. 诺斯：《制度、制度变迁与经济绩效》，航行译，上海三联书店1994年版，第3页。

简述。

信息纪律失调是信息制度失调中的重要内容，体现在信息主体性规范失调、信息自律性规范失调和信息监察机制失调三者中。就信息主体性规范失调而言，由于信息技术本身的技术特点及其他现实原因（如党员干部有自由通信、保护隐私等制度），在线的党员干部网民具有高度自主权，可以隐匿身份出现。在正常条件下执政党或其他社会组织无法也无权对在线党员干部网民的信息行为预先加以监控，这使得在线党员干部网民可把自己进行隐匿且颇具安全感；由于网络通信系统忽略了信息主体所在的物理硬件地址，因而不仅身份可隐匿，连在线党员干部网民的空间位置也全然不知，没有人知道你在哪里。同时，由于网络信息空间是由不断发展的通信媒介联结起来的，其高效的通信速度使网络信息空间高度浓缩，这就使得一般意义上的网络信息空间的距离已无足轻重，党员干部网民完全可以不去顾问受访者的实际距离，几乎就与党员干部网民敲键盘的同时，对方已经以网络语言表达的方式显现在面前，这样，“anything, anytime, and anywhere”的通信方式在网络信息传播中实现了。在这里，在线的党员干部网民似乎就是一名可不顾任何规范而穿越时空界限的超人：一下子是幽默风趣的雅士、温柔备至的关怀者，一下子又“化装”成一个长于世故的老者。因而在隐匿性网络世界里，党员干部网民自觉不自觉成了双重或多重人格的人，有时甚至会忘记自己是谁；就空间来说，由于“我”无所不在，似乎“我”便是中心即“我的地盘我做主”，这难免会产生信息主体性规范失调，乃至做出不合党纪国法、危害社会秩序的行为来，对加强党的执政能力建设带来冲击。

就信息自律性规范失调而言，“社会关系实际上决定着一个人发展到什么程度”①，规范自律要求党员干部网民将规范自觉内化并外在践履，然而，信息自律性规范一旦失调，各种网络陷阱如网络虚假信息、网络色情暴力泛滥就会出现，博客、播客随意披露他人隐私，网络“恶搞”挑战纪律底线，少数人借助网络制造和传布谣言危害社会稳定，网络欺诈、网络盗窃、网络洗钱等成为社会公害，网络病毒和电脑黑客威胁网络安全，网嫖、网恋和网络痴迷影响党员干部网民的身心健康等。对此，2005年9月中国互联网协会版权联盟就网络知识产权保护问题发布了自律约

① 《马克思恩格斯全集》第3卷，人民出版社1960年版，第295页。

定，中国台湾省“行政院新闻局”发布了《电脑网络内容与分级处理办法》明确网络内容分级的标准以维护网络信息秩序，台湾各媒体签下自律公约并针对网域的内容进行自律控管。这些都是纠正信息自律性规范失调的必要之举。

就信息监察机制失调而言，其主要内容是信息监察纪律的约束和信息监察技术纠过机制的失调。作为一种对党员干部网民的社会他律，网络信息监察机制实施的主体是除网络和用户之外的社会第三方，其信息监察机制失调责任也应由第三方承担。网络监察机制中的纪律约束主要体现为党纪政纪对党政工作人员网络行为的规范，体现了占统治地位的政治思想和社会主流文化思潮；技术纠过则是对网络行为所造成的结果进行技术鉴定，并作出相应的纪律处理和约束。信息监察对象即网络生活中的人，其本性是“自由自觉的活动”，这种“活动”只有在网络社会中按照制度的安排并通过社会活动才可能实现，“正像社会本身创造着作为人的人一样，人也创造着社会。活动及其成果的享受，无论就其内容或就其存在方式来说，都具有社会的性质；是社会的活动和社会的享受”①。党政信息监察对网络信息空间的党政管理主要体现在对网络信息服务供应商的有效规制上，信息服务供应商、信息内容提供商连接着现实和虚拟世界，他们了解客户端位于什么地方并向客户收费，党政信息监察部门应要求信息供应商提供各种真实资料备案以监督其合规有序经营。因为信息监察和权利链的建构与信息的产生、发送、传递和接受的全过程具有内在的逻辑联系和客观规定性，其中信息产生所对应的权利是思想自由、信息发送所对应的权利是表达自由、信息传递所对应的权利是通信自由、信息接受所对应的权利则是知情权。“信息自由的核心是索取政府信息的权利（right of access to government - held information），这项权利是整个信息自由制度的基础和出发点，如果政府要阻止市民行使法律所赋予的信息索取权，便必须按照法律所规定的严格准则和程序，提出不宜公开该项信息的证据。”②然而，在互联网络上，网民只要点几下鼠标，就可以把任何一台电脑中的文件（无论是文章、图画、音乐还是软件）复制、下载到自己的计算机内，那么这种下载算不算侵权？目前我国的著作权法有一个免责条款即出

① 马克思：《1844年经济学哲学手稿》，人民出版社1978年版，第75页。

② 田禾主编：《亚洲信息法研究》，中国人民公安大学出版社2007年版，第8页。

于个人欣赏、科研和教学目的，在家里、实验室、课堂等范围使用作品可以不经过著作权人的许可，属合理使用，也就不算侵权。但是，党员干部网民从网上下载文学作品、政党理论和活动信息、软件、音乐后，就会减少其在市场上购买的可能性，有可能造成相关人员的利益损失，这能不能算做合规使用？诸如此类信息监察机制失调问题，不可能不对加强党的执政能力建设构成冲击。

第六章　互动与和谐:网络文化与加强党的执政能力建设(三)

网络文化作为信息时代的特有产物，其应时出现和迅猛发展，对加强党的执政能力建设起着巨大的推动作用；而加强党的执政能力建设，又会在更高层面上推进网络文化的创新和繁荣。网络文化与加强党的执政能力建设的互动与和谐，就是指网络文化与加强党的执政能力建设之间存在着相互影响、相互作用、相互促成之发展关系与状态。在这个互动与和谐进程中，加强党的执政能力建设可以说是网络文化培育的根本前提和主体性要求，网络文化则可以说是加强党的执政能力建设的动力和对象性或载体性要求，互动与和谐的预期目的就是要达到二者的有机融合，即党的执政能力借助网络文化来提高，同时网络文化在加强党的执政能力建设过程中能进一步得以优化。二者间的互动与和谐，从本质上说，就是执政党能力建设与网络文化发展间的互动与和谐。

第一节　网络文化与党的执政能力的互动

“互动”，就是“彼此影响，互相推动”①。例如学校教育中的互动教学以及实现企业和消费者之间的良性互动等，都是此意。网络文化是一个分布很广、松散的、选择性极强的亚文化复合体，常常可分成视觉技术、主题内容、边缘科学、大众文化与先锋艺术等几个主要领域，且网络文化一经产生，就既是一种以电子为介质的高科技文化、高时效性文化，又是一种具有无限开放性、广延性和虚拟性文化，因而给世界带来了翻天覆地的变化，数以亿计的人拥有了个人计算机并与互联网相连，他们的生活由

---

① 《新华字典》(双色本)，商务印书馆2004年第10版，第190页。

此发生了彻底改观。正如美国学者詹姆斯·E. 凯茨和罗纳德·E. 莱斯所认为的，“连在键盘和中央处理器上并连接着大量网络、服务器和其它构造的小小的计算机鼠标已经编织出一幅华美的织锦，描绘了所有各个国家、信仰、种族和经济阶层的人们之间的友谊、个人信息和社区。亚当·斯密将市场描述为看不见的手，与此不同，鼠标移动和键盘敲击的总量（还有一直在增长的声音和图像流）允许个人和小群体寻找共同兴趣、进行各种形式的交换，并产生可以将他们联合起来的纽带，为他们提供关注、支持和情感。‘无形的鼠标轨迹’引领了全世界，在人们和他们的软件之间产生电子和情感联系。结果错综复杂：个体重复在其他场合已经做过的事情（为了好的目的或不良的目的），而且增加了新思想、新互动和新行为的可能性”①。的确，这一网络文化与党的执政能力之间存在着内在的互动关系，而且我们党在架构网络文化与执政能力的互动关系时始终处于主体性地位，具体表现为党在互动中的自主性、自为性和超越性等三个方面。

一　党在互动中的自主性

所谓“自主”，这里的“自”是相对于主体以外的客体而言的党自己，“主”即是“作主”或“主宰”；合起来就是自己作主或自己为主宰，“自主性”即指网络文化与执政能力双向互动关系中的主体性力量或主导性因素的属性。正如马克思和恩格斯所说：“凡是有某种关系存在的地方，这种关系都是为我而存在的；动物不对什么东西发生‘关系’，而且根本没有‘关系’；对于动物来说，它对他物的关系不是作为关系存在的。”② 我们党是当代中国先进文化发展的重要主体，也就是江泽民 2000 年 2 月讲的我们党总是“代表着中国先进文化的前进方向”，“所以全党同志必须始终坚持以马克思主义为指导，努力继承和发扬中华民族的一切优秀文化传统，努力学习和吸收外国的一切优秀文化成果，从而不断创造和推进有中国特色社会主义文化，使社会主义物质文明和精神文明协调发展，使社会全面进步”③；2001 年 7 月 1 日他在《在庆祝中国共产党成立

① ［美］詹姆斯·E. 凯茨、罗纳德·E. 莱斯：《互联网使用的社会影响》，郝芳、刘长江译，商务印书馆 2007 年版，第 4 页。

② 《马克思恩格斯选集》第 1 卷，人民出版社 1995 年版，第 81 页。

③ 《江泽民文选》第 3 卷，人民出版社 2006 年版，第 2 页。

八十周年大会上的讲话》中进一步指出："我们党始终代表中国先进文化的前进方向，就是党的理论、路线、纲领、方针、政策和各项工作，必须努力体现发展面向现代化、面向世界、面向未来的，民族的科学的大众的社会主义文化的要求，促进全民族思想道德素质和科学文化素质的不断提高，为我国经济发展和社会进步提供精神动力和智力支持。"① 这一点，党在网络文化与执政能力互动中的自主性也是如此。具体来说，主要体现在两方面。

第一，党在执政能力上要主动适应网络文化的要求。一方面，网络文化已经把世界连成一张"蛛网"，使世界扁平化，能将各类网络文化信息即时瞬间传播到世界每一个角落。我们党主动联入全球互联网络，既可以以更加开放的姿态融入世界、获得与世界不同政党进行广泛交流与合作的机遇，也面临着执政党执政安全、国家主权安全乃至信息霸权的潜在威胁。生存于网络时代的中国共产党执政能力建设不可避免地卷入网络时代的文化浪潮中，并受到网络文化的深刻影响。这样，生存环境的深刻变化使党的执政能力建设面临着许多前所未有的新情况和新问题，而贯穿其中的就是如何主动适应环境的新变化，并在开放的网络文化时空中来加强党的执政能力建设。另一方面，党所处的宏观环境发生了巨大变化，党的执政能力建设方式必然随之而改变。例如，至 2009 年 6 月底，中国网民规模就已经达到 3.38 亿人，较 2008 年底增长 13.4%，至 2013 年 6 月底我国网民规模已达 5.91 亿人，其发展从无到有、从少到多而经历了网络信息传播的初始时期、网络内容建设取得突破、网络信息传播个性化等多个阶段，已成为新闻传播领域中影响巨大、最具发展潜力的主流媒体。② 这样，网络文化改变了信息生成、传播、获取的方式而使民众越来越依赖于网络平台来获取海量的文化信息，党长期以来沿用的依靠文件、会议传递信息、当面谈话的方式与快捷、便利的网络文化信息传播方式相比，显然无法满足公众多样的信息文化需求。又如，面对网络文化的分化与无序、错位与失调，党应该发挥自主性功能，想方设法引领和规范网络文化健康和谐发展。同时，政府上网工程的启动、电子政务的推广，引起政府管理方式的变革，推动着党组织管理方式的变革，也带来了如何快速运用网络

① 《江泽民文选》第 3 卷，人民出版社 2006 年版，第 276 页。
② 转引自马利《传播变革与执政党建设》，《党建研究》2009 年第 11 期。

信息技术提高党的运作绩效和加强党的执政能力建设问题。

第二，党要通过发展网络文化来加强党的执政能力建设。网络及其文化的兴起，引起了我们党和国家的充分关注和重视。早在1984年邓小平就指出："开发信息资源，服务四化建设"；江泽民则强调："四个现代化，哪一化也离不开信息化。"党的十四届五中全会提出了"加快国民经济信息化进程"的战略任务，全国人大八届四次会议把推进信息化纳入了《国民经济和社会发展"九五"计划和2010年远景目标纲要》[①]，党的十五大报告提出："改造和提高传统产业，发展新兴产业和高技术产业，推进国民经济信息化。"[②] 在此基础上，党的十六大报告正式指出："互联网站要成为传播先进文化的重要阵地。"[③] 党的十七大报告进一步准确表述为："加强网络文化建设和管理，营造良好网络环境。"[④] 这一系列的报告和要求，表明了党要通过发展网络文化来加强党的执政能力建设的信心和决心。事实上，从中央到地方，各级党委在发展网络文化、利用网络信息技术来加强党的执政能力建设上取得了明显成效。概括地说，主要体现在四个方面：一是建立党建网站。我国党建网站的主办者主要是党的组织、宣传、研究部门和党校及高校、企业的党组织。从分布上看，主要集中在北京、上海、山东、浙江、江苏、广东等省份，内地党建网站较多的主要是重庆市和河南、湖南、安徽省。党建网站内容丰富，包括党员天地、党的章程、党的知识、红色论坛、党建调研等方面。党建网站通过网上党课，宣传党的核心价值观，传达党的理论、路线、方针和政策；通过网上信箱，开展党员谈心活动和思想交流；通过网上档案，管理党员党籍、党费；通过网上支部，举行党内选举、党员考核和民主评议；通过网上热线，开展网上申请入党、网上思想汇报；通过网上组织生活，加强对流动党员的管理；通过网上举报信箱，让广大党员群众行使对领导干部的民主监督权。二是开发应用党务管理软件。从中央到地方各信息部门与党务部门联手开发了一批党务管理应用软件，例如上海市基层党建管理服务网络系统利用"上海市政务网/公务网"和市民社保卡工程的相关载体，

---

① 转引自杨培芳《信息网络服务》，京华出版社1998年版，第2页。

② 《江泽民文选》第2卷，人民出版社2006年版，第24页。

③ 《江泽民文选》第3卷，人民出版社2006年版，第559页。

④ 胡锦涛：《高举中国特色社会主义伟大旗帜 为夺取全面建设小康社会新胜利而奋斗》，人民出版社2007年版，第35页。

运用网络文化手段完善党员日常组织生活，构建了全市统一的党员动态信息库，建立了面向全市广大党员的服务平台和双向交流窗口。三是建设电子党务平台。一些省市相继建立了一批功能较大的电子党务平台，初步形成电子党务办公自动化网络，如河南省实施的全省“电子党务”工程就是结合党的特点而建设的一个先进、实用、高效的信息系统，构筑起一个覆盖全省的四级数字化传输网络。四是加强了网上监管。中央有关部门组织力量，掌握网络政治信息的传播情况，并同公安、安全等有关部门相配合，杜绝政治反动、价值观偏颇、思想道德腐朽等有害信息的传播。通过诸如此类的有效措施，为党在网络文化与执政能力互动中自主性的发挥奠定了基础、创造了条件。

二　党在互动中的自为性

政党政治自诞生以来，政党就与文化在相互规定中升华，即一定的文化尤其是政党文化是政党自主自为性的产物，同时又能反过来塑造政党和发展政党，政党通过这一文化而得以形成和提升，政党能力的提高也是通过与文化的互动而得以进行的，从而实现政党在文化与能力互动中的自为性。实质上，一切主客体关系，“自为性”指向本身都具有对于主体而言的“为”我性质，这里的“我”也就是“自”，即政党这一主体。主体总是把自己的存在和发展当作一个自明的前提，从主体方面去理解事物并从自己出发去从事活动，把文化事物、文化活动及其结果看作是“为我而存在的”，这是政党所特有的阶级本性和在群众中的生存方式。为我是以主体的文化存在和文化活动为起点，以主体的文化发展为归宿。政党这一主体与文化对象性关系的确立是政党从“自身”即“为我”的角度进行选择的，因而文化不是自发进入政党活动领域的，它不仅取决于自身发展的逻辑，还取决于政党的能力和需要。政党作为主体则以自己的需要和目的作为自身建设的起点、归宿、根据和尺度，并力图使文化按照政党自身的目的与之发生“为我”关系。这一点，我们党在网络文化与执政能力互动中的自主性也是如此。

当然，我们党在网络文化与执政能力互动中的自主性和其他政党相比较也有很大不同，最根本的区别是两个：一是我们党作为马克思主义执政党不同于其他政党之处在于从其诞生起就为自己确立了为人类解放而奋斗的目标和使命，不仅以解放全人类为己任，而且没有人民利益之外的特殊利益，其一切奋斗都是为了人民大众的利益，并在世界上第一次树起了“立党为公、执政为民”的旗帜。作为执政党，我们党要发展网络文化、加强党的执政能力建设，在网络文化与执政能力互动中彰显自主性功能，实现以对虚拟世界的主导权来加强对现实世界的领导权，就不仅要治国理政、领导各项改革和建设事业，而且要处理好各种复杂的网络社会问题。之所以要这样做，从本质上说都是为了人民群众的根本利益，真正做到“立党为公、执政为公、建网也为民”，从而提高网络执政的能力、实现网络执政的本质。二是我们党作为执政主体同其他国家的执政主体不同，我们党不是一党的独立执政，而是受全国人民委托并代表人民群众执政的，即是说执政的主体是人民群众，而我们党只不过是人民群众的一部分，是“两个先锋队”，是受占人口绝大多数的人民群众委托来执掌和行使执政权力的。因而，对于我们党和国家来说，执政主体不只是共产党一党，而是包括共产党在内的人民，执政的客体是国家和社会，我们党的执政规律就是我们党如何代表和带领人民群众执掌好政权、管理好国家社会事务的规律，我们党的网络执政规律也就是我们党如何推进网络文化发展以实现对虚拟世界的主导权来加强对现实世界的领导权规律。如果说任何政党同人民群众的关系都是不可忽视的，那么对我们党同人民群众的关系而言就更加重要；对于其他执政党同人民群众的关系而言是执政主体同执政客体的关系问题，而对我们党而言则是执政主体内部的关系问题，是事关执政主体自身的团结统一问题。我们党要在执政的全部理论和实践中遵循和体现最广大人民群众的根本利益和要求，且按此标准来行使管理国家和社会事务的权力、行使执政的权力，并在网络文化发展与执政能力之互动提升中彰显自为性功能，这不仅是巩固执政主体地位的基本要求和内在因素，也是我们党性质和宗旨的本质要求与体现，更是我们党作为执政党与其他执政党的最大区别。

这里应当指出，网络文化的产生虽不是中国原创，但在我们党执政能力不断加强的背景下，其下一代互联网技术我国却居世界前列。作为中国下一代互联网项目的发起及主管单位代表，国家发改委伍浩在 2007 年 6 月“中国下一代互联网示范工程技术论坛 CNGI——ETF2007”会上表示，我国下一代互联网示范工程 CNGI 项目启动以来，以它的投资规模大、技术起点高、强调产业化和注意技术创新，在国内外产生了很大的反响。它不仅带动了我国下一代互联网的科学技术实验、应用示范和产业化工作，大大提高了我国在国际下一代互联网技术竞争中的地位，同时也使许多发达国家在下一代互联网领域与我国的科技界和产业界建立了密切的合作关系，共同推动了全球下一代互联网技术的进步。国家对下一代互联网的支持已从实验技术支持发展成为实践与理论全面的支持，这为我国科技工作者提供了一个研究创新的重要阶段。因而，通过几年的建设和技术攻关，CNGI 项目一期建设均已通过了初步的验收，以真实原地址认证等为代表的独创性成果已达到世界先进水平。这些成果的获得，使我国下一代互联网技术已经处于世界前列。这一事例表明，我们党在网络文化与执政能力互动中的自主性是很显然的。又如，2007 年 1 月胡锦涛总书记在中共中央政治局第三十八次集体学习时强调，要以创新精神加强网络文化建设和管理，并指出：能否积极利用和有效管理互联网，能否真正使互联网成为传播社会主义先进文化的新途径、公共文化服务的新平台、人们健康精神文化生活的新空间，关系到社会主义文化事业和文化产业的健康发展，关系到国家文化信息安全和国家长治久安，关系到中国特色社会主义事业的全局。在 2007 年 6 月召开的全国网络文化建设和管理工作会议上，中共中央政治局委员、书记处书记、中宣部部长刘云山表示，建设中国特色网络文化是党中央从中国特色社会主义事业总体布局和文化发展战略出发作出的重大部署。加强网络文化建设和管理，是发展社会主义先进文化、满足人民日益增长的精神文化需求的迫切需要，是占领思想文化阵地、促进社会稳定和谐的迫切需要，是顺应人民群众强烈愿望、保护青少年身心健康的迫切需要，是树立国家良好形象、增强国家文化软实力的迫切需要。我国网络文化专家也普遍认为，互联网技术与社会文化生活的结合催生的网络文化不仅对加强党的执政能力建设有巨大促进作用，而且对我国的政治、经济、社会以及国际交往、国家安全都产生极为深刻而重要的影响。2008 年 6 月 20 日，胡锦涛在《在人民日报社考察工作时的讲话》中明确指出：“互联网已成为思想文化信息的集散地和社会舆论的放大器，我们要充分认识以互联网为代表的新兴媒体的社会影响力，高度重视互联网的建设、运用、管理，努力使互联网成为传播社会主义先进文化的前沿阵地，提供公共文化服务的有效平台，促进人们精神生活健康发展的广阔空间。”① 因此，充分认识我们党在网络文化与执政能力互动中的自主性，

---

① 本书编写组：《让党放心 让人民满意》，人民日报出版社 2008 年版，第 5 页。

并下大力气推动网络文化建设、运用和管理工作以利于提高党的执政能力，在当前既是必需的，也是很紧要的。

三　党在互动中的超越性

“场”原本是一个物理学概念，如电磁场、声波场等，每个电视帧都是通过扫描屏幕两次而产生的，第二次扫描的线条刚好填满第一次扫描所留下的缝隙，每个扫描也称为一个场。这里引申到哲学社会科学领域尤其是党建学领域，是一个标示我们党的存在域的政治哲学范畴，分为“在场”和“未出场”两种形式。党的执政能力建设与网络文化的互动，使党能生存在虚拟与实在的双“场”统一性之中。《中国共产党章程》指出：“中国共产党是中国工人阶级的先锋队，同时是中国人民和中华民族的先锋队，是中国特色社会主义事业的领导核心，代表中国先进生产力的发展要求，代表中国先进文化的前进方向，代表中国最广大人民的根本利益。”① 党的最高理想和最终目标是实现共产主义。我们党正是在对孜孜以求的共产主义理想和意义的追逐中展开自身生命的可能性，构建和超越着自我。在这个意义上说，我们党也是在加强执政能力建设与网络文化互动中展示着自己的超越性的。

从理论上看，一方面，党在互动中的超越性本来就是党自身发展的表征。因为党的生命中的自我意识同时也作为一种社会意识存在，是必须在党所知道的对象那里得到直观化的，因而这一自我意识要有生命、要富有超越性，党就必须是一个有想象力和理解力的充满生机活力的主体。显然，在网络文化与加强党的执政能力建设互动中，党的超越性是与党的理解力和想象力密切相关的，而非只是去运用表象思维。在网络文化世界里，想象与理解作为产生于党的筹划、理想、自为与可能性等主动自我实现的东西，既是在现实时空秩序里的拓展，又是对原有时空、在场范围内的超越，且在这一超越中实现着党的执政能力的加强。因而，这时党的超越性不是在已有时空秩序内的思维或技术理性的计算。另一方面，党的创造性是实现网络文化超越的重要条件。从动态过程来看，网络文化总是通过其文化模式的生成、危机、转型和创新来展开，具体表现为内容上的继承与创新、价值实现上的不断超越。其实，任何网络文化都不可能是绝对

---

① 虞云耀主编:《十七大党章学习讲话》，中共中央党校出版社 2007 年版，第 1 页。

完美的，它在特定时空背景下总存在着这样那样的缺憾与不足，网络文化的自由本性所预设的终极价值与具体文化现实之间永远存在着一定的差距，而这种差距恰好为网络文化的自我超越提供了可能与必然。因而，网络文化发展总是指向某种目的，这种目的不是指向过去或现在，而是指向理想的未来。从这个意义上说，网络文化超越本质上是一种文化创新，是网络文化对自身不合理实然状态的批判和否定，即不断超越网络文化实然，创造更为合理、更为优越的先进网络文化应然。当然，网络文化作为客体，它无法靠自身实现这种从实然到应然的跨越。网络文化的超越离不开一个重要的前提，那就是党员干部网民创造性文化活动的参与。超越作为外在自然运动本身并没有什么价值属性，它只有在与我们党的执政实践结合起来时才有可能成为一种价值运动形式。作为网络文化主体的党，其执政实践活动中所体现的创造性实质上就是一种超越性，这是党作为主体活动的根本特点之一。从网络文化先进的创造能力来说，党的创造性是对内在本能与外在自然的超越。外在的超越是以内在超越为前提的，党的内在的超越通过不断的执政实践活动而对象化为外在的超越，使处于憧憬中的、现在还没有的美好应然事物逐步化为现实。

从现实看，党在互动中的超越性也是人文精神与科学精神共振与张扬的基本体现。网络文化的发展，曾经使人文精神发生潜移默化的转移，对党的存在方式也出现过分割性的理解，因而要在技术理性和科学精神扩张的所有场合，尤其是在网络文化与党的执政能力建设互动共存的网络生态文明环境下尽可能发挥人文精神的超越、渗透和引领作用，保证人文精神在网络文化超越与塑造中的整体效应，进而加强党的执政能力建设。同时，网络文化的无限性、无极性，一方面，给予党的党员干部个体和各级组织极大的自由选择空间和机会；另一方面，在无限的坐标中任何组织和党员干部个人都有可能迷途，外在影响的弥漫性侵入直接化为内在的心理感受，数字化的过度弥漫有使自我丧失的危险。这样，过多的负荷和信息压力超出了党员干部个体和组织所能跟踪和识别的能力，数字的复杂性使数字主体穷于应付，进而失去判断力、超越力和反思力。因此，从党员干部网民数字主体入手张扬人文精神，加强党的网络执政能力，把提升领导干部数字主体能力作为网络文化建设的逻辑节点和最终归宿，加强主体素质、主体能力提高等党员干部个体和组织成长的技术、科学与人文方面知识的综合培养，“在全党营造崇尚学习的浓厚氛围，积极向书本学习、向实践学习、向群众学习，优化知识结构，提高综合素质，增强创新能力，使各级党组织成为学习型党组织、各级领导班子成为学习型领导班子”[①]，在情操力、学习力、思维力、道德力和心理力等方面加强训练，成为党在互动中超越性建构要做的重要工作。

第二节　党在网络文化与执政能力互动中的和谐

党的十七届四中全会指出：“实践证明，没有中国共产党就没有新中国，就没有中国特色社会主义。办好中国的事情，关键在党。”[②]“坚持以执政能力建设和先进性建设为主线，保证党始终走在时代前列。”[③] 其实，无产阶级政党夺取政权不容易，执掌好政权尤其是长期执掌好政权更不容易，因而加强党的执政能力建设始终是我们党非常关注和高度重视的问题。社会主义建设的不同时期所要解决的历史任务不同，加强党的执政能力建设也面临着不同的内容。这些内容，既是时代使命和社会发展向我们党提出的必须要解决的课题，又是加强党的执政能力建设自身所不能回避的问题。以数字化信息为基本文化形态的网络时代的兴起和发展，就把加强党的执政能力建设与网络文化连在一起，并作为时代课题提到我们党面前。应当说，党在网络文化与执政能力互动中的和谐，是在网络文化与党的执政能力互动的基础上展开的。

一　党的执政能力建设目标的和谐

所谓“和谐”，《现代汉语词典》的解释是：“配合得适当和匀称。”和谐具有协调、融洽和合作等意义，不是普遍性的统一，而是多样性的有机统一，即“和而不同”、“和实生物”与“同则不继”之意。其实，“和谐”一直以来就是人类政治实践所向往的一种美好政治生活目标之状态，加强党的执政能力建设从来也是有目标的。这些目标有一个不断发展和完善的历史过程。党的十六届四中全会认为，“加强党的执政能力建设的总体目标是：通过全党共同努力，使党始终成为立党为公、执政为民的

① 《中共中央关于加强和改进新形势下党的建设若干重大问题的决定》，人民出版社 2009 年版，第 14 页。

② 同上书，第 3 页。

③ 同上书，第 7 页。

执政党，成为科学执政、民主执政、依法执政的执政党，成为求真务实、开拓创新、勤政高效、清正廉洁的执政党，归根到底成为始终做到‘三个代表’、永远保持先进性、经得住各种风浪考验的马克思主义执政党，带领全国各族人民实现国家富强、民族振兴、社会和谐、人民幸福”[①]。党的十七大报告在此基础上强调：“使党始终成为立党为公、执政为民，求真务实、改革创新，艰苦奋斗、清正廉洁，富有活力、团结和谐的马克思主义执政党。”[②] 党的十七届四中全会通过的《关于加强和改进新形势下党的建设若干重大问题的决定》指出：“提高党的建设科学化水平，进一步把党建设成为立党为公、执政为民，求真务实、改革创新，艰苦奋斗、清正廉洁，富有活力、团结和谐的马克思主义执政党，确保党始终是中国工人阶级的先锋队、同时是中国人民和中华民族的先锋队。”[③] 在党的建设目标引领下，党的执政能力建设主要从两个维度即各级党委和党员干部维度与全党整体的维度来展开，当然在这两个维度中，相比而言，全党整体的执政能力建设目标这个维度更重要、更迫切，也更带根本性。总体而言，两个维度是相辅相成、互相促进的，共同构成党的执政能力建设目标的和谐统一体。在网络文化环境下，党的执政能力建设目标的和谐也是如此。

第一，各级党委和党员干部执政能力建设的目标。“执政能力”这个概念是江泽民2000年2月在广东高州讲话中提出来的。两年后的党的十六大第一次明确提出了“加强党的执政能力建设”[④] 的命题，并且强调：“面对执政条件和社会环境的深刻变化，各级党委和领导干部要不辱使命、不负重托，就要适应新形势新任务的要求，在实践中掌握新知识，积累新经验，增强新本领。”[⑤] 概括地说，就是在网络文化条件下“眼界要非常宽阔，胸襟要非常宽阔”[⑥]，努力提高“五种能力”即“必须以宽广的眼界观察世界，正确把握时代发展的要求，善于进行理论思维和战略思

---

① 《中共中央关于加强党的执政能力建设的决定》，人民出版社2004年版，第8页。

② 胡锦涛：《高举中国特色社会主义伟大旗帜 为夺取全面建设小康社会新胜利而奋斗》，人民出版社2007年版，第50页。

③ 《中共中央关于加强和改进新形势下党的建设若干重大问题的决定》，人民出版社2009年版，第10页。

④ 《江泽民文选》第3卷，人民出版社2006年版，第569页。

⑤ 同上。

⑥ 《邓小平文选》第3卷，人民出版社1993年版，第299页。

维，不断提高科学判断形势的能力；必须坚持按照客观规律和科学规律办事，及时研究解决改革和建设中的新情况新问题，善于抓住机遇加快发展，不断提高驾驭市场经济的能力；必须正确认识和处理各种社会矛盾，善于协调不同利益关系和克服各种困难，不断提高应对复杂局面的能力；必须增强法制观念，善于把坚持党的领导、人民当家作主和依法治国统一起来，不断提高依法执政的能力；必须立足全党全国工作大局，坚定不移地贯彻党的路线方针政策，善于结合实际创造性地开展工作，不断提高总览全局的能力"①。这"五种能力"目标，就是我们党在网络文化、长期执政、对外开放和发展社会主义市场经济等环境中各级党委和党员干部应达到的执政能力目标。

第二，全党执政能力建设的目标。根据世情、国情和党情的变化，党的十六届四中全会从全党整体视域把不断提高驾驭社会主义市场经济的能力、发展社会主义民主政治的能力、建设社会主义先进文化的能力、构建社会主义和谐社会的能力、应对国际局势和处理国际事务的能力确定为党的执政能力建设目标，并对加强五大能力建设目标指明了具体要求。这"五大能力"目标，涉及经济、政治、文化、社会、外交以及国家主权和安全，覆盖改革发展稳定、内政外交国防、治党治国治军，标志着我们党对加强党的执政能力建设的目标的和谐定位和具体工作的部署是全方位的，是站在国内大局和国际大局相互联系的高度来总览中国特色社会主义伟大事业和党的建设新的伟大工程这两个方面的，因而是高瞻远瞩、深谋远虑的。从我们党面临的国际国内形势和肩负的重任来看，当前和今后一个时期亟待加强的执政能力也是这"五大能力"目标的和谐提高上。

具体地说，在网络文化条件下，一是在网上不断提高驾驭社会主义市场经济的能力。就是要有抢抓机遇的意识和能力，扭住经济建设这个中心不动摇，把发展作为执政兴国的第一要务，牢固树立加快发展的战略思想；就是要贯彻落实以人为本、全面协调可持续的科学发展观，更好地推动经济社会发展的能力；就是要有在市场经济体制改革过程中始终坚持社会主义方向的能力，同时要有始终掌握对外开放的主导权、不断提升对外开放水平的能力。二是在网上不断提高发展社会主义民主政治的能力。就是要坚持党的领导、人民当家作主和依法治国的统一，能够不断推进社会

① 《江泽民文选》第3卷，人民出版社2006年版，第569—570页。

主义民主的制度化、规范化和程序化，保证人民当家作主；能够贯彻依法治国基本方略，提高依法执政水平；能够改革和完善决策机制，推进决策的民主化、科学化；能够按照党总揽全局、协调各方的原则，改革和完善党的领导方式；能够加强对权力运行的制约和监督，保证把人民赋予的权力来为人民谋利益。三是在网上不断提高建设社会主义先进文化的能力。就是要能够积极推进理论创新，加强马克思主义研究，不断增强党的思想理论工作的创造力、说服力和感召力；能够深化文化体制改革，解放和发展文化生产力；坚持把社会效益放在首位，实现社会效益和经济效益的统一；能够牢牢把握舆论导向，正确引导社会舆论，同时能优先发展教育和科学事业，提高民族的科学文化和健康素质。四是在网上不断提高构建社会主义和谐社会的能力。就是要能全面贯彻尊重劳动、尊重知识、尊重人才、尊重创造的方针，不断增强全社会的创造活力；能够坚决排除各种障碍，使一切有利社会进步的创造愿望得到尊重、创造活动得到支持、创造才能得到发挥、创造成果得到肯定；能够妥善协调各方面的利益关系，正确处理人民内部矛盾；能够加强社会管理和民生建设，推进社会管理体制创新，同时健全工作机制、维护社会稳定，加强和改进新形势下的群众工作。五是在网上不断提高应对国际局势和处理国际事务的能力。就是要能坚持用宽广眼界观察世界，提高科学判断国际形势和进行战略思维的水平；能坚定不移贯彻执行对外开放的方针政策，掌握处理国际事务的主动权，同时能全面认识和把握国际因素对我国的影响，不断提高同国际社会交往的本领；能始终把国家主权和国防安全放在第一位，确保国家的政治安全、经济安全、文化安全和信息安全等。

二 执政能力建设与网络文化的互动

我们党是其执政能力目标和谐实现的推动者和承载者，也是引领网络文化发展的主体性要素，更是网络文化建设和管理的基本力量。网络文化建设和管理又具有为主体性，是党的执政能力建设在技术文化创新方面的重要表征。胡锦涛指出："互联网已成为思想文化信息的集散地和社会舆论的放大器，我们要充分认识以互联网为代表的新兴媒体的社会影响力，高度重视互联网的建设、运用、管理。"① 在当前我国政治经济体制和社

① 本书编写组：《让党放心 让人民满意》，人民日报出版社 2008 年版，第 5 页。

会结构深刻变革、利益格局深刻调整、思想观念深刻变化的关键时期，在科学技术不断改变信息传播方式和新闻表达方式的趋势下，研究网络文化发展与执政能力建设间相辅相成、相互渗透又相互促进，共同形成互动关系，显然是颇有必要的。

首先，网络文化对执政能力建设的促进。在网络时代，信息技术已经成为推动经济社会发展的重要先导因素，并且日益推动着生产关系和上层建筑的变革。在某种程度上，网络文化对执政能力建设的信息记录、表达和传播具有决定性的影响，甚至还使信息的内容发生形变。诚如美国传媒学家罗杰·菲德勒所说："变革的催化剂——即媒介形态变化的概念，它刺激着人类以新的方式看待他们和他们的世界——一直在影响着人类社会体系和文化的发展……每种催化剂一旦被人类心灵揭示出来，都会对某个曾剧烈转换并改变文明进程的发明和革新产生强大的刺激作用。"[①] 事实上，网络文化的快速兴起，为执政能力建设提供了强大的技术平台和支撑环境，有力地促进了党的执政能力发展。具体来讲，主要体现在五个方面。

第一，网络文化对不断提高驾驭社会主义市场经济能力的促进。在中国社会主义条件下发展市场经济是一个全新课题，我们党"要适应世界经济、科技发展趋势和我国改革发展的新形势，把握社会主义市场经济的内在要求和运行特点，自觉遵循客观规律，充分发挥社会主义制度的优越性和市场机制的作用，不断提高领导经济工作的水平。"[②] 在网络文化迅猛发展的环境下，党领导经济工作的主要调控手段是现代化经济杠杆调节和信息网络调节的综合运用，即对社会主义市场经济中的各种参数进行信息处理，运用各种经济杠杆，通过网络文化的调控性传播来影响社会主义市场经济主体的利益增加，引导他们进行决策，以实现党和国家的宏观调控目标。在这个过程中，网络文化信息传递手段扮演的是工具性角色，网络文化作为一种信息融入党和政府的宏观调控活动中，以手段的形式从基础层面上对宏观调控活动效率的提高起到不可忽视的作用。一方面，网络文化手段能加快社会主义市场经济宏观调控信息的传递效率，促进宏观调

---

① ［美］罗杰·菲德勒：《媒介形态变化：认识新媒介》，明安香译，华夏出版社 2000 年版，第 45 页。

② 《中共中央关于加强党的执政能力建设的决定》，人民出版社 2004 年版，第 9 页。

控信息传播的广度和深度，扩大宏观调控信息传递范围，不仅使网络信息能够在更大范围的受众更及时接收，而且利用网络文化信息化手段也使得调控信息传递得更真实可靠。另一方面，网络信息化手段可提供传统传递方式所不具备的互动功能，调控信息的接收者可以随时利用网络信息化手段对社会主义市场经济调控信息进行全面查询，并且能够及时向党组织反映自己的意见，而党组织利用网络信息化手段可高效地收集市场经济调控效果的信息并予以及时评估，在此基础上有的放矢地采取灵活措施进行反馈，这会极大提高社会主义市场经济宏观调控的准确性，从而把促进社会主义市场经济能力提高到新的水平。例如，这次面对国际金融危机给我国经济社会发展带来的影响，中央一再提出积极应对国际金融危机冲击、保持经济平稳较快发展、破解经济社会发展面临的突出问题，维护社会长治久安，关键在于各级党组织提高应对复杂局面的能力。事实表明，无论是增强经济实力、还是为群众谋利益和应对国际金融危机挑战，都离不开通过网络文化来促进社会主义市场经济驾驭能力的提高。

第二，网络文化对不断提高发展社会主义民主政治能力的促进。“坚持和发展人民民主，是我们党执政为民的本质要求和根本途径。”① 要坚持和发展人民当家作主，就应给人民提供更为便捷的参政、议政渠道，网络文化提供了非常便捷的新途径，为广大党员和群众搭建了一个参与平台，提供了重要的技术支持。通过网络文化技术平台，人民可以充分享有网上参与这一公民参政的新形式，以网上参与的灵活性、机动性、即时性和可选择性来克服传统参政形式的单一性、费时性和机械性，为更多享有参政权力的公民开辟政治参与的广泛性新途径创造条件。同时，社会主义民主政治的健康发展，必须有健全、完善的监督机制做保证。江泽民指出：“可以这样说，由于信息网络化的发展，已经形成了一个新的思想文化阵地和思想政治斗争阵地。因此，各地各部门的领导干部，必须加紧学习网络化知识，高度重视网上斗争的问题。我们的党建工作、思想政治工作、组织工作、宣传工作、群众工作，都应适应信息网络化的特点，否则是很难做好的。”② 因而，随着网络技术的介入、电子党务的出现，网络

---

① 《中共中央关于加强党的执政能力建设的决定》，人民出版社 2004 年版，第 14 页。

② 江泽民：《论科学技术》，中央文献出版社 2001 年版，第 180 页。

文化能实现人民群众对党的建设、管理工作的网上监督。就是说，人民群众通过网络文化对党组织和党员干部的工作情况有了直接了解的途径，了解越全面，监督内容就越丰富，监督的水准也随之提高，促进和提高发展社会主义民主政治的能力就会越强。例如，湖南株洲市出台了全国第一个利用网络反腐倡廉的文件，名为《关于建立网络反腐倡廉工作机制的暂行办法》，受到群众普遍关注，认为“网络反腐”在传统的信件、电话、传真、走访等形式之外又增加了提供反腐线索的新途径，具有及时性、互动性和公开性等许多新优点，不仅会提高有关方面处理信息的效率，激发网民揭发贪官的热情，也会对腐败者造成更大的压力。因此，充分利用网络化平台进行反腐的信息收集和处理是值得肯定的，必将对促进社会主义民主政治能力的提高发挥积极的作用。

第三，网络文化对不断提高建设社会主义先进文化能力的促进。要增强引导网上舆论的本领，掌握网上舆论工作的主动权，必须落实党管媒体的原则，充分发挥好互联网媒体文化对不断提高建设社会主义先进文化能力的促进作用。应当指出，发展网络文化是加强宣传马克思主义、社会主义、爱国主义，巩固我国主流意识形态阵地的重要手段。当前，西方资本主义国家时刻不忘通过多种方式对中国的意识形态、政治制度、文化思想、历史传统和价值观念“西化”、“弱化”，西方资本主义网上殖民文化入侵，一定程度上对我国的政治、法律和社会主流意识形态及核心价值观构成冲击，使一部分群众特别是青少年的思想道德观念造成一定混乱，使国家的政治安全及政党制度形象受到损害。对此，我们党“高度重视互联网等新型传媒对社会舆论的影响，加快建立法律规范、行政监管、行业自律、技术保障相结合的管理体制，加强互联网宣传队伍建设，形成网上正面舆论的强势”①；要始终把握中国先进文化的前进方向，占领网络文化意识形态阵地，用网络信息技术手段开辟网络虚拟空间的党建新领域，宣传社会主义意识形态的思想和声音，增强网上党的凝聚力、吸引力和战斗力；同时要加大在互联网上宣传社会主义主流意识形态的力度，努力将网络文化的巨大优势来为建设中国特色社会主义服务、为实现党的建设科学化和现代化服务、为促进和提高建设社会主义先进文化的能力服务。事实也证明，中国互联网的发展不过十余年时间，但其发展的速度

① 《中共中央关于加强党的执政能力建设的决定》，人民出版社2004年版，第22页。

却让人震惊。中国互联网络为新的文化业态发展提供了平台，其快捷、方便、灵活、自由的特点正好可以包容各种文化新形态，如网络文学的发展和博客文化、跟帖文化的兴起，以及以互联网为基础的游戏产业、文化创意产业和网络社交新兴产业的兴起，都促进了社会主义先进文化的发展。

第四，网络文化对不断提高构建社会主义和谐社会能力的促进。2003年我国人均 GDP 已达到 1000 美元，这意味着我国的经济社会已经开始进入人均 GDP 1000—3000 美元的特殊阶段。一些国家和地区的发展状况表明，在人均国民生产总值突破 1000 美元之后，经济社会发展就进入了一个关键阶段，其趋向有两种可能：一种是执政党和政府能认清形势，举措得当，从而促进经济快速发展，社会平稳进步，顺利实现工业化、信息化和现代化；一种是政策失当，应对失误，从而导致经济与社会发展脱节，社会利益格局严重失衡、社会分化日益加剧、经济社会发展停滞不前，甚至社会长期动荡不安。我们党提出构建社会主义和谐社会就是要开拓第一种前途、避免后一种结局，这就对我们党不断提高构建社会主义和谐社会的能力提出更高要求。而通过网络文化，我们党能及时了解民众的呼声，更准确地把握人民群众最关心、最直接的利益问题，更及时纠正各种损害群众利益的行为。且电子党务建设能够体现“立党为公、执政为民”的宗旨，提高各级党委和党员干部推进各项工作的效率，不断加强领导经济社会科学发展、促进社会日趋和谐的能力。就是说，网络文化有助于强化各级党委和政府的社会公共服务职能和能力，推进社会管理体制机制的创新，不断促进和提高构建社会主义和谐社会的能力。例如，2008 年 6 月 20 日胡锦涛总书记首次与普通网民在线交流，并回答了网友提出的诸问题。作为一位政党领袖同时也作为一个网民，胡锦涛在这次网上谈话中充分展示了他睿智、平实和富有人情味的一面。有专家指出，中国领导层重视通过互联网了解民意、汇集民智，显示出中国共产党执政风格更加开放和对自身执政能力更加自信。

第五，网络文化对不断提高应对国际局势和处理国际事务能力的促进。“在复杂多变的国际形势下，党要领导人民抓住机遇、应对挑战，实现全面建设小康社会的宏伟目标，为维护世界和平与促进共同发展作出贡献，必须正确应对国际局势，妥善处理国际事务和国际关系，争取良好的国际环境和周边环境。”① 而发展网络文化对我们党科学把握国际大局和世界变化开辟了新渠道，对我们党在国际范围内加强广泛的交流与合作提供了更快捷的方式；通过网络文化推动外交、加强信息化的国际合作与交流、不断提高党应对国际局势和处理国际事务的能力，是经济全球化和信息网络化背景下加强党的执政能力建设的客观要求。同时，要运用网络信息技术去及时、准确地把握世界潮流，利用网络文化的开放性、平等性、交互性、实时性更广泛地汲取全世界优秀文化成果来不断促进我们党应对国际局势和处理国际事务能力的提高。近年来，我们党与外国政党的高层交往日益密切，胡锦涛等中央领导率党代表团出访多达 50 余次，有近 200 个外国政党的主要领导率团访华，同时党际交往的工作面不断拓宽，对象更加广泛，与共产党、工人党、社会党、工党、保守党等传统政党的关系皆有发展，与绿党等新兴政党关系也有突破，还积极参与外国政党的党代会、党报节等多项活动，且我们党的频繁活动时常见诸外国的各大报刊、电视和网站等媒体上。通过这些媒体，用外国政党政要听得进、听得懂的语言阐述、宣传我们党的理论创新成果，进一步树立我们党立党为公、执政为民和民主、文明、开放和创新的良好国际形象，增强国际社会特别是外国政党政要对我们国家发展道路、政党制度、执政能力建设取向的了解和理解，这对不断提高应对国际局势和处理国际事务的能力将起到长久的促进作用。

其次，执政能力建设对网络文化的促进。党的十六大以来，中央反复强调，我们党是执政党，党的各方面建设的成效最终都要体现到加强执政能力建设上来。网络文化在对加强党的执政能力建设起促进作用的同时，也在某些方面制约或束缚党的执政能力水平的提高。例如，党员干部如果一味沉溺于网络虚拟空间，就会消极应对充满缺撼的现实世界，就会造成现实人际关系的冷漠、疏远甚至恶化，导致其交往能力、表达能力的退化；如果过于依赖、过分崇拜网络技术，就会使之放弃自己的主体地位，就会导致自身的异化；网络的虚拟性、即时性、开放性易于导致少数党员干部道德失范、精神沦落，使之流于放纵、任意妄为，产生网络文化的分化与无序、错位与失调等一系列问题。可见，我们党要坚持党管媒体原则、加强执政能力建设，必须采取有效措施来培育健康和谐的网络文化，

---

① 《中共中央关于加强党的执政能力建设的决定》，人民出版社 2004 年版，第 27 页。

使之有利于、服务于党的执政能力建设，从而实现执政能力建设与网络文化的良性互动。

第一，要加强网络文化建设和管理，营造网上绿色空间。2007 年 1 月胡锦涛在中共中央政治局第 38 次集体学习时强调，加强网络文化建设和管理，充分发挥互联网在我国社会主义文化建设中的重要作用，有利于提高全民族的思想道德素质和科学文化素质，有利于扩大社会主义精神文明的辐射力和感染力，有利于增强我国软实力。我们必须以积极的态度，创新的精神，大力发展和传播健康向上的网络文化，切实把互联网建设好、利用好、管理好。近年来，国内一些包括湖南省在内的省市区在电子党务建设、应用和管理上进行一些富有成效的探索，对网络文化有序发展起到了促进作用。这里的“电子党务”是执政能力建设顺应和促进网络化、信息化时代潮流，开发和运用现代信息技术，利用和优化先进信息平台和信息网络等手段有效整合执政能力建设信息资源，从而增强党的执政能力建设的效率性、参与性和民主性的一种新型党建模式。我国不少党建专家认为，电子党务是比电子政务更加广泛的协同办公、综合决策、应急指挥系统，服务于党员干部、党委和党中央，具有更强的政治性和更大的集中性与开放性，是党建与信息化工作紧密结合的具体体现，是执政能力建设对网络文化促进的历史必然。《河北省“十一五”电子党务发展战略》较早对电子党务概念作出简明扼要的阐述：“电子党务”就是运用和发展先进网络信息技术加强党的思想、组织、作风、制度建设工作以及其他日常工作，实现“党的工作上网”。通过“电子党务”，可以实现党的文件和精神的及时传达、对党员干部进行有效管理，可以实现党组织活动的良性互动、组织资源的有效共享，从而既加强党的执政能力建设，又促进网络文化健康发展。同时，加强执政能力建设促进网络文化管理，要注重技术、管理、政策和制度多种措施并举，促进网络文化管理的层次性、针对性和实效性，大兴文明上网之风。对此，2009 年 2 月 16 日在全国整治互联网低俗之风专项行动办公室会同北京网络媒体协会在京召开的“网民代表座谈会”上，有代表就整治互联网低俗之风提出“五要”建议：一要加强法律监管，加强对网站的监督和考核，特别要加强对网站高层管理者的培训、考核，并定期向社会公布；二要加强相关法律的宣传，并提高执行效率；三要综合各种手段整治网络低俗之风，把网民举报和技术监控结合起来，用先进技术管理先进文化；四要加强对互联网从业人员的管理，要求网站扩大专职版主队伍，整顿兼职版主队伍，加强对版主的约束和考核；五要聘请一批社会责任心强、有一定政策水平的网友为义务监督员，随时协助有关部门监督网站。应该说，这些很有操作价值的建议，对于营造网上绿色空间是颇有适用性的。

第二，要建构网络文化创新平台，夯实执政能力建设促进网络文化的基础。江泽民指出："创新是一个民族进步的灵魂，是一个国家兴旺发达的不竭动力。整个人类历史，就是一个不断创新、不断进步的过程，没有创新，就没有人类的进步，就没有人类的未来。当代科学技术的发展，更加雄辩地证明了这一点。对中国来说，大力推进科技创新，实现技术发展的跨越极为重要。"① 胡锦涛在2002年1月召开的全国宣传部长会议上强调："新闻媒体是党和人民的喉舌，一定要坚持新闻工作的党性原则，坚持团结稳定鼓劲、正面宣传为主的方针，牢牢把握正确的舆论导向，努力营造昂扬向上、团结奋进、开拓创新的良好氛围"，"要尊重舆论宣传的规律，讲求舆论宣传的艺术，不断提高舆论引导的水平和效果。"② 加强执政能力建设促进网络文化发展同样离不开创新和引导，因而必须建构网络文化创新平台。具体来说，"就是努力建构一种将虚拟与现实、继承与发展、吸收与创新有机结合的文化平台，将网络文化放在现实社会文化的大背景下，继承优良的传统文化，借鉴外来文化的优点，不断实施技术和文化创新。"③ 当前，建构网络文化创新平台、夯实执政能力建设促进网络文化的基础，关键要加强"三种吸收"。一是加强吸收现实社会文化的合理成分。任何文化发展都离不开具体的社会文化土壤。执政能力建设促进网络文化，同样只有紧密联系现实、服务于现实，积极吸收现实社会文化中的合理成分并为己所用，才能促成自身发展的旺盛生命力和强大吸引力。而且，在促进网络文化发展过程中，如果片面强调网络技术而忽视优秀人文精神的吸收，就会降低网络文化技术变革之于执政能力建设和民族文明发展所具有的整体意义。优秀人文精神与网络信息技术的融合，是促进网络文化发展的必然趋势，特别是将作为价值理性的优秀人文精神吸收

---

① 《江泽民文选》第3卷，人民出版社2006年版，第103页。

② 2002年1月11日，胡锦涛在全国宣传部长会议上强调："围绕中心服务大局 高度重视并切实做好统一思想的工作"，见《人民日报》2002年1月12日第1版。

③ 黄文玲、李锐锋：《网络文化的价值特性及其发展路径》，《华中农业大学学报》（社会科学版）2005年第2期。

到促进网络文化发展之中，能实现优秀人文精神与网络信息技术的有机融合，促进网络文化沿着正确的方向发展。二是加强吸收民族文化的精髓。中国文化博大精深，加强执政能力建设促进网络文化发展必须吸收本民族文化的精髓，保持和弘扬民族文化在网上的特色和优势。因此，既要以我为主，发掘民族文化中能够促进网络文化发展的成分，确立自身网络文化发展的基调，又要开展运用网络文化创新平台大力宣扬和创新民族文化、促进本民族文化的网络认同和保持民族文化的网上特色，通过网络平台促进本民族文化走向世界。三是加强吸收外国文化的精华。其实，保持和弘扬自身网络文化发展的民族特色并非文化保守和文化封闭，网络文化作为一个无限开放的体系，任何执政党对其进行选择时都是公开的、平等的。因而，我们党通过执政能力建设促进网络文化发展时，必须强化“以我为主、为我所用”、确立起中国文化的主体性，既发扬中华民族优秀文化传统又着眼于世界文化发展的最新成果，做到取长补短而不崇洋媚外、革新鼎故而不妄自尊大，吞吐百家而不拾人牙慧、自成一体而不步人后尘，使中国特色网络文化既具中华民族优秀文化的个性、又有世界优秀文化的共性，这是执政能力建设促进网络文化发展的一条重要创新途径。

三　执政能力建设在与网络文化互动中走向和谐

传播学原理表明，大众传媒生来便与权力结下不解之缘，媒体权力主要包括信息采集权和信息发布权，从信息的收集、整理、筛选到信息的过滤、公开传播，其间每一个环节都体现着权力对其拥有主导作用。近年来，习近平在一些重要讲话中反复强调，领导干部要提高同媒体打交道的能力，尊重新闻舆论的传播规律，正确引导社会舆论，要与媒体保持密切联系，自觉接受舆论监督，更重要的是要加强自身的理论学习、知识学习和经验积累，提高理论水平、政治水平、法制观念、表达能力等方面的基本素质，其实，党的组织、领导干部要这样，党员群众也是如此。因此，网络文化作为一种以各种网络产品为依托、按照一定网络规范组成的包含所有与网络有关的文化精神现象的总称，执政能力建设与之发生互动是在动态中走向和谐的。这种和谐关系，概括地说，主要体现在网络实践促进党员干部身心和谐、党员干部间关系和谐以及网络生态和谐发展等方面。

第一，网络实践促进党员干部网民身心和谐发展。网络实践归根到底是一个党员干部网民的主体性问题，因而揭示网络实践的真实意义，促进网络时代党员干部网民的自我理解和自我超越，则是网络实践研究的根本旨趣。实际上，网络实践是与现实实践相对而言，两者之间存在着内在结合、相互作用的密切联系。一方面，现实实践是网络实践的前提和基础，因为现实实践是网络实践赖以形成的源头、也为网络实践准备必要的主体条件和物质技术条件，现实实践的不足呼唤着网络实践的崛起，网络实践的合理性最终也要通过现实实践才能得以检验。另一方面，网络实践是现实实践的延伸和升华，因为作为一种相对独立的新型实践形态、作为主客体之间利用数字化中介系统进行的双向对象化活动，网络实践以信息的生产、分配和使用为核心，给党员干部网民带来全新的生存体验；且在现实实践基础上，通过党员干部自身的符号和观念构造能力创造出具有间接性、虚拟性和开放性的新关系实在，网络实践能部分摆脱对传统意义的现实及其规律的依赖，构成对党员干部网民所立足的由物质实体所构成的现实世界的延伸和突破。同时，正如现实实践是党员干部的存在方式一样，在网络时代党员干部网民的生存发展、能力的提高也时时处处受到网络实践的制约和影响，从根本上说，是网络实践和现实实践的相互交织、交融互动，二者共同塑造和推动党员干部网民的现状变革和未来发展。

其实，党员干部的发展要求多样性方面的和谐统一，这一点，无论是党员干部自身的理论学习、知识习得和经验积累，还是其理论素养、政治水平、法制观念、表达能力等方面素质的提高，都是如此。党员干部在紧张的工作、学习和生活之余，利用与网络文化互动可提高同媒体打交道的能力，了解党情民意的基本状况，如适当参加一些网上专题讲座、网上时事报告会、网络社区工作和兴趣小组活动等网络实践，有利于党员干部提神健脑、恢复体力，不仅可以益智养德、健体强身、愉悦身心，还有助于陶冶情操、振奋精神，形成广阔而坦荡的情怀，促进党员干部的身心和谐发展。党的十七届四中全会指出：“在全党营造崇尚学习的浓厚氛围，积极向书本学习、向实践学习、向群众学习，优化知识结构，提高综合素质，增强创新能力，使各级党组织成为学习型党组织，各级领导班子成为学习型领导班子。组织党员、干部重点学习马克思主义理论，学习党的路线方针政策和国家法律法规，学习党的历史，同时广泛学习现代化建设所需要的经济、政治、文化、科技、社会和国际等各方面知识。"① 对于基于网络实践的合作学习而言，就是如此。这种基于网络实践的合作学习是指在网络通信工具的支持下，党员干部间可突破地域空间与时间壁垒上的限制，相互帮助、共同活动来实现党员间、党员干部群众间的共同学习与提高，共享合作学习成果。在网上，党员干部网民间的相互支持与配合，党小组（支部）间的交流与沟通、相互信任，这些都是提高网络合作学习效果的重要因素。合作网络学习有利于学习者的积极参与、高密度的交互作用和积极的自我认知，使网上学习过程不只是一个单纯认知的过程，还是一个交往与审美、身体与运动交融的过程。党员干部在网上合作学习中的具体活动、情感交流与行为合作，能有效促进其身心互动，提高其良好的合作精神和认同组织、积极交往的信心与能力。再以党员干部网民创设网络心理和谐而言，也是如此。心理作为情感的上位概念，只有确保党员干部的身心健康发展，才可能使之有情感的发展。网络心理和谐发展既是党的执政能力建设在与网络文化互动中的发展方向，也是一种专门的网络实践训育活动，它专门针对一些党员干部的网络心理问题进行防范和治疗。因此，作为党员干部网民的身心和谐发展的重要方面，创设网络心理和谐很有必要，其重要意义在引导党员干部网民关注身强体健的同时要正确认识虚拟世界与现实世界的心际关系，通过关注党员干部的内心世界和情感反应，使之构筑起现实社会与网络文化和谐统一的完善人格，从而推动党的执政能力建设在与网络文化互动中走向和谐。

第二，网络实践促进党员干部网民之间关系和谐发展。尼葛洛庞帝指出："无论在字面上还是实际运作上，推动变革的都将是互联网络。互联网络之所以吸引人，不只是因为它是一个遍及全球的大众网络，而且也是因为它是在没有设计师负责规划的情况下自然演变而成的，就好像乌合之众般形成了今天的面貌。没有人发号施令，但是到目前为止，它所有的部分都日渐进步，令人叹赏。"② 这里讲的网络实践基础上形成的党员干部网民间的关系，所描述的是一种经由互联网媒体形成的党员干部间的关系。在网络空间展开的党员干部网民间互动双方并不像在现实社会交往中

① 《中共中央关于加强和改进新形势下党的建设若干重大问题的决定》，人民出版社 2009 年版，第 14 页。

② ［美］尼葛洛庞帝：《数字化生存》，胡泳、范海燕译，海南出版社 1997 年版，第211 页。

那样面对面地亲身参与沟通，而是一种以“身体不在场”为基本特征的党员干部间的关系，是一场彼此并不熟知的党员干部网民间的互动游戏。在网络实践中，党员干部网民间可隐匿自己在现实世界里的部分甚至全部身份，而重新选择和塑造自己的身份认同，从而促进执政能力建设在与网络文化互动中党员干部网民间关系走向和谐发展。

当然，在某个意义上可以说，网络社会是工业社会发展的结果，而网络社会的崛起又得益于工业社会经济与科技的进步。但是，网络社会空间一经形成，就开始重塑和变革由工业社会所塑造的社会结构，重塑和变革基于工业文明的原子式人际关系的进程。网络实践创造新关系形成的新平台，网络世界展示出新生活的新质态，使党员干部间交往从原来“点对点”、“点对面”熟悉的强联系人群拓展到了遥远乃至陌生的弱联系人群，呈现出“面对面”党员干部网民间关系所没有的新和谐形态。例如，重庆市大渡口区的新一社区通过网上联系，不仅使7名不知去向的党员找到了组织，而且使15名流出党员按时参加社区网上党支部的学习和通过网络平台进行思想汇报。该社区还利用网上党支部，在不同的地方设立党员网络活动室、定期开展党员“上站日”活动，一到每月15日大家都准时上站，通过视频和语音交流，召开党员大会，组织学习讨论，学习党的路线方针政策，还利用网络播放教育片等丰富学习教育内容。这样，既突破了时间和地理位置的限制，又解决了外出流动党员和老年党员过组织生活困难的问题，有效促进了党员干部能力素质的提高和彼此关系的和谐发展。事实上，党员干部网民间在网络实践中依凭网络的匿名性和开放型特征，使自身更为自由、更为充分地在网络对象性主体面前展示自己。与现实社会不同，在网络实践基础上形成的自我选择和自我塑造几乎不受任何限制，就是说，在网络空间里党员干部网民既是参与者又是组织者、既是观众又是演员，这使网络空间成了一个真正自由的场所和完全开放的空间，其中存在着无数的不确定因素与无限的可能性，包括党员干部在内的任何网民都可以在其中按照自己的意愿和喜好与别人交流、联系和沟通。网络实践的这种联系、沟通功能让许多原本没有机会相识或者没有条件保持联系的党员干部网民得以沟通和交谈，进而互相了解和熟悉，甚至能够维持彼此的感情和友谊。基于此，网络实践有利于促进党员干部之间关系的和谐发展。

第三，网络实践促进网络生态和谐发展。生态分析被应用于政党政治学研究，主要是描述社会环境对政党政治行为的影响。政治生态学的特点在于试图测定不同的社会环境，对于特征相似的个人或团体所产生的不同的影响。1937 年出版的英国学者赫伯特·廷斯顿的《政治行为》被认为奠定了政治生态分析的基本结构，书中揭示了居住在不同地区的工人对社会民主党的不同投票倾向。王沪宁于 1989 年出版的《行政生态分析》一书开始把生态学原理运用于行政学研究的尝试，该书把行政系统及其所依存的社会圈分别比作生态分析中的生命系统和环境系统，借用生态学的一些基本概念如物质循环、能量变换、新陈代谢、生态平衡等，探析了行政系统与其环境间的相互关系和双方取得动态平衡的基本途径。这里的网络生态是指网络环境诸要素及其相互关系所构成的具有一定社会功能的复杂有机整体，其要素包括网络主体、网络信息、网络技术、网络基础设施、网络政策法规等方面。其中网络主体是网络生态要素的能动性方面，网络信息是网络生态的对象性要素，网络基础设施是网络生态“物”的要素和工具性要素，网络政策法规等则是网络生态的协调性要素。

应当指出，上述各要素既相对独立又相互依存，共同构成网络生态这一整体。其中任何一个要素的缺失或改变都将程度不等地影响网络生态的其他部分，影响整个生态功能的发挥。网络实践促进网络生态和谐发展，正是从网络生态这一整体视角来分析的。而网络生态之所以能保持其整体性，形成一定结构和功能，也正是由于各要素间存在着有机联系。其中党员干部网民作为网络主体存在是网络生态系统的核心，党员干部网民与网络信息的关系在整个网络生态系统中占主导和能动的地位。在网络实践中，网络生态系统及其要素间的相互作用是发展变化的，网络生态系统内部时刻进行着信息的加工、处理、转换、传输，系统与外界也时刻在进行物质、能量和信息的交换。且网络生态是开放性的人工系统和为人的系统，因为“人就是人的世界，就是国家，社会”。[①] 党建网络因党组织和党员干部网民的需要而创建，依其智能和劳动而建成，党建网络的各个方面无不打上党组织和党员干部网民的烙印，这种人工智能系统一经形成，便有其自身的发展规律，与其他自然生态系统相比，具有更强的可塑性和可操作性。实际上，网络生态作为社会大系统的子系统之一，不可避免地要与其他社会子系统发生相互联系、相互作用。社会大系统及其子系统共

---

① 《马克思恩格斯选集》第 1 卷，人民出版社 1995 年版，第 1 页。

同构成网络生态系统的环境，从最广泛的意义上讲，网络生态是由网络与网络环境共同构成的。如果上述的网络生态是狭义的，它是广义网络生态系统的“内环境”，那么与网络系统发展息息相关的社会、政治、经济、文化等系统共同构成网络生态系统的“外环境”。在网络实践中，“内环境”与“外环境”相互联系、相互作用，共同构成广义的、完整意义上的网络生态系统。社会大系统不断与网络实践之间交换物质、能量和信息，不断向网络生态系统输入技术、设备、人员等物质流，输入资金和政策等能量流，输入各类信息汇集而成的信息流。同时，网络生态系统也在不断向社会大系统输入各类信息，培养人才，深度关怀党的路线方针政策和执政能力的提高，影响社会各类市场。它较少输出物质，更多的是信息、知识和“能量”，而信息、知识和“能量”正是社会大系统所必需的，也是网络实践得以展开所必需的。也正是在这个意义上，可以说网络实践促进网络生态的和谐发展，实现着我们党在网络文化与执政能力互动中走向和谐。

第三节　党的执政能力在与网络文化互动和谐中加强

我国近代著名政治思想家魏源指出：和谐是“弥世乱于未形”、“奠天下于太平”的祈求，“惟道非圣不元，圣非道不大，道圣符契，天下文明”①。事实上，在中国优秀传统文化的汪洋大海中，“和谐”是一种凝聚不散的精神。早在甲骨文和金文中就有“和”字，并被应用到天、地、人、心之间，无所不在，赋予其一种内外协调、上下有序状态的意蕴，而且一直得到继承、丰富和发展。在西方文化的无数典籍中，“和谐”观念也有深厚的思想根基，认为“和谐”是事物各要素之间的均衡发展与协调配合所呈现出来的美感。马克思、恩格斯在继承和发展东西方和谐思想优秀文化成果的基础上创立了科学社会主义理论，深刻揭示了社会政治系统内各要素之间对立统一及其相互转化的规律，阐明了社会政治结构、执政党与社会、自然以及执政党自身的和谐辩证关系。在网络文化与加强党的执政能力建设之互动与和谐中，充分吸收和大胆借鉴东西方在和谐理念上所取得的一切优秀成果，对于促进党的执政能力在与网络文化互动和谐

① 《魏源全集》第5卷，岳麓书社2004年版，第797页。

中的加强，具有重要的鉴诫和指导作用。

一　党的执政能力建设特色的加强

从唯物辩证法中普遍性与特殊性、共性与个性的关系而言，“特色”就是“特殊性”或“个性”问题；也有学者认为“特色”就是“特别出色的意思”[①] 或者是“特别出色的特点”[②] 之意。既然当前社会主义建设一定要体现“特色”，没有“特色”就没有社会主义建设可言，那么，加强党的执政能力建设也一定要体现“特色”，就是说有一个党的执政能力建设特色的加强问题。早在2000年2月，江泽民在广东考察工作时就指出：“要把中国的事情办好，关键取决于我们党，取决于党的思想、作风、组织状况和战斗力、领导水平。这是毛主席、邓小平同志一贯强调的，也是我们党在领导人民进行革命、建设、改革的长期实践中得出的一条基本经验。”“我们党所以赢得人民的拥护，是因为我们党在革命、建设、改革的各个历史时期，总是代表着中国先进生产力的发展要求，代表着中国先进文化的前进方向，代表着中国最广大人民的根本利益，并通过制定正确的路线方针政策，为实现国家和人民的根本利益而不懈奋斗。”并认为“在新的历史条件下，我们党如何更好地做到这‘三个代表’，是一个需要全党同志特别是党的高级干部深刻思索的重大课题。”[③] 基于此，党的执政能力建设特色的加强，就是要努力落实、尽可能达到“三个代表”的要求。这一点，在网络文化环境下也是如此。

在网络环境下党的执政能力建设特色的加强，一要在网上始终代表中国先进生产力的发展要求。具体地说，“就是党的理论、路线、纲领、方针、政策和各项工作，必须努力符合生产力发展的规律，体现不断推动社会生产力的解放和发展的要求，尤其要体现推动先进生产力发展的要求，通过发展生产力不断提高人民群众的生活水平。”[④] 二要在网上始终代表中国先进文化的前进方向，“就是党的理论、路线、纲领、方针、政策和各项工作，必须努力体现发展面向现代化、面向世界、面向未来的，民族的科学的大众的社会主义文化的要求，促进全民族思想道德素质和科学文

---

① 高放：《社会主义在世界和中国》，云南人民出版社1993年版，第573页。

② 同上书，第561页。

③ 江泽民：《论“三个代表”》，中央文献出版社2001年版，第1—2页。

④ 《江泽民文选》第3卷，人民出版社2006年版，第272—273页。

化素质的不断提高，为我国经济发展和社会进步提供精神动力和智力支持"[①]。三要在网上始终代表中国最广大人民的根本利益，"就是党的理论、路线、纲领、方针、政策和各项工作，必须坚持把人民的根本利益作为出发点和归宿，充分发挥人民群众的积极性主动性创造性，在社会不断发展进步的基础上，使人民群众不断获得切实的经济、政治、文化利益"。[②] 因而，在网上唱响主旋律，认真贯彻落实"三个代表"要求，不仅是我们党的立党之本、执政之基、力量之源，也是党的网络执政能力建设特色加强的具体体现。

应当说，在网络文化与加强党的执政能力建设之互动和谐中，党的执政能力建设特色的加强体现在很多方面。例如，网络文化使我们党的党员干部的思维方式、价值观念和行为方式、认知模式都发生了巨大变革，使其思维方式由一维向多维、平面向立体、线性向非线性、收敛型向发散型转变，改变着党员干部网民的文化价值观及信息观、交往观、时空观、等级观、实体观等，并产生新的文化认知模式，体现出人与机的协同性、即时交互性和动态创新性等特征。借助于网上党建、支部网站交流、参与论坛等活动，党员干部网民可以更便捷地反观自身、透视自己的执政能力建设特色与水平的和谐发展。又如，网络文化扮演着时空超越者与压缩者的角色，能使党员干部网民与远隔万里的东西两半球的网民进行网上"面对面"交谈，从而极大地提高了党员干部网民的实践活动特别是虚拟交往活动的效率，同时为党员干部网民在不同国度、不同民族、不同文化形态间的交流、对话提供机会，拓展其世界眼光、战略思维和文化创新能力，优化其党组织心理认同与民族文化认同之和谐发展。再如，网络文化的信息化和开放化使党员干部网民的视野空前开阔，思维异常活跃，它所创造的虚拟实在拓宽了党员干部的想象力、创新力、行动力，更新了科研方式和生活模式，推动了科技文化、教育文化和利益文化的快速发展。借助网络技术，研究经济的党员干部可以构建经济模型进行分析，研究政治的党员干部可虚拟苏东剧变的"实时历史"进行实况探究，从事医疗工作的党员干部可以借助心脏或大脑模拟手术以制定手术方案，从事物理天

① 本书编写组：《新世纪党的建设的伟大纲领》，中共中央党校出版社 2001 年版，第 10—11 页。

② 江泽民：《论"三个代表"》，中央文献出版社 2001 年版，第 160—161 页。

文等的党员干部可以“钻进”物质内部观察分子结构，甚至可以进行登临金星模拟考察……概而言之，网络技术使党员干部网民能上天入地，且如身临其境，为其创造力的发挥、执政能力的提高提供了一个巨大的网络文化空间，有利于党员干部网民的智能倍增和党的执政能力建设特色加强与和谐发展。

二　党的执政能力建设与社会关系的改善

正如党的执政能力建设特色的加强是一个不断升华的过程一样，党的执政能力建设与社会关系的改善也有一个逐渐生成和不断发展的过程。从发生学视角看，这种社会关系是在我们党从革命党完成向执政党转变之后的基础上发展起来的，而执政后党的执政能力建设也是在一定的社会关系中形成和展开的。党正是为践履自身所肩负的执政使命所开展的各种执政实践活动，在改变着我们国家发展面貌和提升自身能力的同时，也改变着社会关系的结构和形式，从而推动着党的执政能力建设与社会关系的合理改善与和谐发展。“网络不管它实际上是怎样的，当它在人们面前展现的时候，都是以平面化的屏幕现身说法的。也就是说，空间已经无所谓远近了。由于每一个网页都可能存在着不同的域名，空间的远近很大程度上就意味着人们对域名之记忆的鲜明程度，或者人们对这些符号之拼写的熟练程度。”[①] 这一点，在网络文化与加强党的执政能力建设之互动和谐中，党的执政能力建设与社会关系改善之间也是如此。

事实上，党的执政能力建设与社会关系的发生从严格现代意义上来说，是与我们党执政后社会的生成同一的。马克思说：“生产关系总和起来就构成所谓社会关系，构成所谓社会，并且是构成一个处于一定历史发展阶段上的社会，具有独特的特征的社会。”[②] 显然，马克思这里所指的“社会关系”、“生产关系”、“社会”三者之间存在着内在统一性，这种统一性表明：生产关系是社会关系的主要内容；社会关系与社会具有同构性，以生产关系总和构成的社会关系而形成的社会是处在一定历史阶段并具有自身特征的社会。由此可见，马克思是在生产关系、社会关系与社会的统一性上来认识社会关系的，且这里所指的社会关系并非是指政党政治

① 王水雄：《结构博弈》，华夏出版社 2003 年版，第 60 页。

② 《马克思恩格斯选集》第 1 卷，人民出版社 1995 年版，第 345 页。

存在的初始形态的社会关系形态，而是指执政党社会生成具有直接同一的社会关系。基于网络文化之上的党的执政能力建设与社会关系改善的理解，当也取此意义。

党的执政能力建设在和谐中得以加强，一个重要方面就是要实现党的执政能力建设的社会关系之和谐发展，这就指涉党的执政能力建设的合法性问题。对此，哈贝马斯将历史上的合法性分为经验主义和规范主义两类。从经验主义角度看，合法性是指政治系统获得自觉服从、支持和拥护的程度，如美国政治学家李普塞特认为："合法性是指政治系统使人们产生和坚持现存政治制度是社会的最适宜制度之信仰的能力。"① 让-马克·夸克认为合法性"是对统治权利的承认"。② 从规范主义角度看，合法性是指某种政治统治是否合理、正当，如哈贝马斯在对前两者批判的基础上指出："合法性意味着某种政治秩序被认可的价值。"③ 因而，党的执政能力建设的合法性一方面取决于党的活动包括国家政权为强化自己的执政地位而运用意识形态的、法律和道德的力量为自身所作的种种论证；另一方面，其更为实质的内容是国家政权在社会民众当中获得广泛信任和忠诚，从而使之自觉把对党的支持和拥护当做自己的义务。这就需要从价值和经验两个角度分析党群关系的实质，在于党必须具备执政能力建设合法性，即道义价值的合法性和社会支持的合法性。从道义价值合法性的维度看，党的执政能力建设要体现执政为民，这不仅反映执政能力建设中党群关系所蕴含的"政"与"民"的不可分离性和相互促进性，反映党群关系所内含的"政"服务于"民"的马克思主义执政价值观思想，而且反映党群关系所包蕴的唯物史观的基本原理。可见，坚持执政为民，社会大众才能通过加强党的执政能力建设而受惠，党的领导水平提高和执政能力加强的价值才得以实现，党的执政能力建设与社会关系才能在党为民谋利的行为实践中（通过执政来体现）得以改善。从社会支持合法性的维度看，党的执政能力建设要获得民众的信任和支持，即解决巩固阶级基础、扩大群众基础、夯实党的执政公信力的问题，从根本上说，党的执政能力建设社会支持合法性就是党凭借其自身能力从国家和社会中所获得的领导基础

---

① ［美］李普塞特：《政治人》，张绍宗译，上海人民出版社 1997 年版，第 55 页。

② ［法］让-马克·夸克：《合法性与政治》，佟心平、王远飞译，中央编译出版社 2002 年版，第 12 页。

③ ［德］哈贝马斯：《交往与社会进化》，张博树译，重庆出版社 1989 年版，第 184 页。

和执政实力的合法性，不仅体现为党从国家和社会中所获得的支持程度，而且体现为党领导与执政本身的领导的合理性、权力的合法性和治理的有效性，本质上是社会民众对党的执政能力的依赖、认同和支持。对此，毛泽东提出："共产党人的一切言论行动必须以合乎最广大人民群众的最大利益，为最广大人民群众所拥护为最高标准。"[①] 刘少奇指出："我们的一切纲领与政策，不论是怎样正确，如果没有广大群众的直接的拥护和坚持到底的斗争，都是无法实现的，所以我们的一切，都依靠于、决定于人民群众的自觉与自动，不依靠于群众的自觉与自动，我们将一事无成。"[②] "干劲有两种，干部的干劲和人民群众的干劲。现在的问题，不在于干部的干劲，而在于人民群众的干劲。单有干部的干劲，没有人民群众的干劲，是不行的。当然，单有群众的干劲，干部没有干劲，也不行。但是，更重要的还是人民群众的干劲。我们掌握了政权，……在这样的条件下，只要有适当的口号，有符合实际的办法，把人民群众的干劲鼓起来，并不是很困难的。问题是在群众的干劲鼓起来以后，要使用得当，不要浪费，要把群众的干劲长期保持下来。这是不容易的。"[③] 改革开放后，邓小平提出要把"人民拥护不拥护"、"人民赞成不赞成"、"人民高兴不高兴"、"人民答应不答应"作为党的一切工作的出发点和归宿点；江泽民在深化改革过程中则提出"人民，只有人民，才是我们工作价值的最高裁决者"[④] 的论断；胡锦涛在加强党的执政能力建设问题上也强调，"人民群众的拥护和支持是我们党的力量之源和胜利之本。党只有一心为公，立党才能立得牢；只有一心为民，执政才能执得好"[⑤]。这些论述归结到一点，就是党的执政能力建设要以社会大众的拥护和支持为基础，即要求党的执政能力建设与社会关系的改善要和谐发展，这一点在网络文化世界中也是这样。

应该说，在网络文化与加强党的执政能力建设之互动和谐中，党的执政能力建设与社会关系改善的和谐发展也体现在许多方面。比如，网络文化推进我国社会文化生产力的转型与跃升，对兴起社会主义文化建设新高

---

① 《毛泽东选集》第 3 卷，人民出版社 1964 年版，第 1054 页。

② 《刘少奇选集》上卷，人民出版社 1981 年版，第 351 页。

③ 《刘少奇选集》下卷，人民出版社 1985 年版，第 430 页。

④ 江泽民：《论有中国特色社会主义》（专题摘编），中央文献出版社 2002 年版，第 638 页。

⑤ 《中共中央关于加强党的执政能力建设的决定》，人民出版社 2004 年版，第 6 页。

潮、激发全民族文化创造活力、提高国家文化软实力乃至未来政治和党员干部全面发展都产生了深刻影响，有利于党的执政能力建设的提高和社会关系的改善。网络文化作为当代社会文明的划时代成果，是由农业文化、工业文化向信息网络文化即由传统文化向现代网络文化的社会革命性发展。有人认为，网络文化是比蒸汽机更危险的社会“革命家”，党员干部网民将成为资本主义社会发展的真正掘墓人，成为社会主义文明的真正创造者，其基本依据就是在社会主义文明世界里，网络文化与党的执政能力建设之间、党的执政能力建设对政治社会关系之间建立起和谐发展的联系。又如，网络文化作为“新经济”的重要组成部分，作为经济文化综合体的典型形态，正形成庞大的、有巨大社会经济效益产生的网络产业，它体现了社会力、信息力、文化力与经济力的完美结合，生发出一种新型的社会生产力——经济生产力，使生产力产生质的飞跃，有力推进了我们党所领导的经济社会发展，有利于我国以信息化带动工业化，促进党的执政能力建设与经济社会关系的和谐发展。再如，网络文化由于其双向互动性和双向交互性，给党组织和党员干部多领域、多形态的文化交往开辟了广阔前景，使党群之间的交往水平得以跃升、交往内涵得以丰富。这里以重庆市大渡口区大堰社区网上“社区服务”站为例，该网站通过构筑便民服务台，开设了事务性查询、租房介绍、购物维修、心理健康咨询、计生登记等21项服务，群众借此可以享受社区的优质高效服务，社区居民的困难需求、疑难杂症等问题也能及时反映在网上，出现了“发一个帖子修好一盏路灯”的真实故事；大渡口区新一社区网上党支部开设的“爱心传递”为社区弱势群体提供全方位服务，群众有什么困难可以通过网络进行反映，党员在网上“一帮一”中体现先进性。有的基层党组织在党建网站内开设“谈心屋”；有的邀请本系统本部门的优秀党员代表与上网群众进行网上交流，不仅能使“访问者”获得心理认同，而且也能对其产生良好的激励和鞭策作用；有的以文化为载体，把正确的理论观点、精神风范融入多种形式的文化作品中，使网民在学习科学文化知识、欣赏文学艺术作品之时接受潜移默化的教育；有的建立了一支既懂网络技术又懂党员教育的高素质网上党务工作队伍，这支队伍经常与“网民”亲密接触，用他们的人格力量去感染每一位“触网者”，有效提高了党建网站的亲和力、渗透力和感召力。因此，在网络文化与加强党的执政能力建设互动和谐中，也推动着党的执政能力建设与社会关系的和谐发展。

三 党的执政能力建设与自然环境的美化

党的执政能力建设不是凭空进行的，离不开一定的自然环境的美化。生态学就是研究生物个体或群体与周围环境之间相互关系的一门学科，是研究人与自然环境和谐发展的科学。马克思指出：“自然界，就它自身不是人的身体而言，是人的无机的身体。人靠自然生活。这就是说，自然界是人为了不致死亡而必须与之处于持续不断的交互作用过程的人的身体。”① 早在100多年前，恩格斯说过：“我们不要过分陶醉于我们对自然界的胜利。对于每一次这样的胜利，自然界都报复了我们。”② 基于此，历史昭示我们党：我们党在带领人民开发利用自然的时候，必须懂得尊重自然、保护自然，选择一条既能保持经济增长，又能保证生态平衡、资源永续利用的文明发展道路；现实警醒我们党：我们不能与自然规律相对抗，否则就会饱尝违背自然规律的苦果和灾难；时代呼唤我们党：要改变狭隘的人类中心主义，摒弃无视自然权利存在的旧文明，转向尊重和关爱自然的新文明——生态文明，实现人与自然环境关系的和谐发展。这是我国可持续发展的必然选择，也是构建社会主义和谐社会的题中之义，更是网络文化与加强党的执政能力建设互动和谐的内在理路。

对此，胡锦涛指出：“目前，我国的生态环境形势相当严峻，一些地方环境污染问题相当严重。随着人口增多和人们生活水平的提高，经济社会发展资源环境的矛盾还会更加突出。如果不能有效保护生态环境，不仅无法实现经济社会可持续发展，人民群众也无法喝上干净的水，呼吸上清洁的空气，吃上放心的食物，由此必然引发严重的社会问题。”针对全球气候变暖、臭氧层遭到破坏，酸雨和空气污染、土壤遭到破坏乃至荒漠化程度加剧、海洋污染和海洋过度开发、生物多样性锐减、森林面积减少、有害废物的越境转移及淡水受到威胁等生态危机形势，他站在加强党的执政能力建设的高度明确提出：“要科学认识和正确运用自然规律，学会按照自然规律办事，更加科学地利用自然为人们的生活和社会发展服务，坚决禁止各种掠夺自然、破坏自然的做法。要引导全社会树立节约资源的意识，以优化资源利用、提高资源产出率、降低环境污染为重点，加快推进

---

① ［德］马克思：《1844年经济学哲学手稿》，人民出版社1995年版，第56页。

② ［德］恩格斯：《自然辩证法》，人民出版社1971年版，第158页。

清洁生产，大力发展循环经济，加快建设节约型社会，促进自然资源系统和社会经济系统的良性循环。要加强环境污染治理和生态建设，抓紧解决严重威胁人民群众健康安全的环境污染问题，保证人民群众在生态良性循环的环境中生产生活，促进经济发展与人口、资源、环境相协调。要增强全民族的环境保护意识，在全社会形成爱护环境、保护环境的良好风尚。"① 而"在20世纪后四分之一期间，一场以信息为中心的技术革命，改变了我们思考、生产、消费、贸易、管理、沟通、生活、死亡、战争，以及做爱的方式。一个动态的全球经济已经在地球各处建构起来，将全世界有价格或价值的人及活动联结在一起，但那些与支配利益者无关的人与地，它们与权力和财富的联结网络却被关闭了。一个真实虚拟的文化，围绕着相互影响日益加强的视听宇宙被建构起来，渗透到每一处精神表征和沟通传播中，以电子超文本整合文化的丰富性。空间与时间，作为人类经验的物质基础，已经被转化了，流动空间支配了地方空间，无时间性的时间废除了工业年代的时钟时间。"② 因此，加强党的执政能力建设与自然环境和谐发展的美化关系，就成为网络文化与加强党的执政能力建设之间一个必须解决的时代性命题。

与党的执政能力建设和文化形态的关系一样，网络文化与加强党的执政能力建设互动和谐中在党的执政能力建设与自然关系美化的和谐发展之间，也是现实性与理想性的内在统一，是过去、现在和未来的有机统一。这一点，我国著名社会学家费孝通从"文化"与"文明"相统一的视角，用"各美其美、美人之美、美美与共、天下大同"的十六字哲语作过揭示，认为从历史和现实中可以看到，要想处理好不同文明间的关系，首要一点应是各自能保持一种平和、谦逊的心态，就是中国古人所谓的"君子之风"，即"天人合一"、"天健自强"与"地坤厚德"的统一。诚如曼纽尔·卡斯特认为的，"网络社会代表了人类经验的性质变化"。人类社会经历过三个阶段：一是自然支配文化；二是现代工业社会中自然受到文化的支配；三是超越自然，人工自然再生成为文化形式。未来网络社会

---

① 秦宣主编：《构建社会主义和谐社会专辑》，中国人民大学出版社 2005 年版，第 24—25 页。

② ［美］曼纽尔·卡斯特：《千年终结》，夏铸九等译，社会科学文献出版社 2003 年版，第 1—2 页。

就是第三阶段。[①] 只有进到了这一阶段，党的执政能力建设与自然环境美化关系的和谐发展才真正可能。毫无疑问，党的执政能力不断加强，在自然环境一定的状态下，大半功劳非科学技术的不断进步莫属，但不能因此就抹杀自然环境对加强党的执政能力的基础性功用。马克思说过，“实践创造对象世界，即改造无机界，人证明自己是有意识的类存在物。”[②] 基于此，在虚拟实践生态环境下网络文化的兴起和繁荣，不仅仅是自然环境和物质财富丰富的社会的标志，更重要的是党员干部网民之理智健全、精神发达的美好社会的标志，加强党的执政能力建设与自然环境的美化也将因之而逐步走向和谐美满。

① ［美］曼纽尔·卡斯特：《网络社会的崛起》，夏铸九等译，社会科学文献出版社 2001 年版，第 577—578 页。

② ［德］马克思：《1844 年经济学哲学手稿》，人民出版社 1979 年版，第 53 页。

第七章　自主与开放:网络文化与加强党的执政能力建设(四)

自主与开放，不仅是推进中国特色社会主义现代化建设之应然，也是加强党的执政能力建设之必然。对此，2004 年 6 月 29 日胡锦涛在中央政治局第十四次集体学习时强调："我们党在领导人民治国理政的长期实践中，进行了艰辛的探索，取得了举世瞩目的执政成就，积累了丰富的执政经验。这些经验是几代共产党人经过长期探索和实践得来的，要始终不渝地坚持和充分加以运用，并在实践中不断丰富和发展。我国的历史文化、社会制度、发展水平与其他国家不同，对世界上其他政党执政的一些做法和措施，我们不能照抄照搬。但对它们在治国理政方面的有益做法，我们要研究和借鉴，以开阔眼界，打开思路，更好地从世界政治经济发展的大格局中把握加强党的执政能力建设的规律。"① 其实，马克思早就明确，一定主体局部性的自由，"是脱离定在的自由，而不是定在中的自由。它不能在定在之光中发亮。"② 这里的"定在"，即主体的物质性自我封闭性的存在，而真正长期科学发展的自由在于主体间自主与开放的交往之中。因而，在这个自主与开放过程中，探究网络文化与加强党的执政能力建设的内在关联，就既要考察党的执政能力建设的民族性和世界性，又要研究党的执政能力在网络文化全球化进程中的加强问题。

第一节　党的执政能力建设的民族性

民族，是指"历史上形成的稳定的人群共同体，其特征是有共同语

---

① 求是杂志社总编室编：《加强党的执政能力建设大参考》，红旗出版社 2004 年版，第 35 页。

② 《马克思恩格斯全集》第 40 卷，人民出版社 1982 年版，第 228 页。

言、共同地域、共同经济生活和表现于共同文化上的共同心理素质。”① 民族性则是该民族在形成和发展过程中所具有的特性。我们党作为马克思主义执政党，推进马克思主义执政理论中国化，就必须坚持党的执政能力建设的民族性。这一点，1942 年毛泽东就指出：“我们要把马、恩、列、斯的方法用到中国来，在中国创造出一些新的东西。只有一般的理论，不用于中国的实际，打不得敌人。但如果把理论用到实际上去，用马克思主义的立场、方法来解决中国问题，创造些新的东西，这样就用得了。”② 在运用马克思主义执政理论解决中国实际问题的过程中，必然会产生许多具有独创性的党的执政能力建设实践经验，通过对这些经验的总结和提炼，就会创造出新的东西，从而丰富和发展马克思主义执政党执政能力建设理论，就如毛泽东强调的“使中国革命丰富的实际马克思主义化”③ 一样，把马克思主义执政能力建设理论像毛泽东要求的那样“和民族的特点相结合，经过一定的民族形式”④ 而表现出来，促进党的执政能力建设的民族性。

一　党的执政能力建设必须坚持民族性的要求

党的执政能力建设必须坚持民族性的这种要求，一方面，我们党是马克思主义执政党，加强党的执政能力建设必须坚持马克思主义执政理论的指导；另一方面，加强党的执政能力建设必须始终联系中华民族的具体执政实际。具体地说，就是运用马克思主义执政理论的立场、观点、方法研究和解决中国共产党不同执政时期的执政能力建设问题，总结党的执政能力建设的独特经验，揭示中国共产党执政能力建设的基本规律，以中国的文化形式和表达方式来阐述马克思主义执政能力建设理论，使之成为具有中国风格、中国气派的马克思主义执政理论。合而言之，即把马克思主义执政理论同中华民族的具体执政实际相结合。毛泽东曾经指出：“一切外国的东西，如同我们对于食物一样，必须经过自己的口腔咀嚼和胃肠运动，送进唾液胃液肠液，把它分解为精华和糟粕两部分，然后排泄其糟粕，吸收其精华，才能对我们的身体有益，决不能生吞活剥地毫无批判的

① 《新华字典》（双色本），商务印书馆 2004 年第 10 版，第 337—338 页。
② 《毛泽东文集》第 2 卷，人民出版社 1993 年版，第 408 页。
③ 同上书，第 374 页。
④ 《毛泽东选集》第 2 卷，人民出版社 1991 年版，第 707 页。

吸收。所谓‘全盘西化’的主张，乃是一种错误的观点。形式主义地吸收外国的东西，在中国过去是吃过大亏的。中国共产主义者对于马克思主义在中国的应用也是这样，必须将马克思主义的普遍真理和中国革命的具体实际完全恰当地统一起来，就是说，和民族的特点相结合，经过一定的民族形式，才有用处，决不能主观地公式地应用它。”① 这一论述，对于党的执政能力建设必须坚持民族性的要求，也是适用的。

实际上，中国共产党历来重视马克思主义执政理论的学习与应用，在不同的历史阶段根据国情、民族性和时代性要求，重视党的执政能力建设的与时俱进，从而使党的执政能力建设取得了丰硕成果。概括起来，可分为五个阶段：（1）革命根据地局部执政时期，党的执政能力建设开始萌芽。这时，我们党虽然还没有取得革命胜利，没有获得在全国范围的执政地位，然而由于特殊的民族特点以及特殊的革命道路，使得我们党事实上已经具备并部分地行使着执政职能。在瑞金中华苏维埃工农民主政府时期、延安抗日民主政府时期，我们党以马克思主义理论为指导，以全心全意为人民服务为宗旨，坚持群众路线，唤起了工农群众踊跃参加革命的热情，表现出卓越的领导能力和高超的领导艺术。（2）新中国成立前后，党的执政能力建设初步提出。新中国即将成立之时，针对一些人对我们党执政能力和领导水平的怀疑，毛泽东在《论人民民主专政》中指出，在当时中华民族的政治势力中，只有我们党才具备领导新中国的资格和能力。在党的七届二次全会报告中，他告诫全党要恪守“两个务必”，提出严重的经济任务摆在面前，我们必须学会自己不懂的东西，必须向一切内行的人们学经济工作。在这里，毛泽东基于基本国情和民族特性从作风和本领两个方面，向全党提出了加强党的执政能力建设的要求。（3）十一届三中全会以后，党的执政能力建设顺利进行。面对党的任务的新变化和民族发展的新形势，邓小平带领全党拨乱反正、全面改革，把党和国家的工作重点转移到经济上来，走出一条建设中国特色社会主义的正确道路；同时十分重视党的执政能力建设，着重从体制和机制方面解决执政党的建设问题，并把党的执政能力与领导水平问题同改革开放和社会主义现代化建设的新任务紧密联系起来，注重从领导制度和工作机制上解决问题，迈出了党的执政能力建设的新步伐。（4）十三届四中全会以后，党的执政

---

① 《毛泽东选集》第2卷，人民出版社1991版，第707页。

能力建设继续推进。以江泽民为主要代表的党的第三代中央领导集体，立足于全面推进中国特色社会主义伟大事业与党的建设新的伟大工程的双向互动以及实现中华民族伟大复兴的历史使命，把提高党的执政能力和领导水平同始终保持党的先进性联系起来，提出了“三个代表”重要思想。他指出，我们必须继续围绕在新的历史条件下建设一个什么样的党和怎样建设党这个基本问题，进一步解决提高党的执政能力和领导水平与拒腐防变和抵御风险能力这两大历史课题，全面推进党的建设新的伟大工程；我们的事业最终能否成功，很大程度上取决于我们党的领导水平和执政能力。这些重要论述，既指明了党的执政能力建设的极端重要性，又赋予了党的执政理论深刻的民族特色和时代内涵。十六大报告提出了加强各级党委和领导干部“五种能力”建设，表明我们党对执政能力建设的高度重视和战略思考，把党的执政能力建设进一步推向前进。[①]（5）新世纪新阶段以来，党的执政能力建设全面展开。当前，世界正处在大发展大变革大调整时期，国内“经济建设、政治建设、文化建设、社会建设以及生态文明建设全面推进，工业化、信息化、城镇化、市场化、国际化深入发展，我国正处在进一步发展的重要战略机遇期，在新的历史起点上向前迈进”[②]，党的执政能力如何，越来越成为巩固党的执政地位、开创中国特色社会主义事业新局面的关键因素。在党的十六届一中、二中、三中全会上，胡锦涛多次指出，必须以“三个代表”重要思想为指导，以党的执政能力建设为重点，不断加强和改进党的领导；党的十六届四中全会通过的《中共中央关于加强党的执政能力建设的决定》深刻阐述了加强党的执政能力建设的重要性和紧迫性，全面总结了党执政的主要经验，明确了加强党的执政能力建设的指导思想、总体目标和主要任务。在此基础上，党的十七大和十七届四中全会进一步提出“以执政能力建设和先进性建设为主线”全面推进党的建设新的伟大工程思想，为新世纪新阶段把我们党建设成为马克思主义执政党指明了方向和路径。

显然，党的执政能力建设必须坚持民族性要求，在网络文化背景下也是如此。一方面，网络文化无国界和民族之分，但党员干部网民却有自身

---

① 郑水泉主编：《加强党的执政能力建设专辑》，中国人民大学出版社 2005 年版，第 32—33 页。

② 《中共中央关于加强和改进新形势下党的建设若干重大问题的决定》，人民出版社 2009 年版，第 3 页。

的国籍和民族身份之别。单从网络信息技术层面看，网络文化确实没有国家和民族的界限，只要联上网，地球上任何一个角落的人不论国别、性别都能进行交流，享受网民共同创造的文化成果。但网络信息技术的这种对人类交往方式的改造与创新，并不能从根本上改变党员干部网民的本质属性。网络文化中并不存在超越国家和民族之上的利益。网络文化的开放性、分散性和技术特性决定了它应能体现一种全球性和非中心化的特点，这就决定了网络文化应体现不同国家、民族多样化的特色，而不是趋向统一的“西化”。从这个视角来看，网络文化背景下坚持党的执政能力建设的民族性要求具有重要的现实意义。另一方面，与现实行为相比，由于党员干部网民的网络行为更为自由、开放和随意，如果没有一定的规范进行引导和调节，网络文化社会生活就很容易陷入分化与无序、错位与失调之中，坚持党的网络执政能力建设民族性要求就会流为一句空话。而规范党员干部网民网络行为的基本要求，就是与网络文化相关的法律、法规和道德要求。这些法律、法规和道德明确规定了哪些行为可以做、哪些行为是禁止做的，从而能对党员干部网民的网络行为起到较好的规范、约束和指导作用。之所以能发挥规范、约束和指导作用，就是因为这些法律、法规和道德与党的执政能力建设的民族性要求相适应，从而成为网络文化背景下坚持党的执政能力建设民族性要求的有力武器和维护网络文化正常运行秩序的重要基础。

二　党的执政能力建设必须坚持民族性的依据

恩格斯曾明确指出：“马克思的整个世界观不是教义，而是方法。它提供的不是现成的教条，而是进一步研究的出发点和供这种研究使用的方法。”① 各国马克思主义党建理论与实践工作者的任务就是结合各国不同时期的具体实际，将马克思主义党建理论进一步加以具体化，同时，马克思主义党建理论也只有在同各国具体实际相结合的过程中，才能开辟自身的发展道路。这是马克思主义党建理论的题中应有之义，也是我们党的执政能力建设必须坚持民族性的依据之所在。马克思主义执政能力建设理论要在中国这块土地上发挥指导作用，就必须将其同中国共产党执政能力建设的具体实际相结合，实现马克思主义党建理论中国化，中国化的马克思

---

① 《马克思恩格斯选集》第4卷，人民出版社1995年版，第742—743页。

主义执政能力理论又为马克思主义党建理论宝库增添了新内容。

其实，民族问题往往是不同民族间客观存在的矛盾和差别所产生的问题。马克思和恩格斯在《共产党宣言》中指出："共产党人同其他无产阶级政党不同的地方只是：一方面，在无产者不同的民族的斗争中，共产党人强调和坚持整个无产阶级共同的不分民族的利益；另一方面，在无产阶级和资产阶级的斗争所经历的各个发展阶段上，共产党人始终代表整个运动的利益。"① 他们并在1872年德文版序言中指出，"这些原理的实际运用，正如《宣言》中所说的，随时随地都要以当时的历史条件为转移"②，里面就包含了党的建设必须坚持民族性思想。恩格斯还说："我们党有个很大的优点，就是有一个新的科学的观点作为理论的基础。"③ 列宁则是"一身兼备理论力量和无产阶级运动的实际组织经验"④ 的革命领袖，十月革命胜利后他基于国家的民族特点，不仅坚持不懈加强马克思主义执政党建设，而且从俄国民族特性出发，始终高度重视提高执政党党员的质量。正是在这个带有浓厚民族特性的由列宁缔造的世界上第一个无产阶级执政党的正确而坚强的领导下，世界上第一个社会主义国家得以建立和巩固。列宁有关无产阶级执政党建设的思想为马克思主义执政理论增添了新的宝贵财富，为我们党的执政能力建设必须坚持民族性提供了重要依据。

列宁执政党建设思想内容丰富、博大精深，这里着重从加强执政党自身建设和高度重视提高执政党党员质量两个维度来予以阐述。首先从加强执政党建设维度来看，列宁早在1920年春的《共产主义运动中的"左"派幼稚病》中就指出："在通常情况下，在多数场合，至少在现代的文明国家内，阶级是由政党来领导的，政党通常是由最有威信、最有影响、最有经验、被选出担任最重要任务而称为领袖的人们所组成的比较稳定的集团来主持的。"⑤ 鉴于党对于阶级及其革命事业的重要性，列宁着重从意义和路径两个层面论述了执政党自身建设问题。就执政党自身建设的意义而言，列宁从当时其国家民族基本特征出发，立足于为科学社会主义事业

① 《马克思恩格斯选集》第1卷，人民出版社1995年版，第285页。

② 同上书，第248页。

③ 《马克思恩格斯选集》第2卷，人民出版社1995年版，第39—40页。

④ 《斯大林选集》上卷，人民出版社1979年版，第136页。

⑤ 《列宁全集》第39卷，人民出版社1986年版，第21页。

长远发展提供根本政治保证的战略高度，明确提出执政党是社会主义建设与无产阶级专政的领导核心的思想。十月革命胜利后不久，列宁紧密结合无产阶级执政党所遇到的极其尖锐、残酷和复杂的斗争形势，认真总结了无产阶级专政的基本经验，强调在社会主义与无产阶级专政时期加强执政党自身建设的重要性。他认为："我们在俄国（推翻资产阶级后的第三年）还刚处在从资本主义向社会主义即向共产主义低级阶段过渡的最初阶段……要使无产阶级能够正确地、有效地、胜利地发挥自己的组织作用(而这正是它的主要作用)，无产阶级政党的内部就必须实行极严格的集中和极严格的纪律。"① 正是为了顺利地推进社会主义建设事业并防止资本主义复辟，列宁深刻论证了在社会主义初创时期必须继续毫不动摇地坚持党的领导和无产阶级专政的理由。他说："领袖、阶级、群众间的相互关系，以及无产阶级专政和无产阶级政党同工会的关系，现时在我国具体表现如下。专政是由组织在苏维埃中的无产阶级实现的，而无产阶级是由布尔什维克共产党领导的。"② 就执政党自身建设的路径来说，列宁针对如何加强执政党的理论建设、思想建设、组织建设、作风建设以及正确处理党内矛盾、维护党的团结统一等问题，都作出了系统而科学的阐述。例如，列宁一直重视用马克思主义党建理论武装全党，在领导俄国社会主义革命和社会主义建设伟大实践中十分注重把马克思主义党建原理与俄国民族特点相结合，把马克思主义党建理论与当时整个国际形势和时代特征相结合，从而为世界社会主义执政党制定正确的路线、方针、政策奠定科学的思想理论基础。其次，从提高党员质量维度来看，十月革命胜利后列宁根据执政党所处的民族环境、面临的国内外阶级斗争形势以及所担负的艰巨任务，进一步反复强调重视提高执政党党员质量的重要性和迫切性，把它当作执政党建设中最重要的任务来抓，并着重从意义和措施两个角度予以阐明。就高度重视提高执政党党员质量的意义来看，这不仅是执政党所担负的比夺取政权以前更为艰巨和复杂的任务所决定的，而且是由执政党所处的特殊地位和由国内外阶级斗争形势所决定的。例如，十月革命后俄国作为世界上第一个社会主义国家，国内反动阶级以百倍的疯狂千方百计妄图推翻它，帝国主义国家则软硬兼施、企图把这个新生政权扼杀在摇篮

---

① 《列宁全集》第 39 卷，人民出版社 1986 年版，第 24 页。

② 同上书，第 27 页。

里。正是基于此，列宁始终把提高党员质量看成是执政党建设中头等重要的任务，不仅在所写的许多重要著作和所发表的大量报告、演说中强调这一点，而且在他领导下所召开的历次党代表大会、代表会议和中央全会所做的决议中都对提高党员质量作出了很多具体的规定，从而把党建设成了真正由无产阶级先进分子所组成的战斗指挥部，成功领导了俄国社会主义革命和社会主义建设事业。就高度重视提高执政党党员质量的措施来看，列宁注重把马克思主义建党学说与本国具体民族特性相结合，对如何提高党员质量提出了许多宝贵思想，领导俄共（布）（1922 年 12 月改称“联共（布）”，沿用至 1991 年苏联解体）中央做出了很多具体规定，并采取严格入党条件、防止趋炎附势的人混入党内，强调每个党员都必须在政治上同党保持一致、不允许有一个党员背离党的正确路线，强调学习科学文化知识、适应党的中心工作的转移以及纯洁党的组织、提高党员质量等一系列有效措施。

应该指出，中国共产党是按照列宁建党原则建立起来的一个久经考验的伟大的马克思主义政党，列宁执政党建设思想的两个维度，为我们党的执政能力建设必须坚持民族性提供了至少两点重要依据，即在我们这样的大国搞社会主义现代化建设必须从自己的民族特点出发，“坚持党要管党、从严治党，提高管党治党水平”①，同时要以提高党的执政能力为重点来全面加强执政党建设。一方面，列宁执政党建设思想的上述两个维度，归结于一点，就是党要管党、从严治党，这也是我们党加强执政能力建设的内在要求。因为党要管党、从严治党，不仅是由国家发展、民族进步和社会转型时期我们党的现状所决定的，而且关系到确保无产阶级先锋队性质、关系到全面贯彻落实党的路线方针政策、关系到保持党同人民群众的血肉关系。诚如江泽民所言，“要坚持从严治党，增强党组织的凝聚力和战斗力，把各级领导班子建设成为政治坚定、团结实干、开拓创新、廉洁为民”②，能够担当起民族发展、社会进步历史重任的坚强领导核心。另一方面，列宁指出，我们党既有政权，我们的政治权力是非常充分的，主要的经济力量又都操在我们手里，我们就是缺少本领，而“任何管理

---

① 《中共中央关于加强和改进新形势下党的建设若干重大问题的决定》，人民出版社 2009 年版，第 9 页。

② 《江泽民文选》第 3 卷，人民出版社 2006 年版，第 4 页。

工作都需要有特殊的本领”①。按照我们的理解，就是要立足国情和民族特性来不断提高党的执政能力。对此，依照我们党十六届四中全会通过的《关于加强党的执政能力建设的决定》所规定的内容，就是“五大能力”建设。这“五大能力”的提高，是推进党领导的伟大事业和党的建设新的伟大工程的联结点，既是党自身建设的重要组成部分，又是对党各方面建设起牵头管总作用的关键。因而，以提高党的执政能力为重点、全面推进执政党建设是我们探析列宁关于马克思主义执政党建设思想得到的又一个重要依据和启示。

实际上，确立党的执政能力建设必须坚持民族性依据，在网络文化环境下也是如此。网络文化是一定历史与时代的沉淀和反映，其内容具有一定的阶级性、时代性和民族性。在源远流长的中华民族优秀传统文化中有许多值得借鉴和继承的珍品，如精忠报国的民族感情、克己奉公的政治理念、关注民生的民本情怀、勤劳节俭的生活态度，忠厚淳朴、刚毅坚韧的优良品格，威武不屈、富贵不淫、贫贱不移的道德正气，敢为人先、自强不息、弃旧图新的进取精神等，都是党的执政能力建设必须坚持民族性的依据源泉之所在。当今世界，由信息高速发展的现状可以看出，谁掌握了信息传播源和信息传播载体，谁控制了互联网，谁就有能力影响整个社会的大多数。因此，通过建设“立足于保护本国民族文化”的网络文化，争取本国民族文化在国际竞争中的生存与发展的主动权，建设好中国特色的网上宣传体系，加快各种中文网站和信息资源的建设和开发，使博大精深的中华民族优秀文化在网络文化世界中得到充分展示，“把发展中国特色网络文化作为推动文化建设的新引擎”②，使中国特色的网络文化享有较广泛的影响力，进而彰显党的执政能力建设必须坚持民族性依据的特色。

三　党的执政能力建设必须坚持民族性的举措

信息技术特别是信息网络技术的发展，为加强党的建设工作提供了现代化手段，拓展了党的执政能力建设必须坚持民族性的空间和渠道。江泽民指出：“要主动出击，增强我们在网上的正面宣传和影响力。各级领导

---

① 《列宁全集》第30卷，人民出版社1957年版，第394页。

② 吴克明等：《科学发展观概论》，湘潭大学出版社2009年版，第134页。

干部要密切关注和研究信息网络发展的新动向，抓紧学习网络知识，善于利用网络开展工作，努力掌握网上斗争的主动权。”① 党中央要求：“高度重视互联网等新型传媒对社会舆论的影响，加快建立法律规范、行政监管、行业自律、技术保障相结合的管理体制，加强互联网宣传队伍建设，形成网上正面舆论的强势。”② 胡锦涛在中共中央政治局第三十八次集体学习时强调：“要提高网络文化产品和服务的供给能力，提高网络文化产业的规模化、专业化水平，把博大精深的中华文化作为网络文化的重要源泉，推动我国优秀文化产品的数字化、网络化，加强高品位信息的传播，努力形成一批具有中国气派、体现时代精神、品位高雅的网络文化品牌，推动网络文化发挥滋润心灵、陶冶情操、愉悦身心的作用。”③ 这些论述，为落实加强党的执政能力建设必须坚持民族性提供了指针。

实际上，网络文化的迅速发展在国际国内传播领域引发了一场影响深远的变革。党中央坚持党管媒体原则，立足于我国民族特点及时确立了集中力量建设党的重点新闻网站的发展思路，用党和政府的声音占领互联网这一新的思想舆论阵地。例如，1997 年 1 月《人民日报》网络版的开通，就表明我们党已经意识到信息化网络文化工具在传播党和人民声音方面的重要作用，显示出中共中央决心占领网络传播这个制高点并以主流声音来提升自身执政能力、实现党在宣传中用正确的舆论引导党员干部和人民群众的战略目的。在此基础上，又先后确定了新华网、人民网等 8 家中央重点新闻网站和 24 家地方重点新闻网站，奠定了重点新闻网站主导我国互联网新闻舆论的基础。网络文化，特别是新闻媒介网络文化，是“物质文化、制度文化、心理文化的总和，以其传播形式，对大文化以及其它亚文化的建设发展过程施以重大影响。”④ 同时，党管媒体也影响并制约网络文化传播行为，使网络文化传播符合党的社会主流文化价值。网络文化作为民族特色、国家制度和体制机制的反映，指导并影响网络新闻行为与网络新闻手段，具有促进党的执政能力建设、保持民族性的强大功能。在这个意义上，网络文化成为一种塑造民族认同的工具。认同（idendity），

① 《江泽民文选》第 3 卷，人民出版社 2006 年版，第 94 页。

② 《中共中央关于加强党的执政能力建设的决定》，人民出版社 2004 年版，第 22 页。

③ 胡锦涛在中共中央政治局第三十八次集体学习时强调：“以创新的精神加强网络文化建设和管理 满足人民群众日益增长的精神文化需要”，见《人民日报》2007 年 1 月 25 日第 1 版。

④ 刘智：《新闻文化学》，新华出版社 2001 年版，第 15 页。

有时也译为“身份”，作为文化身份涉及三个方面的内容：角色定位、自我的认同和他人的承认。我们党要了解自己在国际社会的地位，就需要确定自己的网上角色，通过网络话语形成自己自觉的认同，并使他者通过网络予以承认，最终形成一个我国民族现实的、具体的文化身份，从而凸显党的网络执政能力建设民族性特色。

当前，具有中国特色的网络文化发展已经进入信息社会建构阶段，即以电子政务为起点，网络信息技术开始逐渐向上层建筑渗透。在与传统产业紧密结合后，网络信息技术开始进入党政管理生活之中，信息文化、数字媒体、远程教育、虚拟社区等执政能力平台建构层面的开拓和应用将越来越广泛。同时，具有自主知识产权的网络设备、网络终端产品以及相关软件的研发和国产化水平不断提高，基于互联网的电子党务、电子政务、电子商务、远程教育、电子娱乐等新业务层出不穷，社会信息化建设进程不断加快。如湖南邵阳在全市街道和乡镇广泛推行“政务超市”、“行政服务中心”等多种便民服务方式，将原有 50 多个服务类别梳理成五至七个大类，集中提供政务服务。不少地方政府如绥宁、长沙、宁乡、凤凰等县还充分利用电子计算机技术和网络技术开展网上办公，特别是在网上政务中心公开办事程序和办事内容，方便了群众，颇受好评。在这个过程中，我们党十分重视执政能力建设坚持民族性的信息技术应用。中共中央组织部依据我国民族特点率先在党的组织系统推进信息化工作，此后党建网站如雨后春笋，其栏目设置和内容编排都紧紧围绕党的中心工作和党建工作的具体实际，涵盖从理论到实际、政策到实务、历史到现实、教育到管理诸个方面，集中反映和体现了党的基本理论、基本路线和基本实践。因此，网络信息技术在党的执政能力建设中广泛应用，既可以促进党务管理手段更新、提高党的组织机制运行效率，又可以使党的领导和执政能力建设手段走向现代化，从而促进党的执政能力建设更好地坚持民族性发展方向。

第二节　党的执政能力建设的世界性

党的执政能力建设的民族性和世界性，是个性与共性、特殊与一般的辩证统一。列宁指出：“人类的整个经济、政治和精神生活，在资本主义制度下已经越来越国际化了。社会主义会把它完全国际化。”① 同样，在网络文化全球化进程中党的执政能力建设应当珍视和弘扬自己优秀的民族文化财富，即在网络文化环境下加强党的执政能力建设的民族性，既要保护和发展优秀传统、恢复其固有的潜力，又要勇于创新、发挥创造及与时俱进的活力，并积极占领网络文化阵地，使之具有旺盛的深厚文化生命力以适应党的执政能力建设现代化的需要。党的十七大指出：“中华文化是中华民族生生不息、团结奋进的不竭动力。要全面认识祖国传统文化，取其精华，去其糟粕，使之与当代社会相适应、与现代文明相协调，保持民族性，体现时代性。加强中华民族文化传统教育，运用现代科技手段开发利用民族文化丰厚资源。加强对各民族文化的挖掘和保护，重视文物和非物质文化遗产保护，做好文化典籍整理工作。加强对外文化交流，吸收各国优秀文明成果，增强中华文化国际影响力。”② 同时，在立足自主创新的基础上要大胆面向世界，“要利用外国智力”和“扩大对外开放”③，结合自己的国情状况有选择地吸收国外执政党在网络文化环境下执政能力建设的基本经验，汇集中外之粹借以加强党自身的执政能力建设。英国哲学家罗素在《中国问题》一书中曾说：“我相信，假如中国人对于西方文明能够自由地吸收其优点，而扬弃其缺点的话，他们一定能从他们自己的传统中获得有生机的成长，一定能产生一种糅合中西文明之长的辉煌之业绩。”④ 因此，探讨党的执政能力建设要具备世界眼光，深入分析国外执政党执政能力建设的基本经验及其对我国的启示，在当前是很有必要的。

一　党的执政能力建设要具备世界眼光

1988 年 6 月邓小平在会见“九十年代的中国与世界”国际会议全体与会者时就指出：“中国要谋求发展，摆脱贫穷和落后，就必须开放。开放不仅是发展国际间的交往，而且要吸收国际的经验。”⑤ 实际上，不仅国家发展是这样，执政能力建设也是如此。就是说，党的执政能力建设要

---

① 《列宁全集》第 19 卷，人民出版社 1959 年第 1 版，第 239 页。

② 胡锦涛：《高举中国特色社会主义伟大旗帜 为夺取全面建设小康社会新胜利而奋斗》，人民出版社 2007 年版，第 35—36 页。

③ 《邓小平文选》第 3 卷，人民出版社 1993 年版，第 32 页。

④ B. Russell, *The Problem of China*, London: Ceorge Allen, 1922. 金耀基：《从传统到现代化》，广州文化出版社 1989 年版，第 42 页。

⑤ 《邓小平文选》第 3 卷，人民出版社 1993 年版，第 266 页。

具备世界眼光。对此，党的十六届四中全会通过的《决定》指出：“无产阶级政党夺取政权不容易，执掌好政权尤其是长期执掌好政权更不容易。党的执政地位不是与生俱来的，也不是一劳永逸的。我们必须居安思危，增强忧患意识，深刻汲取世界上一些执政党兴衰成败的经验教训，更加自觉地加强执政能力建设，始终为人民执好政、掌好权。”① 从世界政党政治的现状看，各国执政党加强自身执政能力建设，有一些共性的东西值得总结和借鉴。虽然各国政党基于其国情和民族性不同而衍生出不同的执政模式，它们的性质、信仰、纲领、执政理念、社会基础、民族历史传统等都千差万别，但作为执政党，这些党在加强执政能力建设方面仍存在一些共同的规律。我们党是一个开放的党，能“大胆吸收和借鉴人类社会创造的一切文明成果”②，十分注重研究和借鉴国外政党执政能力建设的经验教训，展示了党在执政能力建设上的政治远见和韬略智慧。2004 年 9 月在北京召开亚洲政党国际会议，这在我们党的历史上还是第一次主办国际会议，各国政党坐在一起交流治国理政的经验，共商执政能力建设和发展的大计，从中不仅可以看出各国党都非常重视加强自身的执政能力建设，而且显示出我们党加强执政能力建设的世界眼光；同时也只有这样，才能更好地真正从世界政治经济发展的大格局中把握加强党的执政能力建设的内在规律。

具体地说，第一，不同类型政党的执政能力建设成果是可以相互吸收和借鉴的。毛泽东曾经说过：“一切民族、一切国家的长处都要学，政治、经济、科学、技术、文学、艺术的一切真正好的东西都要学。但是，必须有分析有批判地学，不能盲目地学，不能一切照抄，机械搬运。他们的短处、缺点，当然不要学。”③ 邓小平指出：“社会主义要赢得与资本主义相比较的优势，就必须大胆吸收和借鉴人类社会创造的一切文明成果，吸收和借鉴当今世界各国包括资本主义发达国家的一切反映现代社会化生产规律的先进经营方式、管理方法。”④ 所谓人类社会创造的一切文明成果，当然也就包括执政党执政能力建设成果。党的十六大报告强调：“要坚持从我国国情出发，总结自己的实践经验，同时借鉴人类政治文明的有

---

① 《中共中央关于加强党的执政能力建设的决定》，人民出版社 2004 年版，第 4 页。

② 江泽民：《论科学技术》，中央文献出版社 2001 年版，第 101 页。

③ 毛泽东：《论十大关系》，人民出版社 1976 年版，第 24—25 页。

④ 《邓小平文选》第 3 卷，人民出版社 1993 年版，第 373 页。

益成果，绝不照搬西方政治制度的模式。”① 纵观政党政治发展的历史，执政能力建设始终处于不断演进之中，总与一定的国家形态相联系，同时也需通过不断吸收和借鉴其他各国各民族执政能力建设的经验而不断进行加强、优化和提高。当然，我们党在吸收和借鉴世界政党执政能力建设经验的过程中，必须注意区分执政能力建设所具有的国情特点和民族特性，坚持立足我国国情、总结自己民族的执政经验，不照搬外国的执政模式。第二，不同类型政党治国理政和提升能力的有益做法是可以相互借鉴的。世界上各政党在掌握国家政权以后，都要通过加强执政能力建设来巩固和优化其执政地位。马克思主义政党是这样，社会民主党、资产阶级政党和民族民主主义政党也是这样。尽管不同的政党在不同形势下获取政权的途径和方式不同，由此也影响到其在各国政治体系中的地位和作用不同，但是，治国安邦、增强功能、巩固执政地位都是执政党追求和强化的具体目标。这个目标，客观上要求执政党必须具备治理国家的能力。正因为如此，各种类型的执政党尽管代表的阶级、阶层和社会集团的利益不同，性质有先进与不先进之分，追求执政能力的加强和执政地位的巩固却都是不遗余力的。这就使各政党之间执政能力建设经验的相互吸收和借鉴成为可能。事实上，世界上确实有不少政党在这方面有较好的建树，它们的许多特点、经验值得我们党认真关注、研究和借鉴。第三，当前的时代课题已把吸收和借鉴国外政党的治国理政经验问题突出地摆到我们党的面前。我们党面临的“当今世界正处在大发展大变革大调整时期。世界多极化、经济全球化深入发展，科技进步日新月异，国际金融危机影响深远，世界经济格局发生新变化，国际力量对比出现新态势，全球思想文化交流交融交锋呈现新特点，发达国家在经济、科技等方面仍占优势，综合国力竞争和各种力量较量更趋激烈，不稳定不确定因素增多”②，在这种情况下，国家之间的相互联系、相互影响以前所未有的速度增强，是世界上各政党加强执政能力建设必须面对的共同话题，也为各政党依凭这种相互联系、相互影响而大大增加相互吸收借鉴执政能力建设经验的可能。譬如，一国发生经济问题很可能引起另一国经济的波动，使执政党不能不提高驾驭经

① 《江泽民文选》第3卷，人民出版社2006年版，第553—554页。

② 《中共中央关于加强和改进新形势下党的建设若干重大问题的决定》，人民出版社2009年版，第3页。

济发展能力、担负起其相应的维护国际经济秩序的职责；社会结构的变化使中间阶层加速扩大，也使执政党不能不重视社会大多数人而不只是关注本党所代表的基本群众，以寻求社会各群体之间共同利益的平衡；信息技术改变了党员干部网民间的沟通方式，迫使执政党在组织结构、活动内容等方面作出改革创新。解决这些新问题，我们党在与世界上各政党交往中加强执政能力建设经验交流和借鉴是必要的。

网络文化的迅猛发展，给我们党加强执政能力建设具备世界眼光提供了信息技术平台。由于网络文化具有信息容量无限、传递直接、双向传播迅速以及平等自由等特性，使上述不同类型政党的执政能力建设成果的吸收、不同类型政党治国理政和提升能力有益做法的借鉴以及国外政党破解治国理政之时代课题经验交流问题，凭借网络文化已变得十分便捷、互动、共享和及时。正如美国未来学家约翰·奈斯比特所预言的，全球“信息高速公路”作为世纪之交的新一轮产业革命和社会政治革命，最终将把人类引入一个以“信息化”为现代化核心和灵魂的崭新社会形态，即所谓的“信息社会”[①]。实际上，早在1992年美国总统竞选中，克林顿及其竞选伙伴戈尔第一次以形象的语言提出积极促进计算机网络的发展与普及，建设美国国内的“信息高速公路”的纲领，试图以“信息高速公路”这一独特比喻来比拟1960年曾在美国经济快速发展阶段起过重要作用的州际高速公路网，通过加快信息传输速度加强执政党执政能力以刺激正处在衰退期的国内经济，借此带动全球新一轮科技竞争以保持美国在世界事务中的领导地位。1993年9月，戈尔副总统代表政府发表了《全国信息基础设施计划》（*National Information Infrastructure Plan*, 1993, NII Plan），提出美国将在2015年前投资4000亿美元，在其境内普遍建立高速度的计算机光纤通信网络。戈尔称，这一跨世纪的宏伟工程将“永远地改变美国人的生活、工作和相互沟通的方式”[②]。网络是个自成系统的虚拟自由开放社会，各国政党在网络世界中的执政能力信息交流与借鉴没有现实社会的限制。对此，1996年2月9日发表的《赛博空间独立宣言》认为：“在这个独立的空间中，任何人在任何地点都可以自由地发表其观

---

① ［美］约翰·奈斯比特：《大趋势》，中国社会科学出版社1984年版，第12页。

② United States Information Agency, Washington D. C., Sept. 15, 1993.

点，无论这种观点多么奇异，都不必担心受到压制而被迫保持沉默或一致。”[①] 尼葛洛庞帝对工程网络基础的 TCP/IP 协议解释道：“一个个信息包各自独立，其中包含了大量的信息，每个信息包都可以经由不同的传输路径，从甲地传送到乙地……正是这种分散式体系结构令因特网能像今天这样三头六臂，无论是通过法律还是暴力，政客都没有办法控制这个网络。信息还是传送出去，不是经由这条路，就是走另外一条路。”[②] 就是说，网络文化构建起一个彻底开放的电子舆论空间，各国政党都可以不必经过管理机构的批准、检查、修改而通过制作他人能阅读的网页，或通过电子信箱、网上论坛、电子公告栏等各种方式向广大网民传播相关政治信息。据不完全统计，目前世界上有 526 个政党（除中国外）开通了公开网站，其中美洲 106 个、欧洲 261 个、亚洲 95 个、非洲 49 个、大洋洲 15 个[③]，民众可以直接通过电子邮件的方式入党或了解政党信息，使其执政能力建设突破了传统的时空限制。在我国，截至 2003 年 10 月底，固定电话用户达到 2.55139 亿户，移动电话用户 2.59638 亿户，居世界第一位；截至 2003 年 6 月，上网计算机总数达到 2572 万台，上网用户总数达到 6800 万，互联网国际出口带宽达到万兆；截至 2008 年 6 月，我国网民人数、宽带网民人数和国家域名数均已位居世界第一，这“三个世界第一”表明“中国力量”正改变着国际互联网发展的原有格局，为我们党加强执政能力建设拓展世界眼界打造了网络信息技术基础平台。

二 世界政党执政能力建设的基本经验

中国现代伟大的思想家鲁迅先生一直主张积极发展同世界各国间的交流和往来，通过实行“拿来主义”达到知彼知己、取长补短、臻于共赢，他说：“没有拿来的，人不能自成为新人，没有拿来的，文艺不能自成为新文艺。”[④] 应当指出，这里说的“世界政党”主要指社会主义国家（包括已发生剧变的苏联和东欧国家）执政党、西方国家执政党、发展中国家的民族民主主义政党三种类型。毋庸置疑，苏联东欧国家执政党亡党亡国亡制的惨痛教训值得反复思考、深刻汲取，其他社会主义国家执政党在

① 参见田作高等《信息革命与世界政治》，商务印书馆 2006 年版，第 247 页。

② ［美］尼葛洛庞帝：《数字化生存》，胡泳、范海燕译，海南出版社 1997 年版，第 274 页。

③ 转引自刘政权《国外政党建设基本态势》，《经济与社会发展》2006 年第 10 期。

④ 《鲁迅全集》第 6 卷，人民文学出版社 1981 年版，第 40 页。

苏联东欧剧变后所进行的改革创新和为提高执政能力巩固执政地位所采取的有效措施更值得关注，西方国家的执政党可以分为右翼的资产阶级政党和处在西方社会左翼的社会民主党，这些党同马克思主义政党性质不同，但作为政党都要争取执掌政权、提高执政能力和维持执政地位，尽管它们是在多党竞争、议会民主制条件下活动，其加强执政能力建设的做法、特点尤其是有价值的新举措也值得吸收和借鉴；第三种类型的政党与我们党同属发展中国家的政党，尤其是那些在历史传统、社会结构、文明发展程度以及政治文化与我们党有很多共同点的政党的基本经验更有学习和借鉴价值。当前，全球化、信息化、市场化、民主化迅速发展，世界上很多政党顺应时代发展潮流，加大在治国理政和执政能力建设方面的力度，取得显著成效。概括地说，世界政党执政能力建设主要有"四个注重"的基本经验，值得我们党认真"拿来"予以吸收和借鉴。

第一，注重提高执政党的思想理论创新能力。"旗帜问题至关重要。旗帜就是方向，旗帜就是形象。"① 指导思想就是政党的旗帜，是政党凝聚党心、赢得民心进而整合社会的行动指针。一方面，面对急剧变革的国际国内社会现实，能否在思想理论创新基础上制定符合时代要求的理论纲领，事关世界政党的前途和命运。在此背景下，当前许多国家的执政党都非常重视思想理论创新能力的加强。例如，苏东剧变后大多数社会主义国家执政党已认识到思想理论建设的重要性，努力通过推动党的思想理论创新，既使党的指导思想更适应时代变化的需要，也增强了民众对党的认同感、依归感和信任感。西欧社会党大都以"思考的党"自称，20 世纪 90 年代以来为顺应全球化发展需要而更新执政理念，提出了"第三条道路"、"新中间道路"等思想，试图探索出一条新道路，以指导这些党的执政能力提高和政策调整。如匈牙利社会主义工人党在苏东剧变后演变为匈牙利社会党，在国内政治、经济、社会思潮等领域全面向西方靠近的形势下，提出党的思想理论要顺应时代和形势发展的要求，强调立足于匈牙利国情和社会民主主义原则，由于经过反思、调整和创新而改善了形象、扩大了影响，使得该党在 1994 年和 2002 年两次赢得大选。同时，许多政党在制定新纲领时通常要举办很多辩论会、网络研讨会、座谈会、网上论坛等，发动全体党员积极参与，这样，一些政党在社会分化组合加快和文

① 《江泽民文选》第 2 卷，人民出版社 2006 年版，第 1 页。

化发展日益多元化情况下在思想理论纲领革新方面表现出更大的灵活性和包容性，也增强了西欧社会党对形势的适应力，使其一度在欧盟 15 国中的 13 国执政。在发展中国家，有的执政党也注意结合本国实际，引进一些新的思想观念并充实党的理论纲领，以制定正确的政策、塑造新的执政形象。另一方面，在执政学中，决策是执政党政治活动中的关键环节，直接关系政党执政绩效的好坏。基于此，各国政党为提高决策的科学化水平而采取的主要做法包括：成立专门政策研究机构，加强政党的政策研究；合理利用外脑，加快决策过程的民主参与；增强决策的权威性和党员对政策的认同感等。如希腊泛希社运指出，政策制定不仅要依靠党的领导人或专家，而且要鼓励党员广泛参与党的大政方针的决策过程；新西兰工党在党的政策出台前，先在党内进行广泛讨论，然后以意见书形式提交给党的政策会议；古巴共产党召开五大时，提前 5 个月公布党的政治文件草案，全国共有 650 万人参加大讨论；法国社会党 2002 年选举受挫后，在党内组织了约 5000 场不同形式的座谈会、讨论会、网上论坛，深刻反思败选原因，为赢得下次选举寻找新的政策定位；泰国泰爱泰党也倡导“政策之光”新理念、确立“关注民生”新思维，为保证决策的科学性、权威性而成立属于党主席和党的中央执行委员会的两套顾问委员会，并按照不同界别详细划分出金融、工商、农业等小组委员会进行决策。一些西方国家执政党还非常注重网上社情民意变化，注意通过网络、集会、对话等渠道加强同选民的联系，有的甚至“花钱买意见”，供执政党在决策时参考。近年来，随着经济社会发展变化的加剧，西方许多政党提出，要想科学民主执政和决策，不被时代潮流所抛弃，必须加强学习，成为一个学习上永不间断的“学习型政党”。

第二，注重提高执政党发展经济社会的能力。进入新世纪新阶段，随着以经济和科技为基础的综合国力竞争日趋激烈，许多国家尤其是发展中国家的执政党都把驾驭经济社会均衡发展的能力视为衡量执政党执政能力的主要标志之一。因此，不断提高驾驭经济社会均衡发展的能力是各国执政党执政能力建设的重要经验。苏联解体、东欧剧变的执政历史教训，使越南、古巴等社会主义国家的执政党认识到了发展经济的极端重要性，纷纷采取有效措施提高党领导经济社会发展的能力，加快本国经济社会均衡发展。新加坡人民行动党更是在立国之初人少地小国贫基础上就提出“生存第一，经济立国”的基本国策，使新加坡经济不断登上新的台阶而成为亚洲“四小龙”之一，该党的执政能力和执政地位也得到不断提高和巩固。此外，一些政党为提高执政能力、巩固执政地位，在推进经济增长率的同时也注意平衡社会各个阶层的利益。以瑞典社民党为例，其累计执政已有70余年，且一直认为发展经济是赢得民心的根本所在，自1932年上台执政后就大力倡导“混合经济模式”，实行福利国家制度，国民经济在40多年内持续增长，创造了世界瞩目的“瑞典模式”，为该党长期执政奠定了强有力的基础。随着近年经济全球化的迅猛发展，该党将再创新的经济业绩作为执政能力提升的关键，对经济社会政策进行及时调整，一定程度上为瑞典经济社会发展注入了活力，如瑞典的爱立信公司目前已拥有全球近40%的移动通信市场份额。由于瑞典社民党经济社会政策调整有方，该党在2002年大选中实现了三连任，成了世界上执政时间最长的社会民主党。

第三，注重提高执政党的组织动员能力。在执政学视野中，组织结构是执政党存在和发展的物质基础。在网络化、全球化大潮的激荡下，一些执政党的传统组织建设方式也受到了冲击，因而需要为适应新的形势要求而不断探索建设现代化执政党的新方式。方式之一是扩大党内民主，增强党的吸引力和凝聚力。随着网络社会的崛起，社会生活更加个性化，许多社会精英远离政党和政治生活。在此情况下，西欧社会党认为，为了使党员结构能够反映社会组成，必须吸收足够的游离于执政党之外的社会精英政治资源，建立起更为现代化的党组织。一些社会主义国家执政党为扩大党内民主，在召开党的代表大会前将准备提交大会的报告首先在全国范围内征求意见。如越南共产党建立了总书记任内述职制度和中央全会质询制度，每位中央委员都可以对包括总书记、政治局委员和书记处书记在内的其他委员提出质询，也可以对政治局、书记处、中检委集体提出质询；而西方政党的主要活动是参加竞选，认为投票选举党的领导人是增进政党自身的凝聚力，选拔更为合格、更具权威的领导人的重要形式，因此许多政党采取加大党内直接选举力度来扩大党内民主。方式之二是吸引、选拔高素质的人才，建设强有力的干部队伍。如越南共产党为扩大选人视野，规定在遴选中央委员会候选人时党员个人可以自荐；新加坡人民行动党每次大选后，从全国各行业中挑选200—300名候选人，然后通过笔试、面试、心理测试、中执委裁决等程序，遴选出候选人再进行有计划的培养，为人民行动党长期执政奠定了坚实的人才基础。近年来，西方政党不断加大党内直接选举的力度，如法国社会党1997年把党的第一书记由执行委员会选举改为全体党员直接选举，就是很典型的一例。此外，提高执政党的组织动员能力要突出应对危机和突发事件的能力。当今各国之内社会矛盾日益凸显，发生突发事件和非传统安全如金融安全、生态安全等安全危机的威胁增大，加上火山爆发、地震、海啸、洪涝旱灾等往往以突发事件形式出现而引发动荡，尤其是恐怖主义已经成为各国执政党必须应对的现实威胁，这就要求负责任的执政党必须建立和强化危机防范和处理机制，努力提高自己应对突发事件和化解重大危机的能力。对此，西方国家执政党在长期实践中逐渐形成了一套相对成熟的危机管理体系，如建立应对危机的专门机构，制定各种应对危机的预案等。发展中国家和社会主义国家执政党也在积极探索，以提高应对危机和处理突发事件的能力，如古巴的内政部、警察局联合保卫革命委员会等组织，就组成了“统一监护体系”和“快速反应队”①，以实现应对危机和突发事件的机制化。

第四，注重提高执政党妥善处理外部事务并营造有利于自身发展的国际环境的能力。世界上政党间的交往，不仅有利于政党间利用各种平台相互交流治国理政的经验，而且有助于推动国家间通过外交渠道不便处理的某些问题的解决。当前不少在内政方面有所作为的执政党为营造有利的国际环境，对提高党际交往、利用网络资源处理对外事务的能力也非常重视。如2004年9月在北京召开的第三届亚洲政党国际会议就吸引了34个国家的82个政党参加，另有4个非亚洲国家的政党和组织作为观察员出席会议。许多政党参加这次会议除交流、探讨治国理政的经验外，一个重要目的就是通过党际交往宣传自己的价值理念和政治主张，不断提高国际对话和交流能力，为提高执政能力和巩固执政地位营造有利的国际条件。同时，开发和利用网络资源伴随信息技术的发展应运而生，是各国政党提高执政能力的新平台。概言之，各国政党的主要做法有：一是建立网站宣传本党的政治主张。如美国共和民主两党、英国工党、德国社会党、法国社会党、日本自民党以及瑞典社民党等都较早建立了网站，高密度地向民众宣传和阐述本党政治理念、方针政策、组织体系和联系参与方式等。二是通过网站加强与党员和民众的联系。如英国工党采用电子邮件的方式直接与党员和民众联系；德国社会党提出“网络党”的概念，通过计算机

① 王家瑞：《国外政党的执政经验教训》，《新华文摘》2005年第1期。

创建一个共同参与的网络平台，民众可以在网上登记入党。三是利用网络资源进行政党选举。如美国共和民主两党、法国人民运动联盟和社会党在近几年的总统和议员大选中都建立了图文并茂、声像俱全的竞选网络，集中展现候选人的魅力及其竞选议题的观点；英国工党于20世纪90年代初建立“长期选举运动”行动总部，负责搜集和分析网上舆论动态，帮助本党候选人应对瞬息万变的国际国内舆论环境。四是利用网络资源开展党务活动。如德国社民党启动“红色电脑”和“红色手机”计划，将全国12000多个基层组织全部联入内部信息网，用电邮、手机等手段向全体党员发布消息，传达指示，相互沟通；美国民主党还将“虚拟的网络组织生活”同“现实的集会活动”结合起来，在网上发布活动信息动议，然后在现实各种场合中组织会议和开展政党外交活动。因此，网络文化资源已经成为执政党妥善处理内部事务并营造有利于自身发展软环境的重要平台。

三　国外政党执政能力建设经验对我党的启示

我们党执政能力建设的加强是在非竞争性现实政治环境中进行的，我国现行宪法明确规定了中国共产党是中国唯一合法的执政党①，这一前提和基础决定了我们党的执政能力建设必然具有鲜明的中国特色，同时，我们党又必须尊重世界各国政党共同遵循的执政能力建设规律，把党的执政能力建设放在世界政党政治发展潮流中来加以认识，学习借鉴国外政党执政能力建设经验。对于加强党的执政能力建设中面临的双重现实，必须始终保持清醒认识并加以高度重视，努力开辟一条既能体现中国特色社会主义的本质要求又符合世界各国政党执政能力建设规律的道路。因而，探讨国外政党执政能力建设经验对我党的启示，必须坚持的基本出发点和立脚点是：我们党的执政能力建设具有独特的内在规律，没有任何现成的模式可以全盘照搬，尤其是不同于外国政党执政具有的竞争性和非持久性特点，这决定了我们党的执政能力建设规律与其他国家执政党是不同的，从根本上说，我们党的执政能力建设必须坚持把马克思主义执政能力理论与我国具体的执政实践相结合，在全面、系统、深入研究的基础上总结历史经验和现实经验，不断取得新进展新成果，努力把党的执政能力建设建立

---

① 参见《中华人民共和国宪法》，法律出版社2004年第4版，第3页。

在对马克思主义执政能力建设规律的深刻认识和自觉运用的基础之上。在这个基础上，国外政党执政能力建设经验对我党的启示也是多方面的。概言之，这里主要讲四点启示。

启示一：加强党的执政能力建设要坚持整体考虑与均衡适度相结合。所谓整体就是列宁讲的“党应该是组织的总和（并且不是什么简单的算术式的总和，而是一个整体）”①，整体考虑则要求执政能力建设必须从整体的视角来进行系统思考，因为“有了这种组织，就产生出新的力量”②。当然，执政能力建设要坚持整体考虑并不否认执政能力建设的重点论和层次性，就是说，执政能力建设要根据各层次各要素在整个系统中发挥作用的权重进行有序分配，以达到系统整体的均衡适度发展，力争整体考虑与均衡适度相结合。事实上，世界政党执政能力建设，既从整体考虑来注重提高思想理论创新能力、发展经济社会的能力、组织动员能力和妥善处理外部事务并营造有利于自身发展的国际环境的能力，又根据各国国情和民族特点而有重点有层次地推进各国执政能力建设。因此，我们党加强执政能力建设，既要整体思考加强“五大能力”建设，又要依据不同时期的不同工作重点难点而有选择地加强具体的执政能力建设。例如，当前我们党要着力提高转变经济发展方式，增强应对金融危机冲击的能力，因为这既是目前形势发展的需要，也是推进执政能力建设的迫切任务所在。

启示二：加强党的执政能力要与学习型政党建设相结合。学习型政党就是把加强和改进学习制度和学习质量摆在执政生活中更加突出的位置，进而营造出重视学习、崇尚学习浓厚氛围的政党。建设学习型政党，既是我们党总结西方执政党近年来科学决策经验而得出的一个启示，也是党的十七届四中全会深刻总结历史经验而科学分析当前形势、着眼于提高党的执政能力并保持与发展党的先进性而提出的一项重大战略任务，进而不断提高全党思想政治水平，使我们党真正成为科学理论武装、具有世界眼光、善于把握规律、富有创新精神的马克思主义学习型政党。学习的目的在于提高能力，加强党的执政能力与学习型政党建设相结合，基础在建设学习型党组织。因此，要“在全党营造崇尚学习的浓厚氛围，积极向书本学习、向实践学习、向群众学习，优化知识结构，提高综合素质，增强

---

① 《列宁全集》第8卷，人民出版社1986年版，第252页。

② 《刘少奇论党的建设》，中央文献出版社1991年版，第457页。

创新能力，使各级党组织成为学习型党组织，各级领导班子成为学习型领导班子。”① 同时，要把理论素养、学习能力作为选拔任用领导干部的重要依据，发挥党校、行政学院、干部学院和国民教育体系在建设马克思主义学习型政党中的重要作用。

启示三：加强党的执政能力要与提高党的建设科学化水平相结合。历史和现实都表明，世界上各国政党为提高决策的科学化水平而采取了许多行之有效的举措。其实，决策科学化水平的提高是执政能力建设的重要内容，也是执政党科学化水平提高的根本标志，由此我们党可以得出启示，即加强党的执政能力要与提高党的建设科学化水平相结合，并在党的十七届四中全会通过的《中共中央关于加强和改进新形势下党的建设若干重大问题的决定》中提出了在新形势下提高党的建设科学化水平的要求，这与加强党的执政能力建设的要求具有同等重要的意义。它表明我们党作为领导我国走向社会主义现代化的执政党，其执政能力建设正在按照共产党执政规律、社会主义建设规律和人类社会发展规律而更加自觉地朝着科学化水平奋进，也表明我们党为应对新形势新挑战而借鉴各国政党建设科学化经验来进一步提高管党治党水平、以改革创新精神不断提高和完善自己。当前，要着眼于加强党的执政能力，坚持科学执政、民主执政、依法执政，努力提高党的建设科学化水平，就是要在全党进一步树立科学思想、弘扬科学精神、掌握科学方法、完善科学制度，积极推动党的建设取得新成效、开创新局面、再上新水平。

启示四：加强党的执政能力要与提高党的建设网络化水平相结合。开发和利用网络文化资源作为加强执政能力的新平台是世界各国政党的共识，如新加坡人民行动党把网络文化作为展示自身形象的新型窗口，通过不断发展健全电子党务、网站设立“政策论坛”、鼓励民众政治参与等措施，加强该人民行动党执政能力建设取得好的效果。这就启示我们：加强党的执政能力要与提高党的建设网络化水平相结合。胡锦涛在党的十七届四中全会第二次全体会议上的讲话中指出：“要办好党建网站、建立全国党员信息库、推进基层党组织工作信息化、加强农村党员干部现代远程教育网络一体化建设、健全反腐倡廉网络举报和管理机制，网络信息收集和

① 《中共中央关于加强和改进新形势下党的建设若干重大问题的决定》，人民出版社 2009 年版，第 14 页。

处理机制，等等，目的就是要运用信息网络技术来加强和改进党的建设，提高党建工作效率。”并要求立足世情、国情和党情，在新形势下提高党的建设网络化，“各级干部要学习和熟悉信息网络，善于运用信息网络，提高运用信息网络进行引导和管理能力”①。可见，面对国内外不断发展变化的新形势、面对网络文化迅猛发展的当今时代，我们党的执政能力建设只有不断与提高党的建设网络化水平相结合，才能始终保证党走在时代前列、不断提高领导水平和执政能力，真正担负起领导人民在中国特色社会主义道路上实现中华民族伟大复兴的光荣使命。

第三节　党的执政能力在网络文化全球化进程中的加强

1988 年 9 月 15 日，邓小平在会见捷克斯洛伐克总统胡萨克时指出：“世界在变化，我们的思想和行动也要随之而变。……马克思说过，科学技术是生产力，事实证明这话讲得很对。依我看，科学技术是第一生产力。我们的根本问题就是要坚持社会主义的信念和原则，发展生产力，改善人民生活，为此就必须开放。否则，不可能很好地坚持社会主义。”②网络文化是伴随电子信息技术的发展而勃兴的一种新文化业态，对于我们这样的发展中国家而言，电子信息技术的发展是推动我国进入社会主义现代化国家和融入全球化浪潮一张绝好的通行证，因为在当代科学技术日新月异的变革中信息网络技术对全球化进程起了关键性的推动作用，也对我们党加强执政能力建设产生了重大影响。在此背景下，我们党提出：“重视对社会热点问题的引导，积极开展舆论监督，完善新闻发布制度和重大突发事件新闻报道快速反应机制。高度重视互联网等新型传媒对社会舆论的影响……加强互联网宣传队伍建设，形成网上正面舆论的强势。”③因此，深入把握网络文化全球化的历史进程，系统分析网络文化全球化进程的特征和党的执政能力在网络文化全球化进程中的加强情况，是非常必要的。

① 胡锦涛：《努力开创新形势下党的建设新局面》，《求是》2010 年第 1 期。

② 《邓小平文选》第 3 卷，人民出版社 1993 年版，第 274 页。

③ 《中共中央关于加强党的执政能力建设的决定》，人民出版社 2004 年版，第 22 页。

一　网络文化全球化的历史进程

网络文化与互联网络是划时代的“一体两面”式的新生事物。网络及其文化在20世纪60年代末产生，在千年交替之际爆发性发展，在21世纪继续大踏步前进。网络文化的创新发展节奏很快，网络股市泡沫的严重缩水使暴涨速度减缓，但并没有阻挡互联网络的强劲发展势头，网络文化的划时代意义还在于互联网络是新经济的“倍增器”，是全球化的“推进器”。更为重要的是，网络文化对人类社会各个层面发挥了广泛而深入的作用和影响，是渗透于现代社会所有领域的一种“普照之光”[①]。因此，只有深入探究网络文化全球化的历史进程，才能站在现时代的文化制高点上，处于高屋建瓴之势，更好地把握当今世界网络文化发展的大趋势。

网络文化全球化的历史进程伴随网络化信息技术的产生而兴起，引发了传播技术文化的革命性变革，使人类的交往活动突破了失控阻隔，同时使基于全球化的“地球村”在某种意义上成为现实。例如，早在1984年“全球化”这个词尚未出现之前，《福布斯》杂志在一篇封面故事中就称澳大利亚传媒大亨鲁珀特·默多克“已在创建世界有史以来最大的传媒王国”，对媒体的未来和新闻集团的前景有着清晰的构想，“并将取得世界的领导权”；美国《时代》周刊在评价默多克及其媒体帝国时说“他不仅能预知全世界的信息革命，并且将自己在整个媒体帝国的形象发挥到了极致。默多克的媒体帝国辐射面达全球人口的2/3，这是商业和科技领域所无法比拟的”，且认为其媒体全球扩张主要在两个层面上进行：一是遵循从纸质媒体—电子媒介—数字媒介的途径，它表明新闻集团在不同历史阶段对不同媒体形态的重视暗含了媒介本身的发展规律，是顺应时代潮流的明智之举；二是遵循澳洲—欧洲—美洲—亚洲的进军路线，这一历史过程也符合跨国传媒集团的一般规律，即先在本国将业务做大，通过业内的兼并或跨行业的并购成为地区性的传媒公司，然后跨国界在最有利于自身发展的地区扩张，最后成为全球性的传媒公司。这一事例说明网络文化的兴起及其跨越时空局限的功用日益把世界的各个角落联结起来，从而促进文化全球化在网络文化平台上深入发展，推动世界上不同国家和民族价值观念、文化形态的交融与提升。

---

① 史南飞：《互联网公德原理》，湘潭大学出版社2008年版，第17页。

对此，英国当代哲学家、政治社会学家吉登斯曾将网络文化全球化视为现代性的动力机制和重要特征，其判断是基于这样的分析：在传统社会中时空是紧密联系在一起的，“什么时间”与“什么地点”是不可分离的，而现代时间则是一种“虚化”的时间，它脱离具体的空间而具有一种超越空间的因果关系特性，于是，具体空间的意义降低了，而将具体地域空间与全球空间联系起来，使得传统意义上碎片化单元的“历史”被重组为一种全球化的世界“历史”。[①] 网络文化全球化作为现今最具代表性的科技文化力量，其历史进程和现代意义决不在于作为一种新兴的传媒对传统传播工具的改变，而在于它所构筑的网络社会及其在此基础上衍生的网络文化及其技术理性对政党政治尤其是执政能力的存在方式、思维方式与价值理念的加强与提升，因为网络文化所依托的网络技术既是一种工具性技术，更是一种深刻改变执政党社会行为与精神世界的“先锋技术”，这一信息网络技术早已超越了它原来纯粹器物的功能。从更宽泛的意义上说，网络文化全球化的历史进程，也是网络文化凭借数字化生存的方式充当人类从实在的生活环境走向虚拟生活环境的中介的历史过程，它通过改变生活、空间和时间的物质基础，构筑起一个个流动的空间和无限的时间，推动着人类进步和执政党执政能力的提高。“在前现代社会，空间和地点总是一致的，因为对多数人来说，在大多数情况下，社会生活的空间维度都是受‘在场’（presence）的支配，即地域性活动支配。现代性的降临，通过对‘缺场’（absence）的各种其他要素的孕育，日益把空间从地点分离了出来，从位置上看，远离了任何给定的面对面的互动情势。”[②] 网络文化全球化及其历史进程中所创设的虚拟社会，丰富和扩充了传统时空的观念与特性，使之成为网络时代社会行动的存在基础和现代性价值理念的栖身根基。因此，网络文化全球化的历史进程，表明网络文化全球化不仅成为现代政党本质力量的新体现，也成为各国政党加强执政能力建设的新条件。

二　网络文化全球化进程的基本特征

马克思指出：“大工业造成新世界市场关系”[③]，“单就大工业建立了

① ［英］安东民·吉登斯：《现代性的后果》，田禾译，译林出版社 2000 年版，第 15—18 页。

② 同上书，第 16 页。

③ ［德］马克思：《资本论》第 1 卷，人民出版社 1975 年版，第 487 页。

世界市场这一点，就把全球各国的人民，尤其是各文明国家的人民，彼此紧紧地联系起来。”① 因而如同第一次科技革命中蒸汽机的发明、第二次科技革命中电的发明和电力的运用都推动了全球化一样，网络文化的普及也大大推动了全球化进程，并使网络文化全球化进入一个崭新阶段。实际上，网络文化的产生内在地蕴孕有全球化特征，是一个无限开放的“一网打尽全世界”② 的信息海洋，使人类对信息资源的开发、利用和处理都达到了一个全新的高度。因而如同网络文化具有开放性、平等性、虚拟性、互动性、创新性和多元性等特征一样，网络文化全球化进程中也包含有这些特征，且网络文化全球化无论其深度、高度、广度和速度，都是以往任何一个时期的全球化所无法比拟的，诚如美国国际政治学家罗伯特·基欧汉和约瑟夫·奈所说：“信息处理技术和远程通信技术的巨大进步构成了当代全球化的基本源泉。”③ 网络文化全球化彻底把人类社会的各个角落都用信息高速流动、四通八达的计算机网络联在一起，从而使人类开始真正完全意义上的全球化。然而，在概括网络文化全球化进程的基本特征时应当指出，网络文化在带来发展机遇的同时，也使作为“时代话语”的网络文化“全球化常被视为一种冷酷无情的力量，它极大地破坏了普通百姓和无力自卫的社群的生活”④，总体上呈现出的是一把双刃剑的基本特征。因此，各国执政党在推动网络文化全球化进程中应当注重趋利避害、扬长避短。

一方面，网络文化全球化对世界各国发展的推动是全面而有效的，真正打破了包括政治、经济、文化、社会诸领域在内的“民族化”和“区域化”的限制，使其彼此联系日趋紧密、相互依赖日益增加，传统地理位置上的国界已逐步淡化，文化相互吸收借鉴和融合创新，把古人所谓“天涯若比邻”的梦想变成了现实。具体来说，一是网络文化的内在特点决定它必将推动全球化进程。在网络文化流动中，时空距离被大大缩短，出现了“时空压缩”现象，且由于网络文化传播是瞬间性的，这反过来

① 《马克思恩格斯选集》第1卷，人民出版社1995年版，第241页。

② ［美］尼葛洛庞帝：《数字化生存》，胡泳、范海燕译，海南出版社1997年版，第211页。

③ ［美］罗伯特·基欧汉、约瑟夫·奈：《权力与相互依赖》，门洪华译，北京大学出版社2002年版，第257页。

④ ［美］莱斯利·辛克莱：《相互竞争之中的多种全球化概念》，梁展编选：《全球化话语》，上海三联书店2002年版，第46—47页。

又使网民体验到空间中不同点之间的距离缩短了。就是说，网络文化的兴起使生活在不同地方的人形成“共同的现象世界”（shared phenomenal world），空间上的障碍已经瓦解，世界成了单一的“场”[①]。同时，丹·希勒也说，互联网实质上是全球化最美妙的工具。[②] 世界上不同国家、民族、文化背景的人都可以通过网络文化平等自由交流，在某种程度上模糊了阶级、民族和政党差别，尤其是网络文化全球化进程中极为频繁的跨国、跨民族、跨文化的信息交流也超越了地域、民族文化的隔阂，并部分冲淡了不同国家民族之间的文化差异。二是网络文化全球化大幅降低通信成本，促进了企业的跨国经营。与传统的通信媒介相比，网络媒介成本大幅度降低，人与人之间通信交流密度增加，交流量也上升，网络文化全球化的深度也在增长[③]。而通信交流成本的降低又使全球网络参与者的类型和数量大大增加。“非政府组织——大到‘绿色和平组织’或‘大赦国际’小到众所周知的三个臭皮匠，一台电脑——可以让全球听到自己的声音。”[④] 非政府组织，再加上数量不断增加的社会运动、政党活动、各国网民等使跨国交流得到巨大发展，从而使全球化在广度上大大拓展。同时，网络文化使各国企业获得在全球配置资源的超强能力，企业的全球化水平因而更高。曼纽尔·卡斯特把这种现象称为“信息化－全球化经济的新组织已经浮现，这就是网络企业（the network enterprise）。”[⑤] 因而它“既是时代的产儿，又是时代的指针，在连续地解决时代课题的实践中发展。”[⑥]

另一方面，网络文化全球化使社会交往模式发生了重大变革，即由“人－人”为主变成了“人－媒体－人”为主，“一个瞬间电子通信的世界——即使是那些生活在最贫困地区的人们也能参与到这个世界之中——正在瓦解各地的地方习惯和日常生活模式”[⑦]。网络文化全球化进程正在

① David Harvey, *The Condition of Postmodernity*, Oxford: Blackwell, 1989, p. 161.

② ［美］丹·希勒：《数字资本主义》，杨立平译，江西人民出版社，第 30 页。

③ 田作高等：《信息革命与世界政治》，商务印书馆 2006 年版，第 20—21 页。

④ ［美］罗伯特·基欧汉、约瑟夫·奈：《权力与相互依赖》，门洪华译，北京大学出版社 2002 年版，第 293 页。

⑤ ［美］曼纽尔·卡斯特：《网络社会的崛起》，夏铸九等译，社会科学文献出版社 2001 年版，第 214 页。

⑥ 许征帆：《时代风云变幻中的马克思主义》，中国人民大学出版社 1996 年版，第 154 页。

⑦ ［英］安东尼·吉登斯：《第三条道路——社会民主主义的复兴》，郑戈译，北京大学出版社 2000 年版，第 34 页。

深刻变革人类所熟知的生活世界和精神文化环境，尤其带来了西方价值的侵入与中西政治文化的冲突和碰撞，是网络文化全球化对传统政治文化改变最直接的表现。具体来说，一是网络文化全球化打破传统的生产方式和生活方式，不仅把生产和消费的经济活动纳入了全球化的范围，而且把现代政党和党员个人的生活式样置于世界视野之中，使文化与精神赖以生存的物质基础进行新的整合。在此背景下，传统的生产方式得以根本改变，政党组织和党员个人的生活圈和交往范围不仅突破了血缘、族缘和地缘的局限，而且随着现代科技和网络文化日新月异的发展，已经跨越地域和空间的阻隔。因而网络文化全球化，使各国政党的生存与发展方式冲破了传统社会结构、生活方式、活动程序的固有格局，也打破了传统意识形态的栖身环境。二是差异性观念对统一思想、个体性对整体性的冲击。伴随着网络文化全球化浪潮的兴起，以往国家民族间相对封闭的环境被迅速打破，西方发达国家凭借其经济、军事上的优势并依托网络文化全球化所带来的便捷手段，加紧对广大发展中国家渗透其价值观念、生活方式及其意识形态。这些西方网络文化全球化浪潮的冲击，加之由于市场经济自身的自由竞争要求和其所产生的利益多样化差异、利益关系的多层次性以及外部环境的多元分层等多因素交错，不少发展中国家及其政党现实的文化价值追求包括政治文化价值观也出现多元取向，差异性观念对传统的统一思想产生了很大冲击。同时，网络文化全球化进程也揭开了个体化、个性化和私人生活空间与文化价值世界的新时代，网络文化的物质载体——互联网一端连接着纷繁复杂、变幻莫测、多元交织的信息与文化价值世界，另一端却是连接一个个相互独立的党员个体世界。在网络文化的数字化生存中，党员个体不仅可以摆脱现实社会关系与人伦秩序的制约、对人“是一切社会关系的总和”① 构成挑战，而且可以利用网络文化全球互动性的技术特征对权威化的民族国家的传统政治文化价值模式提出挑战。因此，网络文化全球化进程日趋解构了民族国家传统整体主义的文化价值模式，传统意识形态、文化导向价值的权威性和影响力受到网络文化全球化环境的削弱，迫切需要各国执政党在网络文化全球化大潮中加强自身执政能力尤其是主导性文化价值的能力建设。

---

① 《马克思恩格斯选集》第1卷，人民出版社1995年版，第56页。

三　党的执政能力在网络文化全球化进程中的加强

20世纪90年代以来是网络文化全球化的大发展时期。以微电子和计算机技术、通信和网络技术、软件和系统集成技术为代表的信息技术，是新世纪新阶段网络文化全球化发展的一个重要特点。江泽民指出："大量的信息通过网络伸入到社会的各个角落，成为当今文化传播的一个重要手段。目前，美国、英国、德国、日本等发达国家都在纷纷投入巨资，拟订规划，发展信息网络。"① 2001年7月又说："当今世界，科技进步突飞猛进，特别是信息技术和网络技术发展迅速，对世界政治、经济、军事、科技、文化、社会等领域产生了深刻影响。这必须引起我们高度关注。"②明确提出"我们的基本方针是：积极发展，加强管理，趋利避害，为我所用，努力在全球信息网络化的发展中占据主动地位。我们要抓住机遇，加快发展我国的信息技术和网络技术，并在经济、社会、科技、教育、文化、国防、法律等方面积极加以运用。同时，要高度重视信息网络化带来的严峻挑战。各地区各部门的领导干部，必须加紧学习信息网络化知识，高度重视网上斗争的问题。我们的党建工作、思想政治工作、组织工作、宣传工作、群众工作等都应该适应信息网络化的特点。既要积极推进信息网络基础设施方面的建设，又要大力加强信息管理方面的建设。把这两方面工作都搞好了，就可以迅速而又健康地推进我国的信息网络化。"③ 党的十六大报告强调"互联网站要成为传播先进文化的重要阵地"④；十七大报告提出："加强网络文化建设和管理，营造良好网络环境。"⑤ 因而，我们党不仅高度重视中国特色网络文化建设和管理，而且高度重视在网络文化全球化进程中加强自身执政能力建设。

在网络文化全球化进程中加强党的执政能力建设，第一，必须牢牢掌握党对网络文化舆论工作的领导权，为保持正确的网络文化舆论导向提供保证。应该指出，在网络文化全球化背景下，网络文化舆论工作的领导权

① 江泽民：《论科学技术》，中央文献出版社2001年版，第180页。

② 《江泽民文选》第3卷，人民出版社2006年版，第300页。

③ 同上书，第300—301页。

④ 同上书，第559页。

⑤ 胡锦涛：《高举中国特色社会主义伟大旗帜 为夺取全面建设小康社会新胜利而奋斗》，人民出版社2007年版，第35页。

和主动权是我们党的整个舆论工作的实质和核心。胡锦涛在中共中央政治局第三十八次集体学习时强调:“加强我国网络文化建设和管理,必须从中国特色社会主义事业总体布局和文化发展战略出发,坚持以邓小平理论和‘三个代表’重要思想为指导,全面贯彻落实科学发展观,按照发展社会主义先进文化的要求,坚持积极利用、大力发展、科学管理,以先进技术传播先进文化,促进和谐文化建设,更好地满足人民群众日益增长的精神文化需要,为全面建设小康社会提供有力的思想保证和舆论支持。”①为此,既必须从体制机制上把网络文化舆论阵地置于党的领导之下,决不能因网络文化产业化改革而失去控制,又要严把干部、媒体的管理权和使用权,坚持党管干部、党管媒体的原则,使网络文化宣传教育平台牢牢掌握在忠诚于党的马克思主义者手中,还要切实加强党对网络文化舆论工作监督和管理,从制度上保证网络文化舆论引导不错位、不失控。同时,在网络文化全球化进程中党掌握对网络文化舆论工作的领导权时,要注意学习借鉴世界各国在网络文化全球化进程中加强党的执政能力建设经验。例如,新加坡人民行动党网站整体设计简洁,内容翔实,讲究实效,其中的About PAP栏目包括党的简历(如人民行动党的标识和华文版、马来语版、泰米尔语版的宣言以及党的哲学和党自建立以来所取得的成就、党章以及党的领导机构等),各种方针政策以及最新的动向和消息,都以电子版的形式出现在网站上,让人民更加体会党务的公开化、透明化和互动化。这不仅展示了该党的网络形象,而且赢得了党员及民众的支持和拥护,无形之中加强了执政能力、巩固了执政地位。当然,我们党在学习借鉴其他国家的建设经验时,要坚持好“中国实际”、“以我为主”与“实效性”有机结合的基本原则。所谓“中国实际”,就是基于任何经验都具有相对性,我们党在学习借鉴外国经验时要充分考虑中国国情和党的执政能力建设实际情况,不能盲目照抄照搬外国某些特定的做法和模式;所谓“以我为主”,是指我们党在网络文化全球化进程中借鉴外国经验要始终立足于我们党执政能力建设的目标和任务,围绕我们党的中心工作来进行,在总结我们党执政历史经验的基础上学习借鉴外国政党执政体制机制创新的经验,不断探索我们党在网络文化全球化背景下适合自身能力建设

---

① 胡锦涛在中共中央政治局第三十八次集体学习时强调:“以创新的精神加强网络文化建设和管理 满足人民群众日益增长的精神文化需要”,见《人民日报》2007年1月25日第1版。

的新途径和新方式，因而比较而言，外部经验只能起到补充和促进的功能，外因要通过内因才能起作用；所谓“实效性”是基于“中国实际”和“以我为主”的立场，在汲取外国政党网络文化全球化进程中执政能力建设经验时要清醒地加以鉴别，必须使之在某些方面真正有助于提高和增强我们党的执政能力，某些当前中国现实条件下无法实现的外国政党执政能力建设经验即使是有益的也不能生搬硬套，从而保证在网络文化全球化进程中加强党的执政能力建设的实效性。

第二，在网络文化全球化进程中加强党的执政能力建设，必须唱响网络文化主旋律，形成网上舆论的主导态势。一方面，应当看到，在网络文化全球化进程中以美国为首的西方发达国家在网络文化舆论传播的科技手段变革中已处于领先地位，在网络文化发展态势上已占有信息传播优势。在这一背景下，我们党只有把网络文化主旋律唱响，形成网上舆论主导态势，才能使领导干部和党员群众透过网络文化视频明确我们党的理论、路线、方针和政策，了解我们党在提倡什么、反对什么，进而提高对网上外来思想文化的鉴别能力，而且网络文化全球化的来势越强、网上信息及思想文化的渠道越畅，就更需要国内媒体的合奏，坚持以正面宣传为主、唱响网络文化主旋律、打好网络文化主动仗、始终代表中国先进文化的前进方向，这是我们党在网络文化全球化进程中加强执政能力的正确选择。另一方面，也应指出，互联网是诞生于资本主义美国的一种高科技信息网，它采用的现代信息技术的确相当先进，但内容上却存有大量不健康甚至是反动的信息文化，在网络文化全球化条件下对我国网络文化主导舆论形成严峻挑战，因而净化网络文化环境已成为我们党加强执政能力建设一项现实而紧迫的任务。具体来说，一要加强党对网络文化新闻宣传工作的领导，加快和优化信息量大、覆盖面广、服务功能强、知名度高的名牌新闻宣传网站建设，以发挥净化网络文化的主干道作用。二要完善网络防范体系。可以说，针对网络文化的消极面，世界上各国执政党几乎都在抓紧研制和更新网络监控技术，实行网上监控。这方面我们党决不能放松，要进一步加大互联网络过滤站的建设，尽快实现网络化的有效监控，以防止反动、腐朽的网络文化垃圾的大规模扩散，同时要加强网络文化管理立法，尽可能完善有关网络文化管理的法律、法规，实现网络文化管理的规范化、法制化和科学化，以推动在网络文化全球化进程中我国网络文化健康有序向前发展，进而加强党的执政能力建设。

第三，在网络文化全球化进程中加强党的执政能力建设，必须不断提高领导干部和党员群众驾驭网络文化的能力。为此，一要提高网络学习和网络问政的能力。在网络文化全球化背景下，互联网已经成为一种独特的知识载体和教育交流模式，尤其是其丰富的信息量和快捷互动的传播方式，为领导干部和党员群众加强文化学习、关注时事动态、借鉴各地经验和熟悉社情民意提供了很好的平台，也为"组织党员、干部重点学习马克思主义理论，学习党的路线方针政策和国家法律法规，学习党的历史，同时广泛学习现代化建设所需要的经济、政治、文化、科技、社会和国际等各方面知识"① 搭建了有效的载体。同时，从技术层面和现实层面上看，网络技术使领导干部和党员群众参与决策成为可能，发展社会主义民主政治有了新途径。二要提高网络交流和网络宣传的能力。互联网拓展了领导干部和党员群众思想、工作、学习、交流的空间和方式，不仅成为一项新的沟通协调手段，而且成为一种新的管理和工作能力。可见，没有熟练的网络交流能力，领导干部和党员群众无异于哑巴和文盲。当前，我们党的领导干部和党员群众要在善于借助网络媒体进行宣传和主动引导网络媒体做好突发事件宣传报道上，着力提高运用网络媒体加强宣传的能力。三要提高网络监督和网络安全的能力。网络媒体的监督在促进党的领导干部和党员群众提高工作效率，纯洁党的干部队伍，揭露社会弊端等方面发挥着重要作用。当前，领导干部和党员干部要进一步开阔思路、放眼全球，在网络文化全球化进程中大胆运用网络媒体监督促规范、促效率、促廉政，以推进党的执政能力建设上水平。当然，我们党在积极发挥其正面效应之时，也要十分注意防止并克服在网络文化全球化进程中因分化与无序、错位与失调而可能导致的破坏国家安全、自身发展和危害社会稳定的情况发生。因此，建立和完善日常工作机制、建立和强化网络信息处置联动机制，就是我们党在网络文化全球化条件下加强自身执政能力建设必不可少的有效举措。

---

① 《中共中央关于加强和改进新形势下党的建设若干重大问题的决定》，人民出版社 2009 年版，第 14 页。

第八章　选择与创新:建设指向加强党的执政能力的网络文化

加强党的执政能力就是促进我们党不断适应时代变化要求、利用手中的执政权力推动国家和经济社会发展的能力，“这是关系中国社会主义事业兴衰成败、关系中华民族命运、关系党的生死存亡和国家长治久安的重大战略课题。只有不断解决好这一课题，才能保证我们党在世界形势深刻变化的历史进程中始终走在时代前列，在应对国内外各种风险和考验的历史进程中始终成为全国人民的主心骨，在建设中国特色社会主义历史进程中始终成为坚强的领导核心。”① 实际上，党的执政能力建设作为党执政后的一项根本建设，加强党的执政能力建设总是具体的、不断选择与创新的。从网络文化这一特定的视角对加强党的执政能力建设进行研究，就是要通过建设指向加强党的执政能力的网络文化，努力达到促进党的执政能力建设的目标。建设指向加强党的执政能力的网络文化是一个系统工程，不能急于求成，它要求解决好三个基本问题：一是明确指向加强党的执政能力建设的网络文化目标定位；二是构建指向加强党的执政能力建设的网络文化内容设置；三是建立和完善指向加强党的执政能力建设的网络文化机制培育。本章主要就以上三个问题进行探讨。

第一节　建设的目标定位

马克思和恩格斯说过：“一切划时代的体系的真正的内容都是由于产生这些体系的那个时期的需要而形成起来的。”② 建设指向加强党的执政

① 《中共中央关于加强党的执政能力建设的决定》，人民出版社 2004 年版，第 2 页。

② 《马克思恩格斯全集》第 3 卷，人民出版社 1960 年版，第 544 页。

能力的网络文化目标就是建立在执政党执政能力建设的需要之上的，换句话说，满足执政党执政能力建设对网络文化的需求就是我们党要制订的网络文化的目标定位。马克思和恩格斯还说："无产阶级将利用自己的政治统治，一步一步地夺取资产阶级的全部资本，把一切生产工具集中在国家即组织成为统治阶级的无产阶级手里，并且尽可能快地增加生产力的总量。"① 列宁也指出："党是直接执政的无产阶级先锋队，是领导者。"② 因而，"随着互联网的发展，如今我们有了好的条件，可以获得世界上的大量信息。中国有大量的网络用户，其中二十四岁至三十五岁年龄段的人，上网人数最多。信息的增值作用体现在它的'共享性'和'开放性'上。"③ 这样，我们党就应把建设指向加强党的执政能力的网络文化目标与制订该目标的客观依据和基本原则统一起来。马克思主义执政理论尤其是关于共产党执政能力建设的理论，科学地揭示了中国共产党执政能力建设的基本规律，为建设指向加强党的执政能力的网络文化目标定位提供了客观依据和基本原则。

一　定位的客观依据

关于共产党执政能力建设的理论，在马克思主义关于党的建设学说中是一个新概念。经典作家马克思、恩格斯作为无产阶级政党的创始人，是马克思主义党建理论的奠基人。他们关于无产阶级政党的学说，主要立足于党在领导工人阶级革命过程中的建设问题，党的核心使命就是使工人阶级由自在阶级转变为自为阶级，其基本观点包括：无产阶级的解放及其使命要求无产阶级必须建立自己的政党；无产阶级政党是代表无产阶级利益的先进组织，以科学世界观、人生观和价值观作为指导思想的理论基础即辩证唯物主义和历史唯物主义，制定出正确的纲领和策略，把原则的坚定性和策略的灵活性结合起来，同时坚持民主制、开展党内批评、克服宗派主义，增强党的团结统一，并坚持国际主义原则。尤其要求始终保持无产阶级政党的先进性，集中体现在无产阶级政党始终忠实地代表着工人阶级和劳动人民的根本利益，自觉遵循人类社会历史发展规律，并始终走在时

① 《马克思恩格斯选集》第1卷，人民出版社1995年版，第293页。

② 《列宁选集》第4卷，人民出版社1995年版，第423页。

③ 江泽民：《论科学技术》，中央文献出版社2001年版，第185页。

代步伐前列、促进经济社会和人的全面自由发展。他们认为，“在当前同资产阶级对立的一切阶级中，只有无产阶级是真正革命的阶级，其余的阶级都随着大工业的发展而日趋没落和灭亡，无产阶级却是大工业本身的产物。”①“在实践方面，共产党人是各国工人政党中最坚决的、始终起推动作用的部分”，强调和坚持整个无产阶级共同的不分民族的利益，“在无产阶级和资产阶级的斗争所经历的各个发展阶段上，共产党人始终代表整个运动的利益”，“在理论方面，他们胜过其余无产阶级群众的地方在于他们了解无产阶级运动的条件、进程和一般结果”②。“共产党人为工人阶级的最近的目的和利益而斗争，但是他们在当前的运动中同时代表运动的未来。”③

俄国十月革命胜利后，布尔什维克党成为世界上第一个无产阶级执政党。追本溯源，列宁曾借用“执政党”④ 一词称苏联共产党为执政党，且带有过渡性。列宁的建党学说创立于19世纪末和20世纪初，特别是十月革命后他又卓有成效地探索了执政党的理论和实践问题，鲜明提出“任何管理工作都需要有特殊的本领”⑤ 的论断，在很多方面继承和发展了马克思恩格斯的党建学说，是对马克思主义党建理论的重大创新，特别是对工人阶级执政党建设的探索具有开创性意义。因为马克思恩格斯所处时代共产党还没有执政，故他们不可能提出和解决这一问题；只有到了十月革命后工人阶级执政党建设问题才从现实维度提到共产党人面前。列宁作为第一个社会主义国家的领袖，在这方面作了积极探索，其理论成果既是新型无产阶级政党学说的重要组成部分，又是马克思主义党的学说在执政条件下的运用和发展，也为其他国家无产阶级政党在执政后加强执政能力建设奠定了理论依据。

列宁虽不是“执政能力建设”概念的提出者，但他为提高执政能力所采取的具体方法和措施却行之有效，概括地说，主要有四点：（1）把制定正确的思想路线作为提高执政能力的重要前提。列宁认为思想路线正确与否关系到党和国家的前途命运，因而他既反对抛弃马克思主义普遍真

---

① 《马克思恩格斯选集》第1卷，人民出版社1995年版，第282页。

② 同上书，第285页。

③ 同上书，第306页。

④ 《列宁全集》第43卷，人民出版社1987年版，第19页。

⑤ 《列宁全集》第30卷，人民出版社1957年版，第394页。

理，也反对把马克思主义教条化，并从实际出发制定和贯彻正确的政治路线，正确把握时代的变化、形势的发展和自己的国情实际，明确自己在各个时期所面临的主要任务。（2）把制度建设作为提高执政能力的关键。列宁及其党在十月革命后面临的重大课题就是要使党的执政能力建设有一个制度的支点，于是，他既在区分俄国布尔什维克党和苏维埃政权机关性质、明确各自职能的基础上提出党政分开的原则，又为防止在党内出现官僚主义的集中制和出现无政府主义的所谓民主而首次提出了民主集中制的组织原则，即少数服从多数原则。（3）把作风建设作为提高执政能力的重要基础。列宁既指出了密切党群关系、保持同人民群众的密切联系是执政的无产阶级政党的力量源泉，又认为要加强党同群众的联系就必须反对官僚主义，因为官僚主义的表现之一就是脱离群众，因而要“有成效地与官僚主义作斗争，非常注意工人与农民的需要，非常关心经济的振兴，提高劳动生产率，发展地方上农业和工业间的流转”[①]。（4）把改进领导方式方法作为提高执政能力的保障。党的领导方式是实现党的领导目的的方法和形式，是党的各种领导职能发挥作用的手段、形式和程序的总和。按照什么方式执政、怎样处理好党的执政与国家政权活动的关系，既是党的执政能力的反映，也影响着党的执政能力的发挥。为此，列宁高度重视对党的领导方式方法的改进，采取种种措施加强党内外各种形式的监督，有力防止党的领导干部由人民公仆变成人民主人，消除各种不正之风及腐败现象，促进党的执政能力的提高。

马克思主义关于共产党执政能力建设的理论在网络文化条件下得到了极大的延伸。因为虚拟社会尽管衍生于现实社会并且不能完全脱离现实社会，但是，它终究不能被完全归并于现实社会，且与现实社会存在着许多重大差别，并具有现实社会无法代替的许多重要功能。作为政党政治存在的一种新生态环境，虚拟社会的形成和发展必将对我们党执政能力建设产生重大而深远的影响，使我们党作为现实世界的存在既生活在现实社会中、又生活在网络虚拟社会中。概言之，党的执政能力建设的内涵延伸具体体现为活动方式的延伸、主体性的延伸和社会关系的延伸等方面。这时，用尼葛洛庞帝的话说，就是“计算不再只和计算机有关，它决定我

① 《列宁专题文集》（论社会主义），人民出版社2009年版，第231页。

们的生存。”[①] 在这三者关系之中，虚拟活动是基础，虚拟主体性和虚拟社会关系是虚拟活动的体现和结果，三者相辅相成、不可分割，共同形成一个有机整体。

首先，网络文化条件下党的执政能力建设方式的延伸——虚拟活动方式。虚拟是指党员干部借助符号化或数字化中介系统而超越现实性的思维方式和活动方式，实质是一种物质存在和信息活动的新方式或新形式。它虽然不具有直观可感的有形特质，但它确实是一种客观存在，只不过这种存在的表现形式更多地是由无形的、但能直接看到的数字信息符号和电子信号构成的。基于此，所谓虚拟活动即活动的虚拟化，是指党员干部作为网民在虚拟空间使用数字化手段对虚拟客体进行的感性活动。虚拟活动是虚拟实践的一种，而“虚拟实践是人类实践发展的一个新阶段，是一种相对独立的新型实践形态，它不是简单的从属于传统意义的现实实践，也不是现实实践的翻版，而是现实实践的延伸和升华。”[②] 它“使人的实践对象第一次突破了纯粹形式的外部物质世界的界限，它将数字化符号上升为实践的中介手段，把人类社会活动的信息经由计算机系统进行数字化处理和合成转换，使主体置身于一个新的关系实在的虚拟实境中。实践手段的‘数字化’，是虚拟实践突破以往实践的局限，并崛起为一种新型实践形态的基石和标志”[③]。虚拟活动为党的执政能力建设打开了探索数字化党务存在和发展的多种可能性空间，它可以超越现实时空和物质条件的局限而较自由地将党务数字化的多种可能性外化为对象性存在，甚至使以往在现实中无法展现的一些可能性变为可在虚拟空间中展现的可能性，使之由理想的“幻象”化为可能的“具象”，从而全方位提升党员干部的自主能动性和开发其潜能，并在虚拟活动方式中加强党的执政能力的同时使党对客观世界的外在超越和自我超越都会出现新的飞跃。

其次，网络文化条件下党的执政能力建设党员干部主体性的延伸——形成虚拟主体性。党员干部主体性的核心是作为党员干部自身的能动性问题，主要包括自主性、创造性和自为性等方面。“哈贝马斯把主体之间的

① ［美］尼葛洛庞帝：《数字化生存》，胡泳、范海燕译，海南出版社 1997 年版，第 15 页。

② 张明仓：《虚拟实践论》，云南人民出版社 2005 年版，第 249 页。

③ 同上书，第 41 页。

交往看做主体性形成的前提，主体通过交往而认识自身。”① 基于此，所谓虚拟主体性就是指党员干部在网络虚拟空间所表现出来的主体特性。比较而言，虚拟主体性较之现实主体性得到了空前的凸显，党的执政能力建设在网络文化条件下也得到了更大的加强。具体言之，一是党员干部的自主性和自为性得到了极大的提升。网络虚拟空间为党员干部敞开了一个多元化的视界。信息的多元、表达的自由、写作的即兴性、话语的个性化和批判的随意性所形成的是非常个性化的风格，如同后现代主义对理论的宏大叙事的消解，网络空间则实践着对宏大叙事的现实解构。更为重要的是，在这自由的空间里，党员干部可以充分发挥自己的才智，可以尽情在网络时空中遨游，从而体验到以前从未体验过的自主感和自由感，切实感受到主体性的高扬，使党的执政能力不断得以提高。二是党员干部的创造性得到了空前的超越。在网络屏幕展现的各种图景中很能体现它的功能优长的是超越现实的创造性，它能把现实中的不可能性或者只能在思维中展现而难以在现实空间展现出来的可能性变成虚拟空间可以反复再现的可能性，创造出现实生活中难以展现的对象，从而有助于党员干部在网络执政中想象力和创造力的不断提高。当然，党员干部在网络文化条件下主体性的张扬和主体力量的显示，总是伴随着一定的代价，正如“天下物无独必有对”、“有对之中必有一主一辅”② 一样，“在虚拟空间，人的主体性在获得发展的同时，又往往经受着新的束缚甚至奴役。在一定程度上，人在虚拟空间中正在沦为电脑、信息、技术的奴隶。”③ 因而，对于虚拟空间中党员干部的执政主体性不能单以传统眼光来加以考察；从能动性发展的观点看，虚拟空间既不是党员干部执政主体性的根本消解，也不是其执政主体性的无代价的提升，而是党员干部执政能力建设主体性发展的一种历史延续。虚拟空间本身虽不是一个理想的自由王国，但它却为这种“历史延续”奠定基础和准备条件。

最后，网络文化条件下党的执政能力建设社会关系的延伸——虚拟社会关系。从本质上说，党的社会关系是党的本质力量的外在显现，本质力量越丰富则能力显现形式越多样，社会关系也越丰富多样。党的虚拟社会

---

① 常晋芳：《网络哲学引论》，广东人民出版社 2005 年版，第 32 页。

② 《魏源集》，中华书局 1976 年版，第 26 页。

③ 张明仓：《虚拟实践论》，云南人民出版社 2005 年版，第 280 页。

关系的产生，正是虚拟社会条件下党的本质力量不断提升的结果。基于此，虚拟社会关系就是指党员干部网民在网络虚拟空间建立起来的各种社会关系的总和。可见，党的虚拟社会关系的建立使党社会交往扩大化、普遍化和深刻化，对网络文化条件下党员干部网民丰富和发展社会关系具有重大意义。概括地说，这种社会关系呈现出开放型和平等型两种状态。一方面，虚拟社会关系是一种开放型关系，这种关系既不必有血缘关系、也不必有地缘和业缘关系，只要有共同的交往需求就可以自由交往，且党员干部网民可同时以多种角色与多个对象开展交往。因而，虚拟社会关系一般可以涵盖现实社会关系，以至只要有网络终端的地方，虚拟社会关系都可延伸至此。另一方面，虚拟社会关系也是一种平等型关系。在网络交往中，党员干部网民现有的社会身份、角色和地位都消除了。无论一个党员干部在现实社会中具有什么样的职业地位、身份特征、经济状况、文化背景、政治态度、居住地域，在网络交往中往往只是一个普通的信息发布或接受者——实质上是以符号形式出场的党员干部"普通人"，真实个人的"缺场"使党员干部间缺乏直接的感性接触，因而这种人际间实现了现实社会中所难以实现的"虚拟"平等，极大地拓展了交往范围，交流的信息也接近真情流露和真意表达。同时，领导干部和党员群众的网络交往关系的建立与结束，也不受交往对象和其他因素的制约，这种自愿交往、来去自由的网络交往方式算得上是一种平等交往方式的解放，能促进党员干部执政能力建设在网络文化条件下虚拟社会关系的发展。

二　定位的基本原则

恩格斯指出，在理论思维中，"逻辑的研究方法是唯一适用的方式。但是，实际上这种方式无非是历史的研究方式，不过摆脱了历史的形式以及起扰乱作用的偶然性而已。历史从哪里开始，思想进程也应当从哪里开始，而思想进程的进一步发展不过是历史过程在抽象的、理论上前后一贯的形式上的反映"①。综观新中国成立以来马克思主义执政理论中国化过程中中国共产党领导人关于加强执政能力建设的重要论述，正是理论与实践相结合、逻辑与历史相一致的典范。要探究出为建设指向

① 《马克思恩格斯选集》第2卷，人民出版社1995年版，第43页。

加强党的执政能力的网络文化目标定位的基本原则，也应到历史梳理与理论智慧中去寻找。

早在民主革命时期，我们党在马克思主义执政理论中国化过程中，就在局部地区的执政能力建设实践中积累了宝贵经验；新中国成立前夕，毛泽东又对执政问题主要从本领和作风视角做了深刻思考，提出“我们的同志必须用极大的努力去学习生产的技术和管理生产的方法，必须去学习同生产有密切联系的商业工作、银行工作和其他工作”① 和“两个务必”的论断，为党加强执政能力建设进行了有益的尝试。新中国成立以来，我们党加强执政能力建设的历史过程大体上可分为三个阶段。从 1949 年新中国成立到 1966 年“文化大革命”前夕为第一阶段，这一阶段主要确定了四个现代化的目标和步骤，明确正确处理人民内部矛盾是国家社会政治生活的主题、探索适合中国特点的社会主义建设道路、切实改善领导方式和工作方法以及不断加强和改进党的建设，奠定了党加强执政能力建设的重要基础。从 1966 年到党的十一届三中全会前夕为第二阶段，这一阶段由于指导思想上“左”倾错误逐渐占上风，党和国家已建立的领导制度遭到破坏，要么使各级领导组织和机关陷入瘫痪或半瘫痪状态，要么形成党政不分、政企不分、党委包揽一切的现象，给党和国家的各项事业造成极大危害。这就从反面表明：如果违反马克思主义执政规律和党的执政能力建设的内在要求，党和国家的事业就必然会遭受挫折。从党的十一届三中全会到现在为第三阶段，这一阶段经历了从认识到高度集权的管理体制是导致党和国家领导制度与干部制度弊端的根源、进而把执政能力建设与改革开放和社会主义现代化建设联系起来，到针对新的形势和任务而逐渐形成了加强党的执政能力建设的重要思想，再到党的十六大明确把“加强党的执政能力建设，提高党的领导水平和执政水平”② 作为一项战略任务并将执政能力的内涵初步概括为五个方面加以贯彻落实。2003 年 2 月党的十六届二中全会提出要以加强党的执政能力建设为重点、全面推进党的建设新的伟大工程；2004 年 9 月胡锦涛强调，“我们必须高度重视并抓紧推进党的执政能力建设，从各个方面把党的执政能力提高到一个新的水

① 《毛泽东选集》第 4 卷，人民出版社 1991 年版，第 1428 页。

② 《江泽民文选》第 3 卷，人民出版社 2006 年版，第 569 页。

平”[①]。由此可知，我们党以改革创新精神加强自身建设、坚持科学执政民主执政依法执政（简称“三执政”），不断增强自身创造力、凝聚力、战斗力，可被视为建设指向加强党的执政能力的网络文化目标定位所要确立的相辅相成、三位一体的基本原则。

首先，以改革创新精神加强自身建设是加强党的执政能力之网络文化目标定位的方向标原则。以改革创新精神推进自身建设，是我们党从小到大、由弱到强，从挫折中奋起、从战胜困难中不断成熟的一大法宝。在网络文化条件下说改革创新，决不是要改变党的性质、宗旨、指导思想和奋斗目标，也不是要改掉党的根本组织制度和执政地位，更不是改掉党的政治优势和优良传统。这些根本方面不仅不能改变，而且必须结合网络环境的实际赋予新的时代文化内涵并在网络党建实践中长期坚持。我们党所要改革的是网上自身建设和党的工作中不适应不符合新形势新任务的地方，所要创新的是网上的具体领导体制、执政方式、组织方式、活动方式和思维理念等。通过这样的改革创新来加强和改善党的领导，提升党的执政能力，保持和发展党的先进性，更好地发挥党在中国特色社会主义事业中的领导核心作用。就是说，以改革创新精神加强党的建设必须在网络文化条件下坚持正确的方向标，即一要高举中国特色社会主义伟大旗帜；二要坚持党在社会主义初级阶段基本路线不动摇；三要坚持党要管党、从严治党的方针；四要坚持面向现代化、面向世界、面向未来，着眼于解决党的建设面临的重大现实和理论问题，从而不断加强网络文化条件下党的执政能力建设。

其次，坚持“三执政”是加强党的执政能力之网络文化目标定位的动力源原则。“三执政”中的科学执政就是要以科学思想、科学制度和科学方法领导中国特色社会主义事业，大力推进党的建设科学化水平；民主执政就是要坚持为人民执政、靠人民执政，以发展党内民主带动人民民主，领导和支持人民当家作主；依法执政就是要依法治国，领导立法，带头守法，保证执法，不断推进国家政治、经济、文化、社会生活的法制化和规范化。坚持“三执政”是我们党深刻总结历史经验、认真探索马克思主义执政党执政规律得出的一条重大原则。在网络文化条

① 转引自袁辉初、桂兹军主编《中国特色社会主义典范文本导读》，湘潭大学出版社2008年版，第267页。

件下加强党的执政能力建设也是如此。2006年6月29日胡锦涛在中共中央政治局第三十二次集体学习时，强调要“坚持科学执政、民主执政、依法执政，扎实加强执政能力建设和先进性建设”①。因而，党的执政方式是否正确、科学，既是衡量党的执政能力动力源强弱的重要尺度，也在很大程度上决定着党的先进程度。我们党作为执政能力较强的马克思主义执政党，在网络文化条件下其表现是多方面的，其中必备的一条是能够正确运用科学的网上执政方式为动力源来履行党的职责、完成党的执政使命。相反，即使党执政的其他方面的能力是较强的，如果网络执政方式不正确不科学，这样的执政能力也是不全面、不完整的，就会使党的执政理念无从落实、执政方略无法实现、执政体制无以为用、执政基础难以巩固，甚至可以说，就难以真正成为一个具有较强执政能力的党，达不到以对虚拟世界的主导权来加强对现实世界的领导权之目标。

最后，不断增强自身创造力、凝聚力、战斗力是加强党的执政能力之网络文化目标定位的智能库原则。网络文化的迅猛发展，要求我们党必须毫不松懈地加强执政能力建设，随着历史条件的变化而用更高的发展要求审视自身，不断提高党的创造力、凝聚力和战斗力，这既是党的建设在创新中不断向前推进的内在呼唤，又是加强党的执政能力之网络文化目标定位智能库的重要原则。具体来说，在网络文化条件下提高创造力，关键在坚持与时俱进、弘扬创新思维。创造力既是一种外在的行为表现、又是一种内在的精神品质，其主要特征是在网上不安于现状、不甘于平庸、不囿于陈规，勇于变革、敢于超越、锐意创新。因而，提高党的创造力有赖于坚持以马克思主义执政理论为指导，解放思想、实事求是、与时俱进，在网上既继承前人、又突破陈规，既创新理论、又引领实践，使我们党的执政能力建设能按时代特征和网络执政规律不断探索前进。能否提高凝聚力，则取决于是否具有共同基础和是否善于整体积聚。提高党的凝聚力，不仅要增强“内聚力”、团结和凝聚全党的力量，而且要通过增强党的“内聚力”进而增强“外聚力”、团结和凝聚全国人民的力量去实现党的

---

① 2006年6月29日胡锦涛在中共中央政治局第三十二次集体学习时，强调要“坚持科学执政、民主执政、依法执政，扎实加强执政能力建设和先进性建设”，见《人民日报》2006年7月4日第1版。

奋斗目标。能否做到这一点，一定意义上取决于网络文化条件下有无共同的思想基础和利益基础。我们党的最终理想是实现共产主义，现阶段的目标是全面建设小康社会，进而实现社会主义现代化和中华民族的伟大复兴。对全体党员和全国人民而言，这样的共同理想、共同目标就是思想基础所在，也即根本利益所在。共同理想要转化为共同行动，还必须通过网络文化载体进行广泛而深入的动员、组织，使全党全国人民的思想和行动、力量和智慧凝聚到党的旗帜下，这种整合越是有方、有力、有效，党的凝聚力就越是强大。同时，党的战斗力的提高是党的创造力和凝聚力有机融合和不断提升的结果。不论提高党的创造力还是提高党的凝聚力，都是为了提高党的战斗力。党的创造力体现在一级级组织和一个个党员干部身上，党的凝聚力则把党组织和党员干部的创造力积聚到一起，从而形成党的整体的坚强战斗力。在网络文化条件下，党的战斗力不是党员干部个体力量简单的总和而是积极的提升，不是抽象的概念而是具有丰富的内涵，不是一成不变而是随着现实实践和虚拟实践的发展而发展的。在当前网络文化条件下，提高党的战斗力主要体现在提高审时度势的眼力、驾驭全局的能力、战胜困难的毅力、开拓进取的创新力上，从而凝聚全党的意志和力量，使党焕发生机、富有朝气、充满活力，推动党的执政能力在网络文化条件下不断提高。

三　定位的主要目标

这里的目标，是指向加强党的执政能力之网络文化建设的目标，即指向加强党的执政能力之网络文化所要达到的预期结果。由于网络文化的形成和发展是以网络为媒介的，因而这一目标的制定，既要与党的执政能力建设原则依据相统一，又要与网络技术特征相符合。从这个兼顾的思路出发，可以确定促进党的执政能力建设中能力发展之网络文化、彰显党的执政能力建设主体性之网络文化以及丰富党的执政能力建设社会关系之网络文化等目标。三者之中，能力发展之网络文化是基础性目标、主体性之网络文化是导向性目标、社会关系之网络文化是本质性目标，它们共同促进党的执政能力建设的加强。

定位的目标一：促进党的执政能力建设中能力发展之网络文化。“能力是指人们从事社会各种活动所具备的本领。能力的概念非常广泛，它是多种具体能力的组合。”① 一般地说，能力是指个人的综合素质在实践中的外在表现，是一个由多种因素有机结合而成的复杂系统。执政能力，我国著名党建专家李忠杰认为，“就是指执政党掌握和运用国家机器，综合运用经济、政治、法律、行政等各种手段，领导、管理国家和社会事务的本领和水平”，并具体展开为十个方面的内容：科学分析形势和任务、制定执政的纲领、路线的能力；掌握国家政权、保持执政党合法性和执政地位的能力；驾驭国家机构、协调各种政权组织相互关系的能力；运用国家机器、推动经济和社会发展进步的能力；坚持执政为民、满足人民群众利益要求的能力；整合社会关系、解决社会矛盾、保持社会稳定的能力；坚持依法治国依法执政、建设社会主义法治国家的能力；正确处理国际关系、维护国家主权、安全和利益的能力；应对复杂局面、抵御各种风险的能力；从严治党、拒腐防变、保持执政党自身先进性和生命力的能力。当然，在网络文化条件下，执政能力是一个有着非常丰富内在结构的系统，这里主要从学习能力、实践能力和创新能力来予以阐述。一要努力提高学习能力之网络文化。建设马克思主义学习型政党首先要提高学习能力，这种学习能力是马克思主义执政党认识和适应自然、社会和自我发展变化的本领，是我们党的执政能力建设之基础能力，一般包括全面学习能力、自主学习能力和创新学习能力等方面。网络文化具有高度的开放性、虚拟性、交互性等特性，因而为党员干部网民的全面学习能力、自主学习能力和创新学习能力的提高提供了条件。但是，通过网络文化而进行的学习是以计算机网络使用能力、超文本阅读能力和网络信息选择等能力为基础的。在此，提高这些基础能力为领导干部和党员群众“学习和熟悉信息网络，善于运用信息网络，提高运用信息网络进行引导和管理能力”② 奠定了前提条件，努力提高学习能力之网络文化实质上就是利用智能网络提高学习能力诸方面。二要努力增强实践能力之网络文化。实践能力是我们党执政能力的核心能力，主要包括操作能力、交往能力和协调能力等方面。它之所以成为核心能力，是由其在党的执政能力体系中的地位所决定的。列宁认为：“实践高于（理论的）认识，因为它不仅具有普遍性的品

---

① 李贺林、曹振刚主编：《社会主义文化市场概论》，北京出版社 1998 年版，第 183 页。

② 胡锦涛：《努力开创新形势下党的建设新局面》，《求是》2010 年第 1 期。

格，而且还具有直接现实性的品格。”[①] 随着互联网的迅速发展，使网络交往已经成为一种普遍的交往方式，网络交往能力已经成为一种基础能力；而网络技术、计算机技术和虚拟现实技术等信息技术的发展，又开启了党的实践方式的新纪元——网络虚拟实践，且其地位越来越凸显。比如，2003 年的孙志刚事件和刘涌事件以及近几年来网民为“两会”建言献策、人大代表利用互联网征求提案等事实已经表明，以互联网等新兴媒体为代表的“民意”可以影响社会舆论，也可以成为党群政治沟通的渠道，成为公民政治参与或影响执政党的决策、执政党“问计于民”的途径。党的主流媒体在意识形态领域的宣传实践固然有传统的优势，但与互联网等新兴媒体相比，其宣传手段与方式、与受众互动等方面显然有较大的差距。因而网络虚拟实践能力是一种重要的基础能力，努力增强实践能力之网络文化实质上就是利用智能网络增强实践能力诸方面。三要努力开发创新能力之网络文化。创新能力是我们党创造出具有社会价值的物质财富和精神产品的综合能力。作为一种综合能力，它是执政能力的高级形式，一般包括思维创新能力、知识创新能力和技术创新能力等方面。创新能力是在学习能力、实践能力的基础上形成和发展起来的，没有很强的学习能力和实践能力，创新能力就难以形成和发展；当然，创新能力的发展也促进学习能力和实践能力的发展。互联网是一个超级虚拟空间，为党的执政能力创造性提升提供了前所未有的平台，使很多在现实物理空间不可能实现的创新而在网络虚拟空间成为可能，是实现创新能力的新的增长点，如发布党务活动信息、上党课、交流思想甚至利用网络办理发展党员的某些手续等，只要党组织和党员干部愿意使用互联网，就能够从中开拓出更加宽广的活动空间。因而，以计算机网络操作能力和虚拟现实能力为基础的网络创新能力成为创新能力的重要组成部分，努力开发创新能力之网络文化实质就是利用智能网络开发创新能力诸方面。

定位的目标二：彰显党的执政能力主体性之网络文化。党的执政能力建设的内在需求是推动彰显党的执政能力主体性之网络文化发展的强大动力。这一主体性具有两个向度，即主体性的外向度和主体性的内向度。其中外向度是指党员干部网民对外处理与客观世界的关系，认识和改造客观世界为执政党目的服务的过程，使党员干部网民成为自然界的主人，并由

① 《列宁全集》第 55 卷，人民出版社 1990 年版，第 183 页。

此获得对自然界的主体性；内向度是指党员干部网民进一步把自身作为认识和改造的客体而内在地指向自身，是一个反身建构主体意识、提高自身主体能力和改造主观世界的过程，更是使党员干部网民成为自己的主人进而成为自身主体的过程。主体性的两个向度的和谐统一，就是指向党员干部面对客观世界时的能力加强与指向党员干部面对主观世界时的能力加强的有机结合。网络虚拟空间虽然使党的执政能力建设的主体性发展获得了前所未有的契机，但是党的执政能力建设主体性在获得发展的同时，正如"暑极不生暑而生寒，寒极不生寒而生暑"、"不如意之事，如意之所伏"、"快意之事，忤意之所"[①] 一样，相伴而生的却是新的束缚。对此，我们党必须保持清醒的认识，更应善于扬长避短、化危为机。

概括地说，彰显党的执政能力主体性之网络文化，主要包括三个方面。一是增强党的执政能力建设自主性之网络文化。"自主性表明主体对于影响和制约他的存在与发展的客观因素有了独立、自由、自决和自控的权利和可能。"[②] 在网络虚拟空间条件下，增强党的执政能力建设自主性之网络文化既包括增强党的执政能力建设自主意识和基本内容的网络文化，也包括增强党的执政能力建设自主性之方法与途径的网络文化，使之能正确处理执政党、国家与社会协调发展的关系。比如，我们党的十六届四中全会明确提出加强党的执政能力建设"五个以"、"一个全面"和"一个体现"的指导思想[③]，就表明了我们党增强自身执政能力建设自主性的要求。因而，增强党的执政能力建设自主性网络文化也是如此。二是激发党的执政能力建设创造性之网络文化。这一创造性使党员干部的主体性得到实现，同时又强化党员干部的主人身份，因而具有超越现实的特性，也标志出党员干部所从事的自主而能动的活动本质上是一种创造性活动。激发党的执政能力建设创造性之网络文化，主要包括激发党的执政能力建设创新意识的网络文化、使之为党开展执政能力建设创造性活动提供动力源泉，由执政能力建设创新的知识体系所构成的网络文化、使之为党开展执政能力建设创造性活动提供知识保障以及由执政能力建设创新的技术手段所构成的网络文化、使之为党开展执政能力建设创造性活动提供技

---

① 《魏源集》，中华书局 1976 年版，第 18 页。

② 王东莉：《德育人文关怀论》，中国社会科学出版社 2005 年版，第 203 页。

③ 《中共中央关于加强党的执政能力建设的决定》，人民出版社 2004 年版，第 7—8 页。

术支撑等三个方面。三是提升党的执政能力建设自为性之网络文化。自为性是指党员干部具有自由自觉地改造和完善自身的特性，是党员干部主体性活动的最终目的。“时间是人类发展的空间”①，由网络文化带来的闲暇时间转化为党的执政能力建设自为性活动空间的事实，意味着党的执政能力建设自为性的自由度显著增强。由于网络文化是交互性的文化活动空间，在虚拟空间里活动的党员干部，既是参与者又是组织者、既是剧作者又是剧中人，由于没有权威、没有统治，不仅党的执政能力建设自为性表现得淋漓尽致，还使党的执政能力建设自主性和创造性进一步强化。因此，提升党的执政能力建设自为性之网络文化，尤其是大规模的自由自觉的从中央到基层党组织的执政能力建设自为性网络文化活动，已经开始实现高度自动化，就使党的执政能力建设从繁重的体力劳动和重复性的脑力劳动中解脱出来，从而进行更多的执政能力建设自为性的智力活动，极大地改善了我们党的执政能力建设主体性状态。

定位的目标三：丰富党的执政能力建设社会关系之网络文化。列宁指出：“群众是划分为阶级的”，“阶级是由政党来领导的；政党通常是由最有威信、最有影响、最有经验，被选出担任最重要职务而称为领袖的人们所组成的比较稳定的集团来主持的”。② 我们党自成立时起，就生存和发展于国内外社会关系之中。这一点，党是这样，党员干部也是这样。马克思认为，人都是社会的人，“社会关系实际上决定着一个人能够发展到什么程度”③，“一个人的发展取决于和他直接或间接进行交往的其他一切人的发展”④。实质上，一个人的发展是这样，一个执政党的发展也是这样。由于社会关系具有开放性和发展性等特征，因而社会关系的内涵和社会关系的内在结构随着历史的发展而不断丰富和发展。一般地说，世界政党政治产生以来，政党尤其是执政党社会关系都包含着政党与自然、政党与社会以及政党与自身等关系。这里论述丰富我们党的执政能力建设社会关系之网络文化，也主要从这三个方面开展。

一是促进我们党与自然和谐之网络文化。自然不仅是政党而且是人类生存和发展的物质基础，正是人类与自然的交互活动将人类在自然生态中

① 《马克思恩格斯选集》第2卷，人民出版社1995年版，第90页。
② 《列宁全集》第39卷，人民出版社1986年版，第21页。
③ 《马克思恩格斯全集》第3卷，人民出版社1960年版，第295页。
④ 同上书，第515页。

从动物界里分离出来。“通过实践创造对象世界，即改造无机界，证明了人是有意识的类存在。”① 然而，由于在人类与自然关系中长久存在“人类中心论”等错误观念，造成了对自然界的极大破坏，也给人类的生存和发展环境带来了极大的危害。因此，促进我们党与自然和谐之网络文化，一要建设促使党员干部网民形成生态意识和生态思想之网络文化。党的十七大报告指出：“建设生态文明……生态文明观念在全社会牢固树立”②，使党员干部网民了解自身只是自然大家庭中的一员，从而能正确认识党与自然间的辩证关系，实现我们党与自然和谐统一和协调发展。二要建设促使党员干部网民树立正确的道德责任感和生态伦理之网络文化。通过包括模拟、观察、分析等环节培育党员干部网民的道德认知和道德信念，使其在思想和行为上将生态伦理观与道德责任感融合在一起，形成在网上热爱自然、保护生态的崇高道德情操。二是拓展我们党执政能力建设社会关系之网络文化。社会关系的产生是以人与人关系的生成为基础的，因而人与人之间的交往是发展社会关系的前提条件。为此，美国著名学者杜维明教授认为：“儒家伦理的基本训练是‘知人任事’。就是说，要了解人，除了要了解世界，了解历史发展各个方面以外，更要了解人本身的价值，我们应该开拓人与人之间的了解。”③ 互联网的无限开放性和高度交互性，为拓展我们党执政能力建设社会关系提供了广阔平台。因而，一要发展网络交流与合作关系，借此学习和借鉴各种知识和技能来不断提高党员干部网络执政素质，同时能适应和促进科技综合化和高度社会化的需要以形成职能互补；二要发展网络信息交换关系，借此获取、选择和优化信息资源并以广泛交流信息劳动产品和研究成果来进行科学决策、实现提高执政能力的价值；三要发展网络民主和道德关系，借此充分行使民主权利、参与民主管理和社会生活，以调动党员干部的积极性和主动性来引导各种关系的协调发展。三是协调我们党执政能力建设与自身关系之网络文化。实际上，我们党执政能力建设不仅受着自然和社会的制约和影响，而且受着自身的制约和影响。我们党对自身执政能力建设也有一个认识、反思和提高的过程，这一过程往往以学习为基础，通过加强执政能力修养、

---

① 《马克思恩格斯全集》第42卷，人民出版社1979年版，第92页。

② 胡锦涛：《高举中国特色社会主义伟大旗帜 为夺取全面建设小康社会新胜利而奋斗》，人民出版社2007年版，第20页。

③ 转引自［新加坡］联合早报编《第四座桥》，新世界出版社1999年版，第150页。

执政能力实践来实现的。总体来看，建设协调我们党执政能力与自身关系之网络文化的目的在于通过提供相关的网络信息，促使执政能力诸要素协调发展。为此，一要提供各级党组织、党员干部和社会的信息，促使其信息交流、交换和反思；二要提供科学文化和知识技能，促使其提高科学文化素质、健康素质和技术创新水平；三要提供思想政治道德信息，促使其提高思想政治素质和道德文化素质水平，不断推进党的执政能力建设的加强。

第二节　建设的内容设置

刘少奇早在新中国成立初就指出："我们很多干部，甚至是负重要责任的高级干部，斗争经验丰富，可是理论水平不高。这是我们党的一个弱点。还有些同志文化水平也不高。因此，首先要提高他们的文化水平，然后再提高理论水平。有经验是一个长处，但受文化和理论水平的限制，就不能有大的发展，碰到问题有的能处理得好，驾驭得了，有的就不能驾驭，处理不好。我们很多干部有丰富的斗争经验，再有了文化和理论，就可以担负更多的工作，解决更多的问题。"① "当前，整个人类正在被一场空前未有的巨大无比的文化风暴所席卷，这就是网络文化。"② 在这一背景下要建设指向加强党的执政能力的网络文化之内容设置，同样需要较高的文化水平和理论修养。这一内容的设置问题可以是多层面、多视角的，既可以从建设指向加强党的执政能力的网络文化整体来考虑、也可以从其局部来考虑，且内容设置还与建设的目标定位相联系，有什么样的目标定位就会形成相应的内容设置。由于网络文化是以网络为媒介的，没有网络媒介就没有网络文化，而网络文化又是多形态的，往往与党员干部网民相伴而生，甚至只有党员干部网民存在才使得网络文化有其相应价值和功用。从这个意义上说，网络媒介、党员干部网民和网络需求彼此相互关联、不可分割，三者共同构成网络文化体系。基于此，指向加强党的执政能力建设的网络文化也是一个体系，这个体系是由网络媒介、党员干部网民和网络执政能力建设所构成。在这个体系中，根据网络媒介、党员干部

① 《刘少奇选集》下卷，人民出版社1985年版，第48页。

② 尹韵公：《论网络文化》，《光明日报》2007年3月25日第6版。

网民和网络执政能力建设三者各自所处的侧重点不同而作出不同的内容设置。具体地说，它可以有三种基本内容设置，即以网络媒介为视点的内容设置、以党员干部网民自身为视点的内容设置和以网络执政能力建设为视点的内容设置。

一 以网络媒介为视点的内容设置

这里的所谓以网络媒介为视点的内容设置，就是把网络媒介置于指向党的执政能力建设之网络文化体系的视点位置，而将党员干部网民和网络执政能力建设置于配合“视点”的地位。在这一内容设置中，有利于发挥网络媒介的功能优势来吸引广大党员干部，从而达到加强党的执政能力建设的目标。由于网络媒介具有交互功能、存储与检索功能以及虚拟与智能功能等主要功能，因此以网络媒介为视点的内容设置，就要以网络媒介的这些功能发挥为主线来加强网络文化建设。

第一，发挥网络媒介的交互功能。交互性作为网络媒介的一个显著特征和明显优势，它改变了传统人际“点对点”的“对话式”双向传播和传统媒体“点对面”的独自式的单向传播。网络媒介为党员干部传播活动提供了以上两者之外的第三种传播形式——电子交互式传播，乃至“在互联网刚出现时，由于它给人们的生活带来了太大的冲击和喜悦，在普遍的对技术感激和膜拜的心理下，许多人想当然地认为这类新媒介是不需要论证的，它们本身就意味着成功、进步。”[①] 这种电子交互式传播既综合了人际传播和传统媒体传播的特色与优势，又不是两者简单的整合和延伸，而是一种全新的创造。它既可以是同步交互也可以是异步交互，既可以是群体交互也可以是个别交互，且随着网络信息技术的不断增加，新的交互技能还会不断产生，交互工具也更加人性化。具体来说，发挥网络媒介交互功能，建设指向加强党的执政能力的网络文化，一要利用网络媒介交互工具，既通过网络媒介交互工具扩大社交圈、不断拓展党的执政能力建设之社会关系，又要发挥不同交互工具的优长，例如利用网站、博客、播客等交流互动平台发布促进执政能力建设的各类信息，利用对等互联网 PZP（Pear to Pear）、TELNET（远程登录）等信息交互平台传播来加强党的执政能力建设的网络文化资源，利用网络论坛、网络新闻组等公共

① 程洁:《新数字媒介论稿》，上海三联书店 2007 年版，第 9 页。

网络交流平台或 MSN、QQ 等聊天工具开展一系列关于加强党的执政能力建设的主题讨论；二要科学开发网络交互系统，即在开发交互系统时既要解决好不同语言文字间的即时转换问题以达到使用不同语言文字间的畅通交流，又要统一系统内各交互软件的操作界面和使用方法以解决交互工具的技术标准问题，使其操作方便、简明好用，同时各种交互软件在功能上应做到取长补短、优势互补并尽可能实现多功能的整合，以合力推进党的执政能力建设的加强。

第二，发挥网络媒介的存储与检索功能。“网络社会拥有的是虚拟空间，即利用计算机技术以及信息技术生成的一种模拟空间。”① 这里的互联网是无中心的星状结构，具有无限的扩展性；每台电脑终端不仅可以制造信息、也可以存储信息，拥有无限量的有机的存储库。同时，互联网“提供了一种称为搜索引擎的系统，它们有各种名字，如 Yahoo 和 Alta Vista，日夜在万维网上巡行，调查它们发现的每个着重显示的词或句子，把它们发现的所在地址存储到一个庞大的索引之中”②，加之信息是通过超文本等方式进行链接，因而可以很方便地进行信息检索。由于网络以超文本组织信息，这样它不仅可以利用自身存储的大量数据和信息，而且能在极短时间内检索所有联网的网络数据库，从而快速并准确地找出所需要的信息。基于此，发挥网络媒介存储与检索功能，建设起加强党的执政能力所需要的信息库，可以根据需要和可能来探索。一般来说，加强党的执政能力建设信息库可分为大型综合性、中型基础性和小型专一性三种类型。其中大型综合性信息库应提供系统的执政能力建设信息，包括促进党的执政能力建设中能力发展之信息、丰富党的执政能力建设社会关系之信息、彰显党的执政能力建设主体性之信息以及与党的执政能力建设中能力发展相关的各类信息。中型基础性信息库应提供党的执政能力建设所需要的基本信息，以安徽省为例，中国互联网络发展状况统计报告显示，截至 2008 年 12 月 31 日该省网站数量 33117 个，占全国网站总数比例为 1.2%；截至 2009 年 6 月 30 日，该省网站数量 41247 个，占全国网站总数的 1.3%，仅半年时间该省新增网站八千多家，表明该省中文信息资源

---

① 李斌：《网络政治学导论》，中国社会科学出版社 2006 年版，第 32 页。

② ［美］迈克尔·德图佐斯：《未来会如何》，周昌忠译，上海译文出版社 1999 年版，第 49 页。

有了突飞猛进的发展,[①] 为加强党的执政能力建设奠定了网络信息库基础。小型专一性信息库提供针对基层党务执政能力建设所需要的基本信息。例如，中央组织部正在抓紧建设汇总全国100万个基层党组织书记、大学生村干部手机号码的全国基层党建信息系统，利用移动通信网络、互联网和手机三者联动，发送基层党建工作指示、要求，反馈基层党建情况、意见、建议，积极探索现代通信条件下基层党建工作信息化的实现形式，并支持有条件的地方党委开办党建电视频道或电视栏目，不断夯实执政能力基础、拓展基层党建工作空间。因此，总体上看，中央应有大型综合性执政能力建设信息库、地方和基层应建有中型基础性和小型专一性执政能力建设信息库，并可对大型综合性信息库实行链接。

第三，发挥网络的虚拟与智能功能。虚拟的显著特色在于超越现实性的限制并指向现实中的各种可能性和不可能性。网络上的所有信息都是以比特形式存在的，都是数字化、虚拟化的。“对各种可能性和不可能性的虚拟，大大地扩展了人的生活空间，改变和丰富了人的生存、发展方式，提高了人的选择能力和创造能力，促进了人对现实性的超越和自我超越”[②]，因而虚拟是互联网最大的功能之一。互联网的智能功能主要不在于网络技术本身，而在于网络技术与计算机技术、通信技术等信息技术的“联姻”。计算机具有十分强大的存储能力、记忆能力和运算能力，而且越来越人性化、智能化，从而使互联网成为一个智能网络。因而，发挥网络的虚拟和智能功能、建设指向加强党的执政能力的网络文化，主要是围绕党的执政能力建设开展虚拟现实活动。互联网的虚拟和智能功能为我们党的虚拟现实提供了良好的条件。“我们可以把虚拟现实通俗地描述为利用计算机生成的一种合成环境。”[③] 特别是多媒体技术在网络中的开发应用，使虚拟现实又进一步将声音、文字、影像、图表、视频等信息符号类型融会其中，并在信息数据处理和传输的过程中整合在一起，取得声影兼备和图文并茂的优良传播效果。目前，我国一些地方党组织通过建立党建网站，设立网上党校、时代先锋、组织生活、理论学习、科技示范、文明常识等栏目，开展党员干部在线学习交流，有的还实现了实时查询党内信

---

① 安徽网络文化建设研究课题组:《安徽网络文化建设研究》,《江淮论坛》2010年第1期。

② 张明仓:《虚拟实践论》，云南人民出版社2005年版，第69页。

③ 李斌:《网络政治学导论》，中国社会科学出版社2006年版，第66页。

息，使党建网站办出了特色、虚拟实践做出了成效，为加强党的执政能力建设发挥了应有作用。

二 以党员干部网民为视点的内容设置

世界历史一再表明，任何一国如果政治、经济、军事和科技落后，就必然会遭受挨打受欺的命运，缺乏文化软实力也将难以长久立于世界民族之林。中华民族进入近代之后所面临的对整个民族生存方式进行现代改造的艰巨复杂历史任务要求中华民族形成这样一个特殊历史主体：掌握了世界上最先进的思想理论，具备世界眼光、了解世界大势，既是中华文化的优秀代表、又是整个人类文化未来发展方向的代表，既怀着为整个人类谋福利的远大理想、又牢牢立足于中国现实之上。中国共产党就是这样一个特殊的历史主体。本来在科学社会主义创始人那里，社会主义是克服资本主义社会内在矛盾的产物，是以资本主义获得的高度发达的社会生产力作为历史前提的，是一种比资本主义更高级的崭新文明。基于此，“在改革开放的历史进程中，我们党把坚持马克思主义基本原则同推进马克思主义中国化结合起来，把坚持四项基本原则同坚持改革开放结合起来，把尊重人民首创精神同加强和改善党的领导结合起来，把坚持社会主义基本制度同发展市场经济结合起来，把推动经济基础变革同推动上层建筑改革结合起来，把发展社会生产力同提高全民族文明素质结合起来，把提高效率同促进社会公平结合起来，把坚持独立自主同参与经济全球化结合起来，把促进改革发展同保持社会稳定结合起来，把推进中国特色社会主义伟大事业同推进党的建设新的伟大工程结合起来，取得了我们这样一个十几亿人口的发展中大国摆脱贫困、加快实现现代化、巩固和发展社会主义的宝贵经验。”①

这里的所谓以党员干部网民为视点的内容设置，就是把党员干部网民置于指向党的执政能力建设之网络文化体系的视点地位，而将网络媒介和网络执政能力建设置于配合“视点”的地位。在这一内容设置中，党员干部网民实质上是建设指向加强党的执政能力之网络文化体系的出发点和落脚点。而且，这种内容设置中的党员干部网民也是可以从多角度多层面来分析的。从组织结构看，他们分布在中央党组织、地方党组织和基层党

① 胡锦涛：《高举中国特色社会主义伟大旗帜 为夺取全面建设小康社会新胜利而奋斗》，人民出版社2007年版，第10—11页。

组织之中；从组成人员身份看，又可分为领导干部和党员群众等。从虚拟特征看，根据党员干部网民上网活动的目的，可分为信息类网民、学习类网民、沟通类网民、休闲娱乐类网民和复合类网民等类型。其中信息类网民主要是使用信息获取服务，学习类网民主要是使用网上学习资源服务，沟通类网民主要是使用交流沟通服务，休闲娱乐类网民主要是使用基本休闲娱乐服务，复合类网民则除了使用基本服务外还往往使用多个其他方面的服务。实际上，按照科学社会主义的观点，推动党员干部网民发展的主要方式是实践，教育和学习是其中的主导方面。科学社会主义经典作家认为，教育“不仅是提高社会生产的一种方法，而且是造就全面发展的人的唯一方法”[①]。江泽民指出：“各地各部门的领导干部，必须加紧学习网络化知识，高度重视网上斗争的问题。我们的党建工作、思想政治工作、组织工作、宣传工作、群众工作，都应适应信息网络化的特点，否则是很难做好的。”[②] 胡锦涛也强调：“各级干部要学习熟悉信息网络，善于运用信息网络，提高运用信息网络进行引导和管理能力。加强和改进新形势下党的建设，既要有决心和信心，也要有科学方法，既要继承和发展党在长期实践中积累的成功方法，也要积极探索运用现代管理学、组织学、心理学等现代科学方法，借鉴外国政党的有益做法。”[③] 因而，以党员干部网民为视点的内容设置，主要根据不同层次的党组织、不同职业不同身份的党员干部建立起不同的网上学校，开展网上教育与学习。当然，建设这类网上学校不同于现代远程教育，它远远超出专业授课的范畴，而是同类党员干部网民（如同层次的党组织成员、相同或相近职业或身份的党员干部等）提供党建知识、网络技术、信息互动等各种服务，以达到提高党的执政能力的目的。例如，自 2003 年“数字安徽”建设启动以后，5 年多来，该省电信业通信基础设施建设累计投资达 270 亿元，建成大容量、高带宽、高质量、能承载各种通信业务的信息传输网络，光纤通信线路已通达全部行政村，互联网宽带网络通达所有乡镇，覆盖到 80% 的行政村，互联网宽带接入用户达 155.9 万户；全省电子党务、政务专网基本建成，实现与 17 个市及 62 个县（市、区）级节点连接，开通了省人大等 13 个

---

① 《马克思恩格斯全集》第 23 卷，人民出版社 1972 年版，第 530 页。

② 江泽民：《论科学技术》，中央文献出版社 2001 年版，第 180 页。

③ 胡锦涛：《努力开创新形势下党的建设新局面》，《求是》2010 年第 1 期。

专用网络应用系统，形成了联通省市县三级电子党务电子政务网络体系，为各级党组织、领导干部和党员群众建设网上学校奠定了较好的网络设施基础。

应该指出，以党员干部网民为视点的内容设置，除了建设各类各级的网上学校外，开展虚拟实践活动也是不可或缺的。例如，中共湖南省委于2006年开展的“迎接党代会，共谋新发展”献计献策活动，注重发挥互联网的作用、充分“网罗”民意，为随后召开的该省第九次党代会提供决策依据、进行思想准备，这一做法在全国省级党代会中首开先河，被誉为“一次推动社会主义民主政治建设的生动实践”。该省也高度重视应用互联网推动政府管理创新，一再强调要运用现代化信息手段和政府门户网站推进政务公开，为湖南经济社会发展创造良好的政务环境。当然，开展虚拟实践活动既要根据不同层次不同类型的党组织、领导干部和党员群众提高执政能力的具体情况而构建不同的网络虚拟现实活动的平台，又要根据其提高执政能力的共同目标而构建他们共同的基础平台——公共党务虚拟现实活动平台，从而使这些平台既相互联系、又相互区别，更好地运用虚拟现实活动平台来加强党的执政能力建设。

三 以网络执政能力建设为视点的内容设置

政党的执政能力是一个具体的历史范畴。这里从政治哲学意义上看，党的网络执政能力就是中国共产党通过网络执政正确认识和把握共产党执政规律、社会主义建设规律和人类社会发展规律，通过网络执政而与时俱进地进行理论创新和实践创新来推动经济社会发展的能力。因而，所谓以网络执政能力建设为视点的内容设置，就是把党的执政能力建设置于指向党的执政能力建设之网络文化体系的视点位置，而将网络媒体和党员干部网民置于配合“视点”的地位。在这一内容设置中，可以照顾到指向党的执政能力建设之网络文化内容的整体性和结构性，为党的领导干部和党员群众自身发展提供较为系统的网络文化资源。胡锦涛曾经指出：“增强党的执政能力，巩固党的执政地位，最根本的是要不断培养造就出一大批高素质的善于治党治国治军的优秀领导人才和其他各方面人才。”① 党的

---

① 胡锦涛：《以“三个代表”重要思想为指导大力实施人才强国战略 为全面建设小康社会提供坚强人才保证和智力支持》，《人民日报》2003年12月21日。

十七大报告也强调："党的执政能力建设关系党的建设和中国特色社会主义事业的全局，必须把提高领导水平和执政能力作为各级领导班子建设的核心内容抓紧抓好。"① 在网络文化条件下，以党的网络执政能力建设为视点的内容设置与以党员干部网民为视点的内容设置和以网络媒介为视点的内容设置，是既有联系又有区别。它们的落脚点是相同的，都是为了促进党的执政能力的提高。但是，它们的立足点和出发点却是不同的。以网络媒介为视点的内容设置是从网络功能出发，以党员干部网民为视点的内容设置是从领导干部和党员群众等自身能力需要出发，而以网络执政能力建设为视点的内容设置则是从整个党的建设需要出发，"执政能力建设是党执政后的一项根本建设"②，是一个事关中国社会主义事业兴衰成败、事关中华民族前途命运和事关党的生死存亡的重大战略课题。因此，以网络执政能力建设为视点的内容设置较之其他两种内容设置，具有自己鲜明的特征：一是全面性。全面性是指网络执政能力建设的全面性，包括党的网络执政能力建设中能力发展、执政能力建设社会关系以及执政能力主体性建设等几个方面，即要能达到促进党的网络执政能力建设的全面加强。二是复杂性。复杂性是指加强党的网络执政能力建设的复杂性。由于不同时期党生存的自然环境、社会经济发展状况的差异，使党的组织、领导干部和党员群众执政能力状况参差不齐、要求多样，其网络素养水平不一，要促进网络执政能力建设得到较大提高是复杂的。如党的十四届四中全会通过的《中共中央关于加强党的建设几个重大问题的决定》明确了高级领导干部应当具备五条标准；党的十六大报告对各级领导班子和领导干部提出了五个能力要求；《2002—2005 年全国人才队伍建设规划纲要》明确提出要"围绕科学决策能力、驾驭全局能力、开拓创新能力，构建党政领导干部核心能力框架。研究制定不同层次党政领导干部的具体标准"，第一次明确提出了研究制定中国领导人才核心能力框架的目标任务；《党政领导干部选拔任用工作条例》中规定党政领导人才应当具备六项基本条件；党的十六届四中全会提出了加强党的执政能力建设的主要任务是不断提高五种能力，即"驾驭社会主义市场经济的能力、发展社会主义民

---

① 胡锦涛：《高举中国特色社会主义伟大旗帜 为夺取全面建设小康社会新胜利而奋斗》，人民出版社 2007 年版，第 51 页。

② 《中共中央关于加强党的执政能力建设的决定》，人民出版社 2004 年版，第 3 页。

主政治的能力、建设社会主义先进文化的能力、构建社会主义和谐社会的能力、应对国际局势和处理国际事务的能力”①。三是稳定性。稳定性是指网络执政能力建设的同一能力建设具有相对的稳定性。党的各级组织、领导干部和党员群众的执政能力建设的目标不同、进程不一，有先有后、有快有慢，网络素质高低不同，因而对网络执政能力建设的同一能力建设是相对稳定的。基于上述特征，以网络执政能力建设为视点的内容设置主要应构建三大平台。

第一，应构建网络学习平台。马克思和恩格斯曾经指出：“任何一个时代的统治思想始终都不过是统治阶级的思想。”②“统治阶级的思想在每一时代都是占统治地位的思想。这就是说，一个阶级是社会上占统治地位的物质力量，同时也是社会上占统治地位的精神力量。支配着物质生产资料的阶级，同时也支配着精神生产资料。因此，那些没有精神生产资料的人的思想，一般地是隶属于这个阶级的。占统治地位的思想不过是占统治地位的物质关系在观念上的表现，不过是以思想的形式表现出来的占统治地位的物质关系；因而，这就是那些使某一个阶级成为统治阶级的关系在观念上的表现，因而这也就是这个阶级的统治的思想。此外，构成统治阶级的各个个人也都具有意识，因而他们也会思维；既然他们作为一个阶级进行统治，并且决定着某一历史时代的整个面貌，那么，不言而喻，他们在这个历史时代的一切领域中也会这样做，就是说，他们还作为思维着的人，作为思想的生产者进行统治，他们调节着自己时代的思想的生产和分配；而这就意味着他们的思想是一个时代的占统治地位的思想。”③ 基于此，在网络时代背景下构建网络学习平台，其主要目的就在于提供为加强党的执政能力建设所需要的知识和获取这些知识的能力，真正实现以对虚拟世界的主导来加强对现实世界的领导。由于在网络虚拟环境下的学习是一种自主性的学习，因而也能提升党的执政能力建设自主性。事实上，党的执政能力建设中能力发展、党的执政能力建设社会关系和党员干部主体性的发展都是以知识为基础的，促进网络执政能力建设就要提供一个相应的知识平台。构建网络学习平台，主要通过三个途径来实现：一要建

---

① 《中共中央关于加强党的执政能力建设的决定》，人民出版社 2004 年版，第 8 页。

② ［德］马克思、恩格斯：《共产党宣言》，人民出版社 1997 年版，第 47 页。

③ 《马克思恩格斯文集》第 1 卷，人民出版社 2009 年版，第 550—551 页。

立、健全关于网络执政能力建设的知识网站。即这一科学设置的知识板块网站，既要按照党的执政能力建设要求来设计以体现知识的系统性，又要坚持知识形态的多样性以充分利用互联网融文字、声音、图片、影像等多形态传播的优势。二要大力开发以党的执政能力建设为主题的网络学习系列软件。在开发这些系列软件时，要注意把握以加强党的执政能力建设为主线，坚持渐进性、层次性和系统性。三要学会利用其他网站的知识传播功能。实际上，除了促进党的网络执政能力建设的专门党建网站外，许多其他网站所承载的知识信息都与党的执政能力建设密切相关，因此应加强对这些网站的研究和利用，为提升党的网络执政能力服务。

第二，应构建网络交往平台。2007 年 4 月中共中央政治局召开会议强调，大力发展中国特色网络文化，加强网络文化建设和管理，要在网上建设具有广泛影响力的思想文化传播平台，努力宣传科学理论、传播先进文化、倡导科学精神、塑造美好心灵、弘扬社会正气，形成积极向上的主流舆论，巩固马克思主义在意识形态领域的指导地位；要大力弘扬体现国家发展和社会进步的思想文化，大力弘扬民族优秀传统文化，提供更多更好的网络文化产品和服务，丰富人民群众的精神文化生活；要营造文明健康的网络环境，形成共建共赢的精神家园。基于此，在网络时代背景下构建网络交往平台，其主要目的是为了拓展网络执政能力建设之社会关系，同时提升和强化网络执政能力建设主体性。党员干部网络交往打破了传统交往对时空和社会关系的局限，正在成为我们党员干部社会交往的主要方式。构建网络交往平台，当前主要通过三条途径来实现：一要整合网络交互工具。虚拟实践表明，每种网络交互工具都有自己的特点和优势，合理整合其优势是提高网络交互实效的基本途径，因而要在正确把握各种网络交互工具特点和优势的基础上进行网络交互工具的优化，并通过相关的软件实现整合。二要开发和运用新的交互软件。此点与前面提到的科学开发网络交互系统具有一致性。这里所要强调的是，要从加强党的网络执政能力建设出发，从私密性交往与公共性交往两个基本方面来开发系列的多功能交互软件，努力提高交互软件的技术含量，逐步实现交互工具的一体化和便捷性，以推动网络执政能力的提高。三要引导和规范网络语言。网络语言同网络交互工具一样，都是党员干部网络交往的工具和中介，是党组织和党员干部交流的桥梁。它打破了传统语言交流的局限性，为网络交往带来了蓬勃生机与活力，且经过近几年的快速发展已初步形成网络语言特色。当然，毋庸讳言，“互联网上的信息庞杂多样，泥沙俱下，还存在大量反动、迷信、黄色的内容”[①]。经过这几年艰苦细致的工作，情况有所好转，但并没有根本解决问题。梁启超曾经说过：“积众生之智慧能力久之，而圣人出焉，圣人出而众生之智慧能力又增长焉。如是递引递进以致文明，此教之所以足贵也。”[②] 因而，规范和引导网络语言应坚持正确的指导原则，不仅要考虑到本民族的文化传统，更要有战略思维和世界眼光，以立足加强党的网络执政能力建设来逐步实现世界通用网络语言的目标。

第三，应构建网络虚拟现实平台。2008 年 6 月 20 日，胡锦涛在人民日报社考察工作时指出：“互联网已成为思想文化信息的集散地和社会舆论的放大器，我们要充分认识以互联网为代表的新兴媒体的社会影响力，高度重视互联网的建设、运用、管理，努力使互联网成为传播社会主义先进文化的前沿阵地、提供公共文化服务的有效平台、促进人们精神生活健康发展的广阔空间。”[③] 基于此，在网络时代构建网络虚拟现实平台，其主要目的在于为加强党的网络执政能力建设提供服务载体，同时在此过程中提升党的网络执政能力建设的主体性。构建网络虚拟现实平台是有效开展网络虚拟现实活动的基础，科学构建网络虚拟现实平台是实现网络虚拟现实目的的根本保障。总体而言，构建网络虚拟现实平台应从两方面着手：一要构建网络虚拟现实的系列平台。其实，网络虚拟现实平台既是“晴雨表”，更是“减压阀”。例如，湖南省各级领导干部注重运用互联网搭建与群众交流的平台，既保证“上情下达”，有利于与群众及时沟通、消除隔阂，又保证“下情上浮”，有利于及时掌握网上舆情、减小决策失误，提高执政能力和执政水平。如今，越来越多的领导干部开始对网络这一虚拟现实平台产生浓厚兴趣，或网上“潜水”、暗察民意，或注册实名“直面”网友、坦诚交流。在益阳，《中国益阳》网开通了“市长信箱”专栏，及时收集整理网民的意见、建议；在长沙、湘潭、邵阳、岳阳、株洲、衡阳、常德、吉首等地，市委书记等领导干部以普通网民的身份主持

① 江泽民：《论科学技术》，中央文献出版社 2001 年版，第 180 页。

② 梁启超：《梁启超哲学思想论文选》，北京大学出版社 1984 年版，第 27 页。

③ 本书编写组：《让党放心 让人民满意》，人民日报出版社 2008 年版，第 5 页。

召开网友见面会，就公交、道路建设、医疗卫生等民生问题与网友进行面对面的交流。因此，构建网络虚拟现实的系列平台要坚持从简单到复杂、从低级到高级的原则，通过计算机技术、虚拟现实技术与网络技术的高度融合，充分利用网络虚拟空间来构建若干不同层次的网络虚拟现实平台，以满足加强网络执政能力建设对网络虚拟现实的需要。二要围绕党的执政能力建设开发系列包括执政理论成果在内的网络虚拟现实产品。一方面，马克思主义政党的执政理论是关于工人阶级政党执政规律的科学理论体系，是马克思主义经典作家根据政党执政的一般规律而总结共产党执政的条件、途径、纲领、目标和过程等的丰富经验所形成的一系列重要思想。胡锦涛指出："理论是行动的先导。一个执政党要始终走在时代前列，不断提高执政能力，就一刻也不能没有执政理论的指导。我们要紧密结合党的执政能力建设的实践，深入开展执政理论研究，为加强党的执政能力建设提供有力的理论指导。"① 可见，加强党的执政理论建设并开发相关专项网络虚拟现实产品，既是实施马克思主义理论研究和建设工程的重要任务，也是加强网络执政能力建设的基础环节。另一方面，还可按照党的执政能力建设中能力发展、党的执政能力建设社会关系和党员干部主体性发展等几个视角来开发网络虚拟现实产品，由于党的执政能力建设中能力发展、社会关系发展和主体性发展是紧密联系、相辅相成的，因此在开发这些网络虚拟现实产品时不可截然分开，只是应有所侧重而已。

应该指出，三个视点的内容设置既有各自的优势，也有彼此的不足。网络文化是一种全球开放文化，它不仅向时空开放，也向所有民族国家和执政党开放。因而，对于我们党来说不会受到某个视点内容设置的局限，相反，三个视点的内容设置可以融会贯通、互为补充、相得益彰，共同促进党的执政能力的提高。在这里还需特别指出，由于网络是一个虚拟空间，我们党作为网络空间的主体力量所形成的社会关系只是现实社会关系的一种延伸，并不是社会关系的全部，我们党在网络中所表现出来的执政能力发展、主体性凸显虽然是真实的，但都具有虚拟性特征，指向党的执政能力建设的网络文化不可能全面促进党的执政能力的加强，只能是部分促进党的执政能力的提高，因此建设促进党的执政能力之网络文化只是一种"指向"而已，并非最终结果。当然，随着网络信息技术的发展，网

① 《十六大以来重要文献选编》中，中央文献出版社2006年版，第305页。

络社会将与现实社会逐步走向融合，建设指向党的执政能力之网络文化将越来越接近加强党的执政能力建设的需要。

第三节　建设的机制培育

“机制”一词是个舶来品，英语为“mechanism”，最早源自希腊文，原意是指机械学中机器的构造和运作原理，借以喻指事物的内在机理、运作模式和工作流程，后来“机制”被广泛使用于政治学、经济学、管理学、伦理学等人文社会科学研究领域，用来指称一个复杂系统结构各个组成部分相互联系、相互制约、相互作用的联结方式以及通过它们之间的有序作用而完成整体目标来实现其整体功能的运行方式。具体而言，“机制包含以下基本含义：机制是由要素按一定组合方式构成的整体；各构成要素的功能状况及其组合方式决定着整个机制的功能；各要素功能的发挥通过与其他要素的相互作用而在整个机制的运行过程中实现。因此，机制是有机体事物各要素之间相互适应、相互制约、自行调节的自组织，其功能是耦合的，其形式是动态的。”① 职是之故，建设指向加强党的执政能力的网络文化机制培育，就是指在该网络文化建设过程中加强党的执政能力各构成要素按一定的组合方式而形成的因果联系和运行方式。

邓小平指出：“政策和策略是党的生命。如果没有政策和策略，党的路线就是空的。正确的路线一定要用正确的政策和策略来保证。”② 政治生活是这样，培育指向加强党的执政能力的网络文化机制也是如此。它是由其组成要素相互作用、相互影响而构成的一个有机整体，这一整体由四个要素构成：一是培育指向加强党的执政能力的网络文化机制的党员干部，主要包括在培育指向加强党的执政能力的网络文化机制中起决策作用的党员干部、实施培育指向加强党的执政能力的网络文化机制的党员干部和参与培育指向加强党的执政能力的网络文化机制的党员干部。二是培育指向加强党的执政能力的网络文化机制的方法。由于培育指向加强党的执政能力的网络文化机制具有技术性强的鲜明特点，因而在培育过程中，主要使用相关的技术手段包括计算机技术、网络技术、虚拟现实技术等。三

---

① 张耀灿等：《思想政治教育学前沿》，人民出版社 2006 年版，第 257—258 页。

② 《邓小平文选》第 1 卷，人民出版社 1994 年版，第 107 页。

是培育指向加强党的执政能力的网络文化机制的环境。这里的环境主要包括网络基础设施环境和网络人文环境。其中网络基础设施环境是培育指向加强党的执政能力的网络文化机制的硬环境，网络人文环境是培育指向加强党的执政能力的网络文化机制的软环境。四是培育指向加强党的执政能力的网络文化机制的动力。这一动力构成是多层面的，主要包括目标导向激励、政策要求激励、评估结果激励等，从而促进党员干部不断产生新的动力，推动党的执政能力不断提高。总体上说，以上四个要素按照一定方式构成指向加强党的执政能力建设的网络文化培育机制，这个机制实质上是一个相对封闭的系统。根据系统论的观点，这个系统又是由主导机制、运行机制和评价机制等若干子系统构成。

一　主导机制

"随着计算机技术的迅猛发展，计算机的应用逐渐渗透到各个技术领域和整个社会的各个方面。社会的信息化、数据的分布处理、各种计算机资源的共享等各种应用要求都推动计算机技术朝着群体化方向发展，促使计算机技术与通信技术紧密结合。计算机网络属于多机系统的范畴，是计算机和通信这两大现代技术相结合的产物，它代表着计算机体系结构发展的一个重要方向。"① 与计算机相伴而生的网络文化的崛起还在深刻影响着我们党的组织方式、交往方式、生产方式和思维方式。培育指向加强党的执政能力的网络文化，对于促进党的执政能力、实现加强党的执政能力建设目标具有极其深远的意义。因此，培育指向加强党的执政能力建设的网络文化机制是党肩负的一项重大战略任务，我们党理应发挥主导作用。正如江泽民所说："对信息网络化问题，我们的基本方针是积极发展，加强管理，趋利避害，为我所用，努力在全球信息网络化的发展中占据主动地位。"② 胡锦涛在中共中央政治局第三十八次集体学习时也强调："我们必须以积极的态度、创新的精神，大力发展和传播健康向上的网络文化，切实把互联网建设好、利用好、管理好。"③

基于此，发挥我们党在指向加强党的执政能力建设之网络文化主导机

① 张韩、吴克明：《上网一点通》，湖南人民出版社2009年版，第93页。

② 江泽民：《论科学技术》，中央文献出版社2001年版，第180—181页。

③ 胡锦涛在中共中央政治局第三十八次集体学习时强调："以创新的精神加强网络文化建设和管理 满足人民群众日益增长的精神文化需要"，见《人民日报》2007年1月25日第1版。

制培育中的主导作用，主要体现在三个方面：一要明确责任。促进加强党的执政能力建设的网络文化主导机制培育是一项长期的艰巨任务，其中明确责任人是完成该项战略任务的关键所在。列宁指出："党是阶级的先进部队，是阶级的领导者和组织者，是整个运动及其根本和主要目的的代表。这些目的可能被每天的日常工作暂时遮盖起来，但是，任何时候都不应失掉作为斗争着的无产阶级的指路明灯的意义。"① 在网络文化背景下，党应该统筹经济社会发展目标和党的执政能力建设目标，使经济社会发展与党的建设相协调，并最终落实到党的执政能力建设上来。因而，党要把自身建设的长远目标和阶段目标结合起来，并根据加强党的执政能力建设的指导思想、总体目标和主要任务，制定具体的促进党的执政能力的网络文化主导机制发展规划，同时，要明确所有网络管理者、网络运营者的责任，逐步建立起中央、地方党组织及各部门党组织等责任人之间规范协调地促进党的执政能力之网络文化主导机制，确保促进党的执政能力的网络文化主导机制发展规划能顺利实施。二要制定相关政策措施。培育指向加强党的执政能力的网络文化主导机制，从根本上来说要发挥政策措施的激励与制约作用。近几年来，我们党大力加强网络文化建设和管理，取得了显著的成就。据统计，截至 2009 年 9 月，中国百度名列全球网站十强行列，腾讯、新浪进入全球网站 20 强行列，超过 CNN、BBC 等西方传媒巨头网站排名，新华网、人民网、央视网等多家重点新闻网站进入了全球新闻网站百强行列，中国备受全球瞩目，建设与中国综合国力相称、有国际影响力的一流国际媒体迫在眉睫。就是说，在全球通和全球互联网基础上的电子网络地球村，中国要成为一个创建者，用西方听得懂的语言去阐释自己的观点，以此与西方交流对话并打造自己的文化软实力。正如李长春在 2010 年 1 月 4 日指出的，要"不断提高舆论引导能力和国际传播能力，努力营造客观友善、于我有利的国际舆论环境；积极开展对外宣传和对外文化交流，努力提升我国文化软实力。"② 应该明确，我国网络文化建设在取得显著成就的同时，与全球其他国家相比，还存在网络基础设施滞后、部分党员干部网络信息素养欠缺、网络普及率及网络文化产品质量不高等问题（如表 8 -1）。对此，我们党应加大工作力度，通过制定和完善

① 《列宁专题文集》（论无产阶级政党），人民出版社 2009 年版，第 337 页。

② 参见伍刚《营造与中国发展相称的一流互联网》，《光明日报》2010 年 1 月 10 日第 5 版。

相关的政策措施来进一步加快网络基础设施建设步伐，更好地调动各级党组织、领导干部和党员群众接受信息素质教育的积极性，同时，要大力支持和鼓励网络信息技术的自主创新及其成果转化，形成促进党的执政能力建设产、学、研、用相结合的网络文化创新体系。三要正确引导社会。培育指向党的执政能力建设的网络文化主导机制是一个庞大的系统工程，没有人民群众的广泛参与是不行的。党和政府要用正确的舆论引导社会有序发展，要鼓励和支持各级党组织和党员干部积极参与网络文化机制培育，动员社会各方面力量共同培育指向加强党的执政能力建设的网络文化，在此主导机制培育过程中，对我们党增强自身能力、拓展社会关系和提升党员干部主体性都具有重要的实践价值。例如，中共湖南省委身体力行、率先垂范，关注网络民意、情注民生疾苦，小小一根网线连起了党心民心。"衙斋卧听萧萧竹，疑是民间疾苦声。"网友所反映的，大多是群众最关心、最直接、最现实的民生问题，这些问题的解决直接关涉党的执政基础的巩固，不可等闲视之。同时，转变政府职能、提高办事效率、推动电子

表 8－1　**全球主要地区网民数（2009/9）**

地　区	总人口（估算）	网民族	互联网普及率（%）	占世界网民数量比率（%）
非洲	991002342	67371700	6.8	3.9
亚洲	3808070503	738257230	19.4	42.6
欧洲	803850858	418029796	52.0	24.1
中东	202687005	57425046	28.3	3.3
北美	340831831	252908000	74.2	14. 6
拉美及加勒比地区	586662468	179031479	30.5	10.3
大洋洲	34700201	20970490	60.4	1.2
总　计	6767805208	1733993741	25.6	100.00

政务、推进网上审批和无纸化办公，一直是该省领导很关注的问题；省政府英文门户网站于 2008 年 10 月 1 日正式上线，不仅可以为在湘工作学习

的外国人提供网上服务，而且为该省进一步扩大对外开放提供了一个重要窗口。该省的岳阳市委倡导发起“问计网友，兴我岳阳”大型活动，调动网友积极性，就岳阳经济社会发展和民生问题献计献策；衡阳市委书记也是一名“忠实网友”，他要求衡阳各级官员了解网络、熟悉网络，并多次现身“衡阳网”论坛，接受在线提问，倾听来自基层的声音。如今，重视网络舆情、用好网络文化，已成为该省越来越多领导干部正确引导舆情的共识。

二　运行机制

根据美国未来学家托夫勒在《第三次浪潮》中提出的观点，人类自近代以来已发生了三次大的科技革命（如表8-2）。从中可以看出，这三个阶段科技革命的内在联系，既是世界现代化兴起、扩展和全面推进的过

表8-2　**工业化时代的文明进展**

时　期	大致时间	主要特征	备注
起步期	1763—1870	工业革命第一阶段。蒸汽机、纺织机、煤、铁、机械化、商品化农业、城市化、美国革命、法国革命、民主政治	1763年瓦特改进蒸汽机 1763年英国工业革命 1775年美国革命 1789年法国革命
发展期	1871—1913	工业革命第二阶段。内燃机、发电机、石油、钢、电气化、化学工业、大规模生产技术、科学影响	1876年奥托发明四冲程内燃机 1882年德波里建立直流输电线路 1871年的德意志帝国成立
成熟期	1914—1945	两次世界大战，家庭机械和电气化，普及初等教育、电视、物理革命、原子弹、俄国革命、联合国	1914—1918年第一次世界大战 1939—1945年第二次世界大战 1945年联合国成立 1945年发明原子弹
过渡期	1946—1970	第三次产业革命，自动化、电子计算机，原子能，高速公路，国家创新系统，科技革命，殖民地革命，现代化	1946年电子计算机面世 1949年《北大西洋公约》 1955年《华沙条约》

资料来源：何传启《第二次现代化》，高等教育出版社1999年版，第45—46页。

程，又是一个科技革命连续性的发展过程，其中计算机技术尽管产生时间不长，但对世界政治、经济、军事、文化、社会发展产生的影响却是深刻而广泛的。在网络时代背景下，培育指向加强党的执政能力建设的网络文化机制是一项庞大的系统工程和长期的根本任务，需要有良好的环境和条件，特别需要有与之相适应的资金投入、法律法规的支持和网络道德自律的坚守，建立起长期发挥功用的保障机制。同时，互联网的开放性和虚拟性、即时性和匿名性使其成为国际国内政治思想文化斗争的新阵地，特别是以美国为首的西方国家利用它们的网上优势抢占政治思想文化阵地，大肆兜售西方国家的意识形态、生活方式和价值观念，大力传播各种非马克思主义甚至反马克思主义的政治思想文化，国内也有一些不法分子利用网络制黄贩黄、宣传暴力、迷信和邪教。对此，江泽民指出："国内外敌对势力正竭力利用它同我们党和政府争夺群众、争夺青年。我们要研究其特点，采取有力措施应对这种挑战。要主动出击，增强我们在网上的正面宣传和影响力。各级领导干部要密切关注和研究信息网络发展的新动向，抓紧学习网络知识，善于利用网络开展工作，努力掌握网上斗争的主动权。"① 而且，加强党的执政能力建设是一个随着经济、政治、文化、社会、外交的发展而发展的动态范畴，因而培育指向加强党的执政能力之网络文化运行机制不是一劳永逸的事情，而是一个不断引领社会发展、不断满足党的执政能力建设对网络文化需求的过程，更是一个不断探索、不断创新的过程。基于此，建设指向加强党的执政能力之网络文化运行机制培育，主要包括保障机制、监管机制和创新机制等方面。

第一，要培育指向加强党的执政能力建设的网络文化保障机制。网络社会生活是复杂多样的，上网者的文明程度也是参差不齐的，常常会伴随着危害党和国家、集体和他人的事情发生。在这种情况下，培育指向加强党的执政能力建设的网络文化保障机制就是不可或缺的。即指向加强党的执政能力之网络文化机制系统的有效运行，必须有必要的物质经费投入和保证、有较完善的法律、道德和各行各业的规章制度为基础。为此，首先要提高资金保障。一是在认识上明确培育指向加强党的执政能力的网络文化机制，如果没有一定资金投入是无法开展培育工作的。二是在举措上要积极探索和努力形成以国家投入为主的多元投入机制。就是说，既要建立

① 《江泽民文选》第3卷，人民出版社2006年版，第94页。

专项拨款制度，即围绕网络文化机制培育目标，明确中央和地方党组织应承担的责任、订立合理比例并编入专项预算，又要通过制定相关政策、筹集社会资金，这方面可借鉴西方国家的一些经验，如减免相关税种或提供相关服务等优惠政策。其次，要完善信息网络的法律保障。法律既是现实社会关系的调解器，也是虚拟网络社会关系的调解器；完备的法律体系可有效地建设和管理信息网络，使其发挥最大效益，尽可能地预防、遏制、减少各种消极现象带来的不良影响。正如现实社会生活的有序运行需要法律“硬性”保障一样，培育指向加强党的执政能力之网络文化运行机制也须有相应的法律保障。具体而言，一是加强立法，即在立法时间上要坚持适度性、在立法过程中要注意整体协调性、在制定网络法律时要注意针对性和准确性。实际上，自20世纪80年代初起我国就开始注意网络立法问题，1984年经国务院批准成立了计算机管理监察局，主管全国的计算机安全工作，随后于1989年10月制定了《电子计算机系统安全规范（试行草案）》，这是我国第一部有关计算机应用方面的法规，从此逐步走上完善化。总体上看，与国外相比，尽管我国网络立法已初具规模，但仍有大量工作要做。二是加强执法和内部管理，建立健全党建网站管理规章制度，规范新闻信息发布，坚持提供客观、真实、健康的信息和内容，坚持提供文明的上网环境和内容链接，切实做到有法可依、有法必依、执法必严、违法必究，同时要创新管理手段，以创新促建设、以建设促管理、以管理促繁荣。最后，要强化党员干部网民的道德自律机制。培育指向加强党的执政能力之网络文化，不仅需要法律的“他律”机制，而且需要党员干部网民的道德“自律”机制作保障。美国著名政治学家亨廷顿指出：“彼此不信任和人心不齐使社会变为一盘散沙。”① 其实在网络社会也是如此。概言之，党员干部网民的道德自律机制包括两个方面的内容，即既要制定完善的网络道德规范，又要建立网络道德规范的教育制度。就是说，要按照“全面、规范、易操作”的基本要求来制定各级党组织相应的网络道德规范，同时将这些内容纳入各级党组织、党员干部的学习教育内容，采取多途径、多形式加大对网络道德规范的宣传力度，不断强化党员干部网民的道德自律意识，尤其是在网络行为中要强化党员干部网民诚

---

① ［美］塞缪尔·P. 亨廷顿：《变化社会中的政治秩序》，王冠华等译，生活·读书·新知三联书店1988年版，第29页。

信意识和社会责任感，不链接含有有害信息的网站，不登载不文明的文字和图片，不运行带有凶杀、色情内容的游戏，不在网站社区、论坛、新闻跟帖、聊天室、博客、播客等栏目中发表或转载违法、庸俗、格调低下的言论、图片、音视频信息等。

第二，要培育指向加强党的执政能力建设的网络文化监管机制。网络文化由于几乎不设门槛，没有政党、财团、社会集团的力量规制，既无“把关人”之碍，又无专业身份之限，只要上网就可随时随地、随心所欲地发布信息。假如没有监管机制的约束，党员干部网民完全可以想怎么做就怎么做。因而，构建指向加强党的执政能力的网络文化监管机制作为其网络文化运行机制的重要一环，工作任务非常艰巨。这里着重从两个角度予以探讨。一是厘清和制定监管的内容和标准。要在深入调查研究网络党建基本状况的基础上，厘清哪些内容、适用什么标准属监管的对象或范围、准则，这是实施指向加强党的执政能力的网络文化监管机制的前提条件。目前，我们党还没有制定出科学的网络文化监管标准，往往是将明显违法、犯纪的内容列为监管内容，前瞻性和预见性不够，在互联网的技术应用和管理建设方面同西方发达国家还存在较大差距，网上舆论引导和监控能力还跟不上互联网技术发展速度，网络文化安全监管的任务十分繁重。因而，我们党应根据培育指向加强党的执政能力的网络文化发展的实际情况，将监管内容分法律、纪律和道德等几个不同的层次，制定出一套比较完备的指向加强党的执政能力的网络文化监管标准体系。二是实行技术监管与人员监管相结合。当前，已开发出一批可以过滤或阻挡不良信息的软件和数据库，它们虽然不能对分化与无序的网络噪音等进行直接控制，但是已能起到间接控制的功能。如 Smart filter 可过滤色情、暴力等 27 类网站，在美国知名度很高的 X - Stop、X - Shadow 等具有庞大的色情网站数据库，搜索速度快，具备很好的防堵功能；Net Nanny 可以对网上的已知色情网站进行阻绝，对错位与失调的网络文字等予以监控并能记录计算机曾经访问过的站点，这对于防止不良信息的负面影响是很有意义的。但是，对有些不良信息的监管，在现有技术水平情况下是无法实现的，因而我们党应加大对网络监管技术的应用，大力开发适应网络文化监管的软件。在搞好技术监管的同时，还要加强人员监管。只有这样彼此结合，才能互为补充、相得益彰。列宁指出：“在人民群众中，我们毕竟是沧海一粟，只有我们正确地表达人民的想法，我们才能管理。否则共产党就不能率领无产阶级，而无产阶级就不能率领群众，整个机器就要散架。”① 因此，加强人员监管，既要有网络文化的专职监管员，定岗定责、实行责任制和责任追究制，又要加强网络通信、新闻、出版、文化、公安等相关职能部门的配合，更要在各类网站或主页上设置监督窗口，以便自觉接受网民的监督。

第三，要培育指向加强党的执政能力建设的网络文化创新机制。江泽民指出：“创新是一个民族进步的灵魂，是一个国家兴旺发达的不竭动力，也是一个政党永葆生机的源泉。”② 胡锦涛也强调：“我们必须以积极的态度、创新的精神，大力发展和传播健康向上的网络文化，切实把互联网建设好、利用好、管理好。”③ 因而，确立指向加强党的执政能力建设的网络文化创新机制是我们党推动网络文化建设和管理运行机制的必然选择。具体地说，一是设立专门的研究机构。胡锦涛指出：“我国网络文化的快速发展，为传播信息、学习知识、宣传党的理论和方针政策发挥了积极作用，同时也给我国社会主义文化建设提出了新的课题。能否积极利用和有效管理互联网，能否真正使互联网成为传播社会主义先进文化的新途径、公共文化服务的新平台、人们健康精神文化生活的新空间，关系到社会主义文化事业和文化产业的健康发展，关系到国家文化信息安全和国家长治久安，关系到中国特色社会主义事业的全局。”④ 因而，设立专门的研究机构并使之成为网络文化与加强党的执政能力建设的研究平台，系统地、深入地研究网络文化与加强党的执政能力建设的一系列重大理论与实践问题，对于培育指向加强党的执政能力建设的网络文化、促进两者的双向互动具有重大意义。二是建立专兼职结合的创新团队。江泽民指出：“无论是信息技术和信息产业的发展，还是对信息网络的管理，说到底要有人才。信息网络管理是一个新的领域，没有一大批政治素质高，业务能力强，具有信息网络知识、法律知识和管理能力的复合型人才，工作是很难做好的。”⑤ 培育指向加强党的执政能力建设的网络文化，具有理论性、

---

① 《列宁专题文集》（论无产阶级政党），人民出版社 2009 年版，第 343—344 页。

② 《江泽民文选》第 3 卷，人民出版社 2006 年版，第 64 页。

③ 胡锦涛在中共中央政治局第三十八次集体学习时强调：“以创新的精神加强网络文化建设和管理 满足人民群众日益增长的精神文化需要”，见《人民日报》2007 年 1 月 25 日第 1 版。

④ 同上。

⑤ 《江泽民文选》第 3 卷，人民出版社 2006 年版，第 302—303 页。

技术性和探索性强的特点。只有不断实现理论上、技术上的突破，网络文化才能更好地为促进加强党的执政能力建设服务。因而，建立一支政治思想素质好、专业知识功底深、创新协作意识强、能力结构合理、专兼职结合的创新团队，是培育指向加强党的执政能力建设之网络文化创新机制的关键所在。三是制定相关的激励政策。在一定意义上可以说，政策的引导激励功能往往具有决定性作用，创新指向加强党的执政能力建设的网络文化同样需要政策的引导和激励。实际上，“改革创新和科技进步是文化发展的根本动力。必须在推进文化体制机制创造的同时，大力推进各方面的创新。”① 因而，我们党应把创新指向加强执政能力建设的网络文化纳入党和政府重点创新工程的领域，像其他重点工程一样予以政策扶持；同时，这一工程需要“众人拾柴火焰高、齐心划桨开大船”，正如列宁所说，“社会主义不是少数人，不是一个党所能实施的。只有千百万人学会亲自做这件事的时候，他们才能实施社会主义”②。该工程应通过政策激励来引导千百万名领导干部和党员群众投入到创新指向加强党的执政能力建设之网络文化机制实践中，共同推动这一创新工程持续有序向前运行。

三　评价机制

在英语中，“evaluate”（评价）在词源学上的含义就是引出和阐发价值，因而从本质上说，评价是一种价值判断的活动；从政治哲学意义上说，评价是一种政治价值判断活动，是对政治客体满足政治主体需要程度的判断；从政治价值学的角度而言，评价是对政治实践活动客体满足社会和个体需要的程度而作出判断的活动，是对政治活动现实的（已经取得的）或潜在的（还未取得，但有可能取得的）价值作出判断，以期达到政治价值增殖的过程。正如“视域、思路与方法是哲学研究不可或缺的维度，三者之契合建构了哲学研究的基本框架。不同哲学家的视域、思路与方法的差异决定了不同哲学的理论品位，同时影响其生活实践尺度与价值诉求，政治哲学视域、人学理路及其思维方法的多元对话形成了政治哲学的总体图景”③ 一样，构建指向加强党的执政能力之网络文化评价机制

---

① 李长春：《深入学习实践科学发展观 推动社会主义文化大发展大繁荣》，《新华文摘》2009 年第 2 期，第 4 页。

② 《列宁全集》第 34 卷，人民出版社 1985 年第 2 版，第 49 页。

③ 臧峰宇：《马克思政治哲学引论》，中央编译出版社 2009 年版，第 1 页。

同样可从不同视域、思路与方法的维度来展开，这里拟从评价指标体系、评价实施人、评价方法以及评价结果的运用等维度来予以展开论述。

第一，要建立科学可行的评价指标体系。指标体系是具有相关联系的一系列指标的总和，建立科学可行的评价指标体系是搞好评价机制工作的基础。邓小平指出："全党同志都要学好党的政策和策略，这样，我们才会无比的强大，谁也不能战胜我们。"① 培育指向加强党的执政能力建设的网络文化评价指标体系，应该完整地反映加强党的执政能力建设的指导思想、总体目标和主要任务的要求，成为科学判断党的执政能力建设效果大小、质量高低的具体标准。事实上，指向加强党的执政能力建设之网络文化评价指标体系的确立并不容易，因为检验指向加强党的执政能力建设的网络文化是否科学可行，最终要落实到党的执政能力提高上。因此，只能借助与加强党的执政能力建设相关联的指标体系来进行评价。具体来说，主要包括从培育指向加强党的执政能力建设网络文化的客观条件进行评价和从网络文化对加强党的执政能力建设产生的影响进行评价两个方面来确立评价指标体系。

从第一个方面来看，主要包括三个内容：一是对党建网站建设状况的评价。培育网络文化评价机制主要是通过党建网站或网页来实现的，党建网站建设的水平与对加强党的执政能力建设影响成正相关。对党建网站或网页建设状况的评价着重是对所建网站或网页的功能、设计和科学性与可行性等方面进行评价。二是对专业技术队伍状况的评价。专业技术队伍是培育指向加强党的执政能力建设之网络文化的关键，对专业技术队伍评价主要对专兼职队伍的数量、知识结构以及成员个体的综合素质特别是履行岗位职责的情况等方面进行评价。三是对相关理论与应用研究水平的评价。开展网络文化与加强党的执政能力建设的系统深入研究及相关研究，是推动培育指向加强党的执政能力建设的网络文化不断向纵深发展的重大举措。此项评价主要是对研究成果的价值及其应用情况进行评价，目的是检测网络文化为加强党的执政能力建设服务的质量和水平。

从第二个方面看，主要也包括三个内容：一是对党的执政能力建设状况的评价。这种评价，既包括党的整个能力建设状况，如提高驾驭社会主义市场经济的能力、发展社会主义民主政治的能力、建设社会主义先进文

① 《邓小平文选》第1卷，人民出版社1994年版，第107页。

化的能力、建构社会主义和谐社会的能力以及应对国际局势和处理国际事务的能力等，又包括党的各级组织、领导干部和党员群众在党务工作中的执政能力建设状况。与美国、澳大利亚和英国等西方国家对高级公务员确定的对公共服务感兴趣、执行力、计划、激励和自我纠正五大核心能力框架①相比较而言，这里所指的主要是党的领导干部和党员群众的能力，包括与网络文化有关的学习能力、实践能力和创新能力等。加强党的执政能力建设状况受多方面因素的制约，在这里主要是对网络文化给加强党的执政能力建设状况带来的正负影响进行评价。二是对党的执政能力建设社会关系发展状况的评价。在执政能力建设过程中，党的社会关系包括党与社会的关系、党与自然的关系以及党与自身的关系等多个方面。对党的执政能力建设社会关系发展状况进行评价，既要考虑上述关系的全面性与系统性，又要考虑这些关系发展的深度与速度。三是对党的执政能力建设主体性发展的评价。如前所述，党的执政能力建设主体性具体表现为党的执政能力建设能动性、自主性、创造性、自为性等特性。网络文化对党的执政能力建设主体性发展具有独特的功能，在这里主要是指网络文化对加强党的执政能力建设主体性发展的促进作用。

第二，要组成独立可信的评价实施人。这里的可信分析即信度分析，这一“信度分析则主要用来评估整个量表的可靠程度。信度（reliability）被认为是若重复进行测量，产生相同结果的准确程度，也就是测量的稳定性和可靠性程度。”② 实际上，对培育指向加强党的执政能力建设的网络文化产生的效果进行评价是一项非常复杂的工作，且由于不同的评价实施人对同一评价对象基于不同的视角往往会有不尽相同的认识，从而形成不同的评价取向，这样就使得不同的评价实施人对同一评价对象得出不同的评价结论。可见，评价实施人组成是否科学、其评价行为是否独立可信，对评价结果影响很大。因此，确定评价实施人至少应考虑三点：一是评价实施人组成要多元化，既要有党务主管领导、又要有党建专家，既要有理论工作者、又要有实际工作者。一般地说，评价实施人应由党建专家、政治学家、文化学家、国际政治和网络工程等相关专家为主组成。二是评价

---

① 转引自赵洪俊主编《中国领导人才能力测评技术参考手册》，新华出版社 2006 年版，第 23—24 页。

② 靳一：《大众媒介公信力测评研究》，人民出版社 2006 年版，第 173 页。

实施人数量要充足，能分清评价工作主次且效能要高。如果人数不够，又不分主次，平均使用力量，那就会“如堕烟海，找不到中心，也就找不到解决矛盾的方法”①。要提高评价工作绩效，对影响评价工作的关键问题“要‘抓紧’。就是说，党委对主要工作不但一定要‘抓’，而且一定要‘抓紧’。什么东西只有抓得很紧，毫不放松，才能抓住。抓而不紧，等于不抓。伸着巴掌，当然什么也抓不住。就是把手握起来，但是不握紧，样子像抓，还是抓不住东西。我们有些同志，也抓主要工作，但是抓而不紧，所以工作还是不能做好。不抓不行，抓而不紧也不行。”② 只有既抓且抓紧才能解决评价工作中急需解决的关键性问题，以确保各项评价任务的落实。三是评价实施人素质要优良，既要有良好的思想道德素质、又要有精湛的专业技能素质，这些评价实施人主要负责制定评价的具体方案并组织实施。正如胡锦涛所说：“要加快网络文化队伍建设，形成与网络文化建设和管理相适应的管理队伍、舆论队伍、技术研发队伍，培养一批政治素质高、业务能力强的干部。各级领导干部要重视学习互联网知识，提高领导水平和驾驭能力，努力开创我国网络文化建设的新局面。”③

第三，要实行恰当的评价方法并正确运用评价结果。做任何事都有一定的方法，方法恰当则事半功倍，方法不当则事倍功半，甚至劳而无功。毛泽东指出：“我们不但要提出任务，而且要解决完成任务的方法问题。我们的任务是过河，但是没有桥或没有船就不能过。不解决桥或船的问题，过河就是一句空话。不能解决方法问题，任务也只是瞎说一顿。”④ 评价方法是评价结果是否客观的重要保证，恰当的评价方法应体现全面、科学、民主、公开的理念。由于评价内容是一个复杂的系统，因而恰当的评价方法也应是由比较研究法、访问研究法、网上环境模拟研究法和统计分析法等各种方法构成的方法体系。在具体评价过程中，还要坚持定性评价与定量评价相结合、动态评价与静态评价相结合以及全面评价与重点评价相结合，以确保评价结果的客观真实性。同时，实行恰当的评价方法只是手段，评价结果的正确运用才是评价的目的所在。评价实施人应根据评

---

① 《毛泽东选集》第1卷，人民出版社1991年版，第322页。

② 《毛泽东选集》第4卷，人民出版社1991年版，第1442页。

③ 胡锦涛在中共中央政治局第三十八次集体学习时强调：“以创新的精神加强网络文化建设和管理 满足人民群众日益增长的精神文化需要”，见《人民日报》2007年1月25日第1版。

④ 《毛泽东选集》第1卷，人民出版社1991年版，第139页。

价结果进行认真分析和研究，总结国内外成功经验、找出存在的问题，提出改进意见并形成书面诊断性和总结性评价报告。一般地说，正确运用评价结果主要体现在两个方面：一是既作为中央和地方党政及有关部门进行奖惩的重要依据、特别是要作为兑现目标责任制的依据，又作为中央和地方党政领导进一步决策的依据，为修订评价方案和完善加强党的执政能力建设规划服务；二是既作为下一次评价的参考，以利于不断总结经验、探寻规律，又作为党和政府向公众发布此项信息的依据，使党员干部通过了解相关信息而更多地参与到培育指向加强党的执政能力建设的网络文化中来。[①] 也就是说，“信息技术迅速发展和全球信息网络的建立标志着一场新的信息革命的兴起，将带动高新技术的全面发展，促使社会经济由工业化向信息化转变”[②]。在这一“转变”过程中，“我们应吸收历史上多次丧失机遇并且已受惩罚的教训，抓住机遇，迎接挑战，急起直追，实现目标。”[③] 因此，我们党应立足中国、放眼全球、博采众家之长为我所用，充分利用评价结果，努力提高评价的价值量，贯彻落实党的十八届三中全会提出的“两健全一形成”要求，即“健全基础管理、内容管理、行业管理以及网络违法犯罪预防和打击等工作联动机制，健全网络突发事件处置机制，形成正面引导和依法管理相结合的网络舆论工作格局”，从而把体制机制、工作格局和评价结果统一起来，在网络文化与加强党的执政能力建设互动发展中让党的执政能力建设走进“e”时代前列。

① 宋元林、吴克明等：《网络文化与人的发展》，人民出版社 2009 年版，第 291—293 页。

② 周作翰：《求真思录》，湖南教育出版社 2002 年第 2 版，第 408 页。

③ 李屏南：《选择与创新：科学社会主义观在中国》，人民出版社 2006 年版，第 242 页。

参考文献

一 著作

[1]《马克思恩格斯选集》第1—4卷，人民出版社1995年版。
[2]《马克思恩格斯全集》第1卷，人民出版社1956年版。
[3]《马克思恩格斯全集》第3卷，人民出版社1960年版。
[4]《马克思恩格斯全集》第20卷，人民出版社1971年版。
[5]《马克思恩格斯全集》第23卷，人民出版社1972年版。
[6]《马克思恩格斯全集》第40卷，人民出版社1982年版。
[7]《马克思恩格斯全集》第42卷，人民出版社1979年版。
[8]《马克思恩格斯文集》第1卷，人民出版社2009年版。
[9] 马克思:《1844年经济学哲学手稿》，人民出版社1978年版。
[10] 马克思、恩格斯:《共产党宣言》，人民出版社1997年版。
[11] 马克思:《资本论》第1卷，人民出版社1975年版。
[12] 恩格斯:《自然辩证法》，人民出版社1971年版。
[13]《列宁选集》第1—4卷，人民出版社1995年版。
[14]《列宁全集》第8卷，人民出版社1986年版。
[15]《列宁全集》第11卷，人民出版社1987年版。
[16]《列宁全集》第17卷，人民出版社1988年版。
[17]《列宁全集》第19卷，人民出版社1959年版。
[18]《列宁全集》第30卷，人民出版社1957年版。
[19]《列宁全集》第34卷，人民出版社1987年版。
[20]《列宁全集》第39卷，人民出版社1986年版。
[21]《列宁全集》第41卷，人民出版社1986年版。
[22]《列宁全集》第43卷，人民出版社1987年版。

[23]《列宁全集》第 55 卷，人民出版社 1990 年版。

[24]《列宁专题文集》（论无产阶级政党），人民出版社 2009 年版。

[25]《列宁专题文集》（论社会主义），人民出版社 2009 年版。

[26]《斯大林全集》第 11 卷，人民出版社 1958 年版。

[27]《斯大林选集》上卷，人民出版社 1979 年版。

[28]《毛泽东选集》第 1— 4 卷，人民出版社 1991 年版。

[29]《毛泽东文集》第 2 卷，人民出版社 1993 年版。

[30]《毛泽东文集》第 7 卷，人民出版社 1999 年版。

[31]《毛泽东年谱》下卷，人民出版社 1993 年版。

[32] 毛泽东:《论十大关系》，人民出版社 1976 年版。

[33]《刘少奇选集》上卷，人民出版社 1981 年版。

[34]《刘少奇选集》下卷，人民出版社 1985 年版。

[35]《刘少奇论党的建设》，中央文献出版社 1991 年版。

[36]《邓小平文选》第 1—3 卷，人民出版社 1993—1994 年版。

[37]《邓小平思想年谱》，中央文献出版社 1998 年版。

[38]《陈云文选》第 3 卷，人民出版社 1995 年版。

[39]《江泽民文选》第 1—3 卷，人民出版社 2006 年版。

[40] 江泽民:《论有中国特色社会主义（专题摘编）》，中央文献出版社 2002 年版。

[41] 江泽民:《论加强和改进执政党建设（专题摘编）》，中央文献出版社、研究出版社 2004 年版。

[42] 江泽民:《全面建设小康社会开创中国特色社会主义事业新局面》，人民出版社 2002 年版。

[43] 江泽民:《论党的建设》，中央文献出版社 2001 年版。

[44] 江泽民:《论科学技术》，中央文献出版社 2001 年版。

[45] 江泽民:《论中国信息技术产业发展》，中央文献出版社、上海交通大学出版社 2009 年版。

[46] 本书编写组:《胡锦涛同志“七一”讲话学习读本》，新华出版社 2003 年版。

[47]《十六大以来重要文献选编》中，中央文献出版社 2006 年版。

[48] 胡锦涛:《在“三个代表”重要思想理论研讨会上的讲话》，人民出版社 2003 年版。

［49］胡锦涛:《高举中国特色社会主义伟大旗帜 为夺取全面建设小康社会新胜利而奋斗》，人民出版社 2007 年版。

［50］胡锦涛:《坚定不移沿着中国特色社会主义道路前进 为全面建成小康社会而奋斗》，人民出版社 2012 年版。

［51］胡锦涛:《在纪念党的十一届三中全会召开 30 周年大会上的讲话》，人民出版社 2008 年版。

［52］《中共中央文件选集》第 11 册，中共中央党校出版社 1991 年版。

［53］《中共中央文件选集》第 18 册，中共中央党校出版社 1992 年版。

［54］中共中央文献研究室编:《三中全会以来》下，人民出版社 1982 年版。

［55］《十五大以来重要文献选编》上册，人民出版社 2000 年版。

［56］《中国共产党第十六次全国代表大会文件汇编》，人民出版社 2002 年版。

［57］《十六大以来重要文献选编》中，中央文献出版社 2006 年版。

［58］《中共中央关于加强党的执政能力建设的决定》，人民出版社 2004 年版。

［59］《中共中央关于加强和改进新形势下党的建设若干重大问题的决定》，人民出版社 2009 年版。

［60］《中共中央关于全面深化改革若干重大问题的决定》，人民出版社 2013 年版。

［61］《中国共产党十七届中央委员会第五次全体会议文件汇编》，人民出版社 2010 年版。

［62］《苏联共产党代表大会代表会议和中央全会决议汇编》第 2 分册，人民出版社 1964 年版。

［63］本书编写组:《中共中央关于加强党的执政能力建设的决定辅导读本》，人民出版社 2004 年版。

［64］中国革命博物馆:《中国共产党党章汇编》，人民出版社 1979 年版。

［65］《中国共产党章程》，人民出版社 2002 年版。

［66］虞云耀主编:《十七大党章学习讲话》，中共中央党校出版社

2007 年版。

[67] 周向军等:《代表中国先进文化的前进方向研究》,中国人民大学出版社 2004 年版。

[68] 中共中央党校研究室编:《执政党建设十人谈》,中共中央党校出版社 2001 年版。

[69] 中共中央宣传部舆情信息局编:《加强党的先进性建设和执政能力建设》,学习出版社 2007 年版。

[70] 皮钧、高波:《治政论》,新华出版社 2004 年版。

[71] 覃正爱:《执政能力与执政理念》,湖南人民出版社 2005 年版。

[72] 雷厚礼:《中国共产党执政学》,人民出版社 2007 年版。

[73] 徐晨光:《执政党执政安全研究》,红旗出版社 2003 年版。

[74] 徐珂:《政府执行力》,新华出版社 2007 年版。

[75] 赵剑英、陈晏清主编:《马克思主义政治哲学:阐释与创新》,社会科学文献出版社 2007 年版。

[76] 王鑫:《社会主义建设基本经验研究》,中国社会科学出版社 2003 年版。

[77] 郭圣福等:《中国共产党社会主义认识史》,中国社会科学出版社 2004 年版。

[78] 李景治等:《社会主义发展历程》,辽宁人民出版社 2001 年版。

[79] 李民等:《领导干部如何应对大众传媒》,中共中央党校出版社 2008 年版。

[80] 南都报系网络问政团队编著:《网络问政》,南方日报出版社 2010 年版。

[81] 苏振芳:《网络文化研究》,社会科学文献出版社 2007 年版。

[82] 金振邦:《从传统文化到网络文化》,东北师范大学出版社 2001 年版。

[83] 齐鹏:《新感性:虚拟与现实》,人民出版社 2008 年版。

[84] 胡德池:《网络时代的宣传思想工作》,湖南人民出版社 2003 年版。

[85] 沈壮海主编:《软文化真实力》,人民出版社 2008 年版。

[86] 刘吉、金吾伦等:《千年警醒:信息化与知识经济》,社会科学文献出版社 1999 年版。

[87] 常晋芳:《网络哲学引论：网络时代人类存在方式的变革》，广东人民出版社 2005 年版。

[88] 田胜立:《网络传播学》，科学出版社 2001 版。

[89] 杨楹等:《马克思生活哲学引论》，人民出版社 2008 年版。

[90] 李超元:《凝视虚拟世界》，天津社会科学院出版社 2004 年版。

[91] 王茂华:《民主探要》，福建人民出版社 1991 年版。

[92] 李伦:《鼠标下的德性》，江西人民出版社 2002 年版。

[93] 郭良:《网络创世纪——从阿帕网到互联网》，中国人民大学出版社 1998 年版。

[94] 东鸟:《网络战争：互联网改变世界简史》序言，九州出版社 2009 年版。

[95] 罗伊:《无“网”不胜》后记，兵器工业出版社 1991 年版。

[96] 吴传毅等:《执政能力与执政方式》，湖南人民出版社 2005 年版。

[97] 陈浙闽、叶梧西主编:《马克思主义执政理论研究》，中共中央党校出版社 2006 年版。

[98] 李忠杰主编:《中国共产党执政理论新体系》，人民出版社 2006 年版。

[99] 肖光荣:《执政之脉》，湖南师范大学出版社 2006 年版。

[100] 俞思念:《社会主义现代化与文化创新》，人民出版社 2006 年版。

[101] 段伟文:《网络空间的伦理反思》，江苏人民出版社 2002 年版。

[102] 本书编写组:《让党放心 让人民满意》，人民出版社 2008 年版。

[103] 刘建兰、佟兰:《中国电子党务建设》，社会科学文献出版社 2009 年版。

[104] 刘云章:《网络伦理学》，中国物价出版社 2001 年版。

[105] 马德秀主编:《电子党务》，中共党史出版社 2006 年版。

[106] 李国亭等:《信息社会》，军事科学出版社 2003 年版。

[107] 金建主编:《当代信息产业咨询手册》，海洋出版社 1994 年版。

[108] 钟义信编译:《现代信息技术》，人民出版社 1986 年版。

[109] 匡文波编著:《网民分析》，北京大学出版社 2003 年版。

[110] 孙绍先主编:《文学艺术与媒介关系研究》，中国社会科学出版社 2006 年版。

[111] 胡泳:《众声喧哗》，广西师范大学出版社 2008 年版。

[112] 谢俊贵:《信息的富有与贫乏》，上海三联书店 2004 年版。

[113] 谢俊贵主编:《公共信息学》，湖南师范大学出版社 2004 年版。

[114] 吴家庆:《新时期中国共产党思想建设研究》，人民出版社 2004 年版。

[115] 芮廷先编著:《信息科学概论》，上海财经大学出版社 2000 年版。

[116] 张立文:《和合学》上卷，中国人民大学出版社 2006 年版。

[117] 孟建、祁林:《网络文化论纲》，新华出版社 2002 年版。

[118] 杨谷:《网络文化建设与管理概论》，国家行政学院出版社 2008 年版。

[119] 田作高等:《信息革命与世界政治》，商务印书馆 2006 年版。

[120] 东鸟:《网络战争》，九州出版社 2009 年版。

[121] 胡俊凯主编:《反问未来中国》，新华出版社 2009 年版。

[122] 胡昌平:《信息管理科学导论》，科学技术文献出版社 1995 年版。

[123] 司有和:《行政信息管理学》，重庆大学出版社 2003 年版。

[124] 潘小刚、周亚明、肖琳子:《中国信息安全报告》，红旗出版社 2009 年版。

[125] 陈力丹:《舆论学——舆论导向研究》，中国广播电视出版社 1999 年版。

[126] 刘毅:《网络舆情研究概论》，天津人民出版社 2007 版。

[127] 邬焜、李建群主编:《价值哲学问题研究》，中国社会科学出版社 2002 年版。

[128] 刘景钊:《意向性：心智关指世界的能力》，中国社会科学出版社 2005 年版。

[129] 刁生富:《21 世纪网络人生指南》，广东高等教育出版社 2003

年版。

[130] 李玉华等编著:《网络世界与精神家园》,西安交通大学出版社 2002 年版。

[131] 胡德池:《网络时代的宣传思想工作》,湖南人民出版社 2003 年版。

[132] 靳一:《大众媒介公信力测评研究》,人民出版社 2006 年版。

[133] 李伦:《网络传播伦理》,湖南师范大学出版社 2007 年版。

[134] 邓名瑛:《传播与伦理》,湖南师范大学出版社 2007 年版。

[135] 张真继等:《网络社会生态学》,电子工业出版社 2008 年版。

[136] 邹生主编:《信息化十讲》,电子工业出版社 2009 年版。

[137] 项家祥、王正平主编:《网络文化的跨学科研究》,上海三联书店 2007 年版。

[138] 陆群:《寻找网上中国》,海洋出版社 1999 年版。

[139] 宋元林等:《网络文化与大学生思想政治教育》,湖南人民出版社 2006 年版。

[140] 田禾主编:《亚洲信息法研究》,中国人民公安大学出版社 2007 年版。

[141] 求是杂志社总编室编:《加强党的执政能力建设大参考》,红旗出版社 2004 年版。

[142] 杨培芳:《信息网络服务》,京华出版社 1998 年版。

[143] 衣芳、刘秀芬主编:《立党为公、执政为民》,山东人民出版社 2004 年版。

[144] 季正矩、彭萍萍、王瑾主编:《当代世界与社会主义前沿学术对话》,重庆出版社 2005 年版。

[145] 赵晓呼主编:《中国共产党执政理论研究》,天津人民出版社 2008 年版。

[146] 中共湖南省委解放思想大讨论活动办公室编:《湘潮》,湖南人民出版社 2008 年版。

[147] 本书编写组编:《加强和改进新形势下党的建设学习读本》,人民出版社 2009 年版。

[148] 张明仓:《虚拟实践论》,云南人民出版社 2005 年版。

[149] 王邦佐等编著:《中国政党制度的社会生态分析》,上海人民

出版社 2000 年版。

[150] 王沪宁:《行政生态分析》，复旦大学出版社 1989 年版。

[151] 肖景华、洪向华主编:《社会主义和谐社会的 25 个理论热点》，中国方正出版社 2005 年版。

[152]《魏源全集》第 5 卷，岳麓书社 2004 年版。

[153]《魏源集》，中华书局 1976 年版。

[154] 高放:《社会主义在世界和中国》，云南人民出版社 1993 年版。

[155] 本书编写组:《新世纪党的建设的伟大纲领》，中共中央党校出版社 2001 年版。

[156] 王水雄:《结构博弈》，华夏出版社 2003 年版。

[157] 戴立兴:《政党与群众》，中央编译出版社 2009 年版。

[158] 秦宣主编:《构建社会主义和谐社会专辑》，中国人民大学出版社 2005 年版。

[159] 吴克明:《网络文明教育论》，湖南师范大学出版社 2005 年版。

[160] 吴克明等主编:《科学发展观概论》，湘潭大学出版社 2009 年版。

[161] 宋元林、吴克明等:《网络文化与人的发展》，人民出版社 2009 年版。

[162] 张韩、吴克明:《上网一点通》，湖南人民出版社 2009 年版。

[163] 郑水泉主编:《加强党的执政能力建设专辑》，中国人民大学出版社 2005 年版。

[164] 杨小云:《新中国国家结构形式研究》，中国社会科学出版社 2004 年版。

[165] 刘智:《新闻文化学》，新华出版社 2001 年版。

[166] 湖南省行政管理学会编:《深化行政管理体制改革与建设服务型政府》，湖南师范大学出版社 2010 年版。

[167] 姚桓主编:《党的执政能力建设教程》，人民出版社 2005 年版。

[168] 湖南省社会科学院邓小平理论与“三个代表”研究中心:《当代中国共产党人遇到的五大理论问题》，红旗出版社 2005 年版。

［169］朱有志等：《当代中国共产党人的行动哲学》，红旗出版社2007年版。

［170］《鲁迅全集》第6卷，人民文学出版社1981年版。

［171］《中华人民共和国宪法》，法律出版社2004年第4版。

［172］陈蔡志：《中国共产党执政能力建设新论》，中共中央党校出版社2007年版。

［173］史南飞：《互联网公德原理》，湘潭大学出版社2008年版。

［174］周小普主编：《全球化媒介的奇观》，中国社会科学出版社2006年版。

［175］杨立英、曾盛聪：《全球化、网络化境遇与社会主义意识形态建设研究》，人民出版社2006年版。

［176］刘杰：《执政能力建设：从理论创新到战略推进》，上海人民出版社2007年版。

［177］彭澎主编：《中外执政能力比较研究》，中央编译出版社2008年版。

［178］赵红：《信息文化学》，海南出版社2007年版。

［179］许征帆：《时代风云变幻中的马克思主义》，中国人民大学出版社1996年版。

［180］黄强主编：《领导科学》，高等教育出版社2000年版。

［181］袁辉初、桂兹军主编：《中国特色社会主义典范文本导读》，湘潭大学出版社2008年版。

［182］王东莉：《德育人文关怀论》，中国社会科学出版社2005年版，

［183］本书编写组：《关于加强党的执政能力建设若干重要问题解读》，中共党史出版社2004年版。

［184］李贺林、曹振刚主编：《社会主义文化市场概论》，北京出版社1998年版。

［185］陈卫星主编：《网络传播与社会发展》，北京广播学院出版社2001年版。

［186］程洁：《新数字媒介论稿》，上海三联书店2007年版。

［187］李斌：《网络政治学导论》，中国社会科学出版社2006年版。

［188］本书编写组编著：《党的十七届四中全会〈决定〉学习辅导百

问》，党建读物出版社、学习出版社 2009 年版。

[189] 周熙明、李文堂主编：《中国共产党的文化使命》，江苏人民出版社 2006 年版。

[190] 梁启超：《梁启超哲学思想论文选》，北京大学出版社 1984 年版。

[191] 卢先福等：《十六大以来党的建设理论创新》，人民出版社 2007 年版。

[192] 张耀灿等：《思想政治教育学前沿》，人民出版社 2006 年版。

[193] 臧峰宇：《马克思政治哲学引论》，中央编译出版社 2009 年版。

[194] 赵洪俊主编：《中国领导人才能力测评技术参考手册》，新华出版社 2006 年版。

[195] 靳一：《大众媒介公信力测评研究》，人民出版社 2006 年版。

[196] 王沪宁主编：《政治的逻辑》，上海人民出版社 1994 年版。

[197] 周作翰：《求真思录》，湖南教育出版社 2002 年版。

[198] 李屏南：《选择与创新：科学社会主义观在中国》，人民出版社 2006 年版。

[199] [英] 杰弗里·托马斯：《政治哲学导论》，顾肃、刘雪梅译，中国人民大学出版社 2006 年版。

[200] [美] 约翰·奈斯比特：《大趋势——改变我们生活的十个新方向》，梅艳译，中国社会科学出版社 1984 年版。

[201] [美] 查尔斯·M. 萨维奇：《第五代管理》，谢强华等译，珠海出版社 1998 年版。

[202] [德] 黑格尔：《美学》第一卷，转引自朱光潜《西方美学史》下卷，人民文学出版社 1998 年版。

[203] [美] 马斯洛：《动机与人格》，许金声、程朝翔译，华夏出版社 1987 年版。

[204] [英] 麦克莱伦：《卡尔·马克思传》，王珍译，中国人民大学出版社 2005 年版。

[205] [美] 曼纽尔·卡斯特：《网络社会的崛起》，夏铸九、王志弘等译，社会科学文献出版社 2003 年版。

[206] [德] 哈贝马斯：《现代性的哲学话语》，曹卫东等译，译林

出版社 2004 年版。

［207］［美］卡尔·米切姆：《技术哲学概论》，殷登祥等译，天津科学技术出版社 1999 年版。

［208］［美］尼古拉斯·巴任：《透视信息高速公路革命》，於丹、李振译，海南出版社 1998 年版。

［209］［美］尼葛洛庞帝：《数字化生存》，胡泳、范海燕译，海南出版社 1997 年版。

［210］［英］蒂姆·伯那斯－李：《编织万维网》，张宇宏等译，上海译文出版社 1999 年版。

［211］［德］恩斯特·卡西尔：《人论》，甘阳译，上海译文出版社 2004 年版。

［212］［加］马歇尔·麦克卢汉：《理解媒介》，何道宽译，商务印书馆 2000 年版。

［213］［意］葛兰西；《狱中札记》，曹雷雨等译，中国社会科学出版社 2000 年版。

［214］［美］阿尔文·托夫勒：《未来的冲击》，孟广均等译，新华出版社 1996 年版。

［215］［美］罗杰·菲德勒：《媒介形态变化：认识新媒介》，明安香译，华夏出版社 2000 年版。

［216］［英］安东尼·吉登斯：《现代性与自我认同》，生活·读书·新知三联书店 1988 年版。

［217］［美］N. 维纳：《控制论》第二版，郝季仁译，科学出版社 1963 年版。

［218］［英］威·约·马丁：《信息社会》，胡昌平译，武汉大学出版社 1992 年版。

［219］［法］埃米尔·迪尔凯姆：《社会学方法的规则》，胡伟译，华夏出版社 1999 年版。

［220］［美］曼纽尔·卡斯特尔：《信息化城市》，崔保国等译，江苏人民出版社 2001 年版。

［221］［法］埃米尔·涂尔干：《社会分工论》，渠东译，生活·读书·新知三联书店 2000 年版。

［222］［英］拉尔夫·达仁道夫：《现代社会冲突》，林荣远译，中

国社会科学出版社 2000 年版。

［223］［美］丹尼尔·贝尔：《后工业社会的来临》，高铦等译，新华出版社 1997 年版。

［224］［美］杰克·普拉诺：《政治分析词典》，胡杰译，中国社会科学出版社 1986 年版。

［225］［美］鲁恂·W. 派伊：《政治发展面面观》，任晓、王元译，天津人民出版社 2009 年版。

［226］［法］让-马克·夸克：《合法性与政治》，佟心平、王远飞译，中央编译出版社 2002 年版。

［227］［德］哈贝马斯：《交往与社会进化》，张博树译，重庆出版社 1989 年版。

［228］［美］马丁·李普塞特：《政治人》，张绍宗译，上海人民出版社 1997 年版。

［229］［德］马克斯·韦伯：《学术与政治》，冯克利译，生活·读书·新知三联书店 1998 年版。

［230］［希腊］波朗查斯：《政治权力和社会阶级》，叶林等译，中国社会科学出版社 1982 年版。

［231］［美］加布里埃尔·阿尔蒙德、宾厄姆·鲍威尔：《比较政治学：体系、过程和政策》，曹沛霖等译，上海译文出版社 1987 年版。

［232］［美］约瑟夫·S. 奈、约翰·D. 唐纳胡主编：《全球化世界的治理》，王勇等译，世界知识出版社 2003 年版。

［233］［加］弗兰克·凯尔奇：《信息媒体革命》，沈泽华等译，上海译文出版社 1998 年版。

［234］［英］雷·海蒙德：《数字化商业》，周东等译，中国计划出版社 1998 年版。

［235］［美］丹·希勒：《数字资本主义》，杨立平译，江西人民出版社 2001 年版。

［236］［英］约翰·诺顿：《互联网：从神话到现实》，朱萍等译，江苏人民出版社 2000 年版。

［237］［美］凯斯·桑斯坦：《网络共和国——网络社会中的民主问题》，黄维明译，上海人民出版社 2000 年版。

［238］［加］马歇尔·麦克卢汉：《理解媒介》，何道宽译，商务印

书馆2000年版。

［239］［美］汉斯·摩根索：《国家间政治——寻求权力与和平的斗争》，徐昕、郝望、李保平译，中国人民公安大学出版社1990年版。

［240］［英］狄更斯：《双城记》，张玲、张扬译，上海译文出版社1983年版。

［241］［美］詹姆斯·E. 凯茨、罗纳德·E. 莱斯：《互联网使用的社会影响》，郝芳、刘长江译，商务印书馆2007年版。

［242］［美］埃瑟·戴森：《2.0版：数字化时代的生活设计》前言，胡泳，范海燕译，海南出版社1998年版。

［243］［美］埃里克·尤斯拉纳：《信任的道德基础》，张敦敏译，中国社会科学出版社2006年版。

［244］［德］尼克拉斯·卢曼：《信任：一个社会复杂性的简化机制》，瞿铁鹏、李强译，上海人民出版社2005年版。

［245］［波兰］彼得·什托姆普卡：《信任：一种社会学理论》，程胜利译，中华书局2005年版。

［246］［美］李普塞特：《政治人》，张绍宗译，上海人民出版社1997年版。

［247］［美］劳伦斯·M. 弗里德曼，《法律制度》，李琼英、林欣译，中国政法大学出版社1994年版。

［248］［美］道格拉斯·C. 诺斯：《制度、制度变迁与经济绩效》，航行译，上海三联书店1994年版。

［249］美国信息研究所：《知识经济：21世纪的信息平台》，王亦楠译，江西教育出版社1999年版。

［250］［美］罗伯特·基欧汉、约瑟夫·奈：《权力与相互依赖》，门洪华译，北京大学出版社2002年版。

［251］［美］莱斯利·辛克莱：《相互竞争之中的多种全球化概念》，梁展译，梁展编选：《全球化话语》，上海三联书店2002年版。

［252］［英］安东尼·吉登斯：《第三条道路——社会民主主义的复兴》，郑戈译，北京大学出版社2000年版。

［253］［美］曼纽尔·卡斯特：《千年终结》，夏铸九等译，社会科学文献出版社2003年版。

［254］［英］安东民·吉登斯：《现代性的后果》，田禾译，译林出

版社 2000 年版。

[255] [美] 塞缪尔·P. 亨廷顿：《变化社会中的政治秩序》，王冠华等译，生活·读书·新知三联书店 1988 年版。

[256] [美] 迈克尔·德图佐斯：《未来会如何》，周昌忠译，上海译文出版社 1999 年版。

[257] B. Russell, *The Problem of China*, London: Ceorge Allen, 1922.

[258] David Harvey, *The Condition of Postmodernity*, Oxford: Blackwell, 1989.

[259] Frankfurt, *Preface to Wegmarken*, Klostermann, 1967.

[260] Haywood, T., *Info – rich/ info – poor: Access and Exchange in the Global Information Society*, London: Bowker – Saur, 1995.

[261] Wresch, Willian, *Disconnected: Haves and have – nots in the Information Age*, New Brunswick, NJ: Rutgers University Press, 1996.

[262] Martin W. J., *The Information Society*, Lonton: Aslib, 1988.

[263] Castells, M., *The Rise of the Network Society*, London: Blackwell, 1996.

[264] Barry Coins, "The Future of Cyberterrorism", *Crime and Justice International*, March 1997.

[265] Raymond Arm, "Macht, Power, Puissance: Prose Democratique on Poesie Demoniaque?" *European Journal of Sociology* 5 (1964).

[266] J. Rothschild, Political Legitimacy in Contemporary Europe, in B. Benith (ed), *Legitimation of Regimes*, Beverly Hills: Sage Publicatications Inc., 1979.

[267] Muthiah Alagappa, *Political Legitimacy in Southeast Asia—The Quest for Moral Authority*, California: Stanford University Press, 1995.

[268] Thomas Hobbes, *Leviathan*, Parts I and Ⅱ, Indianapolis: Bobbs-Merrill, 1958.

[269] M Castells, *The Rise of the Network Society*, Blackwell Publishers, 1977.

[270] http: //www. ce. cn/xwzx/gjss/gdxw/200703/27/t20070327 – 10830984. shtml.

二 论文

［1］胡锦涛:《努力开创新形势下党的建设新局面》,《求是》2010 年第 1 期。

［2］胡锦涛:《在庆祝中国共产党成立 85 周年暨总结保持共产党先进性教育活动大会上的讲话》,《中国共产党》2006 年第 8 期。

［3］朱庆:《“虚拟社会”与“现实社会”》,《光明日报》2001 年 9 月 25 日。

［4］宋元林、黄娜娜:《论网络文化对推进社会主义民主政治的功用》,《湖南科技大学学报》(社会科学版), 2009 年第 1 期。

［5］张颐武:《文化中国的行进记忆》,《光明日报》2009 年 9 月 4 日。

［6］王守光:《论网络环境下政党的执政文化建设》,《当代世界与社会主义》2008 年第 4 期。

［7］钟义信:《推进信息化 迎接新世纪》,载鲍宗豪主编《网络与当代社会文化》,上海三联书店 2001 年版。

［8］尹韵公:《论网络文化》,《光明日报》2007 年 3 月 25 日。

［9］苏北:《“网络恐怖主义”:挑战国家安全“信息边疆”》,《环球时报》2004 年 12 月 6 日。

［10］兀成章:《当前国际政治基本形势与新特点》,《理论视野》2004 年第 6 期。

［11］丁未、张国良:《网络传播中的“知沟”现象研究》,《现代传播》2001 年第 6 期。

［12］胡鞍钢、周绍杰:《新的全球贫富差距:日益扩大的“数字鸿沟”》,《中国社会科学》2002 年第 3 期。

［13］王刊良、刘庆:《从因特网应用看中国大陆的数字鸿沟》,《管理学报》2004 年第 2 期。

［14］陈艳红:《基于信息素质差异性视角的数字鸿沟成因分析》,《湘潭大学学报》(哲学社会科学版) 2006 年第 6 期。

［15］李长春:《深入学习实践科学发展观 推动社会主义文化大发展大繁荣》,《新华文摘》2009 年第 2 期。

［16］安徽网络文化建设研究课题组:《安徽网络文化建设研究》,

《江淮论坛》2010 年第 1 期。

[17] 蒙志军、何森玲、徐蓉：《一“网”情深——我省各级领导干部运用互联网提高执政能力综述》，《湖南日报》2008 年 9 月 22 日。

[18] 孙世泉：《多举措营造绿色空间》，《人民日报》2009 年 2 月 23 日。

[19] 黄文玲、李锐锋：《网络文化的价值特性及其发展路径》，《华中农业大学学报》（社会科学版）2005 年第 2 期。

[20] 张颐武：《文化中国的行进记忆》，《光明日报》2009 年 9 月 4 日。

[21] 龙潭：《中国共产党“政党媒体形象”建构与改革分析》，《中国共产党》2009 年第 6 期。

[22] 张志芳：《以电子政务推动党的执政能力建设》，《山西科技》2008 年第 2 期。

[23] 李忠杰：《加强党的执政能力建设：一个重大的课题》，《瞭望新闻周刊》2004 年第 35 期。

[24] 王家瑞：《国外政党的执政经验教训》，《新华文摘》2005 年第 1 期。

[25] 费孝通：《“美美与共”和人类文明》，《新华文摘》2005 年第 8 期。

[26] 刘宗洪：《国外执政党利用执政资源的基本经验》，《岭南学刊》2008 年第 3 期。

[27] 刘本荣：《发挥网络新优势拓展执政党建设新时空》，《重庆行政》2006 年第 2 期。

[28] 董少华：《论网络空间的人际交往》，《社会科学研究》2002 年第 4 期。

[29] 李君如：《推进党建信息化是时代的要求》，《光明日报》2007 年 1 月 23 日。

[30]《我下一代互联网技术居世界前列》，《光明日报》2007 年 6 月 10 日。

[31] 戴焰军：《有效应对国际金融危机冲击关键在党》，《党建》2009 年第 5 期。

[32] 马利：《传播变革与执政党建设》，《党建研究》2009 年第 11 期。

［33］吴克明：《网络文化视角下党的执政能力建设》，《中国共产党》2009 年第 5 期。

［34］陈胜云：《网络社会的主体性危机》，《现代哲学》2001 年第 1 期。

［35］陈怀林：《90 年代中国传媒的制度演变》，《二十一世纪》1999 年 6 月号，第 53 期。

［36］秦佩华：《流氓软件猖獗 网民呼吁监管》，《人民日报》2007 年 1 月 30 日。

［37］吴家庆：《论执政党公信力：内涵、功能与实现途径》，《政治学研究》2009 年第 5 期。

［38］陈依元等：《网络文化：一柄双刃剑》，参见鲍宗豪主编《网络与当代社会文化》，上海三联书店 2001 年版。

［39］韩玉芳：《培育中国共产党执政文化的思考》，《中国共产党》2006 年第 5 期。

［40］曹荣湘：《数字鸿沟引论：信息不平等与数字机遇》，《马克思主义与现实》2001 年第 6 期。

［41］张志芳：《以电子政务推动党的执政能力建设》，《山西科技》2008 年第 2 期。

［42］曹爱娟、刘宝旭、许榕生：《网络陷阱与诱捕防御技术综述》，《计算机工程》2004 年第 5 期。

［43］孙玉祥：《“网络时代”与人的存在方式变革》，《求是学刊》2001 年第 1 期。

［44］陈志良：《虚拟：哲学必须面对的课题》，《光明日报》2000 年 1 月 18 日。

［45］周若辉：《虚拟现实：一个值得关注的网络文化现象》，华夏社会网 2000 年 10 月 21 日。

［46］刘友红：《人在电脑网络社会里的“虚拟”生存——实践范畴的再思考》，《哲学动态》2000 年第 1 期。

三　词典

［1］《现代汉语词典》，商务印书馆 1978 年版。

［2］《辞海》，上海辞书出版社 1980 年版。

［3］李行健主编：《现代汉语规范词典》，外语教学与研究出版社、

语文出版社 2004 年版。

［4］中国大辞典编纂处编：《汉语词典》（简本），商务印书馆 1957 年版。

［5］《社会科学大词典》，中国国际广播出版社 1989 年版。

［6］中国社会科学院语言研究所词典编辑室编：《现代汉语词典》，商务印书馆 2005 年第 5 版。

［7］易文安主编：《网络时尚词典》，海南出版社 2000 年版。

［8］李叙编著：《网站导航——网址懂径》，上海三联书店 2002 年版。

四 网站

［1］中国共产党新闻网（http：//www. cpcnews. cn）。

［2］网络文化研究网（http：//www. network－culture. cn）。

［3］新华网（http：//www. xinhuanet. com）。

［4］新浪网（http：//www. sina. com. cn）。

［5］中国互联网络信息中心（CNNIC）（http：//www. cnnic. net. cn）。

［6］中国文化市场网（http：//www. com. gov. cn）。

［7］中国电子政务网（http：//www. e－gov. org. cn）。

［8］博客网（http：//www. bokee. com）。

［9］红色中关村（http：//www. redzgc. net）。

后　记

本著作是我主持的国家社科基金项目“从逻辑理路到机制培育——网络文化与加强党的执政能力建设研究”（课题编号：08BDJ016）的结项成果，也是在我的博士学位论文基础上几经思索、修正而成的。

四年攻博，弹指一瞬间。有朋友说，你本科阶段学的是政教，硕士学的是科社，博士学的又是科社，有何难哉？是的，应该不太难；但要真正达到科社专业的优秀博士水平，又岂能容易？好在我自小有慈父友兄的导引、有良师益友的教育和帮助，使我养成了好学多思、克家明哲、勤奋上进的习惯。即使如此，回首读博四年悄然逝去的一千四百六十余个日日夜夜，我仍然觉得，这里既有刻苦钻研还算没有浪费光阴的一点欣慰，又有因天资愚鲁有负导师厚望的几多遗憾。我至今还清晰记得刚考取博士之时，对于别家离子、闭门修学是下了很大决心的，非常珍惜这一人到中年的难得学习机会，甚至为全面提高自己还兼任一年院里的研究生团委书记；现在看来，真正要做到“圣希天，贤希圣，士希贤”，“实胜，善也；名胜，耻也。故君子进德修业，孳孳不息，务实胜也。德业有未著，则恐恐然畏人知，远耻也”，乃至“真通天人”之境界，是需要下一番苦功修炼才行的。尽管我还没有完全做到，但这确实是我努力的方向。

有一可敬长者云，“写论文，特别是社会科学，一定要做到立论正确，观点准确，史料翔实，论述轻松，文字流畅；一定要给读者留下印象，留下启迪，留下信息，留下思考，并希望你的论文进入他的书架和收藏。这样，才可能是优秀的博士论文”。本文虽未评优秀（因我答辩时已是教授，按规定不能参评优博），但能顺利完成，确实饱含艰辛。之所以能够如此，首先要感谢我的导师周作翰教授和吴家庆教授，两位导师经常就我遇到的学习、工作、生活上的问题给予开导、指点迷津，至于做人做学问方面更是常常耳提面命、促膝谈心。可以说，在论文写作过程中的每一个环节，都倾注了两位导师的大量心血！在我写这篇迟到的后记时，周作翰老师逝世已一周年，但他的道德文章、高尚人品，是我终生学习的榜样。在论文选题、开题、写作、答辩和修改过程中，我还要衷心感谢中国科学社会主义学会会长、答辩主席赵曜教授、中国社会科学院原副院长李慎明研究员、清华大学赵甲明教授、北京大学钟哲明教授、中国社会科学院学部委员李崇富研究员、中国人民大学高放教授、中央编译局的季正聚研究员、华中师范大学俞思念教授、湖南省委党校（行政学院）常务副校长（副院长）徐晨光教授、湖南省社科联党组书记周发源教授以及湖南师范大学刘湘溶校长、湖南省社会科学院刘建武院长、湘潭大学李佑新教授、湖南师范大学科学社会主义与国际共产主义运动博士点的李屏南教授、杨小云教授、张润泽教授和湖南科技大学正厅级督导宋元林教授等，他们学高为师、身正为范的人格力量，敬业乐群、严己宽人的人文情怀，永远值得我体悟和效法。

论文得以顺利完成，还得益于湖南师范大学公共管理学院众多老师和学友的指导和帮助。如周仲秋老师、方小年老师、王泽应老师、何一成老师、陈成文老师、张怀承老师等在文稿论证和课题申报方面给了我无私的指导；马秋丽老师、刘先江、王敏、彭正德、邝洁、李霞、谭咏梅等同志在工作和生活方面也给了我很多关心；我的博士同学、师兄师弟姐妹们，也是常通音讯，关怀并帮助着我；还有我长期生病的母亲及岳父母、家中兄弟姐妹、妻子女儿，都为我的学业付出了殷殷牵挂之情。在此，谨向他们致以浓浓谢意！

本著的研究受益于国家社科基金、湖南科技大学马克思主义理论博士点和湖南省中国特色社会主义研究湖南科技大学基地成果经费的资助。感谢国家社科规划办、湖南省社科规划办、湖南科技大学马克思主义学院和社科处的领导、同事的关心和支持；感谢中国社会科学出版社的田文编审，是她的鼎力相助，该书才得以顺利出版。

“路漫漫其修远兮，吾将上下而求索。”关于网络文化与加强党的执政能力建设研究，是一个难度较大的前沿课题。本文虽几经修改，做过很大努力，但肯定还存在不足甚至错误之处，值得继续深入探究和完善。“三人行，必有我师”；学海无涯，达者为先。书中疏漏不当之处，恳请专家学者和读者不吝赐教。

吴克明谨记

2014 年 5 月 16 日于湖南科技大学文明学园